U0015451

THE FRONTIERS OF KNOWLEDGE

KNOWLEDGE

WHAT WE NOW KNOW ABOUT
SCIENCE, HISTORY AND THE MIND

我們的
知與不知

探索科學、歷史、人類心智的知識邊界

A. C. GRAYLING

安東尼・克里佛德・格雷林 ——— 著　唐澄暐 ——— 譯

目次

從如何知與為何不知的觀點看

王一奇

中正大學哲學系所教授、台灣哲學學會理事

本書的主題是與知識相關的哲學探討,所討論的議題在哲學中被歸類為知識論(epistemology)領域,而有趣的是這本書的內容與一般知識論書籍相當不同,所以讓我們從這本書的不同之處談起。

一般來說,知識論的書籍多少會包含一些重要的核心知識論議題,例如,無可避免地討論對於知識的懷疑論(knowledge skepticism),其中以笛卡爾的懷疑論又是最著名的,主要討論人們是否真的擁有任何知識;當代英美哲學中的知識論常常討論所謂的葛梯爾問題(Gettier problem),探討哲學家葛梯爾(Edmund Gettier)對於將知識等同於合理的真信念(justified true belief)所提出的反駁,以及各種相關論辯和發展;當然,勢必得討論的也包含各種族繁不及被載的關於「知識為何?」(what is knowledge?)的理論,並不厭其煩地進行各種論證的攻防。多年來我對這些議題進行研究與教學,而這些議題也相當有意思,但這本書中幾乎都沒有對這些議題真正進行實質的探討,頂多稍微提到。

在一般的知識論的書中,通常不會對任何特定的知識領域進行深入的敘述或說明,常常是用幾個簡單的知識例子,例如知道我有兩隻手,而更

多的卻是想像的例子，例如知道我不是被科學家操控意識經驗的一顆人造腦，來進行非常複雜的哲學討論，所以實際上眾多的人類知識，在知識論中只是可有可無的配角，而哲學論述才是主角，但這本書卻非如此。相對地，這本書中對於三個大領域的知識，包含科學領域（關於世界）、歷史領域（關於過去）、以及腦與認知領域（關於心智），進行了非常大篇幅的整理以及討論，彷彿這些實際的人類知識才是本書的主角，哲學反倒成了配角。

然而，以上以為哲學在本書中擔任配角的初步印象，需進行一些修正。本書的作者對三大領域知識整理進行整理及分析時，其實並非只是對那些知識做了描述性的整理，而是利用作者所謂為知識建構的「12個難題」對那些知識進行了知識論的哲學分析。作者所提的難題，在哲學文獻中都有一些相應的理論性探究，與哲學中對於知識相關的懷疑論、方法論等議題直接連結，但作者以不落俗套的方式，把那些相關的難題形塑成一般讀者也能掌握的思考概念，相當令人欣賞。對讀者來說，作者所整理的這些難題，以及用這些難題來對知識進行分析及思考，對於知識探索是相當實用的思考方式，我相信這是讀者在閱讀本書時可以得到的重大收穫之一，所以建議讀者不妨將其納入個人的思考工具箱內，可時時拿來應用。

另外，從我個人專業的觀點看來，作者在本書中對於現有三大領域知識的統整分析，包含了人類知識發展的重要歷史面向，而這個歷史面向恰恰反應了哲學的重要內涵：「知識發展的歷史，恰好是各個學科知識脫離哲學領域創新知識的過程。」當人們認為哲學缺乏實用性（這也是當前的普遍觀點）之際，本書作者所整理的知識歷史發展，也代表了所謂「有用的知識」在哲學中被創造而後脫離的過程，讀者可在閱讀本書時嘗試驗證這個觀點是否成立。

最後我來呼應一下本書標題。作者從本書一開始，就強調「當我們的

知識越多，無知也就越多」的這個悖論情境。我在此不對作者的這個宣稱作出評論，反而想要交待給讀者一個任務，希望讀者在閱讀本書時，仔細看看作者是否對這個悖論情境做出實質而有力的支持？這些支持性論述的恰當性如何？當讀者在閱讀本書時心中想念著這些疑問，必定能增加對本書的理解，以及閱讀的樂趣。

沒有地圖的旅行家

劉仲敬

武漢大學歷史學院、諸夏文化傳播協會特約研究員

《我們的知與不知》不是通常意義的科普作品，例如伽莫夫《從一到無窮大》或布羅諾夫斯基《人的上升》之類。後者要依託一個完善的知識體系，只是以具備小品文價值的風格寫成，距離原始材料和直接經驗，比不需要體現文學價值的普通論文更遠，像一幅交通地圖、水文地圖或軍事地圖，是各種細節彙集以後，再根據特定目的和針對特定讀者，以刪繁就簡、提綱挈領的方式重新繪製的。所有知識點的可信度大致相等，文學風格也基本統一。本書雖然沒有凸顯作者誇張的 ego，實際上也是佩皮斯、伯頓爵士和華萊士筆記本的同類，如果仍要沿用地圖的比喻，那就是卡蒂埃、路易斯和克拉克之流探險隊員的手繪草圖，更接近歷史學家喜歡的原始材料，例如參加拿破崙戰爭的烏克蘭騎兵日記之類，在知識生產體系中位於論文以前，而非論文以後的綜合階段。各部分知識點受制於作者個人的參照系，可靠性參差不齊。地圖上的聖羅倫斯河或密西西比河有一部分是作者親眼看到的，另一部分是根據眾多可靠觀察者和不可靠觀察者提供的二、三手材料，例如印第安各部落和其他探險家的口述繪製的，還有一部分僅僅體現了作者或當時社會的想像、猜測或希望，例如密西西比河如

果流入太平洋，開闢一條通向印度的直接航道該有多好，所以並不適合知識基礎尚不全面的低幼讀者，對具備同業經驗的知識生產者倒是比清理了原始材料的尋常論文更可貴。前者可能真會指望取道聖羅倫斯河上游，打開古老傳說中的西北航道，或是接受作者轉述的黃河和亞美尼亞大屠殺故事，引起科普誤人的傳統慨歎。後者才能夠理解知識生產的經驗和技術比知識生產的成果更難掌握，也更加寶貴，撇開可有可無的冗餘資訊，增益觸類旁通的思維能力。

　　這本書為啟發性而非知識性的著作，嚴格說來應該屬於哲學類。只是現代人對哲學範圍的理解比蘇格拉底時代要狹窄得多，使得這樣的定位略嫌彆扭而已。作者心目中的針孔問題、比喻問題、地圖問題、讀入問題、巴門尼德問題，其實都可以在柏拉圖哲學當中找到原型；準則問題、真實問題和槌子問題涉及詹姆斯哲學的興趣點；托勒密問題、燈光問題、好事者問題和解脫問題，則屬於貝克萊 - 休謨哲學的腦力操。當然，知識生產伴生的形而上思辨跟哲學本身並不是一回事。世界、歷史和認知體現的內在結構符合柏拉圖、休謨和康德的命題，但從經驗上看只是知識生產的自然演化和收斂所致。知識生產者認知世界和人類的極致莫過於建立模型，也就是製圖員將探險家參差不齊、真偽難辨的紀錄整合為特定地圖。建模能力越強，建模體驗就越接近物自體和實踐理性的命題。神經心理學和認知心理學的進展神奇地注解了康德的先驗主義，不亞於量子力學之於貝克萊的唯心主義。知識生產者越接近事物的核心，就會越覺得知識本身與其說是一些內容，不如說是一種規範並塑造所有內容的框架，像物自體和時空結構一樣渾然一體、不可名狀而自我體現，強行劃分客觀和主觀都是有欠商榷的武斷之舉。

　　從世界到人類，從人類到人心。所有的知識必然屬於三者之一，觀察者和觀察物件形成首尾相連的整體。全書的結構和作者的創意一樣，都是

頗具匠心的，但文字的功底和材料的收集，遠不是無懈可擊的。大多數熱衷於模型和體系的作者都有眼高手低的弱點，通常需要像建築師用極少數承重牆支持整個建築物的重量，同時容納了大量可有可無的內容一樣，依靠少量得心應手的論述，延伸支持許多比較薄弱的論述，在自己親自研究的部分可靠內容之外，拼湊大量明顯來自其他人所作綜述，自己並不瞭解原始材料的內容，同時也會無意識地沾染當代流行的話術，會使其他時代的讀者覺得古怪甚至滑稽。作者雖然懷有人文視野的極大野心，但哲學功底並不甚佳，所以才會多次重複發明輪子，不擅長運用先賢簡潔而優美的現成論證。

　　歷史其實也是作者的弱項，使他一再依賴陳詞濫調，甚至從最狹隘的實證主義意義上也是完全錯誤的過時綜述，例如中世紀黑暗時代技術退步、天主教會比新教會對新科學更不友善之類的神話，似乎並無閱讀原始材料的能力或時間，也未曾梳理比較晚近和比較具體的研究成果。依據基因考古得出的結論雖然是當代流行的研究，但基礎比作者所依賴的綜述材料提供者所設想的薄弱得多。不超過兩位數，甚至只有個位數的樣本，部分依靠理科技術對文科的霸權主義，以一張白紙好畫圖的方式，在太多的空白區域搭建高樓大廈，其實是一場充滿了潛在陷阱和空中樓閣的危險遊戲。反殖民主義和大屠殺的政治修辭雖然借用了歷史詞彙，其實都是泡沫性質的文宣，並不適合認真對待，更不用說引為證據了。

　　知識的前線和戰爭的前線一樣，總是充滿了混亂的迷霧。絕大多數科普作品視為最確定的知識，在五十年後的讀者眼中都更像一堆謬誤的材料和武斷的教條。親歷戰爭的前線士兵留下的紀錄，在國民歷史教本的讀者眼中總是比歷史小說還要不近情理和難以置信。探險家描繪的河流和山脈當中，地圖繪製師願意接受的比例也跟希臘神話差不多。當代人心目中越是新銳的科學，越有可能淪為一百年以後眾所周知和臭名昭著的偽科學。

如果烏克蘭人和哈薩克的古代基因落到跟 19 世紀晚期，從上尼羅河和湄公河叢林當中，像蘑菇一樣成群結隊地冒出來的各種族集團一樣，在自稱科學理性客觀公正，其實卻比政治家和時裝設計師更加喜新厭舊和勢利眼的觀念行銷者眼中，淪為蒙昧時代的煉金術和占星術，那是絲毫也不值得驚訝的。然而即使如此，追求整全性認知圖景，而非支離破碎的實用知識小貼士，渴望在龐雜混亂的資訊洪流當中，揭示內在的脈絡和深層的結構，仍然永遠是人性的一部分。這項任務注定是永遠也完成不了的，但儘管如此，或者不如說正因為如此，才有資格自稱在人的教育當中，構成比最可靠和最有用的知識更不可或缺的部分。人的生命和人類的歷程，如果不是一次沒有地圖的旅行或探險，還能是什麼呢？參加尋寶遊戲的兒童，用紅藍鉛筆給自己畫地圖，然後在地圖上添加一些小人，對著自己的地圖添油加醋地編故事。故事有自己的生命，給世界賦予意義。細枝末節的準確性，實在並不重要。今天的讀者像一切時代的讀者一樣，都需要自己的紅藍鉛筆。

作者序

　　人類在非常晚近的期間內，一口氣大量認識了宇宙、過往和自身。自從 19 世紀以來，人類出土了幾千幾萬年的遺忘歷史，甚至是前所未知的歷史；有前古典時代的偉大文明，以及更之前的人類演化歷程。從 20 世紀初開始，人類在所能觸及的最小至最大範圍物理宇宙中，發現了到目前為止仍舊難以想像的種種道理，從量子理論到宇宙學以及時空的起源。另外，僅僅在過去幾十年裡，人類也已能看穿腦內，開始替腦結構繪製紋理細密的地圖，並觀察大腦實際運作情況。

　　這些進展既巨大又振奮人心，而且至關重要。我們所在的世界，就算和近如 19 世紀的祖先相比，也是截然不同且豐富太多。但隨這些發展而來的，是一個驚人的事實：儘管我們一度相信知識的每個進展都在減少我們的無知，但這些近期的大步邁進，卻讓我們瞭解到，自己知道的實在很少。於是，探問的行為產生了一個悖論：增進知識也讓我們的無知跟著增加。所以——我們知道什麼？我們現在知道自己不知道什麼？此外，我們對於探問的本質——隨著我們增加的知識增加了我們的無知時，得要克服或者考慮進去的那些障礙和困難——已有了多少認知？

　　本書企圖在處於知識前線的三個關鍵領域內回答這些問題，分別是科學、歷史和心理學——其中又特別關注於：基礎物理學和宇宙學、早於

古典時代之過往以及人類演化方面的發現，還有腦與心智方面的新神經科學。

我在頻繁寫作關於思想進展和哲學史的各種文章時，人類在知識最前線的努力，還有「探問」的本質、方法和難處，都是讓我深深入迷的問題。這些問題處在哲學的核心——最廣義來說可以理解為，反思我們知道什麼、何以得知，以及它為何重要，因為它們就處在人類知識事業的中心。我在本書的目標是說明並探索這種人類事業中三項重要的前線，描述它們處在何種地位上，以及它們如何進展到至今的模樣；另外也會討論，它們現在的地位讓我們瞭解到自己還尚未明白哪些事情。

安東尼・克里佛德・格雷林（A.C. Grayling）

新人文學院（New College of the Humanities）

倫敦，2021 年

致謝

　　多年來我從朋友和同事間學到許多，全部列出實在太多，但這幾年來有些人的對話和寫作特別值得一提：物理學和宇宙方面有特金德‧維狄（Tejinder Virdee）和勞倫斯‧克勞斯（Lawrence Krauss），腦、心智和意識方面有亞當‧澤曼（Adam Zeman）、丹尼爾‧丹尼特（Daniel Dennett）以及派翠西亞‧徹奇蘭（Patricia Churchland）；演化方面有理查‧道金斯（Richard Dawkins），啟蒙運動和思想方面的進展有史迪芬‧平克（Steven Pinker）；哲學層面則有賽門‧布萊克本（Simon Blackburn）、彼得‧辛格（Peter Singer）以及艾力克斯‧奧倫斯坦（Alex Orenstein）。我也要謝謝朗‧威騰（Ron Witton）博士對歷史戰爭（History Wars）的意見，卡洛琳‧威廉斯（Caroline Williams）和約翰‧格里賓（John Gribbin）博士在技術要點上的提示，也要感謝我那位洞察力敏銳又博學的維京（Viking）出版社編輯丹尼爾‧克魯（Daniel Crewe），感謝莫莉‧查芝（Mollie Charge）做的書目研究，以及新人文學院的同事們，在我們奧特林俱樂部（Ottoline Club）各場研討會中展現的多樣性以及洞察力。

引言

　　我們對世界、過去，以及我們自己瞭解多少？沒多久以前，也不過就在過去一個半世紀內，我們對於這三個主題的探問就有了驚人的進展。如果用最一般的標籤來稱呼這三個主題，那就分別是**科學、歷史和心理學**，但這些標籤沒辦法充分展現各領域內達到的成就，也沒能說明這些成就的意義，更無法說明它們此刻以及今後會引領我們往何處去。它們是探問技術快速演變的結果，這種技術大幅擴張了人類的觀測範圍，一邊向過去探索，一邊又橫跨了以往不可及的距離尺度，從最遙遠的星系到人腦錯綜複雜的內部，還更進一步探索原子的內在結構。這些進展的每一步又產生了新的問題，都是些前人不可能問出的問題；這其中一個最主要的結果，就是曝露出一種矛盾：知識悖論，也就是**我們知道的越多，就越瞭解我們無知的程度**，特別是在世界、過去和心智這三個探問的關鍵領域中。近期的知識進展，讓人們更加熟悉知識的矛盾；但在進展變得如此快速廣泛之前，人們反而相信，知識削減了無知的領域。原本人類相信，知識累積的方式，能使「人類知道可知的一切，並抵達知識本身的前線」，這在日漸開展的探問成就中看起來必然無疑。這方面的觀點大轉彎已經不是什麼驚人的事，但人們尚未徹底理解這情況的種種含意，其中有些含意還引起了對於「探問本身之本質」的疑問。人類史上知識成長的每個階段都曾立下

最前線，而這些前線又為那些冒險跨過的先驅者定義了在它們另一端的未知領域（terra incognita）。它們看似指出的行進方向，到頭來往往證明是錯的。因此，關於今日前線的一個最大的問題，就是它們指出的行進方向是不是對的方向。當然，妥當的回應是：不試怎麼知道呢？但情況可能是，在過往前線的歷史中，以及通往當今前線的途徑中，都有一些幫得上忙的線索。

　　說巧不巧，就「知識」這個詞的另一種重要定義而言，我們的祖先可說知識淵博，且不是幾千幾萬年來如此，而是幾百百萬年來都如此。最早的石器似乎有三百三十萬年的歷史，若以人類祖先和黑猩猩在族譜上分家至今的演化史來看，就是處在中途。他們擁有的知識是「**如何做的知識**」——也就是實作的知識，從製造工具到興建住處、精通用火、創作洞穴畫、馴化動植物、雕刻並移動巨石、挖掘灌溉水道、手製編織品和陶器、用銅和錫鑄青銅、煉鐵，如此一路邁向今日進步的技術。

　　一旦有了「如何做的知識」，就必定也有人在奮力追求「是什麼的知識」——也就是理論知識，關於那個「**為什麼**」行得通的解釋——而且可能相當早就有人開始了。我們祖先擬出的各種解釋架構，幾乎必定有「認為自然力量有作用者」的部分。我們的祖先在解釋雷電、風雨以及天體運動時，可能會從他們自身的作用力——就如一個人丟石頭到水裡造成水花那樣，覺得是「我造成的」的那種感覺——來推斷說，任何會移動、發出聲音，以及會出現任何改變的事物，背後或其中必然有一個行為者或推動者。此外，動物看起來有意圖的行為，也毫無疑問地讓我們的祖先認為牠們有和人相似的精神生命；鹿看起來膽怯的表現，以及獅子看起來凶狠的表現，都被祖先假定是反映了他們自己的感受——鹿跑走是因為恐懼，獅子攻擊是因為牠暴怒。宗教信仰的泛靈源頭，在已知最早的、「產生關於世界的理論解釋」的活動中依舊明顯。舉例來說，早於蘇格拉底的哲學家

泰利斯（Thales）就假設「萬物充滿了靈魂」（他這裡的「靈魂」是指一種賦予生命力的原理），藉以解釋磁鐵具有吸鐵能力之類的現象。[1]

歷史告訴我們，「是什麼的知識」主要存在於我們現在所謂的「宗教」信仰中。而這些信仰又藉由提出各種可與自然各面相（或者控制自然的各個行為者）互動的方式，進一步貢獻更多「如何做的假想知識」，希望能透過儀式、祈禱和犧牲來影響這些行為者，或者請求祂們息怒。有一個有趣的推測是，當影響自然的宗教儀式手段被更實際而世俗的做法所取代時，實現控制的目標也從自然自行變成了社會；或許，就像「禁忌」的概念所主張的那樣，儘管人們不再覺得控制某幾類行為是影響自然或自然神祇時必須做到的，以「道德」這個概念呈現的社會控制倒是留存了下來。不管情況是否真是如此，一直到人類歷史上非常晚近的時代為止，「如何做的知識」都大幅領先「是什麼的知識」，而提供後面這種知識的行為也一樣，一直到非常晚近的時代為止，都還是以想像、幻想、憂慮和一廂情願為主要基礎。

就如前面提到泰利斯時所主張的，人類在不仰賴想像和傳統信念下，在「如何做到」之外更想「知道要做什麼」的奮鬥歷程，是因為有了西元前 6 世紀以來的古典希臘時代哲學家，才首次徹底為人所見。大約於西元前 585 年左右，在愛琴海東岸的愛奧尼亞（Ionia）相當活躍的泰利斯，常被人稱為「第一位哲學家」，因為他是已知第一位不靠神話就能針對現實本質與來源提出質問並加以回答的人。他因為想得到在智識方面比神話講述者和詩人所描述的還要合理的描述，而企圖從周圍所見來辨認出宇宙的「本原」（arche），後來被亞里斯多德定義為「構成所有存在之物的那個……存在的要素和原理」。被他選為「本原」候選的是水。他的思想可以重新整理如下：水無所不在且不可或缺。它構成海洋，化成雨從天上落下，且流動在你的血脈中，植物當中也富含水分，所有生物沒了它都會死

亡。甚至可以說水產生了土地本身；看看尼羅河每年泛濫吐出多大量的土壤就知道。而且關鍵是，就泰利斯所知，水是唯一能以全部三種物質態——也就是固態（結凍時）、液態（基本狀態）、氣態（沸騰化為蒸汽）——存在的物質。所以，它無所不在、不可或缺、有生產力，而且可以變質；它是就他所知唯一能如此的事物；它因此就該是所有其他物的起源物質，也是它們所仰賴的物質，也就是宇宙的「本原」。[2]

在那個時代的脈絡下，這是極其巧妙的思考。但這之中真正重要的一點是，它不是依靠神話、傳說或想像，靠的只有**觀察**和**推理**。這就是泰利斯被推薦為史上第一位哲學家的原因。毫無疑問地，還有不少人比他還早用類似的方式思考過，但我們沒有這些人的紀錄。因此，我們認定他是一個歷史新階段的第一人，因為儘管**技術**——「如何做的知識」——已經發展了幾百萬年，科學——「是什麼的知識」——卻是在那一刻誕生的。

然而要注意的是，光靠**觀察**和**推理**本身是不夠的，還需要探問的脈絡，以及經由測試所修正的結果累積。觀察和推理使我們的祖先獲得了太陽跨越天空而行的看法，因為它看起來確實是在移動——這句就是我們作出的觀察結果——而我們周遭地上的一切都維持靜止。因此，合理的結論就是，移動的物體是太陽，而不是地球。我們出於同樣的推理而認為月球也是如此，在這個例子中我們倒是對了。得要重複且更深刻地運用觀察和推理，才能得出「是地球相對於太陽運行著，而不是反過來的情況」這個反直覺的結果。

這就指出了一個普遍的論點：「是什麼的知識」的歷史開始得很慢，並且跟蹌地增長，直到建立起一個脈絡和測試的體系——此外也因為它太常遭到自覺受其威脅的強大傳統主義利益方所反對，而其中最主要的就是宗教利益方。它只有在 16 至 17 世紀現代史起始時，才開始最迅速地爬升。[3] 然而，自從 19 世紀以來，「是什麼的知識」的成長就十分迅速。

　　但要留意到，這種知識仍然在成長，且處在不完整狀態；或許它大部分都還處在非常早期的狀態，或許它有些部分會隨著證據累積，隨著探問的方法和技術（一如往常地）持續進步，而進行調整、修正或者捨棄。因此，迄今為止的知識的爆發性成長讓我們提出、關於我們的世界與自身的那些問題，也只能提出不確定的回答──但無論如何，人類出於對答案的渴望，還是會去尋找答案。

＊　＊　＊

　　當我們問「我們知道什麼？」的時候，我們自然會接著去問，「我們是怎麼知道的？」，以及「能知道的事情有沒有極限？」。這些問題又牽涉到其他問題：當我們提到有別於「信念」和「看法」的「知識」時，所指的意義為何；以及，如果「知識」有嚴格的定義，使它和「僅僅只是」信仰與看法的事物有著明顯的差異，那麼我們會不會被迫要問，「我們擁有的不過只是信念，而不是真正意義上的知識嗎？因為，如果我們非常嚴格地把『知識』定義為**在無可置疑的根據上是真實且可被接受的事物**，那麼，知識還有可能存在嗎？除了數學以外，還有什麼是無可置疑的？」有些初步的手段有助於將這一套重要問題整理分類，而以下便是一個快速分類方式。

　　哲學的其中一個核心領域就是認識論（epistemology），又稱為「知識的理論」。[4] 一種直截了當執行這種工作的方式，就是當有人懷疑我們對於知識的主張時，展現出我們能回應這種挑戰的方法。在這問題的哲學技術辯論上，像是「我知道現在我面前有一台筆記型電腦」這類非常簡單的知識主張，以及「我們做了這類主張是錯的」的那種十分深奧難解的可能情況，好比說「我現在有可能是在做夢或是在產生幻覺，但我要怎麼排除

這種可能？」這些都是認識論的常態。這就讓我們要問，「我們真的有知道什麼嗎？我們有辦法知道任何事物嗎？」面對懷疑的挑戰，甚至是最離譜的懷疑挑戰時，如果連最簡單直接的「知道某事」的主張都無法捍衛，那麼很顯然地，我們的問題可就大了。

而說巧不巧地，我們確實有個難題。情況有可能是，不管抱持懷疑的挑戰看起來多離奇（好比說笛卡爾提出「我可能是被邪惡的惡魔欺騙了」的例子，他以一種純然啟發的方式來使用這例子〔也就是，只是把那當作一種讓事情有可能發生的手段〕，來探索我們能否真正確切知道任何事情），我們從這種挑戰中學到的就是，在最嚴格的定義下，至少在數學和邏輯這兩種唯二能獲得確定性的探問之外，我們其實什麼都不知道。[5] 這意味著，我們得要接受，我們頂多能得到高度可信且有著充足證據支持的信念，而不是嚴格定義下的知識；而與此相關的是，不論我們手頭上的最佳證據能給予多強大的支持，我們的任何信念到頭來都有可能是錯誤的。

科學的基礎就正是這樣的看法。科學承認自身是可廢止的，也就是說，如果新證據引發對現有理論的疑慮時，就可以基於新證據而接受調整或修訂。科學可以說是人類最偉大的智力成就；科學方法是「針對各種科學主題所進行的有責任的、仔細的、審慎的研究調查」的典範，而且它有強烈的自我批判性，並受到實驗的經驗資料所控制──也就是說，受到世界的實際情況所控制，而不是受到我們期待世界應有的模樣所控制。基於這種深切的認識論責任感，科學家並不聲稱自己「知道」，但他們確實藉由嚴苛的測試和評估，確保自己的理論達到最大程度的可靠性。舉例來說，在高能量物理學實驗中，在結果沒有達到五標準差（5-sigma，也就是說「整個實驗過程中達到的結果只是一種統計波動」的機率只有三百五十萬分之一）之前不發表，就是一種標準作法。期刊《物理評論快報》（Physical Review Letters）把五標準差的結果視為「發現」。

　　這種智識方面的責任感是所有嚴肅探問的共同特色，不論在自然科學還是歷史和社會科學方面都是如此。根據研究的主題不同，技術和方法論也可能不同，但探問的**倫理**卻是共通的，尤其在處理所有類型的探問都會遇到的難題時更是如此，而我將會約略描述這些難題。

　　要留意到，科學主義（scientism）——科學最終將能解釋一切的這種看法——跟科學並不是同樣的事物。粒子物理學並沒有要假裝能解釋政治體制，無機化學也沒有要假裝能解釋浪漫主義詩的品質。科學是主題限定的——其研究各自聚焦於物質的基本架構、生物物種的演化、遙遠星系的本質、對抗病毒感染的疫苗開發工作等等。科學是一門有著深切自覺的事業，總是由嚴格審核所支配，而科學家們在貿然發表著作之前，老早就會使其接受詳細審查。[6] 它舉的例子將普世皆然。歷史，還有其他社會科學及人文學科，一同對社會和人間百態提供了更多評論，但同一種對智識操守的顧慮也同樣適用。

　　這些顧慮迫使我們面對那些阻礙探問行動且因近期知識急遽進展（正因這些知識進展所揭露的無知程度）而使人更清楚意識到的難題，包括懷疑論的難題、方法論的難題，以及值得警覺的難題。我認出了好幾個像這樣的難題，會在接下來的討論中於適當的地方提出。我將它們命名如下：

　　針孔難題。我們所有探問中的起始點，都是非常有限且大幅受限的資料，我們只能在時空的局部範圍內，從我們有限的觀點上獲得這些資料，導致我們彷彿透過一個正好放在我們受限範圍內的針孔來觀測宇宙以及過往。我們的方法是否有成功帶領我們穿過針孔，並來到針孔之外？

　　比喻難題。人們引用了哪些隱喻和類比，來弄清楚這些探問在跟我們說什麼，它們會不會誤導我們？

　　地圖難題。有鑒於地圖和它所描繪的國家所存在的差異，那麼理論和它們處理的現實之間又有怎樣的關係？

準則難題。在構成研究計畫和認可研究結果時，使用「單純性」、「最適性」甚至「美」與「優雅」這一類準則的正當理由為何？若要修正時，其修正方式又為何？訴諸這類「理論外準則」是有助於探問，還是扭曲了探問？

真實難題。有鑒於實證探問讓我們有機會廢止原本的理論，那麼，什麼可以當作符合「缺乏確定性」的標準（好比說科學中的標準差範圍）？這是否代表說，我們得以實用主義來對待真實這個概念，也就是把真實當作（可能無法達成的）探問目標，讓探問的行動以（在理想上）趨向真實為策略？這樣的話，「真實」的概念本身要如何處置呢？

托勒密難題。托勒密的地心說宇宙模型，在幾種情況下是「行得通」的，能讓人順利領航於海上並預測日月食，這證明了理論就算一直不正確，某些方面還是有效。我們要如何避免被實用面的充分性所誤導？

槌子難題。可以簡潔有力地總結成一句話，「如果你的工具只有槌子，那什麼看起來都會像釘子」，這提醒了我們，人們往往只關注自己的方法和配備能為我們揭露什麼。

燈光難題。晚上人們會在街燈下找自己丟失的鑰匙，是因為他能看見的就只有那塊照明之處。我們往能探問的地方去提問，顯然是因為我們到不了不能到的地方。

好事者難題。調查和觀測可以影響被調查或觀測的一方。當某人在野外研究動物時，那人在研究的，究竟是彷彿沒人在觀察的動物，還是動物因為被觀察而受到影響的行為？因此這就稱作「觀測者效應」（Observer Effect）。為了**顯微鏡觀測**而削下一個樣本加以染色，這樣的舉動所造成的擾亂，能否可靠地被排除掉？擊碎次原子粒子，能否也可靠地揭穿它們一開始是如何形成的？

讀入難題。這種主要出現於歷史和心理科學方面的難題是指，用來詮

釋資料的假說，往往局限於調查者所處的時代和其經驗。我們有辦法提防這種扭曲的根源嗎？

巴門尼德（*Parmenides*）**難題**。這是隱含於「還原論」（reductionism）中的危機：把一切化為單一終極因或者單一解釋原理，這表面上看起來是最糟的那種基本錯誤，但不可思議的是，它其實是硬科學的一種特性。

最後就是，**解脫難題**。想要得出結論、想要有一個大功告成的解釋或故事、想完畢收工的欲望。人有種天生衝動，是想**擁**有完滿的敘事成因，想要得到一整段由「那個」擔任解釋鏈收尾工作的「這個是因為那個」，於是就中止了進一步追求下一個「那個」的需求。「空隙之神*」類型的推定解釋，就提供了典型的例子。但巴門尼德難題裡隱含的，其實也就是這種解釋。

本書接下來討論的探問三領域，都會受上述這些難題所影響，至於受到哪幾個影響以及影響程度多寡則各有不同。我會在寫到每個領域時，以及在結論章節中，討論最突出的難題。

這些難題讓一些思考者表示，世上存在著我們永遠無從得知的事。舉例來說，他們會說，關於意識本質的問題永遠無法回答，因為試著回答這種問題，就像一隻眼睛試著要看到眼睛本身一樣。不過，這是探問者都不應接受的絕望勸告。如果「知識有極限嗎？」這問題有什麼意義，那也頂多就是個暗示可能有這種極限的失敗主義。但它不是個有意義的問題，因為它是不可回答的問題——它只有在我們超越知識界限的矛盾，並回顧而觀察界限位於何處時，才能夠回答。然而這**實際上是不可能的**（*per impossibile*）。所以若把無知的立場——「無法知道」當作一種探問的總理論和探問目標，是站不住腳的。相反地，重要的是堅信知識有著無限可

---

* 譯注：現階段無法解釋的地方，就用神在該空隙處來說明。

能；就是這種信念推動我們持續追尋，更加瞭解宇宙與自身。我們從針孔難題等等的顧慮中，學習到我們應該如何探問，應該避免哪些事物，或把哪些當作一回事；奮力前進時面對的挑戰，讓我們認清自己該做什麼才能增進知識，並減少無知。

這本書不是狹義哲學上的認識論，即回答那些針對我們最基本知識主張的懷疑挑戰，來檢視對「**在無可置疑的根據上是真實且可被接受的事物**」這種最嚴格的「知識」定義而言，有什麼是我們可以知道的。本書反而是在更廣義的哲學下，探索並瞭解那種被我們非正式地稱為「知識」的、**高度可信且支持證據充足的信念**。確實，從現在開始，我用「知識」這個詞就是採用後者的意義，而那無論如何至少都是這個詞的主流意義：在這種意義下，各種百科全書包含的就是「知識」。而且在這種意義下，「知識」也關乎那些我們實在很晚才知道的，在科學、歷史和心理學方面的知識與無知。

針對這些探問的領域，我要問以下這些問題。我們在這些探問的領域中知道什麼，而什麼是我們曾經一度以為自己知道的？我們現在是怎麼知道這些事，以及，關於在這知識中以及取得這知識的行為中所運作的主張、方法和假設，有沒有引發任何問題，或者我們有沒有任何保留之處？哲學的一項建設性任務，就是藉由它問的那幾種問題得以提供的概念整理工作，而約翰·洛克（John Locke）在他那本為了擁護 17 世紀科學快速進展的創造力而寫的《人類理解論》（*Essay Concerning Human Understanding*）中，將這任務描述成一個「小工人」，替探問行為清出前進的道路。若從「反思以及追求理解」這種廣義的哲學來看，用「小工人」這個比喻來描述此處的任務就很適當。

本書接下來提出來討論的三個探問領域——世界、過去和心智——分別是：（第一部分）粒子物理學和宇宙學；（第二部分）歷史、考古學

和古人類學；以及（第三部分）神經科學和認知神經科學對心智與腦的調查。當然，不可能無所不包；我會專注在每個領域的核心面向。

近來才出現並極速成長的新知識領域並不只有這些，但這些可以說是讓我們對自身的理解產生最大差異的新知識領域。在別的時候，別的地方的人也會加上那些以其他方法來對人類未來產生巨大影響的其他科學領域。其中一個就是基因治療，「基因工程」（出於良善目的而設計，用來避免〔好比說〕遺傳疾病），以及將幹細胞研究應用於醫學上。這些發展也近在眼前，但尚未完全來到，而它們會造成什麼影響還頗有疑慮；我們可以指望，當人類壽命比過往長上許多，而苦於以心血管疾病和癌症為主的各種疾病時，這些科學會對大部分的健康問題以及老化本身帶來相關助益。但談論到生命如果比現在還長、還健康，會帶來什麼樣的社會、心理和經濟方面的衝擊，人們思考的其實還很少。

終將影響人類未來的其他幾套發展，和人工智慧以及其應用有關。或許，說這些發展會影響未來已經過時了：人工智慧早就以各式各樣的方法在運作著，且大部分是有益的。未來它們會發展到什麼地步，以及它們結合起來的效應會是什麼，是目前正開放辯論的問題。[7]

有一個詞和我在此處思考的三個探問領域相關且意義重大，那就是「近期」。光想想一件事就好：第一次觀測到次原子粒子是 1897 年的事，當時湯姆森（Joseph John Thomson）發現了電子。1909 年，在拉塞福（Ernest Rutherford）的實驗室工作的蓋革（Hans Geiger）與馬斯登（Ernest Marsden）首度描述了原子核。愛因斯坦的狹義相對論於 1905 年發表，廣義相對論則是 1915 年。量子理論是在 20 世紀的頭幾十年裡發展出來的，它在 1927 年的索爾維會議（Solvay Conference）中，獲得與會物理學家們某種形式上的正式背書；而光子獲得其名稱，不過是前一年的事。1970 年代，人們開始普遍接受原子的「標準模型」，而 2012 年 7 月確認希格斯

場（Higgs field）的存在之後，模型就整個完成了。

一直要到哈伯（Edwin Hubble）於 1920 年代發表其著作，人們才接受我們太陽系所處的銀河系不過是大量星系中的一個，而不是像先前想的那樣，本身就是整個宇宙。那是 1924 年的事；1929 年哈伯觀測到宇宙正在擴張。這導致大霹靂理論成形；1992 年，美國太空總署的宇宙背景探測者（Cosmic Background Explorer，COBE）證實大霹靂留下的背景輻射是存在的，而根據現在的計算，大霹靂是發生於一三七‧二億年前。[8]

當然，促使人發現這些事物的暗示和假說，在那之前就存在了；古希臘哲學家主張物質應該是由最小的部分所構成（「原子」〔atom〕這個詞就是這個意思──不可分割、不可切割）；而 17 世紀的思想家如伽桑狄（Pierre Gassendi）和波以耳（Robert Boyle）就曾懷疑「微粒」（corpuscles，「小體」）是物質和氣體的組成成分；而 19 世紀的道爾頓（John Dalton）和布朗（Robert Brown）也根據更加可靠的觀測基礎，作出了一樣的主張。康德（Immanuel Kant）於 18 世紀提出宇宙正在擴張的看法；身為康德－拉普拉斯星雲說（Kant-Laplace Nebular Hypothesis）的其中一位創始人，他在這該領域也是有其功績。如果沒有伽利略、牛頓、法拉第（Faraday）、馬克士威（Maxwell）等前輩的貢獻，湯姆森、拉塞福、愛因斯坦以及他們在 20 世紀的科學繼承者也不可能發表其著作。但到目前為止，我們如今擁有的這一切物理學和宇宙學，多半仍然屬於非常晚近的成果；其進展全都是在過去一百年內達成的。

不過，這個知識成長之中最神奇的事情是，它使我們發現，我們其實只接觸到大約 5% 的物理現實。人類得出一個有原理的、有證據的、從大霹靂到此刻為止的宇宙歷史觀（這是一項巨大的成就），是不到一個世紀前的事；但眾多令人費解的問題，已經讓更多奇異的可能情況出現：例如，宇宙只是眾多宇宙中的一個，或者只是一整套難以想像的宇宙歷史中

的一個階段，或者只是針對我們以針孔觀點所窺見的現實而來的有限虛擬實境結構所做出的最佳解釋——會想出這些可能的情況，是因為假設了「暗物質」或「暗能量」的存在，也因為各種將相對論與量子理論統一的提案，在本質上就有著高度假設性。

另一套難題困住了我們有關更遙遠歷史過往的知識。關於古典時代以及其後至今的時代，我們都擁有相當大量的知識，因為古典時代本身就靠著實體上的遺存物以及一部分的文獻，而從它們的時代一路留存到我們面前。[9] 但除此之外，所有已知的、關於更古早過往的知識都是假定的，存在於荷馬的詩篇以及希伯來聖經（也就是基督教《舊約聖經》）的歷史和傳說中。後者自稱可將歷史溯至到宇宙創造，大約比《舊約聖經》內容歷史構思成形的那段時期還早六千年。那些提到了埃及法老王、迦勒底的吾珥（Ur of the Chaldees）、巴比倫的帝國，以及其他暗示「有一個比古典時期更遙遠的過往存在」的地方和特色，再加上它們相關的傳說和神話，讓人們始終能感覺到歷史時間比他們肯定知道的還要更久遠。文藝復興時期的古物珍品收藏家，藉其活動激起人們對自己熟悉的歷史之外的陌生事物產生興趣，但人們主要還是從 18 世紀晚期至 19 世紀（又更以 19 世紀為主）開始更有條理地嘗試挖掘更遙遠的歷史過往；幾乎就可以說，是以考古學的形式在進行。要到那時候，更遙遠的過往才開始進入人們的視野。

當拿破崙於 1789 年入侵埃及時，他帶了兩百位學者隨行，去研究該國的地貌、植物學、動物學、礦物學、社會、經濟，以及歷史。盧克索（Luxor）、丹達拉（Dendera）、菲萊（Philae）和帝王谷（Valley of the Kings）的神殿和遺跡都被測量並描繪下來。十年內，學者們的發現就開始發表在後來會於 1828 年成為百科全書形式的二十三冊《埃及記述》（*Description d'Égypte*）的頭幾冊中，進而釋放出一股遍及各國的狂

熱,對埃及的一切產生近乎狂熱的興趣,並延伸到黎凡特(Levantine)的相關事物。這時有一些學者開始煞費苦心地翻譯羅塞塔石碑(Rosetta Stone)的象形文字碑文,而重大突破於 1820 年代來到;商博良(Jean-François Champollion)靠著同時出現在羅塞塔碑文以及菲萊方尖碑(Philae Obelisk)等其他來源上的象形繭(cartouche)所內含的人名,成功辨認出該語言的一部分語音系統。

人們對(就是考古意義上的)「挖掘」過去的興趣快速增長,這股風潮也感染了不少 19 世紀的業餘人士。對某些人來說,他們的動機有一大部分是替《舊約聖經》內的歷史找到實證;對其他人來說,則是尋找珍稀品和收藏;對那些被業餘者的興趣所驚動的盜賊來說,則是為了獲利。在美索不達米亞發現的第一座大型遺址——尼尼微(Nineveh),引發了後來的兩種活動。法國派駐摩蘇爾(Mosul)的總領事博塔(Paul-Émile Botta),在底格里斯河東岸某個土丘上開挖了幾回,並挖出外觀顯著的結構。後來發現那是薩爾貢二世(Sargon II)的宮殿。那是 1842 年的事;五年後,一名叫萊亞德(Austen Layard)的年輕英國外交官開始在土墩上挖掘,打算能找到多少有藝術或歷史價值的東西就盡量收集,就他的說法是「在盡可能最少的時間和金錢支出之下」。但本世紀最為人所知的挖掘行動,卻是一股由荷馬引發的衝動所導致:施里曼(Heinrich Schliemann)於 1871 年開始的特洛伊挖掘行動。施里曼在西薩利克(Hissarlik)挖掘場址使用破壞性挖掘法,粗暴地大片切開多層考古遺址,也因為他對此處和後來 1870 年代在邁錫尼(Mycenae)的發現成果,都提出了野心過大的主張,使這場知名的努力行動變得弊大於利。很遺憾地,他這種對維護古蹟漠不關心的考古方法,和他的前人以及大部分同代人相比,都沒什麼大不了;他們對脆弱的遺址造成嚴重的傷害,毀滅了連時間本身都沒能抹滅的證據。

在接下來的幾十年裡，開始出現遠比先前謹慎而有系統的考古方法，先不提別的，最至少就讓人們更清楚看見更豐富的近東[*]早期文明。隨著20世紀各方面有所進展，不論是考古方法，還是科學對考古方法的貢獻，也都大有進展。放射性碳定年法從1940年代開始使用，接著又有地質化學和地質物理學方面的進展，加上各種形式的遠距感測，包括雷達和光學雷達、3D雷射掃描、航空考古學、拉曼光譜學（Raman spectrometry）、可攜式X射線螢光光譜儀，牙齒骨骼醫學分析以及古代DNA檢驗、對古代貝塚和糞堆的資訊寶庫進行法醫鑑識，以及更多方式，全都大幅強化了考古的研究調查能力。這些發展並非從無爭議：「過程主義」和「後過程主義」方法論的爭辯，以及科學和人文考古方法之間的緊張關係，都持續進行著，就算考古學日漸擺脫層層過往，並增加了層層理解，情況還是如此。

主要的謎團依舊未解。是什麼造成了西元前1200年左右的青銅文明滅亡，讓十分進步的東地中海與遠東文明陷入為期好幾個世紀的「黑暗時代」？古埃及的紀錄把這歸咎於一群未知的「海上人」（Sea Peoples）接連入侵，但歷史學家多半同意，事件因素遠比這複雜太多——那當中有氣候變遷、饑荒，另外東至印度河河谷、西至不列顛的複雜貿易路線斷絕也是一個因素。那段黑暗時代替過往蓋上了幕，直到考古學再度掀開；想到美索不達米亞、黎凡特、愛琴海和埃及那些令人印象深刻的建築和精美藝術，在如此晚近之前都幾乎無人知曉，就覺得不可思議。

但這些發現只和過去六千年左右的事情有關，儘管也提供了一些途徑，讓人可以進入從新石器時期起始以來的一萬二千年內；在那段時期裡，開始出現有系統的農耕以及城市化。在那之前，智人（*Homo sapiens*）

---

[*] 譯注：Near East，現在較常稱「中東」或「西亞」。

以及其親戚還有其前身的歷史，會被更稀微而模糊地追溯到一段複雜而十分遙遠的過往。在這裡，科學也是一大推力。然而，儘管科學勤勉的搜索為古人類學和人類起源論帶來越來越大量的證據，但它告訴我們的關於人類起源的事情，卻始終是越來越無所定論而令人焦急；每個新發現的牙齒、骨頭、工具，似乎都不是讓我們遙遠祖先的過往模樣變得更清楚，而是變得更複雜。一個例子，是離寫下這段文字還不到十年前，在南非發現了不可思議的納萊迪人（*Homo naledi*），牠們令人困惑的混合特徵——原始的頭顱、上半身、臀部，以及彎曲的指頭——都讓人想起約莫三百萬年前的南方古猿（Australopithecine），但牠先進的手腳，卻類似尼安德塔人和當代人類。將遺體審慎地定年後，得出了令人驚訝的結果；納萊迪人活於離近期大約三十萬年前，讓牠與早期當代人屬（*Homo*）處於同個時代，也讓牠成為了人屬演化支的一員。

宇宙的最大和最小規模，還有被掩埋的文明及人類物種過往，呈現出在研究調查上面臨的挑戰，這並不那麼意外。震撼的是，它們也是如此活生生地呈現了知識那始終令人熟悉又充滿挑戰的矛盾：**我們知道得越多，我們的無知程度就越加明顯**。但探問的第三個領域，腦科學和心理學又是什麼情況呢？關於我們自身，我們的心智、意識、人性的知識——這難道不是我們的文學、娛樂、八卦、沉思、焦慮、希望、愛、夢想以及恐懼都持續不斷在告訴我們的，某種親近貼身、又令我們執迷其中的事物嗎？但就連在這裡，同樣的矛盾還是重複了，一場知識爆炸創造了更深的謎團。儘管哲學、藝術、文學以及和其他自我反思式的探索，對於「我們是誰、是什麼」的問題付出了那麼多努力，我們還是沒有完全瞭解人性和心理（搞不好連一知半解都不到），對於它們背後的複雜物質現實——也就是大腦，則知道得還更少。

從人們開始用**功能性**磁共振成像（*functional* magnetic resonance

imaging，fMRI）以非入侵方式即時觀看活動中的腦、試圖找出腦區域和功能及心理能力之間的關聯至今，也不過就幾十年而已。在 fMRI 用作神經心理學工具而問世之前，人們大半仰賴的還是「毀除研究」（lesion studies），把大腦各部位的損傷或疾病，跟言語、行動、視覺、聽覺、記憶及情緒控制等眾多功能的喪失或擾亂一一配對起來。在設法修復腦部損壞、避免或逆轉智能衰退，以及治療癲癇的任務上，腦部研究有重要的實際用途。出於顯而易見的諸多理由，這些任務和「瞭解腦的心智能力在腦內區域化的情況」攜手共進。但腦研究本身，恐怕不會把我們想瞭解的人性和心理全都一五一十道來。在這些方面，演化心理學以及它更包羅萬象的先驅「社會生物學」提供了幾個觀點——儘管有些爭議，但神經心理學也確實做得到；因為那兩種科學都才剛成形，它們的方法和裝備都還在發展，而傳統看法與信仰的反對力道依然很強大。

人類心理素材的難解本質，為企圖理解的行動帶來莫大挑戰。但它並非探問行動面臨的最大屏障：阻礙探問的也包括人們的焦慮，對於潘朵拉之盒可能會在此開啟的憂心——最糟的情況就包括由那些（既可說唯恐天下不亂，也可說很有用）老是會發現發人深省情節的科幻作者們所設想的情況：植入大腦來控制行為與思想的晶片，有了上述情況便可想而知，隱私會遭到全面入侵，人工智慧仗著法拉利跑車等級的智能科技，超越相形之下只是福特 T 型車的進化版靈長類大腦，進而篡奪人類；諸如這般。

「我們知道什麼」顯然是件要緊事。瞭解三千年前為何發生青銅時代崩潰（Bronze Age Collapse），或許重要性不如理解腦部的結構與功能，因為後者能指引我們治療腦部疾病與損傷。前者看起來或許只是在滿足好奇心，然而它其實可以讓有志學習者學到珍貴教訓，讓人知道造成經濟社會問題的因素為何，甚至讓人知道信史中出現過不只一次的文明大災難為何發生。如前所示，所有知識都有其用處，其中大部分更是至關重要。

　　然而，瞭解「我們如何知道」也很重要。當我們知道如何獲得科學和歷史知識、如何克服獲取過程中的難題，以及過程中的假說和方法引發了什麼問題時，我們不只學會了如何評估所知，也充分理解到何謂有責任的思考，以及對於智識誠實的要求。這些事在人類活動的所有範圍內都很重要，且非常珍貴。說服他人、改變其專注目標、放大或遮蔽事實、影響並操作意見等技藝，從政治圈到廣告界都十分氾濫——而這些就如羅素（Bertrand Russell）曾說過的，「多數人寧死也不願思考，然後就真這麼做。」因為，很遺憾的是，某些人使說服和操控看起來比努力保持誠實還重要太多。因此，知道我們知道什麼，以及如何知道那些事，就是在大幅修正那些想要販賣產品、想法、政策，或者謊言給我們的黨派事業和銷售機構，持續在我們心智前閃動的虛擬現實和半現實。

　　接下來的討論將安排如下：我會先概述，在促成（我動筆此刻的）當今物理學、古代史和腦與心智研究知識體系的整個（不一定都是平穩直線前進的）過程中，曾經有過哪些知識邊界。我會敘述這些探問領域中不久前才獲得的主要發現，並思考一些隨著每個發現而來的疑問、難題和前景。由於本書目標為非專業讀者，因此不會預設讀者已具備這些方面的知識。在其中任一領域有專業的人，或可直接跳至討論疑問和難題的相關章節。本書從頭到尾的目標就是保持清楚明白以及正確，但這些領域都正在活躍發展且激辯中，我並不指望這裡提到的看法有哪一個會獲得普世贊同。但爭辯是好事；它是驅動進步之輪的馬達。

第一部分

科學

簡單明白來說，科學的確就是人類最偉大的智識成就，一點也沒誇張。「科學」是一個廣納百川的詞，但也夠清楚：大部分人會在學校裡接觸到一些基礎物理、化學、生物學，但他們沒那麼熟悉且更為深奧的，是這些廣泛領域的小部分範圍和其組合，以及它們的主題；這些範圍從探問物理現實的基本元素，到生命的複雜度，再到宇宙最遠的邊界。對這些領域的探問在不久以前開始不斷地加速發展。上述這些發現，有不少在投入科技和醫學應用後，著實造成了全然革新的重大改變。

然而實情依舊是，地球上的絕大多數人仍不太知道科學至今揭露了什麼，而他們信守的那種世界面貌，在許多方面仍類似那個在科學革命於西元 16 至 17 世紀發生前支配一切的世界面貌。當時那種「在實體以及道德上都以人類為中心的神造宇宙」世界觀，有著實用性的支配地位；然而，儘管現在它還是大宗信仰，從實用面來說卻早已無足輕重，因為世界上幾乎所有實作面都是按照科技運作的。

即便科學如此大步進展，它也同時更活生生證明了知識的矛盾——也就是知識的每一點增長都加倍了我們的無知感。有鑑於科學如此成功，會有上述這種矛盾是很驚人的。基礎物理和宇宙學方面最符合這情況，但在生物學和醫學方面就不那麼符合了；特別是醫學，它證明了應用科學控制世界各個面向的能力，是如何進步到先前諸世代無法想像的水準。因此在接下來的篇幅裡，我會聚焦於物理學和宇宙學，但加上兩個要素：科技史前史的概要，以及一種或許可以描述為「塑造科學探問的多種思想架構」的重疊狀態，藉以說明關於「世界應該是什麼樣」的假說，以及一個符合要求的假說解釋應該什麼模樣，出人意料地都是我們的現實感持久不變的特色，而且或許能解釋一些正是由科學的成功所產生的困惑。

1

科學以前的技術

  儘管「如何做的知識」和「是什麼的知識（或者說「為什麼的知識」）」之間並不互斥，但區別仍舊很明顯。人類史是一種精巧、充滿探索且處理問題之物種的歷史，它大部分存在的時間都發明了技術，而那些技術不只是為了生存需求，而是在一個反饋迴圈內積極驅動著演進。阿多諾（Theodor Adorno）曾說，從標槍發展到導彈，可以證明人類日漸聰明，但從導彈本身，又能證明人類並非越來越有智慧。這想法有其啟發意義，但也該記住，大部分的技術都是為了生存和繁榮等和平的目的所發明，儘管現在的戰爭科技預算已和大部分人類其他志趣活動的預算一樣高，甚至更高。

  幾乎所有的技術，都是在滿足一種需求時**行得通**的發明。知道為何行得通，在某些情況下可能很重要，但並非總是必要，甚至搞不好往往沒多重要。有時候連科學本身都是這樣沒錯：據說，知名的費曼（Richard Feynman）曾給過的建議是，別去管如何解釋量子物理學，只管「閉嘴去做計算」就好。姑且先不論這種穩扎穩打的看法，科學主要還是一種去理解、去知道為何如此的理由，並去看出事物原理的工作。技術則是不管解

釋理由為何，就是要把事情搞定。法國人的哲學本質，被總結為一句感覺與他們看法相反的妙語中──他們問：「這實作上行得通，但理論上說得通嗎？」人們也這樣說經濟學家。然而對技術來說，理論不是重點，實用性才是一切。

技術史既長又令人印象深刻。科學史雖短，卻更令人印象深刻。因為少有人講述技術史，而且常常只有那種諷刺漫畫畫成最上面口袋掛滿整排筆的人[*]才有興趣，所以接下來的研究調查，會為知識就「**如何**」和「**什麼**」兩方面而言的普遍問題，提供一個背景。

＊　＊　＊

人們一度以為，使用工具是人類專屬的特質。但還有許多物種也會製造工具並加以使用，儘管一般來說很粗陋，但也算是工具。所以這不再能作為界定人類的特色。但那種和人類譜系有關的工具品質與多樣性，以及這些工具發展至今日精密技術的過程，絕對是一種讓人類與眾不同的特色。還有一件更突顯與眾不同的事情，就是在智人的演化中，人越來越堅定地使用工具，到後來幾乎不得不如此，已經到了沒工具就不可能達到今日欣欣向榮、如今沒工具很難再存活下去的局面。我們或許能因此說，人類最獨特的一點，就是他們是有技術的生物，不是黑猩猩用剝掉皮的樹枝釣白蟻，或者海獺用卵石敲碎甲殼貝殼的非計畫性方式，而是**有條有理的**技術。

在肯亞圖爾卡納郡（West Turkana region）的洛邁奎（Lomekwi）三號考古遺址，發現了疑似加工過的石頭，有人便根據這個發現做出略帶爭

---

[*]　譯注：指整天埋首於研究的工作者。

議的主張，認為人族（hominin），甚至或許人科（hominid，用這個詞可以表示範圍更大的靈長類，而在那之中包含了人族以及與人類相關的子集合）裡的一些物種，有可能早在三百三十萬年前就開始打造石器。根據他們的發現，那裡發現的一些石塊呈現出打製的證據，也就是從岩核敲下碎片或是將岩核敲裂的痕跡。洛邁奎的石器很大，拿來當砧岩的更是巨大。因為洛邁奎的發現比最早的人屬化石還要早五十萬年（洛邁奎工具的時代跟南方古猿一樣），比確定和人族有關的第一個工具（也就是奧都萬〔Oldowan〕的石器生產）早七十萬年，所以這些發現就很有意思。

在洛邁奎，一整批大約有一百五十件的手工製品，顯示他們使用了一種可在今日黑猩猩群體觀察到的技術：一塊石塊放在一塊之上來擊裂的石錘法。**雙打製**的證據顯示，他們對石頭進行了有計畫的工法；只不過，如果它們確實是工具，那目的仍不得而知，因為並沒有同時發現有切痕及重擊痕跡的動物骨頭。儘管黑猩猩會從細枝上剝除葉子，然後把一端嚼成刷子狀來釣白蟻，但從來沒人觀察到牠們有使用石塊來宰肉，或把骨頭和頭骨敲開來取得裡面軟組織的痕跡。

奧都萬工具則絕對是人族的工具。它們是以首次發現的地點，也就是位於坦尚尼亞的奧杜威峽谷（Olduvai Gorge）命名；但在衣索比亞的果那（Gona）有發現更早的例子，而最古老的則是在衣索比亞的阿法爾（Afar）區，其年份早於兩百六十萬年前。典型的奧都萬工具是「切割器」，一塊石頭的單邊靠著敲擊移除碎片，打造成銳利邊緣，讓它能用於切片、刮削以及劈砍。奧都萬工具切邊的顯微鏡證據顯示，它們同時用於處理植物、肉類和骨頭。奧都萬的工具組也包括了搗具，用來軟化植物纖維並敲開骨頭以露出骨髓。這幾類工具持續使用了一百萬年，在東非和南非、近東、歐洲和南亞都能找到其範例，和巧人（*Homo habilis*）以及早期的直立人（*Homo erectus*）都有關連。[1]

這些工具，是創造工具的人族在飲食和社會習慣上改變的證據。打製的技術熟練創造出銳利的鋒邊，在奧都萬遺址與工具一併發現的動物骨頭上都可以找到其切痕。用來作為工具以及處理食物的石頭，都是從原本的來源地運送到這些遺址的，證實了人族會在此處聚會，並分享其成果與各樣好處。

一百七十六萬年前開始的阿舍利（Acheulean）石器生產，代表了工具複雜程度日漸增加。這裡舉出的時間間隔相當巨大；洛邁奎和奧都萬這兩個石器產業相隔甚遠，似乎意味著使用程度低以及幾乎毫無進展，但從奧都萬到阿舍利的石器生產，發展速度也沒快到哪裡去。這並不令人驚訝；因為儘管工具減少了工作時投入的能量，但那也只是工具存在後的事；一開始要把工具製作出來，其代價是非常巨大的。得要找到合適的原始石材，接著要把它加工成適合預想目的的構造，然後又得要把辨認合適的石材，從中創造出工具以及有效使用工具所需的技術。有人計算過，製造阿舍利等級的手工製品並熟悉使用，需要幾百個小時的經驗。選擇偷懶就比較簡單。如果熟悉的技術做起工作來差不多一樣能滿足需求，惰性就會鼓勵人固著於熟悉的技術。和奧都萬工具相比，優雅、勻稱且多樣的阿舍利工具，當然需要高上許多的技術及策劃水準，而那就清楚展現了製作者的心智發展程度。

加工製成阿舍利工具的石頭，是根據想要的**斷面特質**而特別挑選過的，包括玉髓、碧玉和燧石，有些地區還使用石英。經過漫長距離的運送後，適當的石材從發現地來到工具製作者紮營處，而他們從中做出的器具，又被加工為雙面手斧和砍肉刀。在這門石器生產業欣欣向榮的一百三十萬年間，工具展現出越來越精緻的模樣。早期的手斧是在當作砧岩的石塊上敲擊而成的；後來則是用木槌來製造較小、較細長的斧頭，且斧鋒較銳利筆直。有證據顯示，阿舍利的成品裝有手柄；手柄的木頭沒留

下來，但在某些斧和錘上可以找到瀝青和針葉樹脂等附著材質的蹤跡，再加上它們呈現的衝擊痕跡，都顯示它們被使用的時候是有手把的。

　　大約三十萬年前，工具製作者發展出以仔細備妥石核為特色的勒瓦盧瓦（Levallois）工法。這種工法會將石頭打造成龜殼狀，底端平坦而上端隆起；這就是石核。在選定的打擊處小心仔細地擊打後，就會產生薄片，而薄片又能進一步用骨頭、鹿角尖端或軟石來加工成想要的結果。這種尼安德塔人使用的技術，是莫斯特石器生產的特色；這是以首度發現這類範例的法國莫斯特（Le Moustier）命名的，儘管這種技術同一時期在非洲大部分地區都顯而易見。

　　勒瓦盧瓦工法的發展，和「解剖構造上的現代人」於非洲出現屬於同個時期，都是大約三十萬年前。大約十萬年前左右，藝術出現在人類紀錄中──南非布隆伯斯洞穴（Blombos Cave）的發現，提供了一些最早的證據。接著從大約六萬至五萬年前開始，在非洲以及非洲之外的地方同時出現了越來越快速的技術變化，導致了四萬年前以降的奧瑞納（Aurignacian）工具製造，其典型產物為刀刃、雕刻刀、針和刮刀，除了用石頭製作外，也使用了骨頭和鹿角。有鑒於奧瑞納也以洞穴畫、雕刻（傑出的範例就是霍勒菲爾斯的維納斯〔Venus of Hohle Fels〕以及霍冷斯坦施泰德〔Hohlenstein-Stadel〕的獅子人雕像）、項鍊等裝飾物以及樂器（好比說同樣在霍勒菲爾斯找到的骨笛）為特色，因此可以說製作出來的工具不只限於維持生存的活動而已。這些發展意味著人類歷史又邁進了一大步。

　　在比一萬二千年前更早的時候，細石器工具──也就是固定在手柄上、用來當鋸子或鐮刀的尖銳小碎片──以及磨光過的工具開始現身。藉由仔細研磨來磨光石塊後，提升了石塊用作工具和武器時的強度和效率，讓它們不那麼容易碎裂。這麼做無疑也強化了成品在使用者眼中的美學品質，而證明這一點的事實是，磨光的石斧也被過世的物主納為墓葬品。

　　到了一萬二千年前開始的新石器時代，人類技術變得有多進步，可以從冰人奧茲（Oetzi the Iceman）來推斷；1991 年在阿爾卑斯山上，發現了奧茲被冰河保存下來的遺體。儘管奧茲存活的時代比新石器時代起始要晚很多，都到了西元前第 4 千紀[*]快要結束的時候，但他的工具跟裝備還是和新石器時代初期沒有太大差別，除了一個地方以外：他那把斧頭的刃是銅製的。他的箭鏃和匕首是打製的燧石做的，他穿的衣服是由不同種皮革製成，而他還有一頂掛著皮革頰帶的熊皮帽。他的斗篷是草編的，穿著熊皮底的防水鞋，有縫合起來的鹿皮鞋幫。他的工具袋裡有一個用來在皮上打洞的鑽子或雕刻刀、刮刀和燧石片，還有一個可能是用來磨尖箭鏃用的工具。他箭袋裡的一些箭裝有羽毛（裝在箭柄後端讓箭飛行時更準確而穩定），而有些沒有，可能代表他沿路製造並修補裝備。他是在打鬥中被殺害的；一支箭刺進他的左肩，他有可能因此失血過多而死，因為傷口靠近動脈所在的位置。他的銅斧刃——奧茲所處的歷史時期是銅石並用（Chalcolithic）或銅器時代，大約是六千五百至三千五百年前，就在青銅時代之前——被固定在一個有皮帶的紫杉手把上。他也是用同個方法把燧石箭鏃固定在箭柄上。如果想像奧茲的某個新石器初期祖先可能曾經穿得跟他一樣，其實並不算想像過頭；一直到西元前 1200 年左右，近東都還有人在使用石器工具宰肉，而在整段青銅時期裡，都會看到燧石匕首在模仿青銅匕首，也有反過來的情況，顯示了無論如何都算能合理期待的情況：石器技術，以及冶金技術的發展，有很長一段的重疊期。

　　跟工具本身一樣有趣的，是這些工具所述說的製作者。與超過三百萬年的工具製作歷程相關的活動，證明了他們是基於經驗做計畫的。想想那

---

*　譯注：英文 Millennium 在本書皆譯為千紀，1 千紀為一千年，此處的「西元前 4 千紀」即西元前 4000 年至 3000 年的期間。

代表什麼意思？記憶、深思熟慮、然後實踐、反覆實驗、產生進步——這些都代表有意識且有目標地運用智能，而且，儘管那三百萬年裡大半時間都只有非常緩慢的發展，但一比較兩百六十萬年前的奧都萬加工石器跟今日某些靈長類敲開堅果的石頭，兩者的差異還是證明了這種進展的存在。

比較好的工具是為了取得數量較多且品質更好的食物而製作的。對於人族演化來說，那意味著要跟上越來越大而十分活躍的腦需要更多能量。這關係確實是互惠的；這是牽涉到一整套適應方式的反饋迴圈——用來把一個工具具象化並創造出來的智力，以及與其相關的手部靈敏度發展，再搭配前兩者所導致的越來越高的營養量和營養品質，都為整個過程注入動力，輸入和輸出就這樣相輔相成。因此，人類譜系中的智慧崛起，便和工具技術以及此技術所促成的社會和飲食進步有著密切關係。

這段歷程有一大部分和一個關鍵發展有關，那就是控制用火，得以提供保暖、光亮，以及免受食肉動物威脅的安全，並大幅增進食物可利用性——因為食物能變得更好消化且安全。就拿安全來說：我們祖先中最早用肉食來補充根莖蔬果主食的那一代，幾乎是利用肉食動物飽食後剩餘殘屍的食腐者。有許多證據證明，人食用了骨髓這種高營養食物，而且這種食物吃起來較安全（此時此刻又更安全），因為比較不會腐敗。在烹飪可行之前，有些肉可能會被曬乾，甚至用鹽保存，且日後無疑仍是人們處理食物的選擇。但烹煮屍體的肉不只會讓肉更好吃，也讓肉更安全；有鑑於肉就是正在腐敗的動物屍體，烹煮因此仍是今日人類食用大部分肉類時會做的事。[2] 火也幫我們的祖先製造工具，例如讓木製標槍的尖端硬化，以及讓某幾類石頭能更輕易地被打碎。

人族只要一有機會，就能得利於偶然發生的野火，但真正要緊的還是控制用火——能夠隨意生火，將火限制在一個空間內，並把火從一處轉移到另一處。從森林大火的餘燼中得利——好比說烤熟的屍體、更好取得與

消化的塊莖——讓我們的祖先瞭解到火帶來的好處;也有人觀察到今日的黑猩猩會使用同樣的方法利用焚燒過的地表。從利用自然出現的野火到將火保存一段時間,直到最終發現如何生火的這段漸進過程——都意味著他們能夠先透過觀察,然後熟練操作一種若操作失當就很危險、但妥善管理就很強大的能源。早至一百七十萬年前的證據,證明直立人曾經有系統地用火;解剖構造上為當代人屬的人,也必定在比二十萬年前更早的時候就繼承了控制火的能力,其證據就在南非林波波省(Limpopo Province)的壁爐穴(Cave of Hearths),以及東開普省(Eastern Cape Province)的克萊西河口(Klasies River Mouth)洞穴的考古發現。

無論是在較早或較晚的遺址中發現到的火,可能都是靠著(好比說)拿著樹枝從野火中取得的。要找到人類有條理控制火的確切最初時間,恐怕很困難。但即便在那發生之前,光是把火納入生活資源,就已經讓人類祖先產生極大的變化,也因此大大改變了他們後代的未來。

在能製作工具並控制生火,進而獲得技巧及能力的挹注,尤其加上獲得社交技巧的力量後,人類得以在四萬年前抵達澳洲,並在一萬五千至一萬二千年前抵達美洲。每一個氣候區都被人類殖民,不只證實了殖民者的足智多謀,也證明了他們的適應力。狩獵採集生活所需的知識和技能要非常高明,才能讓他們在極地或澳洲內陸等差異極大的環境落腳,並在那裡繁盛興旺。今日隨便挑個人類,冷不防地把他傳送回四萬年前;除非受過軍事等級的生存訓練,否則他必定活不了多久——即便受過訓練,和在那時空裡游刃有餘的人類祖先相比,也不過是個菜鳥罷了。

從一萬二千年前的新石器初期開始,技術的歷程就進入了一個新階段。一萬二千年前至西元前 1200 年間,最突出的發展就是農耕和馴養動物、城市化、工程、冶金、車輪和書寫。雖然這本身也是一段漫長歷程,但和前面提到的發展歷程所耗去的幾十萬年相比,實在算不上多長。

　　一個主張是，某些情勢迫使一些人決定不繼續游牧狩獵而於一處定居下來農耕，這在某些方面來說，代表文明倒退了一步。一方面，新石器早期農人的遺骨顯示，他們比同時代的狩獵採集同胞來得更不健康。另一方面，城市定居地的人口增加，導致勞動進一步分化，產生更多階層式的社會組織，代表同時喪失平等和自由，並增加傳染病散播的機會。剛剛提到的「情勢」，可能是人口已經在成長，而狩獵採集場所的競爭增加了團體間的衝突頻率。一個可能的理由是資源減少，導致一些人得改靠耕種食用穀物及馴養動物為生。

　　但當農業和定居生活開始後，有些進展隨著千年過去而開始加速，並為那些活在所謂初期文明的人們帶來新制度，進而平衡了原本的不利之處，但可能真的過度偏重到了另一頭。

　　定居且有系統的農耕是在「肥沃月彎」開始的，那是從美索不達米亞南部平原延伸到底格里斯河和幼發拉底河，然後再繞向敘利亞以及地中海東岸巴勒斯坦的一塊彎曲狀地理區域。也有些人說的肥沃月彎，是從底格里斯河和幼發拉底河交會處延伸到埃及的尼羅河河谷。約於兩萬年前發生的最後一次冰期（或稱「末次冰盛期」，Last Glacial Maximum）後，出現了全球氣候暖化以及冰層後退，直到寒冷氣候一度回歸並持續了一千三百年；這段稱為「新仙女木期」（Younger Dryas，一萬二千九百至一萬一千六百年前）的冰期，讓全世界——至少北半球——再度陷入冰河狀態，或許是從北美流入大西洋的幾道主要淡水流出現了一次南往北的逆轉所促成的。它於西元前 12000 年間的中期結束，使全球暖化恢復，標記了二百八十萬年前開始的「更新世」（Pleistocene）的終結，以及其後我們所處的「全新世」（Holocene）的開始。要在新仙女木期之後比較溫暖的氣候條件下，才會有更多的人群開始在肥沃月彎定居並務農。

　　「更多人群」，這句話承認了有證據證明，至少早在二萬二千至二

萬年前之間的某一段年代裡，在黎凡特就有某種程度的人類定居；如果狩獵採集的食物來源充足且可再生，狩獵採集生活也不一定要遷徙流動。此外，人們在開始專門種植穀物的許久之前，絕對就已經在收成這些還是野生草類的穀子，並磨成麵粉來烹飪。耕作而非碰運氣收成的這種行為，還涉及到保存穀物以便日後播種、澆水以及除去競爭植物。這種活動是農業即將出現的前兆。發展出選擇長得高、穗比較重且因此產量高的穀物品種的能力，是結合觀察和需求下的必然結果。接著很快就有相關活動，主要包括清空土地、製作壺罐，或者至少做出比較大的壺罐來攜帶並儲存穀物，並避免其受到嚙齒動物的侵害；他們還製作出採收和研磨的裝備、興建爐灶，並累積儲備燃料。

第一批定居者開始將較幼小溫馴的獵物留養下來，馴化了牠們，這是最現成方便的推理。當牠們乖巧地待在附近，要取得牠們的肉、皮和毛料（後來也包括牠們的乳汁）就比去追捕牠們來得簡單——而這是發生在遠早於馴服野馬之前的事情。也可以順便推理說，掌管種植、收成、擠奶和烘焙的是女人，男人則繼續狩獵跟畜牧，因為在敘利亞的阿布弗雷亞（Abu Hureyra）發現西元前 9700 年女性的身上，可以看出為了除草及研磨收穫而大量辛苦做出蹲跪動作，對腳趾、肩膀以及脊椎造成的影響。此外，和狩獵或者後來的放牧相比，農業與其相關工作更容易和妊娠育兒結合起來，特別是放牧通常都要在冬夏季的牧場間根據季節移動牲口。從狩獵採集到照顧作物及畜牧的這種轉變，很明顯地依循著性別界線，而這界線也同樣很有可能老早就建立起來了。

肥沃月彎的農耕和畜牧比其他地方都更早出現，在西元前 12000 年過後就立即開始並散播到埃及，並於西元前約 6000 年時來到比較靠近且氣候相仿的歐洲鄰近地帶，好比說希臘。西元前 8000 年至前 6000 年間，印度河河谷的人們開始種植小麥，另外也種植大麥，並馴養山羊、綿羊和

牛。從西元前6500年左右開始，住在中國黃河（會這麼稱呼是因為洪水沖下來的黃土使水變色）一帶的人們從小米開始種起，後來則種植高粱、大豆和麻類植物。中國南方以及整個東南亞則是種稻，沒多久也種起芋頭和香蕉，而那裡的農人馴服水牛作為耕畜，並畜養雞和豬來食用。

農業較晚來到中南美洲。墨西哥以狩獵採集為主要食物來源的人們，從大約西元前5000年開始種植大芻草（玉蜀黍的前身）、辣椒、番茄、豆類和夏南瓜作為補充食物。他們要到西元前1500年才開始仰賴有系統的農業。被人馴化的動物就只有狗和天竺鼠。在南美洲，人們種植馬鈴薯、豆類和藜麥，並馴養羊駝與駱馬。後面這兩種動物太小而無法騎乘或當作耕畜，所以主要是當馱獸或是取其毛料跟肉。

在所有這些地區的發展，都仰賴觀察與經驗，以及隨之得到的更高階知識和技能。它們和社會組織、計畫和結構有關。勞動分工意味著，那些生產食物的人得要確保有剩餘來支持進行其他工作的人，所以就需要一個交換體制。陶工需要麵粉，而碾磨工需要陶壺，他們之間可以達成協議；兩邊都想要肉，而提供肉的牧人需要麵粉和攜帶麵粉的陶壺——諸如此類；當人同時需要記錄和交換的代用象徵（最後就成了錢）的時候，情況就無須多說了。

在美索不達米亞，小麥和大麥種子就是文明的種子，提供了帶領人類邁向新方針的條件。最早的結果包括村鎮的出現。其中最早的是耶利哥（Jericho），年份可能是西元前10000年。由納圖夫（Natufian）文化的狩獵採集者所留下、比耶利哥更早就佔據此區的跡象，顯示了該地區持續供應的泉水使其成為天然的人群聚集處，接著成為一個讓定居聚落成長的天然場所。到了前8千紀中期，耶利哥人口已達兩千人；而肥沃月彎各處也出現了類似的定居地，只是一般來說都比較小。

定居生活讓許多新穎的技術得以實現。漫遊的生活限制了可攜帶的

人工製品的大小、重量和數量,而農耕所需的工具也和採集狩獵的生活不同。發明和試驗在相對而言長期不變的條件下才能蓬勃開展。第一批革新包括了陶器,於西元前 7 千紀出現在近東(日本的繩紋文化則是老早就獨自發展出來的)。興建研磨穀物的磨坊,打造將麻類植物、亞麻、棉花和羊毛製成編織品的織布機,以及上述兩者的持續營運,也同樣必須靠定居生活來維持。

就如「新石器」這個詞所表明的,儘管是新的石器時代,但農耕的頭幾千年仍處於石器時代。這段時期最明確的文化表現,就是本時代的特色——石造遺址;其中有些碩大無朋,而已知最早的是土耳其的哥貝克力石陣(Göbekli Tepe),大約是西元前 9000 年左右,其中最出名的則是英格蘭的巨石陣(Stonehenge)。根據現今的判斷,後者的年份應該是西元前 2500 年,但它所處的位置上似乎早已立起過一圈或者數圈的圓石陣。全歐洲各地都有稱作巨石文化(megaliths)的大量立石遺跡;這三萬五千座立石,從蘇格蘭和斯堪地那維亞最偏遠的地帶,一路遍及至地中海沿岸及諸島,還有安納托利亞。

上述坐落於英格蘭索爾茲伯里平原(Salisbury Plain)的巨石陣,所使用的砂岩有二十五噸重,而且是從約二十四公里外的馬爾博羅(Marlborough)採石場運來的。遺址中較小的藍石巨石大約二至五噸重,開採於約二百二十五公里外的威爾斯彭布羅克郡(Pembrokeshire),而且看來似乎是在沒靠輪子和滑輪的幫忙下,運到了現址。這實在是很了不起。以人類肌肉的力量,在鋪好圓木的道路上拖拉(或許還滾動著)巨石,可能是當時移動巨石的唯一方式。這樣大量投入時間和人力的行動,證實巨石陣對興建者有著重大意義。各種巨石遺址的用途目前無從得知,不過人們有許多猜測,其中最獲贊同的有宗教和天文學方面的解釋(通常又以兩者合一最為人所接受)。[3]

　　巨石遺跡，或者興建巨石，也許藉由某種方式讓創造巨石的群體有了更好的社會聯繫，也為他們的生計帶來好處。不過真相是否如此，就不為人所知了。但在美索不達米亞的農耕群體中，還多了一項不一樣的工程挑戰，直接和食物生產有關：那就是灌溉作物。美索不達米亞是少雨地帶，水源主要來自底格里斯和幼發拉底兩條大河及其支流。東邊的底格里斯河流速比西邊的幼發拉底河快，但因為兩條河都穿越低地，所以常常隨時間改道，而有些一度位於河岸的青銅時期大城市，現在離它們有段距離。

　　農場出於對水源的需求，顯然應該設在河流附近，但這樣很容易遭受洪災侵害，除非洪水期固定、可預測，而且都在收成季節後發生──就像尼羅河的情況。因此新石器早期的農人別無選擇，只能冒著風險在河邊種植作物，但因為嚴重洪水並非年年發生，所以他們還掌控得了。一等到他們設計出控制水源的方法，就能大量獲益。有了灌溉渠道、防洪閘以及排水系統，就代表作物可以獲得保護，或者代表能在離河更遠的地方生長作物（因此讓更多土地得以進行生產），同時還能確保持續供水。在這些條件下，一粒穀物可以長出四十粒大麥，相較之下，只仰賴不定期降雨的地區就只能長出五粒。

　　挖掘運河、溝渠以及興建堤壩，再加上持續維護上述三者，需要成千上萬的勞動力。防洪、將水運送到河面以上的高處，以及讓農地本身的水位達到良好平衡，在這些工程偉業背後都需要相關的補充工作，包括工程籌畫，以及供食、住所、工具和酬勞等後勤工作，還有在灌溉系統完成後監督維修的組織。美索不達米亞人在這些方面全都成功達到令人讚嘆的成績。

　　但這花了好幾千年的時間。河岸邊的農耕是西元前 6 千紀時建立的，第一個灌溉系統是在前 5 千紀挖掘的，到了前 4 千紀時人們排乾了沼澤並蓋起蓄水池，而灌溉運河與堤壩構成的網路，則增加到讓大洪水更像是傳

說而不那麼像家常便飯的程度。《吉爾伽美什史詩》（ *Epic of Gilgamesh* ）是講述第一個洪水故事的文學，寫於西元前 2 千紀早期，經過文化轉變後，又反覆傳頌於《舊約聖經》的挪亞故事以及幾個希臘傳說中（主要是俄古革斯〔Ogyges〕和杜卡利翁〔Deucalion〕的傳說）。

寫下《吉爾伽美什史詩》的時候，美索不達米亞的農人已經在用公牛犁田，並用種子鑽來播種，確保種下的種子有能夠豐收的適當深度與間隔。在離河一段距離的山坡上，農人用汲水吊桿（shaduf）把水從灌溉渠道汲上來；這個機械在槓桿支點上裝了一根橫竿，一頭是水桶，另一頭則是平衡用的重物，讓這整套設備能把水舀起來擺盪到另一側，將桶裡的水倒進田畦間的小溝渠裡。農人除了小麥和大麥之外還種豌豆、豆類、小扁豆、洋蔥和椰棗，並飼養綿羊、山羊、豬、牛和驢子。他們在河流淺水處和沼澤收成蘆葦，用來興建茅草屋、造船、編籃子，並在漁產豐沛的河流和運河中捕魚。整體來說，美索不達米亞成了豐饒之地，所以當人們發現巴比倫王漢摩拉比（Hammurabi，在位期間西元前 1792 至 1750 年）把其中一條運河命名為「漢摩拉比帶來豐足」，也就沒什麼意外了。這些運河確實值得這番稱讚：它們寬約二十三公尺、長達數公里，是工程技術的鐵證；而這同一種工程技術，也在憑這股豐沛滋潤而如雨後春筍般出現的眾城裡，興建起巨大的宮殿和神殿。

尼羅河、印度河、黃河也紛紛沿著河岸哺育了農業和城市化的茁壯。尼羅河的氾濫期好預測且容易控制，而黃河卻恰如其分地被人形容為「中國的哀愁」，因為巨大洪水實在太常衝破泥土堆起的高聳堤防，淹沒兩岸幾百公里長的土地，連帶害死大量人命牲口，還把農田埋在一層層厚泥底下。但黃河沿岸的黃土實在太肥沃，讓人們再三返回，有好幾千個年代符合西元前 3 千紀傳說夏朝定居地的考古遺跡可以證明這一點。傳說中創立夏朝的禹，擁有率先興建黃河防洪設施的美譽，但還得再花幾千年，黃河

才不會那麼頻繁地製造慘況。

　　印度河谷的哈拉帕（Harappan）文明興起於西元前 4 千紀，繁盛於前 3 千紀，然後因不明原因在前 2 千紀前半開始滅亡。解釋其滅亡的理論包括亞利安人入侵、一場大洪水、薩拉斯瓦蒂河（Saraswati River）的乾涸、地震、氣候變遷、乾旱等。最可能的情況是上述多種因素綜合累積導致。不過，（尚未解讀的）哈拉帕文字以及該文化複雜的標準度量衡——對於可靠的市場跟交易運作以及稅收來說，這兩者都不可或缺——都是在西元前 1300 年徹底消失，預告了黑暗時代的到來，而這段時代也會從西元前 1200 年起，降臨在近東以及地中海東岸各島嶼。[4] 然而在印度河河水促成的富饒農業下，哈拉帕文明達到不可思議的高度；許多家戶都有室內浴室和私人水井，各個城市也備有地下排水系統和鋪平的街道；城市間的貿易活絡，從今日的阿富汗北部遍及印度北部。哈拉帕以及摩亨佐達羅（Mohenjo-daro）是最有名的考古遺址，另外也發現了幾千個大小不一的定居地，顯示了該文明興盛時的活力充沛。哈拉帕的建築、排水、交通以及其他眾多技術，都先進到令人驚嘆；而該文化的典雅藝術也是如此。

　　但最早從河水灌溉的土壤中興起的文明是美索不達米亞的蘇美（Sumer），也是人類第一個文明。到了西元前 4 千紀時，蘇美人已經沿著底格里斯河和幼發拉底河建立起整群的城邦，包括了吾珥（Ur）、基什（Kish）、埃里都（Eridu）、拉格什（Lagash）以及尼普爾（Nippur），其中最大的就是烏魯克（Uruk）。幾乎可以確定那就是當時全世界最大的城市，有多達八萬人生活在周長約九‧七公里的城牆內。在上述的實體技術之外，蘇美人還追加了一項更了不起的技術：書寫，一種因生活越來越複雜、貨物交易和欠債需要紀錄，也因為相隔距離長達數天或數週行程的人們需要某種溝通手段，而成為必需之物的技藝。

楔形文字的保存，其實是多虧某種從另一方面來說讓美索不達米亞比埃及更不利的條件。尼羅河周邊都是石灰岩山丘，提供了耐久的石頭來建築金字塔、宮殿、神殿和紀念像。美索不達米亞人就只有泥巴和黏土。他們使用這些材料建造建築，並在這種材料上寫字。泥造建築過段時間後就會崩解，而蘇美人與其後代會直接在殘堆上繼續蓋新建築。結果就產生了今日伊拉克及其周圍星羅棋布的臺形遺址（tell，指土丘或人造土堆）。有它們在，就代表有一層層可以追溯至幾千年前的考古遺址，其中每一層都是某個城市或定居地的歷史切片。但人工製品（又尤其是刻上文字的泥板）如果用不到就會被原地拋棄，由新的一層覆蓋並留存於泥層當中；因此這些製品就保留了下來。

楔形文字（Cuneiform，來自拉丁文的 cuneus，也就是「楔型物」；許多與楔形物相關的詞，都會出現它的詞幹「cun-」）是一種書寫系統，由蘆葦筆尖壓在濕泥上的眾多符號所組成。蘇美人於西元前 3500 至 3000 年發明楔形文字，起先是當作記錄物品清單或交易訂單的工具。有些人認為，楔形文字先於埃及象形文字，且對後者的發展有所影響。然而，有別於象形文字保留了象形元素，楔形文字很快就把象形轉變成抽象表現，結合了音節、輔音和意音元素。[5] 在迄今挖掘出土的、估計一百到二百萬片的楔形文字板中，學者們已解讀了十萬片左右。大英博物館擁有最大一筆收藏；另外柏林、巴黎和巴格達的收藏數量也相當可觀，但都不到大英博物館的一半。

後來的阿卡德（Akkadian）帝國採用了蘇美人的楔形文字書寫系統，承載了帝國通用的多種阿卡德語言，其中包括古巴比倫語與和亞述語。後來西臺人（Hittites）的帝國佔據了安納托利亞高原和美索不達米亞北部，他們可能是受到亞述商人的影響，同樣也採用了這套書寫系統。在後來的歷史中，楔形文字不只用於商業，也用於個人通信和外交往來、醫療論

文、數學著作、天文紀錄，還有文學，其中《吉爾伽美什史詩》就是世界最早的文學典範。

西元前 4 千紀至前 2 千紀期間發展出來的技術中，意義最重大的就是書寫文字，這實在無須多言。但意義重大的技術並非只有文字：筆或許比劍更強大，但劍——或者應該說，製造劍、匕首、盾、胸甲、脛甲、標槍頭和箭鏃（當然還有犁、斧、錐子、刀和鍬）的金屬——也起了重大作用。或許可以說，冶金的發展是僅次於書寫的重大發展，兩者都是人類智慧以及其文明結果的產物。

第一批用來做成斧、刀、箭鏃和飾品的金屬，是天然的銅和金——這裡的「天然」，是指自然出現的非合金。天然金屬並不常見；大部分金屬會與其他物質結合，可能以礦石或和其他多種礦物質混合的形式存在。銅和金這兩種金屬容易加工又吸引人，因此成為特別受到關注的物品，讓人們始終都指望能巧遇它們，便很仔細學習在何處有可能發現礦藏的蹤跡。但後來人們注意到，銅會在加熱特定石頭時出現，好比說藍銅礦和孔雀石，於是就開啟了一門金屬產業。到了西元前 5 千紀時，含銅的礦石會從比較豐沛的地點——阿拉伯半島、伊朗和安納托利亞，還有賽普勒斯島（它的名稱 kupros 可能來自某個語言中的銅，也可能是這個島名後來成了「銅」〔copper〕這種金屬名的起源）——交易到包括埃及、印度河河谷和中國在內的地方。

從六千五百年前至三千五百年前的這段銅器時代，又稱作「銅石並用時代」，以開採、擊碎、冶煉含銅礦石的技術發展為其顯著特徵。這段期間的大半時間裡，熔爐都無法加溫到銅的熔點以上，也就是攝氏一千兩百度以上，因此把銅打造成形就非常需要體力活，必須持續不斷地加熱和搥打。發展出高爐（因為爐火燃燒的空氣是從底下硬吹進去的，所以稱作高爐）以後，就產出了能灌進鑄模的熔銅。該技術是在西元前 2 千紀的晚期

出現的，那時早已是青銅時代了。

銅業需要專家：採礦工程師以及礦工、熔煉工和金屬匠、設計師和工匠。一開始因為花費甚大，銅器只保留給社會菁英階級使用。從斧頭、劍、排水管到廚具，每一件物品都出自銅匠的匠鋪。銅器時代裡，沒那麼富有的人有相當長的一段時期仍持續使用木製或石製器具。

銅器因為珍貴，所以會被送回熔爐，接著又回到銅匠的砧上重新打造，但人們需要更高的耐久度。人們發現在銅裡面混入一點軟金屬可以達到耐久性，而那種軟金屬可以是砷或錫。一開始是用砷，但處理砷具有危險性，讓錫成了人們偏好的別種選擇。90％的銅混合 10％的錫，就是青銅。青銅堅硬、耐久、易加工，而且美觀；用青銅打造的工具和武器遠比用石頭、木頭或純銅製品來得有效太多，而用青銅製出的藝術品和手工製品，可以在上面製作複雜的圖案裝飾和形狀設計。因此，出於上述所有目的而製造的物品，幾乎都以青銅為材料。

錫在近東的礦藏並不充沛，得從遠方進口——一個來源是今日阿富汗東北部，另一個是英格蘭的康瓦爾（Cornwall）。青銅器的設計受到陶器裝飾長久以來的精巧手藝影響，因此舉凡青銅製造業發達的地方，其藝術和實用價值都逐步成長。在中國，設計複雜到不可思議（有時還十分龐大）的青銅器，造就了整個青銅時代（西元前 3500 至 1500 年）的幾個鼎盛時刻。

青銅時代崩潰（Bronze Age Collapse）——西元前 1200 年左右，近東和地中海東岸文明同步快速滅亡（埃及倖存下來，但也大幅衰退）——發生後，緊接著就是好幾個世紀的「黑暗時代」。西元前 900 至 800 年過後，識字能力、組織和文化開始復活；這便是希臘的古風（archaic）時期，接著進入古典（classical）希臘時期。那時羅馬還未崛起，而《舊約聖經》裡掃羅（Saul）、大衛和所羅門的故事則是記錄在黑暗時代的中期

（西元前 1000 至 900 年），巴比倫囚虜（Babylonian captivity）[*]以及第二聖殿時期（Second Temple era）則在西元前 6 世紀。伴隨著黑暗時期終結，出現了青銅被鐵取代的趨勢——這物質洪亮而令人生畏的名字，使這時代被稱作「鐵器時代」。

事實上，最早在西元前 1500 年時，西臺人就已經在熔鐵並製造鐵器，但因為熔爐的溫度不夠，他們的流程比較沒效率。從他們的熔爐產出的成品是鍛鐵（bloom），也就是鐵和爐渣的混合，後來還得反覆加熱搥打，才能去除爐渣。這種鍛鐵造出的工具和武器不如青銅堅硬，不只脆而易裂，還很容易生鏽。弄尖了的鋒刃很快就鈍了。持續使用鐵的唯一理由，就是它礦產豐富又容易取得；不需要深掘礦坑，因為它就在靠近地表處，而且鍛造也不需要進口昂貴的錫礦。

只要鐵能處理到更耐用的狀態，就能說是可圈可點。情況也確實如此發展，而那絕對是因為青銅時代崩潰造成貿易網路中斷，生產青銅所需的錫更難取得，於是鐵工相關技術急速進步。到最後，鐵只要有效處理，比青銅還優良：它可以用遠低於青銅的成本，造出更銳利堅韌的器具。熔爐也有所進步，達到了需要的高溫。人們發現，如果將鐵浸入水中冷卻，再加熱再冷卻，並一再重複這套程序的話，就不會再那麼脆弱而易碎。將鐵摻入木炭的成分加熱，鐵就會經歷碳效應而變成鋼。鋼劍有良好的鋒刃，可以輕易切斷青銅劍刃和胸甲。大軍若有了鐵製武器，就會更加勢不可擋。用鐵斧砍樹較有效率，用鐵犁翻土壤的成效也更好。因為鐵製品比青銅更便宜，所以不論農人、軍人、木工、建築工、廚師，人人都能取得。當鐵器時代甩開青銅時代崩潰的陰霾，就出現了各種更廣泛且穩健的技術

---

[*] 譯注：猶大王國被新巴比倫國王尼布甲尼撒二世征服，許多猶太人被擄，囚禁於巴比倫城。

可行性。

＊　＊　＊

　　還有兩種技術搞不好比目前為止提到的所有技術都更重要，那就是**輪子的發明以及馬匹的馴服**，而這兩者的結合又格外重要。

　　人們深信輪子是人類巧思中最偉大的發明。布利埃（Richard Bulliet）提出了一個有助於改善的修正。[6]「1850 年，蒸汽引擎被列為世上最偉大的發明。到了 1950 年，輪子這種古老上太多的發明超越了它。電動馬達和內燃機的降臨，是蒸氣引擎排名下降的一部分原因；但汽車、卡車、公車的普及（更不用說購物車、腳踏車和手推行李車）發揮了更大的影響力。因為 1859 年的時候，那種發出隆隆聲、駛過城市卵石街道、沿著鄉下泥濘車轍顛簸行進的有輪交通工具，看起來既不新穎也不特別顯得匠心獨具。」[7]

　　儘管上述這說法提醒了我們，流行風潮多容易使人反感。今後當科技再次前進時，鐘錶和蒸汽一度看起來擁有的那種驚奇感，無疑將帶著電腦一起束入滿是塵埃的歷史高閣。不過輪子倒是從新石器時代以來就一直對歷史有很大的影響。然而，就算沒發明出輪子，歷史還是會繼續前進；至於美洲，輪子直到西班牙征服者帶來之前都不存在，但很奇妙的是，兒童的玩具上卻有輪子。載貨工作不是由人力或駱馬來負責，就是用美洲滑橇（travois）來拖行；那是一對棍子在一端以斜角相交而組成的滑橇。而在非洲，以及西元前 2 千紀中期為止的埃及，人們儘管知道有輪子這種東西，卻未加採用。有鑒於埃及人明明就接觸過西元前 3000 年之前已普遍使用輪子的美索不達米亞文明，這現象似乎有些不太尋常。

　　有些理論大致上認為，中南美洲之所以沒發明輪子或使用輪子，是因

為沒有大型動物能給人裝上交通工具去拉動，但這類理論忽視了人其實也可以推拉手推車，而車輪可以減輕搬移貨物時擔負的重量以及摩擦力。所以，只要中南美洲人當初選擇使用輪子，他們想必是用得到的。但他們就是沒這麼選擇：他們只用人力或駄獸來攜運貨物。充滿高山和茂密叢林的南美洲地形，並不適合使用車輪運輸。埃及人也不認為車輪不可或缺，因為大部分的沉重貨物都可以藉由河流運輸，並靠著建造金字塔的那種協同人力，將重物移至河中或從河裡搬到岸上。

這幾點就破壞了「輪子是人類意義最重大的技術進步」這種普世同意的看法。[8] 布利埃也證明了，「輪子是在美索不達米亞發明的」這種假設（因為那裡發明了太多其他東西而使人如此假設）並不正確。輪子於西元前 3000 年於蘇美出現時，早已在喀爾巴阡山脈的銅礦場使用了幾百年，時間可回溯到西元前 4 千紀的前半時期。[9] 在黑海北方的草原上，輪子和馬車同時出現，作為當地遊牧者的移動家園；西元前 3000 年後的一千年中，馬車在當地被用於陪葬車主，這凸顯了馬車的重要程度。氣候和語言學的證據，都主張高加索北方的草原是輪子首度大顯身手的地方，而後者的證據來自輪子（wheel）、車軸（axle）、手推車（cart）以及相關物件的詞語在原始印歐語（Proto-Indo-European）中的詞根。遊牧人的流動城鎮一直存續到了當代，直到西元 19 世紀，諾蓋人（Noghays）被俄羅斯帝國政府強迫定居，或者逃到鄂圖曼帝國為止──不將（遊牧流動別有起因的）羅姆人算進去的話，他們就是這項傳統的最後繼承者。

由於運貨馬車後來演變成為雙輪馬車，再加上那些針對雙輪馬戰車跟在馬匹後面衝鋒入陣做的描述，使得人們通常都把馴服馬匹和車輪相關技術的演變聯想在一起。不過第一種役畜其實是牛或亞洲野驢（onager，驢的壞脾氣親戚），而戰車衝鋒的英勇形象，得要用一塊西元前 3 千紀的石碑加強；石碑描繪的是一名國王乘著一台緩慢笨重的四輪驢車進入戰場。

就如布利埃所證明的，美索不達米亞的四輪馬車拉著成列的王室成員或者諸神形象；在歷史大半時期裡（直到文藝復興為止）駕駛四輪馬車或運貨馬車的工作都是留給女人和低階男人的，因為人們要是看到有地位的男人坐在那種車上會覺得有失體統。

從人開始騎馬以後，有滿長一段時間，騎馬都被視為象徵男子氣概的行為，而只有少數文化中的女人會這麼做。圓桌武士中的蘭斯洛爵士（Sir Lancelot）同意自貶身分當運貨馬車的乘客，來交換他深愛的關妮薇（Guinevere）的消息，對他來說可是一個意義重大的舉動。[10]

馬源自美洲，在融化的冰河抬高海平面之前，就向西跨過白令海峽的陸橋，開始在遼闊的歐亞大陸草原上生活——且沒多久後就在原生的美洲大陸上絕跡。牠們要到幾千年後才會被西班牙征服者重新引入美洲。原本的草原馬又小又結實，缺乏牛（甚至驢）的力量，被馴化後也很少用作役畜；要經過育種，才能在勞役方面與上述動物並駕齊驅，好比說一千年後的良駒夏爾馬（Shire horse）。養馬的行為似乎最早也要到西元前 6000 年才開始出現。第一個養馬的證據和裏海西北方草原（今日哈薩克）的博泰人（Botai）有關，這些人一開始是為了取用馬奶和馬肉。從約莫西元前 3500 年開始（就如馬頭骨上的牙齒磨損證據所顯示的），人開始給馬上鞍具並騎乘。

從西元前 2000 年以後，美索不達米亞和埃及留存至今的藝術品上就開始有馬拉戰車的圖像，而從西元前 1600 年開始出現騎馬的現象。有一個理論是說，大部分的馬種都沒有壯到能承載人的重量，除非整個人往後坐在馬的腰腿上才行，但坐在那個位置既不容易控制馬匹，也無法安全坐定。馬一旦壯到可以用現在我們熟悉的方式來騎乘，就成了人類勢不可擋的夥伴，提供的速度和機動性甚至高過雙輪馬車，而那就是雙輪馬戰車經歷了相當長一段時間後，最終讓位給騎兵的原因。有一個騎兵勝過戰車的例子令人難

忘，那就是亞歷山大大帝的騎兵於西元前 331 年的高加米拉戰役（Battle of Gaugamela）打敗了波斯大流士王（King Darius）的戰車隊。[11]

然而，人類早在上述事件之前就已經在騎馬了。要注意到，馴服馬匹和馴化馬匹是兩回事；有些學者（很合理地）堅持，「馴化」要有選擇性育種所造成的人為實體改變，來強化某些人擇的特性，好獲得（可能是）更多乳汁、更多毛料、更多肉、方便使役的更高順從性等等。在這個意義下，馬匹確實在被馴化之前就先被馴服了。博泰人要先會騎馬，才有可能把馬圍在柵欄裡馴服（並最終加以馴養），所以我們必須想像他們捕捉並馴服了馬匹，然後騎著牠們去追趕、捕捉馬匹，將牠們圍在柵欄中，進而馴服更多馬匹。

就如接下來會在第二部分討論的，根據一項有爭議的遺傳學研究所言，操著印歐語系語言的人們從草原故鄉（此處所說的這些人屬於顏那亞〔Yamnaya〕文化）向西移入歐洲、向東南進入印度、取代當時住在那的狩獵採集者的這番行動，幾乎可以確定是由輪子以及馴化的動物所提供的機動性促成的，而這項技術就區分了移民和被移民取代的人。因此，在輪子和控制動物的有無造成極大差異的地方，這兩項確實得看作是重大技術。

青銅時代的工程師和建築師有著了不起的成就，其中最著名的就是埃及王朝時代的金字塔。美索不達米亞（舉例來說，烏魯克和巴比倫）以及後來黎凡特（舉例來說，烏加里特〔Ugarit〕）的神殿和宮殿，都是高水準技術的證據。就優雅、對稱和比例來說，少有能勝過古典希臘神殿的建築。但羅馬人才是古代的偉大建築師。他們引入了拱形構造以及從其延伸而來的桶形拱頂，進一步發展成可以支持巨大穹頂的交叉拱形。羅馬城內有兩個傑出的工程範例，一個是西元 110 至 125 年間興建的萬神殿（Pantheon），其直徑四三・三公尺的穹頂，依然是古代工程的奇蹟；另一個則是羅馬競技場（Colosseum），於西元前 70 年至 80 年間興建於一塊

填湖造出的場地上，那裡曾是皇帝尼祿（Nero）的遊樂場「金宮」（Domus Aurea）的一部分。羅馬競技場構成的橢圓形，長寬軸分別為一百八十九和一百五十六公尺，涵蓋二萬四千平方公尺，可容納五萬名觀眾。地底下的隧道和空間放置用來換場的機具設備，包括把獸籠送到鬥場那一層的升降機，此外（在競技場早期階段）還有一種設備，可以把鬥場淹滿水來表演海戰。

羅馬工程師發展的結構原理，在一項最了不起的成就中大顯身手：把淨水帶到各城市的水道橋，以及把廢水帶離城市的汙水系統。把水輸送過山谷的成排拱型構造十分巨大，令人頭昏的高度至今仍令人欽佩；就想想塞哥維亞（Segovia）的雙層拱形水道橋。羅馬人在建築方面成功的一個重要因素，是他們不受水火侵害的混凝土，稱作 *pozzolana*，是火山灰和石灰的混合；這解釋了他們打造的偉大建築結構為何有些能屹立至今。羅馬混凝土的配方，以及如何在一個空間上蓋起一個巨大穹頂的知識，以及其他更多知識，都是西元 5 世紀西羅馬帝國滅亡後就失傳的技術。人們要等到一千年後，等 15 世紀中期佛羅倫斯的布魯內萊斯基（Brunelleschi）現身，才拾回了如何興建穹頂的知識。也要到 19 世紀，人們才重新發現混凝土的配方。

另一項巨大成就是羅馬的道路。那可是經過精心設計的：先把扁平的石頭放在沙子堆成的基底上，然後再舖上兩層嵌在黏土或混凝土上的卵石，接著蓋上最後一層由混凝土嵌著鵝卵石構成的弧形路面。羅馬人留下的八萬公里公路有一些直到今日都還在使用，從這就能看出，這些路有多麼能承受從四輪馬車到大軍的龐大交通所帶來的耗損。這些路都盡可能拉直，以橋梁跨過河流，每十六到十九公里就有郵務接力站，每四十八到六十四公里就有旅社，沿路都使用同樣的官方語言和貨幣；它們統一了這個從蘇格蘭邊界到埃及與阿拉伯沙漠的帝國。

在新石器和青銅時代，在埃及和美索不達米亞的河流上，船都是理所當然的運輸工具。在埃及，蘆葦船可以有效運用其構造簡單的方形帆，向南順著尼羅河而上，然後收帆順流下行。在幼發拉底河上，第一艘船是獸皮做的。長久以來，在海上航行都是緊貼海岸的危險活動；荷馬以奧德修斯（Odysseus）為名的史詩《奧德賽》中對海的尊重，無疑確實反映了長久以來人們面對大海的態度。但青銅時代就有一套早已存在的海上貿易，以航線緊密縫合地中海東岸各地，其核心商品是重要無比、有如古代世界版石油的錫。

在青銅時代崩潰後的幾個世紀裡，海上的行家都是腓尼基人（Phoenicians）。他們的最初家園是地中海東岸，直到該地政治局勢促使他們將行動根據地遷移到比較安全方便、但在那時還只是貿易站的北非海岸。那地方就是迦太基（Carthage），當初只是圖其功用，後來卻一路成長為極其富有的商業帝國的中心城市。這座壯麗的城市本身就是當時的奇觀。有航海技術的不只有迦太基人；住在島嶼上的希臘人下了海也同樣優游自在。西元前 5 世紀時，面對波斯的威脅，雅典的地米斯托克利（Themistocles）打造了一支強大的海軍，並於西元前 480 年 9 月用它來擊敗薛西斯（Xerxes）的艦隊，打下一場知名的勝仗。

後來，在剛起步的羅馬與既有強權迦太基之間，展開從西元前 3 世紀初期開始一系列戰爭的衝突，羅馬人在這段期間也成了造船民族；而迦太基則在西元前 146 年真的存在的布匿戰爭（Punic Wars）中被抹滅。有一個奇妙的想法是，希臘人、波斯人、羅馬和迦太基人用三列槳座戰船和類似的槳船進行的諸多海戰，居然立下了一個二千年後依舊堪用的模式：西元 1571 年發生在兩支槳座戰船艦隊之間的勒班陀戰役（Battle of Lepanto）。《唐吉訶德》（Don Quixote）作者塞凡提斯（Miguel de Cervantes）的左手就是在那場戰役中失去功能的。

　　腓尼基人或許是他們那時的地中海行家，但和別人相比，他們較晚發展且活動僅局限一地。早在他們之前，從西元前 3000 到 1500 年這段期間，南島語系各族就已在進行長途航海，跨越涵蓋半個地球的太平洋。據航海歷史學家研究，能實現這種偉業，靠的是發明船外平衡體以及雙體船──但如果不會觀測星辰、洋流、盛行風以及天氣系統，就算再穩固的船都沒辦法實現這種非凡的遷徙。整個西方世界，在西元 15 世紀別稱「航海家」的葡萄牙王子恩里克（Prince Henry），給自己訂下「向南進入大西洋並沿西非海岸航行尋找航道」的任務之前，都沒有能與南島語系各族匹敵的事蹟。利用在赤道向西吹、在大西洋中北向東吹的盛行貿易風所達成的「海上回轉」（volta do mar）技術，最終激勵了向更西方冒險前進的想法；第一個從伊比利亞半島這麼做的是哥倫布，只不過維京人早在五百年前就已經抵達北美洲了。

　　人們認為「航海家恩里克」功在開啟「地理大發現」：**透過迪亞士（Bartolomeu Dias）和達伽馬（Vasco da Gama）繞過非洲之角的探索（在達伽馬則於 1490 年代到達了印度），最終在接下來的數個世紀中，導致歐洲與東印度建立起貿易關係，並在隨後加以殖民。激發這些航程的一個主要動力，是堅決要找到一個方法，來削弱阿拉伯和威尼斯對於「到那時為止，都是從印度或橫跨阿拉伯半島走陸路而來的值錢香料貿易」的牢牢掌握**──這種貿易早在西元前 1500 年就已開始，當時是東南亞島嶼上的南島居民，把肉桂、豆蔻、胡椒、薑、薑黃、肉豆蔻和中國肉桂販售到東南亞大陸和中國；日後，這些商品又從後面兩地繼續向西交易。陸路提高了香料的成本，讓威尼斯變得極其富裕，因為它是香料交易進入全歐洲的分配點，至少從西元 8 世紀起就是如此。

　　讓歐洲探險家實現長距離航海的兩個關鍵技術發展，分別是大三角帆和尾舵。這種三角形的船帆，取代了古代肥沃月彎船隻以及中世紀維京戰

船所使用的方形帆。它強化了操控性,因為方形帆只能讓船在風前頭走,但三角帆卻可以迎風換舷。在有大浪和進行軍事行動時,尾舵比之前那種附在船側的划槳轉向系統更安全,且成效更佳。這兩種革新讓航海更有效率,且成效更高。

　　天體高度測量儀、十字儀、羅盤、象限儀、八分儀和六分儀等儀器,和南島民族長久以來使用的方法相比,都是很晚近才投入航海事業中的。這些儀器和報時方法的發展有關——其中最早的是晷影器(gnomon)*,還有日晷†,以及水時計(clepsydra)。在固定地區要定時不難,但當人一直在外海改變位置時,就變得比較複雜。儘管說(藉由太陽高度和星辰位置)要知道自己所在的緯度相對而言比較簡單,但無法定時會讓人很難確定自己所在的經度。要確認經度,一個人得要帶兩個時鐘上船,一個定在出發點,另一個則根據每天的太陽位置來調整時間。接著,再結合他所知道的緯度,就可以確認其位置。兩座鐘每相差一個小時,就等於經度差十五度;而十五度的距離差多少,則是要看緯度高低。在赤道時是一千六百零九公里。在南北極就是零公里。神奇的是,要到西元 18 世紀,才有一位無師自通的鐘匠哈里森(John Harrison)發明一種時鐘(船用精確時計,marine chronometer),可以在世界任何地方正確報出任何航程的母港時間,讓航海家能知道自己身在何處。[12] 在那之前,鐘錶都是不可靠的。在船隻的顛簸翻動下,擺鐘無法正常運作。充滿鹽分的海上空氣、來自暴雨和大浪的濕氣,以及不同氣候區的溫度變化,都讓各種時計加快、放慢甚至停止。在哈里森之前,航海時唯一能為替猜測補充資訊的就是經驗——而且即便在那時候,猜測都還是主要的資訊來源。

---

*　譯注:指日晷中立起來產生陰影的部分。

†　譯注:指盤狀平面加上晷影器的整體。

　　人們推測，在中國發現的一根西元前 2300 年的上漆桿子，是已知最早的晷影器，也就是一種藉由自身投下的陰影來報時的設備。希臘人發明了將一天分配成十二等份的日晷。水鐘可以在晚上和沒有日光時使用，前提是氣溫沒冷到結凍。但從中世紀時期以後，時鐘的技術就高速進步。西元 9 世紀早期，巴格達的哈里發送給查理曼（Charlemagne）一座水力鐘，會用水力啟動報時鐘響，並讓上面的騎馬人像動起來。西元 11 世紀，中國工程師蘇頌為皇帝發明了一座「水運儀象台」，不僅能報時，還能展示天體運作。這些時鐘利用了水特別適於這用途的特性：也就是均勻且容易控制的流動。

　　機械鐘於西元 13 世紀隨著擒縱器的發明而登場；這種裝置會定期阻斷下墜的重擺，或者阻斷（後來使用的）彈簧張力釋放，因而產生時鐘特有的「滴答」聲。早期的機械鐘相當粗陋，只能顯示鐘點，但用在教堂鐘塔或者富麗堂皇的城堡大廳已經綽綽有餘。16 世紀發明了主發條，就讓小而正確的可攜帶時計誕生——也就是錶。鐘錶變成了一個宇宙機制的比喻，是 17、18 世紀啟蒙運動中非常有影響力的形象。

　　既有技術持續進步發展，就會有各種實用設備跟著被發明出來。舉例來說，就想想馬軛對於運輸（以及因此對經濟）的影響。羅馬人針對馬車重量強制施行了一套法定限制，保護馬匹不會在拖拉貨物時透不過氣。發明了有襯墊的馬軛之後，馬隊就有辦法在不受傷的情況下拖拉比原本重上許多的負重，因此降低了運輸成本，在西元 12 世紀時達到 4 世紀的三分之一。這對歐洲人的貿易和行動有著重大影響。

　　中國則以原產多項驚人技術革新而聞名。風箏、火藥、煙火、火箭、木版印刷（發明於西元 618 至 907 年的唐朝年間），而西元前 2 千紀中期就開始發展且無與倫比的精湛青銅工藝，是其中最為人知的革新。也有人雄心勃勃地聲稱，有其他眾多發明同樣源自中國，有些還能追溯至新石器

時期；其中最可靠的和養蠶業（絲綢生產）以及運河水閘有關，不過升降水位的方式，在蘇美之前的美索不達米亞就已經存在了。有人主張鐘、棺材、馬具、磚塊、陶釉、種子鑽、拱橋、尾舵、鑄鐵、鋼、獨輪手推車、人偶、天花疫苗、鑽頭，甚至玩具直升機以及其他眾多物品，都是打從半傳說的商朝（西元前 2 千紀）到宋朝（西元 960 至 1279 年）再到之後的這段期間內於中國發明的；這類說法有可能是真的，但別的地方也有在不同時候獨立發明過這些東西，或者功能類似的東西。由於在歷史上，中國在晚近以前和近東以及歐洲的接觸都很有限，所以就上述許多革新而言，我們很難說在技術轉移方面發生過哪些影響，或者說到底有沒有過影響；就算有，也很難說到底是哪一方影響了哪一方。在目前提及的過程裡，絲路開始雙向開通屬於非常晚近的事，是要過了西元前 2 世紀才會開始；但我們也很難想像說，馴化馬匹和雙輪馬車的發明，居然不是東西方橫跨草原進行技術轉移的結果（而這也只是從眾多可能有橫跨的例子中隨便挑出兩個而已），因為中國到了西元前 1200 年時才開始使用雙輪馬車，而西元前 2000 至 1600 年間的中國考古遺址也頻繁出現馬骨——馴化馬匹以及輪子，都是在那之前就於高加索北方的草原上發明的。

　　西方對中國的認識從西元 17 世紀以來大幅增加，但到了 17 世紀，中國先前歷史中展現的巧思已被傳統和僵化扼殺了。然而，在似乎沒有（或者不易）彼此相連結的世界各地，約莫在同時出現類似的技術，卻是一種有趣的現象，顯示人類的流動性和交換活動，比我們只憑「看見從八千年以來，在歐亞大陸上移動起來有多遙遠，而移動的手段又多麼受限」來猜想的還要更頻繁，也更廣泛。個人能夠攜帶的想法，一旦播進肥沃的土壤，就能自行發展茁壯；阻撓這種茁壯發生的障礙——傳統的僵化、對異人異地的方法產生仇外疑心等等——必定常造成干擾妨礙；但這樣的茁壯必定發生過。

有一項中國發明一路抵達近東和歐洲，從此深刻影響所有地方的歷史進程，那就是火藥。據說，當初是追求長生不老藥的出家人[*]把木炭與硫磺以及硝石混合起來，創造出一種會發出大量煙霧並嘶嘶作響的物質，進而發明了火藥。這發生於西元 9 世紀；著迷於此的中國煉丹術士繼續實驗化合物，不是只為了娛樂目的──儘管娛樂確實是一項動機：產出的結果就是煙火──也是為了製作噴火器、火箭[†]以及炸彈。到了 13 世紀初，阿拉伯與歐洲的人們都取得了火藥的比例和配方。第一座大炮於 14 世紀打造，而鄂圖曼帝國在 1453 年拿下君士坦丁堡的關鍵就是攻城炮；而到了 17 世紀的三十年戰爭（Thirty Years War）時，就工程和軍事方面來說，火砲相關知識已經是一門先進且精細的科學。[13]

大砲終結了城堡和城牆在防禦技術上的用途。火槍發展的速度也不惶多讓，也同樣立刻讓裝甲騎士踏上末路。事實上，因為十字弓的速射可以射穿裝甲，所以這種昂貴的中世紀坦克早就岌岌可危；但就連一開始那種不可靠且效果有限的初代火槍，效果都可以比十字弓更為出色。[14] 第一批火槍出自中國，起初是在竹管裡面塞入火藥，點燃後從中射出彈丸。西元 12 世紀開發出金屬槍管，被中國人稱之為「手銃」。13 世紀時阿拉伯人和馬木路克人（Mameluks）有了火槍，而歐洲則要到 14 世紀才引進。最早的幾種火槍屬於鳥銃（musket），是從槍口填裝的滑膛長槍，而這個基本型一直留存到了 19 世紀，不過零件的加強設計（如槍管加上膛線，以及預先準備好的子彈）都讓武器用起來更安全（當然是指操作的人更安全：早期鳥銃有時會在開火者面前爆炸）且更有效──到了滑鐵盧之役那時，訓練妥當的火槍兵一分鐘可以擊發六輪。19 世紀至 20 世紀這種急速

---

[*] 譯注：原文為「Buddhist monks」，但應為道教煉丹術士。

[†] 譯注：指的是將火藥綁於箭竿增加距離的武器，有別於今日的涵義。

從六發式手槍、連發步槍和機槍邁向自動手槍、軍用攻擊武器等等的火槍技術進展（一年就值幾十億美金的產業），並沒有對世界和平穩定帶來正面效應。20 世紀最後幾年有人提出一個震撼的說法，據說在非洲之角（非洲東北部索馬利亞一帶）只要交換幾個小孩，就可以換取一把卡拉希尼柯夫自動步槍（又稱 AK-47）。

在同樣這段期間裡，令人開心許多的技術發展，是和印刷、農業、生產以及運輸有關。農業方面，輪作和土壤施肥都增加了產量，因此支撐並促進了人口的增長。人們駕馭住蒸汽動力（其中最早期的兩項應用，分別把水從礦坑中汲出，以及增進紡織生產）也因此革新了運輸科技；鐵路是在「發明輪子」和「汽車與重體飛行‡ 幾乎同時出現」的兩個時間點之間最重大的發展。汽車和重體飛行都要靠內燃機，而內燃機的幾種原型版本都是在 18 世紀末發明出來的，儘管成為車引擎和飛機引擎基礎的第一個專利權，要到 1870 年代才被提出。

內燃機驚人地示範了一種簡單就能控制自然力量並導引它們有效工作（主要是在提供移動力方面）的方法，但其規模又遠比在類似步驟上使用蒸汽來得有用太多。當汽缸內產生爆炸時，就可以使活塞移動。活塞連結到一組槓桿和齒輪構成的系統，該系統會把動力傳給輪子，並同時出力重新打開汽缸的燃料注入口，接下來點發火花，再製造下一次爆炸──就這樣持續循環推動，直到停止供油為止。這簡單到不可思議，但又有效到令人驚嘆。適合這項工作的金屬，遠比這個技術更早就有了。

這些發明大部分都與早期科學史重疊，並與科學的關連越來越深，因此是我們熟悉的近代傳承的一部份。在此就不需多做解釋了。但它們全都直接或間接歸功於在前一段最先提到的新技術：印刷術。

‡ 譯注：指藉由空氣動力學飛行，而不是像熱汽球那樣靠整體比空氣還輕而飄起。

埃及人用生長在尼羅河濕地上有如雜草的開花植物「莎草」做出莎草紙。美索不達米亞人則使用黏土板。而中國人發明了紙，用桑樹皮、竹子和藤打成漿來製造一層薄膜，可以用來製成傘、扇子和衛生紙，而當它「上」了一層層的澱粉塗料後，就很適合寫字。西元8世紀阿拉伯人擄獲了中國造紙工，進而揭露造紙的祕密；到了西元第9和第10世紀，造紙促使伊斯蘭世界的書業興盛繁茂，其中書業中心巴格達有超過一百家書店，是當年伊斯蘭文化一段開放、寬容、智識發達時期的頂點。

在歐洲，書是以羊皮紙手抄複製。不論羊皮紙或抄寫都非常昂貴。歐洲從12世紀初開始造紙，因為受到穆斯林影響，最早是從西班牙開始，並在接下來兩個世紀越來越迅速散布到歐洲別處，同時又被識字人口增加以及文藝復興的好奇心增長所推動。紙比羊皮紙便宜，但書還是得用手抄，因此昂貴的製作成本還是限制了數量。古騰堡（Johannes Gutenberg）的發明後來改變了這個情況。

長久以來，歐洲的紡織品製造者在衣服上都使用木板印花，而同樣的技術也被運用在宗教畫和紙牌的生產上，所以印刷這個想法本身不算什麼新事物。但在1436至1453年間，古騰堡發展出**活字**的想法，而這項革新最適用於那些書寫字母的符號種類較少、但可以組合起來表現任何詞語的語言。中國印刷工或者服裝花樣設計者，都還得在整塊木板上刻出一個個文字來壓印，但活字印刷就代表著同樣的字可以一再使用，因為它們可以拿出來拼成不同組合，反覆沾墨在紙上壓印，重複印出字母易讀的複本。[*]

古騰堡的革新展現在印刷流程的每個環節上。他用鉛錫銻合金作的活字本身，耐用到甚至在反覆使用後都還能留下清楚的印字。活字要裝進

---

[*] 譯注：不過畢昇在西元11世紀就已發明膠泥活字印刷，另外木製活字和金屬活字也都早於古騰堡。

字模板,這就使生產的規格均一且更加容易。他發明了一種以油為基底的墨,比複製手抄本用的水性墨更為進步。儘管他只有稍稍實驗過彩色印刷,但這項發展會留給其他人來發揚光大。

古騰堡的印刷廠設立於美茵茲(Mainz);15 世紀結束前,從發明算起不到五十年內,已有將近三百座歐洲城市出現印刷廠,印出了兩千萬本書。據估計,到 16 世紀結束時,這個數字已增至十倍,達到了兩億本書。

印刷對世界造成的差異,光舉兩個例子就夠了。發動宗教改革有功的馬丁路德並不是首位對羅馬天主教會發出批評聲音的人,他的批評的確和之前揚胡斯(Jan Hus)等人的針貶類似。但他活在印刷的新時代,他的抗議短文有三十萬份在歐洲流通,其中大部分又藉由朗讀而在團體和信眾間進一步複製,而在他死前,他的德文版《新約聖經》已有二十萬本在流通,並以上述同種方法進一步散播。從教會於 1559 年就列出了《禁書目錄》(*Index Librorum Prohibitorum*),可知人們很快就領略到新媒介的機會和危險;但最終證明,面對那股由印刷推動擴散、日後促進了 16 和 17 世紀哲學與科學革命,以及後續 18 世紀啟蒙運動的想法,這種禁令可說是毫無影響力。[15]

第二個例子,是把經歷千年來的讀寫能力衰退、遭人忽略與宗教審查後還殘存下來的古代哲學與科學經典加以印刷並散布的行為,促使人們重新對它們產生興趣。這可說是上述例子中最重要的一個,本書接下來對科學史的研究調查會證明這一點。

印刷、蒸汽動力和今日的數位技術(尤其是數位技術提供的通訊平台,如社群媒體),都是以極快速度獲得普遍接納且立即廣泛影響社會與歷史的革新範例。古騰堡發明印刷術後五十年內就生產出上百萬本印刷書的情況,和手持行動智慧型手機與所造成的情況相比,不管正負面影響,都可說是平行現象。印刷在 16 世紀摧毀了教會在思想上的霸權,並開啟

了一種新的宇宙觀；今日的社群媒體則是創造了一個普世平台，人們至今還未全然感受其效應。路德的短文，以及像是美國警察殺害非裔人士那種傳遍世界的影像，到頭來可能會有類似的革命效果。

在結束這篇有關人類巧思產物的概述之前，還有兩個技術進展值得一提。兩個都對科學興起有著重大作用。一個是望遠鏡，一個是顯微鏡。

歷史應該把發明望遠鏡的功勞歸給荷蘭澤蘭省（Zeeland）一位叫做李普希（Hans Lipperhey）的眼鏡匠，因為他是率先在 1608 年申請望遠鏡專利的人，而他將那稱作「觀看器」（kijker）。它包含了一片凹面接目鏡，與一片凸面鏡成一直線，製造了×3 的放大效果，也就是讓物體看起來近三倍。他聲稱首創望遠鏡的說法很快遭到其他眼鏡匠挑戰，有人說如果他不是從其他人那邊偷取點子，就是看到小孩用兩片連成一線的鏡片觀看遠方教堂的尖頂，而把它挪來使用。

1609 年，伽利略透過巴黎友人波維德爾（Jacques Bovedere）得知這項設備的消息，便立刻自行打造了一副望遠鏡，最終達到了二十倍的放大水準。他把這項設備呈現給威尼斯議院，議員們立刻看出它在航海和軍事上的潛力，並因此給予他大筆獎賞。伽利略於 1610 年透過自己的望遠鏡看見了木星的衛星。他對月球表面、金星盈虧位相、太陽黑子以及「銀河看起來像雲的東西其實是大量恆星團」等等的描述，革新了天文學，（最終）也改變了人類對於自身在宇宙中地位的認知。

顯微鏡不可避免地與望遠鏡共伴而生，而包括李普希和伽利略在內的同一批主角又是其早期開發者。古代的人們早已知道鏡片的放大功能——亞里斯多德就曾提及，而西元 13 世紀也已有人發明眼鏡並實際運用。儘管從單一鏡片到成對鏡片的步驟，就和望遠鏡一樣，應該以前就有人在進行了，但「發現到如何讓小物體更可見」的功勞，還是歸給了在 1590 年前後進行實驗的荷蘭眼鏡匠洋森（Zacharias Janssen）。在接下來那個世紀

結束前，虎克（Robert Hooke，他在《顯微圖志》〔*Micrographia*，1665〕中描繪的跳蚤造成轟動），以及雷文霍克（Antonie van Leeuwenhoek）——真正的顯微鏡學之父，以自行磨製、極其精良的單一鏡片產出百萬分之一英寸解像力——的研究工作，將宇宙揭露的真相與肉眼視線之內和之下揭露的真實世界配對了起來。

前面的內容節錄了一些人類比較重要的技術進展。它們本身就不同凡響，作為人類才智的實證也非常了不起。我們知道，對於自然現象背後的原理的猜測，以及那些在瞭解自然現象之後解釋了人類發展之技術為何有效的原理，都大量集中於人類演化的後期階段，因為藝術和墓葬行為的證據都指出，我們的祖先早就已經猜想過，有某種機制存在於事物可見表面的背後和之外，而這些表象就是其效應或結果。下一節我們會討論，他們似乎認為這些機制是什麼。

2

科學的興起

「科學」這個詞的源頭很有啟發意義。到了 14 世紀中期，英文的 *science* 這個詞是用來表示「已知之事、藉由學習所得之事、資訊」，是直接從法文中有著上述這段意思的 *science* 借來的。而法文的這個詞則是來自拉丁文 *scientia*，意思是「知識、專長」，是由 *sciens*（見多識廣、有智慧）的動詞「知道」（*scire*）的現在分詞形成的。詞源學家推測，這個詞和 *scindere*「切割、分開」有關，有「區分、識別、鑑別」的含意——而這個詞本身的深刻歷史，存在於歐洲、伊朗和印度各語言的普遍古代來源「原始印歐語」的詞根 *skei*（切割、分開），表現為希臘文的 *skhizein*（分開）、古英文的 *sceadan*（分開、分隔）並從中延伸出「宗教分裂」（schism）、「精神分裂」（schizoid）、「四散」（scatter）等詞。

然而，*science* 這個詞用來指我們今日理解的「科學」，其實是 19 世紀的發明，而「科學家」（scientist）這個詞也一樣，是科學史學家惠威爾（William Whewell，1794-1866）為了回應詩人柯立芝（Samuel Taylor Coleridge）提出「找到別種詞來代替迄今仍用來稱呼探問自然者的『自然哲學家』（natural philosopher）一詞」的挑戰而發明的。惠威爾的發明比

照了「藝術家」（artist）這個詞，長久以來都被認為是種粗野的象徵，要直到該世紀晚期才為人所接受。惠威爾有創造新詞的天賦：他也發明了「物理學家」（physicist）這個名詞。至於法拉第在電學方面的發現，則是發明了「陽極」（anode）、「陰極」（cathode）、「離子」（ion）等詞。

因此「科學」不再指整體知識，而是專屬於實體世界的知識、這種知識在物質現實中的基礎，以及生產該知識的探問方法。這是一個整體的標籤，涵蓋了多種有共同方法與假設的探問。它的主要分支是物理學、化學、生物學、天文學、地質學和上述這些的眾多子分支以及彼此連結，好比說天文物理學或者生物化學。共同方法主要包括了觀察和實驗這類實證技術，加上描述和測量這類數學和統計技術。標準科學程序會根據假說預測，然後以實驗驗證。這些特色是科學獨有的；就是這些特色讓探問行動合乎科學這個詞的當代意義。

科學和技術（technology）有所區分，後者是某些整體經驗上的發現（後來也包括某些科學）透過設備作為媒介來實際應用，好比說打造來完成特定目的的機械，把水位從一個高度提高到另一個高度，或是研磨玉米、利用太陽能（舉例來說，把煤炭、石油和天然氣這類儲存在地底下化石的太陽能釋放出來利用）、移動重物，或者讓彼此相隔一段距離（電話〔telephone〕、電報〔telegram〕、電視〔television〕）中的 *tele* 指的是「遙遠」）的人們能夠溝通。我們如今會分開看待的「科」和「技」，在現代科學於 16、17 世紀興起以前，通常是不分你我、彼此相連地一併追求，而一般來說技術目標是主要目標。是實驗方法論和數學應用，在 16、17 世紀以及其後給了現代科學最大的動力。

人類心中對科學產生好奇心的最初徵兆是什麼？線索就在上一節尾聲，關於我們的祖先瞭解到「事物可見表面背後有某種機制，而自然現象

是其效應或結果」的那段話。這種看法現在被指為「宗教」和「靈性」，但這是一個誤導人的「讀入」範例，想要更瞭解實情，就應該把這理解為人類在解釋框架內的初期嘗試，把這理解為一種前科學。[1]因此，出於這種關聯，我們應該把人們奉行的這類祈禱、儀式和犧牲獻祭行為，當作是接觸這些力量並影響它們的努力——而這就是技術在做的事，不論是灌溉作物的汲水吊桿、蒸汽引擎還是飛機，都是在接觸這些力量並影響它們。

會下工夫讓探問行為擺脫神話迷信的累積而進入自然原理的，通常是深思熟慮的人們，但就我們所知，最早在這一塊下工夫的，是西元前6至5世紀的希臘人。這些工夫便是科學的前兆。儘管說從那段時期開始到西元前2世紀之間，有一些數學和科學研究非常重要——好比說，從畢達哥拉斯到托勒密的天文學——但一直要到西元16世紀的近世（modern era）開始，我們今日理解的那種科學才可以說正式開始。[2]

重建早期思想史之後，能看出剛萌芽的科學動力是如何偏向我們今日所理解的「宗教」。知識的記述和知識的追求都不可以忽略兩件事，一是人類對信仰和迷信的傾向（這一點很快就從心理學層面被理解為面對不確定時想要有圓滿解釋的欲望），二是在任何群體中真正的探問者其實都只佔少數。

首先，人得要定義「宗教」。這個內容過量的詞有模糊的運用邊界；當人藉由（好比說）今日最普通的方法——上網搜尋它們時，率先查到的那幾個模棱兩可的定義，就證實了這一點。以下是其中兩個例子：「對於超人類控制力量的信念以及崇拜，尤其是對人格神或諸神」，以及「一套關於宇宙起源、本質和目的的信念，尤其當宇宙被視為一股或多股超人類作用之創造物的時候」。

這些定義可分成以下各部分：（a）某種神或超人類作用力的中心地位；以及（b）一套關於宇宙的起因和本質的思想體系。分別將這兩個標

示為（a）「神的部分」以及（b）「解釋的部分」。第二個定義中提到的「目的」面向，有可能和（a）神的部分有所連結，和人所設想的神之意圖以及人類的目標有關，或者（b）在解釋的部分中，可以視為和「人類相當獨立於神的存在之外（也因此是關於人若不相信神存在的時候）的存在意義和價值」的問題相關。

讓（a）和（b）一起運行的話，聚焦在（a）意義上而被視為「專注於神的概念」的**宗教**，和以最一般的（b）意義即「關於宇宙的一套思想體系」被人們瞭解的**哲學**，彼此間的區別就會變得模糊。注意到這一點是很重要的，因為某些思考體系，如佛教、耆那教（Jainism）和儒家思想，在「相信單一神或多神的存在與活動」方面沒有定奪，因此根據（b）的意義將它們理解為哲學而非宗教會比較準確。自然科學所蘊含的世界觀，整體來說也是一種（b）在這個意義上的哲學。宗教因為有在建立世界觀，或許可以被視為一種哲學的子集，但有鑒於讓宗教和哲學有所不同的是對超自然作用力的相信與否，而哲學是基於大致上屬於自然主義的前提，所以把宗教和哲學（因此也會將把宗教和科學）視為不同的品種，會比較能夠釐清問題。

在較有權威的來源所提供的定義中，捕捉到了如上述那樣區分它們的根據。「宗教：相信或承認某種（尤其是一名神或多名神）的超人類力量」（牛津英語詞典）；「宗教：人用來表明，他們承認單一神或諸神具有決定他們命運之力量的那種外在行為或形式……人類對於某些超人類支配力量的愛、恐懼與敬畏的感受或表達」（韋伯字典）。這些對於宗教概念的**焦點**為何的定義，牢繫於（a）神的面向、對於神存在的信念，並要我們把「各種非有神論的思索世界方法」看作和宗教**打從根本地**不同。

有些人會指出佛教、耆那教和儒家思想中的寺廟、儀式等其他奉行的行為來主張，這些顯示了它們為「宗教」。但因為人類所有的慣常有意活

動，好比說每日例行運動、飲食療法、工作模式，幾乎都為生命提供了一套賦予價值的結構，照這麼說的話，一切就全都是宗教；那如果一切都是宗教，就什麼都不是宗教，因為該詞就這樣被延伸到沒有意義。宗教奉行的行為當中所賦予的價值面向，其實也存在於任何一種被認為在生產價值的有系統行為中；因此偶爾就會有人用借喻的方式使用「宗教」這個詞，例如「足球是他的宗教」，但又特別連結到狂熱宗教信仰中情感強烈的特質。然而，沒有人會照字面去接受這種脈絡下「宗教」這個詞的用法。

在接下來的內容裡，宗教中最重要的「相信超自然作用力（單一神或多神）」，是重建宗教起源與演變的關鍵；而從「自然現象之中有機制在運作」這種人類老祖宗的觀察，誕生了這種信念作為（可說是）第一個近似科學想法的方式，也是以「相信超自然作用力」為關鍵。

來自神話的證據是，我們的祖先（其中最普遍被指名的是那些生活在上期舊石器時代或者中石器時代的人）試圖藉由把他們的**作用力經驗**投射在周遭世界上，來弄清楚這個世界。也就是說，他們瞭解到，當他們把一塊石頭投進水中出現的水花，以及他們以足夠力量拉動樹枝而把樹枝從樹幹折下時，都是他們自己造成的。「行為者」（agent）這個詞來自拉丁文中代表「驅使、做」的 *ago*、*agere*、*egi*、*actus*，在此我們也看出它給了我們「演員」（actor）這個詞。[3] 在深思了風、雷、閃電和其他現象後，我們先人最直接的步驟，就是先認出了自己造成事物發生或改變的作用力，並繼續從中想到，同樣有個行為者在風或雷的背後因果成立地運作著，顯然比我們祖先自己更龐大且強大，也通常不可見──儘管太陽、月亮、星辰、霧氣、旋風、森林大火等等，可能很容易就被想作是那種行為者的可見模樣。

我們會看到這種想法直接呈現在我們更晚近祖先的神話中。舉例來說，就想想希臘神話──林間的德律阿得斯（dryads）和溪流裡的寧芙

（nymph），宙斯投下雷電，波賽頓造成地震，火山的濃煙證明了赫菲斯托斯（Hephaestus）的熔爐正在運作，而彩虹是讓伊麗絲（Iris）從天而降的道路。將發生在世上的事情歸於行為者，是一種解釋形式——一種解釋框架。它將事物組織起來，讓事情有道理。此外，它又延伸至宇宙起源與進程的敘事，也把非常個人的遭遇解釋為神的介入。舉例來說，赫克特（Hector）在特洛伊平原上擲向阿基里斯（Achilles）的矛，就被雅典娜弄偏了。它因此提供了一個完整解釋框架，從最普世的事物解釋到最個別的事物。

應該不是人人都把希臘神話**當真**；許多人可能是用功能角度看待，把那些故事當成一種比喻方式，重現了原本無法瞭解的問題。它所做的事情是把最容易到手的解釋具體化，從「觀察我們自身涉及的因果關聯」，類推至「我們自身未涉及的事件」。

很容易從中看出事物背後原理的猜想，是如何演變成神話和宗教的；也很容易看出影響自然的努力是如何變成迷信的。簡單來說，自然的力量被擬人化，故事便在它們周遭滋長起來——這種過程稱作創造神話（mythopoeia）；以瞭解希臘神話源頭的觀點來讀一讀希臘神話，就會顯示這個過程。

「發生在宇宙中的事是行為者造成的」，以這種想法當作一個解釋框架，本身是一種原科學。而這同樣立即讓人想到與它一併進行的一種原技術，即與上述行為者交涉，以確保祂們給予援助或干涉，並避免祂們做出損害人類利益的活動。夢的經驗，或者發燒、筋疲力竭、反覆動作造成的幻覺，又或者（好比說）吃下蘑菇或發酵儲糧裡改變心智的物質所造成的效應等等，都大有可能使人推斷出「有辦法與行為者交流」的想法。儀式、獻祭、禱告和咒語、禁忌，以及把某個神祕地帶——林間空地、風聲有如人聲的山丘頂——當作最容易發生人神接觸的場址，在心理上都是大

自然能增添交流效果的因素。

　　然而，持續觀察推論，以及使用各種影響世上發生之事的方法來做實驗——這次是直接對世界有所作為，例如改變水的方向來灌溉一片土地，播種獲得作物，住在幼獸附近來馴化牠們——漸漸都會開始讓「思考自然以及如何跟自然交互作用的方式」與「認為有直接涉入的行為者在上述過程中運作」產生分別。人可能會持續向神祈禱豐收，但還是會實際去種植、澆水、鋤地和收成。

　　如果將以下兩種進程的同時發生，看作是人終究把典型**宗教**面向從構成這些最初解釋行為和互動嘗試的信念中切除出去，也是相當合理的。其中一種進程就是，嘗試影響現象背後作用力的行為，成了我們現在認定為禁忌的習俗，以及我們現在認定在推動道德約束的種種信念。人若要讓作用力站在自己這邊，就有該做和不該做的事，或該這樣和不該那樣的表現，進而確保祂們對人保持善意。用比較具體的方式來說，禁忌和道德都類似於「不踏在路面的裂縫上以免發生壞事」。

　　另一種進程是，那些負責與作用力交流的人——並把作用力的信息回傳給部族其他成員的人，的確扮演了非常重要的角色——在群體中掌握起巨大權力。他們要不結合世俗和宗教權威於一身，要不就被世俗權威當成維持社會政治秩序時十分管用的盟友。再一次用比較具體的方式來講：有一股作用力一直在觀察每個人的行為，甚至連私下行動都不放過，並會依此賞罰眾人；一個無人能見、無所不在且全能的警察，不懈地專注於每個人的活動上；上述這樣的想法，是有用的社會管理工具。

　　因此，當自然主義的解釋漸漸取代了作用力的解釋，作用力就變得越來越超自然，因為祂們在自然中不再能各自且因果成立地運作——不再能運作於溪流中（寧芙）和樹林中（德律阿得斯），或者當作閃電的源頭（宙斯）。因此，作用力大半都脫離了原本的解釋任務（唯一的例外，是

在最總體抽象的意義上被當作是一開始創造宇宙的那股作用力，而那就是最典型得以例外的方式），但仍保有其面貌，暗藏在用來影響作用力的原技術裡，好比說在祈願、祈禱和獻祭之中。人們曾經指望，身為人類原科學的原技術活動，能夠如他們所願地操縱自然事件；但等到我們的祖先知道（好比說）風暴雲會用一種普通到可預測的方式預告雷電的降臨，祈禱和祈願就變成在求取奇蹟，期盼有一條捷徑，通往大自然不會達到的結果。

同時我們留意到，我們祖先原科學的殘餘物，後來還持續提供了「空隙之神」這種解答來源，用來解釋無法解釋或者尚未瞭解的事物，而且直到現在都還會這麼做；當人們越來越固定地用自然主義來理解世界時，它以一種整體含糊而影射的模樣藏身其中，並持續存在；因為，即便在那些其實沒空隙的地方，人們對科學的普遍無知仍會不定期地創造空隙，屆時我們祖先的原科學就會出來拯救大家。

* * *

現代科學始於（多數人同意把那一刻定為）1543 年，也就是哥白尼（Nicolaus Copernicus）的《天體運行論》（*De Revolutionibus Orbium Coelestium*）出版的那一年。同樣在那年，維薩里（Andreas Vesalius）也出版了他糾正古代眾醫師解剖錯誤之處的論文《人體的構造》（*De Humani Corporis Fabrica*），因而革新了解剖學方面的理解。在那之前，大部分關於自然的原科學和前科學想法，都是來自亞里斯多德、蓋倫、老普林尼（著有《自然史》〔*Historia Naturalis*〕）等人著作中往往不正確的古代權威說法。實證方法的運用以及數學計量技術的使用，讓文藝復興晚期的探問者，能夠同時挑戰古代思想家以及宗教正統這兩方思想霸權，用更深刻

而有條理的方式理解世界的過程也得以展開。科學從那天開始到今日的成功，就如前面所提過的，可以毫不誇大地說是人類最了不起的成就——儘管政治太常**透過技術**將科學推向令人悔恨的應用方式（如槍和炸彈），但其成就依然偉大。

儘管天文觀測先前已有幾千年的歷史，且更之前的幾個世紀還有大量的前科學和原科學（其中最重要的成果出現在印度、近東和中國），但選擇 1543 年的歐洲，不論時間地點，都並非擅自武斷的說法。這是因為哥白尼和維薩里所生存的時間地點，總算有了適當的度量衡標準，使用了源自印度的數字系統，有紙以及印刷術讓思想更快速全面地交流，還有拉丁文作為研究和學術的共通語文。這種狀態很快就因科技設備的發明（其中最早的是望遠鏡和顯微鏡）並被認真的探問者（好比說看出這些設備有潛力擔任探索工具的伽利略）善加利用，而進一步改善。在這些讓科學得以實現的因素中，特別重要的是宗教對科學探問的禁令又一次地無能為力，其中以新教歐洲為甚；神學權威在那裡無權禁止研究和出版。[4]

古典作者看似權威的思想體系，出現在阻礙後人進步的障礙中，因為這些後人不願意挑戰他們。會造成這種不情願，是因為人們長久以來相信，人類和社會自從一段遙遠過去的黃金時代（Golden Age）之後就一路敗壞，這暗指了列祖列宗們比所有後人都更瞭解世界，也比後人都更優秀。在 16、17 世紀的新氣氛裡，這些虔誠的信念，就跟那些正統派宗教的虔誠信念一樣，不再是一道屏障。科學從 16 世紀中期以來在質和量方面的進展，跟那之前的是不一樣的等級，其結果就攤開在我們眼前：世界和人類經驗的轉變。如果有什麼配得上「革新」這名詞，那就是它了；而且，這種轉變忠於科學本質，出於眾人合力的成果——不只哥白尼、伽利略、牛頓、普利斯特里（Priestley）、法拉第、馬克士威、居禮夫人、愛因斯坦、波耳、海森堡、富蘭克林（Rosalind Franklin）、克里克（Crick）以

及其他科學史上名聲顯赫者，更有其他眾多分工協作、提出批評、共同合作、互相競爭的才高之士，他們一磚一瓦地蓋起了科學的殿堂，並仍持續興建。[5]

然而也得要承認，科學革命的創造者並不認為自己全盤否認古人。他們反而自認是在恢復一種中斷千年以上的事業。當新的印刷廠開始發行古代作者的文獻時，文藝復興時期的探問者認為自己是在拾古人牙慧。就如希臘科學史學家班法林頓（Benjamin Farrington）所言：

> 藉由印刷的發明和現代學術的誕生而送到他們手裡的古老希臘書籍，其實是當時能拿到的最佳書籍，也是眾多知識學門裡最新穎的書籍。對於 16 世紀的維薩里和斯蒂文（Stevin）來說，蓋倫和阿基米德的著作並不是歷史珍物，而是當年所能擁有的最佳解剖與學術論文。甚至到了 18 世紀，對於工業醫學（industrial medicine）* 的創立者拉馬齊尼（Ramazzini）來說，希波克拉底（Hippocratic）的醫學都還是活生生的傳統……一個世代以前，歐幾里得和幾何學在英格蘭各學校都還是同義詞。[6]

在科學革命開始的不久前，歐洲各國開始把船隻送過大海，進行探索之旅。儘管動機基本上出於經濟，但自然主義者與藝術家隨同冒險家前行，帶回各種奇景的消息，並將各種氣候中可以攜帶的動植物珍品帶了回來。由收藏家收集而成的「珍奇屋」（Cabinets of curiosities）是當今正式博物館的前身，同時引發人們對自然的範圍與多樣性產生更多的猜想。

有些人如果知道現代科學的一個近似根源是煉金術，想必會驚訝不

---

* 譯注：現稱「職業醫學」，指維護工作場所健康安全的相關醫學。

已。會有人這麼驚訝，是因為煉金術基本上不是一種為知識而搜尋知識的行動，而是要把卑金屬化為黃金，要尋找永生或不老（或者至少長壽）的萬靈藥，要發現取得財富、權力、影響力、健康和愛情的魔法手段，要無聲無息地毒害別人，或要預見未來的實作工夫，因此已被大眾的想像認定為科學最不成功且最惡名昭彰的一面。

儘管上述有關煉金術的說法都確實是真的，但它嘗試瞭解自然並控制部分自然的行動也有其良善目標，如醫學應用。煉金術缺乏科學方法以及跟科學方法相伴相合的數學工具，既無章法也無條理，因此若把認真的調查者和江湖郎中擺在一起看，其實很難分出誰才是真正的博學者。

煉金術最出名的兩個目標，就是把普通金屬變成稀有金屬，以及找到治療所有疾病甚至死亡的萬靈藥。許多人相信，若發現「賢者之石」這種假想中能使幻想成真的強大物質，就能實現這兩個目標。

煉金術士的工夫可不是愛怎樣就怎樣；能證明這一點的事實，就是他們假定樹、人、岩石這類我們經驗中很熟悉的物體，是從不同的元素混合物所生成，並遵循古人想法，認為元素共有四種——土、風、火、水——而且每個都擁有冷、熱、濕、乾中的一種或多種性質（因此產生了乾熱空氣、濕冷空氣、濕熱空氣等諸如此類的化合物）。如果鉛和金的差異只在於構成元素的混合狀況，那人為什麼不能重組鉛裡面的元素，將它變成黃金呢？從這方面來說，煉金術說巧不巧地在基本原理上正確，但在構成元素是哪些的方面出錯了。

就如在前面談前科學技術的那節所提到的，從比新石器時期更早的時候開始，自然物質加工（不只包括石頭、木頭、水、骨頭、動物毛皮、金屬和火，也包括上述每一樣延伸出的各種種類，而它們又各自展現了不同特性——除此之外還有染料、藥草和寶石之類的東西）就一直持續到現在，而煉金術五花八門的面向就是源自於這些加工。已知最早的煉金術文

獻據稱是西元前 5 世紀希臘哲學家德謨克利特（Democritus）所寫的《自然與神祕問題》（*Physika kai mystika*），雖然更有可能出自西元前 3 世紀的門德斯的博盧斯（Bolos of Mendes）之手。這份早期紀錄加上少數埃及莎草紙顯示，其實老早就有人費盡工夫想製造黃金，或者把少量黃金變成大量黃金，並生產其他貴重物質；而這工作所需的容器、蒸餾器和熔爐的討論也早就存在了。這種想法同樣也不是毫無根據：如果你到頭來可以從單一顆種子增殖出許多植物，為什麼不試試看能否從一塊金子增殖出一大堆黃金呢？

「煉金術作為現代科學最接近的前身」的這段歷程，還可以連結到天文學的漫長歷程，因為對於從事天體觀察的人來說，這項活動始終兼具著占星學和天文學的好處。在埃及和美索不達米亞，天體觀察的一個非占星學用途就是管理曆法，也就因此定下了季節更迭的起始點——在埃及，有鑑於尼羅河洪水的規律，這些時間點便構成了農業作息年。像這些從天體運動而來的預測推斷，也被拿來當成可以用來預測其他事物的確證——好比說，預測一場戰役能不能打贏。

一直到現代初期，情況都還是如此。就以「第谷超新星」（Tycho's Nova），也就是超新星 SN1572 的出現，以及過幾年後大彗星（Great Comet，現在稱作 C/1577V1）於 1577 年的出現當作例子。1572 年末，一顆超新星出現在仙后座（Cassiopea）中，光芒比夜空的金星還要明亮，而成了驚人景象。世界各地有許多人都觀測到這顆超新星，並由第谷（Tycho Brahe）詳細記錄，超新星因此有了這個俗稱。[7] 它在天文學和科學上有著重大效應，尤其否定了亞里斯多德的看法，也就是天界永恆不變——若有一顆新星在星座中出現的話，天界怎麼可能會是不變的呢？對占星家和天文學家來說，這代表需要新的宇宙模型。意義更重大而且更全面的是，這顆驚人新星的出現，為 16 世紀的各種信念帶來一場危機：因為就如方才

提到的，它要不意味著人們普遍接受的宗教宇宙論和古代思想家宇宙論是錯的，再不然的話，如果人們普遍接受的宇宙論到頭來沒有錯，那麼新星的出現就意味著某件巨大而無法想像的事情，而且可能是災難性事件即將要發生了。大眾的看法偏向後者——而且不只是大眾看法：女王伊麗莎白一世（Elizabeth I）也向占星家艾倫（Thomas Allen）諮詢該現象的意涵。那個新星一直到 1754 年都還看得見。

另一個更駭人的現象發生於 1577 年：並不是一顆星星出現在一個地方，然後大約十八個月後消失，而是一顆帶著火焰般尾巴的星星跨越天空。那是大彗星 C/1577V1。它的出現是個壞兆頭：人們瘋狂地出版充滿猜想的小冊子，說它的形狀就像一把土耳其彎刀，意味著鄂圖曼大軍將要踐踏歐洲；說它穿過了關於婚姻和夥伴關係的第七宮，意指宗教分裂會更嚴重；或者當時有人建議的伊莉莎白一世與神聖羅馬帝國皇帝魯道夫二世（Rudolf II）的婚事將不會進行。彗星出現在西方，意味著新大陸將有什麼大事發生，儘管就如第谷所觀察到的，它的尾巴指向東方，代表它反而是會把毒物、瘟疫和紛爭散布到俄羅斯和中國各地。

這些凶兆出現後沒發生任何不尋常事情（就如字面所言，一切都很尋常），想必也促使不少思想家心裡的一種感覺日漸強烈；他們感覺到，需要有遵守紀律的探問方法，來把成理之事和胡說八道分開，並以對真正理解世界為目標。在這方面有兩個顯赫的人名，一個是培根（Francis Bacon），一個是笛卡爾（René Descartes）。他們各自以不同的方式認識到，在探問的方法中，若要分出優劣（比方說：確保化學和煉金術、天文學和占星術、醫學和魔法都能彼此分離）就得辨識出有鑑別是非能力的探問方法。培根在《學術的進展》（*The Advancement of Learning*）和《大更新》（*The Great Instauration*）等作品中，提倡實驗法和歸納法，並鼓吹以合作努力來累積資訊並互相檢查資訊（在那之前，煉金術士和其他人士都

滿心猜疑地守著自己的研究，好獨享成果）。培根對於「所羅門之家」
（House of Solomon）（一間科學研究機構）的倡議，是啟發後人成立皇
家學會（Royal Society）的一個靈感，該會於 1662 年經查理二世許可而成
立。在《談談方法》（*Discourse on Method*）以及經典的《第一哲學沉思
集》（*Meditations on First Philosophy*）中，笛卡爾把方法論式的工作描述為
一種如果人想要「在各種科學中成立任何穩定且有可能存續下來的事物」
就必需「從基礎」開始的工作，必須以仔細、精巧而持續回顧的步驟來進
行，以排除錯誤。

　　這裡的關鍵在於，當更有**鑑別力**和紀律的自然研究方法開始把真實
從虛假之中篩選出來，且當技術和工具都有所進步（特別是實驗和計量技
術以及望遠鏡和顯微鏡的進步）的時候，真科學與假科學的分離，也跟
著讓前者能夠以（從整個歷史來看）快到不尋常的速度發展，成為我們
今日所知的那套專業學門。那並非立刻發生；牛頓花了更多時間在煉金
術、數字命理，以及破解他認為的《聖經》密碼的工作上，比讓他成名
的科學還多。但能歷久不衰的還是科學；在他整本《自然哲學的數學原
理》（*Principia Mathematica*）以及幾乎整本（除了最後一節的）《光學》
（*Optics*）的內容裡，其餘那些推測性更高的研究完全沒有貢獻。

　　牛頓確實是通往現代科學之道的**門神**。克卜勒和伽利略是他口中讓他
站在肩膀上抵達重力理論和運動定律的「巨人」，然而有別於前兩人的研
究僅處理特定現象，他的研究成果包含了一個解釋架構，把重力、質量、
力和運動的概念合為一體，而那最終證明可應用於科學其他領域，好比說
氣體動力論。[8]

　　牛頓的運動三定律，徹底解釋了蘋果和行星這類物體跟作用在它們
之上的力量有什麼關係。第一定律說，物體要不維持靜止，要不就維持移
動。第二定律說，作用於一個物體的力量等於物體質量乘以其加速度。

[9] 第三定律說，當一物對第二物施力時，第二物會同時對第一物施加相等且相反的力量。只要物體的速度慢於光速，且大小大過原子，這些構成了「古典力學」的定律就能夠應用於萬物。

牛頓思考著那些他認為按照運動定律落下的落體，而有了重力理論的靈感。為什麼小樹枝上靜止的一顆蘋果，非得要有力量作用其上才會落下呢？他從伽利略的著作中知道，落體會以恆定的比率加速，那麼使它們落下的力量也就得要同樣恆定。他從克卜勒的行星運動定律得知，一顆行星繞行太陽所需的時間，和它與太陽的距離有著準確的關聯。牛頓的運動定律是克卜勒行星定律的廣義化；將他這個更全面的定律裡的見解結合落體理論，就成了他萬有引力定律的靈感來源。這個定律主張，所有物質都以一股力量吸引所有其他物質，而力量的大小和質量的乘積（一個物體的質量乘以另一個物體的質量）成比例，並和兩者間距離的平方（兩者之間的距離自乘一次）成反比。重力始終只有吸引而從不排斥，即時作用而沒有時間差，而且無關乎物體的任何其他性質，好比說物體的電荷或化學成分等。重力的強度隨著兩個物質之間的距離增加而快速弱化。

瞭解最後這一點的一個方法，是去回想克卜勒已經證明了行星繞行太陽的軌道是橢圓形而不是圓形。他曾因無法讓觀測數字符合「正圓是完美的形狀，所以在神造天界中的行星軌道也該是正圓」的假說而煩惱不已。但數字顯示，太陽是坐落於橢圓兩個焦點中的一個，而太陽和行星之間的那條直線，會在同等時間內掃過同等的面積，意味著行星通過軌道上最靠近太陽的那一段時（整段軌道中的近日弧形段）會加速，然後在比較遠的那一段（遠日弧形段）行進得會比較慢。把太陽和行星當作單一系統來處理時，我們便能看出這個系統的質量中心並不在太陽中心，而是在介於太陽和行星之間的一個點，儘管這個點離質量較大的太陽實在近得太多。太陽和行星繞著這個質量中心轉，如同一個蹺蹺板，但支點離重的那端近上

太多，所以整個系統可以保持平衡。「同等時間同等面積」這一點是克卜勒行星運動第二定律（Kepler's Second Law of Planetary Motion），並促成了第三定律：行星繞行軌道一圈的時間，以下面這個比率和與太陽平均距離相關——時間的平方和平均距離的三次方成比例。就是這條定律，直接促成了牛頓「重力想必和互相吸引的物體的質量乘積成比例」的見解。

一個由牛頓自己設計的思想實驗，舉例說明了重力和運動定律之間的關係。想像一顆砲彈從山頂發射。觀測顯示，砲彈推動的速度越快，飛得就越遠。如果沒有重力作用其上，那麼根據運動第一定律，砲彈離開砲口後，就應該以直線永遠飛離。當重力存在時，砲彈的軌跡就要看其動量（momentum）。如果運動得慢，就會墜到地上。如果太快而讓地球的力場抓不住，就會逃入太空。如果動量平衡了重力，它就會繞著地球轉。

牛頓的著作是傑出的集大成，而且它構成了一個決定論式的宇宙模樣；在這宇宙中，如果你知道在任何時間點上萬物的位置以及作用在萬物上的所有力量，那麼你就能推斷出萬物從過去到未來的所有趨向。儘管科學家們還是漸漸發現了這種說法的矛盾之處，但本質上來說，這就是到 19 世紀為止的物理學。

牛頓的概念需要「隔空作用」是個打從開頭就存在的難題，這引發了如何中介傳達重力作用的問題。跨越物質之間的空間來傳遞重力的是什麼？牛頓本人拒絕假設；在《自然哲學的數學原理》裡，他寫道，「我還未能從現象中替這些重力性質發現理由，而我不做假設（hypotheses non fingo）」。但他承認有難度：「無法想像沒有生命的物質會在沒有其他非物質之物中介的情況下，不與其他物質互相接觸，就對其運作並造成影響……重力應該是由一個行為者根據某個定律持續行為所造成；但不論這名行為者是物質或非物質的，我都會交由讀者自己思考。」

牛頓的理論越來越明顯與觀測結果不符。一個例子是水星繞日軌道，

路徑並不會每次都完全一樣，而導致它的近日點（perihelion）在每條軌道上都不同（水星近日點進動）。這就使人質疑起「不變」的概念，也就是假設物理描述不會受到進行描述的觀點在參照系中的位置差異所影響。馬克士威於 19 世紀在電磁學方面的發現，對這假設提出質疑，而後來的研究調查說明了原因，其中最重要的就是愛因斯坦的發現。

在牛頓想像的那個運動和重力定律都像鐘錶一樣運行、有著絕對空間與絕對時間的宇宙架構中，有一個大問題是它完全沒有解釋「時間之箭」，即時間從過去到未來那種顯然不可逆的流逝。可以想想：牛頓力學其實可以同時描述一系列事件的正行和逆行，且兩方面都能充分描述。想想撞球的運動：母球打中一組彩球，然後它們就遵照運動定律彈撞彼此以及桌邊。把整個流程倒轉，這個定律同樣會妥當描述球重新集結排列成整齊三角形的運動。「時間之箭只朝一個方向前進」的想法，還有待到對氣體有進一步的瞭解，而這若是在牛頓的想像中，就是包含許多像小撞球一樣的粒子彼此碰撞，它們的互動解釋了氣壓和氣體體積之間的關係。17 世紀的化學家波以耳證明了，增加氣體壓力會減少其體積。以牛頓的看法來看，正在發生的是增加的壓力減少了氣體粒子之間的空間；它們被擠成一塊。但這無法說明另一個減少氣體體積的方式是加以冷卻。白努利（Daniel Bernoulli）注意到了牛頓所忽略的溫度之重要意義；他提出的說法是，構成氣體的粒子不斷快速運動，而氣體的溫度和它們運動的速度有直接關係：跑得越快，溫度越高。而且隨著溫度提高，氣體所施加的壓力（粒子打擊容器壁面的壓力）就隨著提高。在液體中，這個效應則是展現為體積增加。

邁向「對時間之箭的理解」的下一步，有賴把「功」和熱的概念連結起來才能踏出去。「功」是力施行了一段距離的計量，換言之就是做這件事時所花費的能量的計量——想想推動一台獨輪車，或者一個活塞沿著一

根管子推擠液體的情況。焦耳（James Joule）證明了一個定量的功永遠會產生同等量的熱；功和熱因此被證明是能量的不同形式。熱力學第一定律捕捉到了一個事實，就是儘管能量可以轉為功或熱，但總能量始終一樣：它是「守恆」的。但轉變之間有一個重要的不對稱——原則上，功可以徹底轉變為熱，但熱無法在不損耗的情況下轉變為功。磨擦，或者熱散逸到周遭環境，會帶走一部分施行其上的能量。總能量還是一樣，只是分成了功和熱。而熱力學第二定律抓到了這點。

失去的熱無法逆轉，是時間之箭的關鍵。引入來解釋這情況的概念是熵（entropy）。在任何不可逆的過程中，熵值都會增加。一種瞭解熵的方法是把它當成失序：人若要在一個系統中強行產生秩序，就得要作功，就好像要讓家中整潔，就得要持續花心力一樣。時間之箭從比較有秩序飛向沒那麼有秩序；從過往通向未來的那條路，就是與能抵銷熵的功源切斷連結的封閉系統中的失序增加。這樣一種系統中的熵可以增加到「完全隨機性」這種最高可能點，那種狀態被稱為「熱力平衡」。與其相對的最小熵狀態，只有可能在最低可能溫度時達成，也就是零克耳文（0 Kelvin，攝氏零下二百七十三度）。

因為熱被認定為運動（氣體中粒子運動得越快，氣體就越熱），也因為牛頓辨認出運動定律，其結果似乎就是一個在日常經驗的層級上——也就是在哲學家奧斯丁（J. L. Austin）所謂的「中等大小乾貨」層級上（medium sized dry goods，用來指大致落在事物尺寸非常小〔原子層級〕和非常大〔宇宙層級〕中間的現實切片）——能符合並包容物理現實的理論。要留意到，牛頓的物理學不需要原子論，也沒納入磁力現象、電和光方面的描述，這些就算到 19 世紀也才剛開始探索而已。是後來的這些探索，替愛因斯坦理論以及量子力學打下基礎。

人們長久以來都知道電和磁力；西元前 6 世紀的泰勒斯就討論過磁石

的性質，以及琥珀磨擦其他如羊毛等物質時的帶電現象（磨擦帶電效應，會產生靜電）。希臘文的「琥珀」即 elektron＊。19 世紀探索這些現象時，引用了「場」這個概念；電和磁都被設想為傳達各自相關力量的場，其力量的強度就跟重力一樣變化，即與兩個電荷之間的距離平方成反比。差別在於，重力始終只會吸引，電卻同時有負和正兩面。已知同樣的電荷會彼此排斥，不同的電荷會互相吸引。

　　觀測和實驗確定了電流會產生磁場。法拉第反過來發現，如果將磁鐵加速，好比說旋轉磁鐵的話，就可以產生電場。藉由移動磁鐵來產生電流，被稱為「感應電流」。馬克士威（James Clerk Maxwell）構想了一個理論，把電和磁結合為單一電磁場，在過程中證了光是電磁場內的一種波。這是結合兩種觀察結果所證明的。一個是電場裡的變化在互補的磁場中產生了變化，反之亦然；展現的實際情況是，如果電場振動，其振動頻率會和磁場震動頻率相合。法拉第曾經測量一個真空給予電場和磁場振動速度的阻力；當這個測量數字進入了馬克士威的方程式中，它們就證明了電磁波大約以每秒二十九萬九千七百九十二公里的速度在移動——也就是光速。

　　然而，馬克士威的理論有一個難題。一個物體的溫度是其中原子振動的結果。物體變得越熱，構成物體的原子就振動得越多，它們放出的電磁輻射的頻率就越高，在光譜上從紅到黃，最終到達白色。在馬克士威的理論中，電磁頻率超過光譜紫色的強度會無限成長，獨立於溫度之外。這個難題被稱作「紫外災變」（the ultraviolet catastrophe）。

　　解答是由普朗克（Max Planck）發現的，他主張熱體放出的輻射是以他稱作「量子」（quanta）的間斷跳躍狀態放出的，讓他能夠寫出一個方

＊　譯注：英文的「電」為 electricity。

程式,來描述輻射強度和其溫度與頻率之間的關係(但只當作是一個探索式的解方:就跟馬克士威一樣,他還是認為自然是一種連續體)。這個關係是一個常數,標記為 h:「普朗克常數」(Planck's constant)。

到了 19 世紀的最尾聲,馬克士威關於光的理論以及普朗克引入量子想法的行動,又有了湯姆森(J. J. Thomson)發現的電子加入,進而把物理學推到了一個科學快速劇烈進展時代的前端。歷史的一大諷刺就是,有些科學家認為他們的追求已經到了底,只剩下細節需要填補;這種看法據說要歸功於克耳文爵士(Lord Kelvin),但對於普朗克的老師喬利(Philipp von Jolly)來說確實就是這樣,他就建議普朗克在物理學以外的領域開創事業,因為物理學已經完備了。結果在 20 世紀的頭十年結束前,愛因斯坦就發表了狹義相對論,而眾人在接下來三十年間的實驗和理論工作,產生了廣義相對論以及量子理論。

這就顯示了,20 世紀物理學的歷程,便是當代物理學的歷程。[10]

3

科學的世界面貌

　　觀測告訴我們，就算在經驗中很熟悉的物體也是複雜的，是由更小的部分構成，而且它們之中有許多就算用肉眼也看得出有結構。人很自然會經推理而認為，構成一個複雜整體的各個部分，可能本身也能分成很多部分——當你把泥土放在手中磨一磨，它會碎裂成越來越小的碎片——，照那樣下去，最終要不就小到什麼都不剩，要不就得到了可能情況下最小的碎片。「一種佔據空間的固體終究可以從無中產生」的想法看似和常識相反，所以最自然會去推理說，有構成其他物質的「最小可能物質」。

　　或者應該說：那「看起來似乎就是」自然會推理出來的結果。但那些第一次嘗試追求系統性科學的人們，也就是古希臘哲學家所假設的想法，並不是「一顆物體終極結構」，一種本身無法再分割的、不能再變得更小的東西，一種「不可切」或「不可分割」的東西（古希臘的用詞是 atomos）。他們的第一個推理是，宇宙應該是無所不在、充斥一切的單一物，能夠化為多種形式，而那些形式本身能夠造成多種效應（泰利斯的「水」就是那樣的東西）；又或者認為，宇宙是基礎物（風、土、火和水）的組合。正是這類看法的一個精緻版本，導致了「物理現實是由

atomos 這種終極成分構成的」想法。有一件事如果注意到的話其實相當有趣：現代科學探問的那條進展弧線，已從「用後來的**原子**觀念來思考自然」，走到以一種令人想起「無所不在、充斥一切的單一物」，或者「幾種充斥一切的連續體在交互作用」這類早先概念的方式在設想自然（當代物理學談到「場」的概念就有這種味道）。當然，這是一個簡陋而相差甚遠的類比；但這邊值得暫停一下，回想一些比較早期、關於物理現實背後潛在形式的想法，因為其中某些假說在談「自然應當是什麼樣子」時依舊有效，而那些堪稱優秀的自然理論（要注意到「應當」和「堪稱」這兩個詞的強烈意涵）是源自那些假說，且仍在今日的科學中運作著。

最早的「物理學家」（phusikoi）中，克拉佐美納伊的阿那克薩哥拉（Anaxagoras of Clazomenae）以及被稱作「原子論者」的留基伯（Leucippus）與德謨克利特師徒都假定，一切都是由基本元素所構成，阿那克薩哥拉稱它為「種子」，而兩位原子論者則是稱它為「原子」。這三人都是前蘇格拉底哲學家：阿那克薩哥拉於西元前 5 世紀前半意氣風發，而原子論者則是風光於後半世紀。

阿那克薩哥拉相信，「發生」和「消逝」並不是無中生有和化為烏有，相反地，是重新排列、是永久存在的元素的混合或分離所造成的。存在的東西永遠守恆；互動造成了實體的出現和改變。他也認為，萬物的「種子」——胚種（panspermia）——始終全部一起呈現在萬物中，個別物體的差異，只在於該物中的某一類種子數量上比別種多而已，而不是因為別類種子不存在。

阿那克薩哥拉相信，在「諸世界」出現之前原本存在的，是一種無差異且無限的一團事物，包含了一大堆萬物種子不分青紅皂白地混合著。個別的物是種子匯聚的結果，分開則會造成它們死去。匯聚和分開是一些主動的原理或力量造成的，而阿那克薩哥拉用精神（nous）來類比這股原

理或力量，但他用這個詞不是指一個在思考的心靈或者神，而是一股主動的力量，就像人在磁鐵上觀察到在吸鐵的那股力量。這邊沒有虛空，沒有「無」；宇宙就是存在的一切，亦即所有種子的總和；為了支持這一點，他就像之前的恩培多克勒（Empedocles）一樣，以實驗證明空氣有著真實的實體存在，好證明知覺看來不是想告訴我們「沒有東西」。

我們並不清楚阿那克薩哥拉理論中的「種子」想法，對德謨克利特和留基伯的原子論有何影響，但至少基本概念上有著表面上的相似。原子論這種理論認為，一切都由微小而難以察覺且「不可分割」的物構成。對此印象深刻的亞里斯多德，儘管不同意他們的想法，仍然認為有必要仔細研究原子論。他因此針對原子論觀點寫了一部多達數冊的著作，不過現在已經佚失了。

原子論的要點是，有無限數量的不可分割基本實體是永恆存在的，而且除了位置之外，在任何方面都是不變的。在這之外還有「虛空」，也就是「無」——但「無」是真實存在的；它是分開原子的空間，也因此原子能在虛空中移動並能彼此碰撞，它們各式各樣的形狀，讓它們得以在碰撞時彼此連結成更大的團塊，也讓團塊之後又能更分裂，因此造成了所有事物現象以及它們在可感知世界中的各種變化。這捕捉到一種在阿那克薩哥拉那邊也能發現的想法，就是「出現」和「消失」都只是改變，並不是創造出存在的東西或讓它消滅。存在的物的總體是守恆的。

原子論者稱原子為「是者」而虛空為「非者」。亞里斯多德在《形上學》（*Metaphysics*）中，是這麼描述原子論者關於原子構成物體方式的記述：

他們宣稱（原子，也就是「是者」之間的）差別有三個：形狀、排列和位置。他們說「是者」的差別就只在「韻律」、「觸感」

和「轉向」——「韻律」是形狀、「觸感」是排列,而「轉向」則是位置。因此,A 和 N 在形狀上不同,AN 和 NA 是排列不同,而 Z 和 N 則是位置不同。[1]

串起這些想法的主線,是源自巴門尼德的思想;他可說是在柏拉圖以前的傳統思想中最強大且有影響力的哲學家。巴門尼德主張,現實應該是單一不變的事物,因為任何複雜而易變的事物都是不穩定的,所以無法長期持續存在。將「『無』(並不是充滿量子漲落的真空空間,而是**無**)因為無法想像而無意義」的這個想法,結合「世界確實存在」的觀察結果,邏輯上你便會堅信世界是永恆的——它不會從一個更先前的無中生有,未來也不會消失為無,因為「無」並不存在——且世界應該不會有改變和變化,因為不論是哪一種都有著造成最終衰敗的危機。這使巴門尼德發展出一套還原論,將萬物還原為單一物——也就是「一」,而他將「一」描述成必定不變且永久。

這裡可以留意一下,上述思想家思考現實的終極成分時,阿那克薩哥拉和原子論者都重視巴門尼德的要求條件,也就是存在的東西必定是永恆且本身不變的,但同時他們又藉由假設巴門尼德的那種「一」(實際上)有很多個(即他們說的種子或原子),說明他們觀察到的物體多數性,以及這些物體進行的運動和改變。

就如此處所見,「在現實背後尋找終極的單一」這種還原主義動力,是一個有古代根源的科學主題。要問的問題是:這股動力是由「觀察結果和成功的理論告訴我們想必是如此」所驅使,還是說,那會不會是「我們認為事物**應該**如此」在深層運作,起因於某個不是觀察結果也非理論的事物——好比說,當我們思考世界該是怎麼樣的時候,會帶入的某種和認知架構有關的事物?

這些認為「某種結合與互動之後會產生所有可感知現象的事物」背後有一個架構的想法，促使我們去問：既然第一批科學家是沿著這些引人深思的路線在思考，他們怎麼沒把探問再向前推進一步？他們為什麼不做實驗？為什麼科學就維持在僅止於猜想的狀態，還得等二千年——直到從哥白尼和伽利略開始算起的時代——才穩當地開始呢？

答案很複雜。其中一部分是因為這些思想家是從頭開始，在一個不論時間、空間都相當分散的小規模思想家團體中工作，也缺少一種能夠日益累積地支持人們去構築想法並尋找方法測試的環境。有人觀察到，文化演變需要一個最低限度的人口密度，作為思想和實作得以紮根的環境來提供發展基礎。早期的科學家仰賴觀察和推理，但很少靠實驗。儘管助力有限，西元前6至4世紀的希臘社會條件，還是對哲學以及零星的科學有所助益。但這時期顯著的思想穩健度和創造力，在羅馬時期並沒有以同樣程度持續下去。到了西元1世紀，其中一支佔優勢地位的哲學——新柏拉圖主義（Neoplatonism），開始呈現宗教特徵；到了皇帝查士丁尼（Justinian）基於哲學與基督教教條衝突而於西元529年關閉雅典學院（School of Athens）、禁止哲學並驅逐哲學家的時候，智識環境已經不利於進一步探問。一直要到16世紀的宗教改革，探問行為才再度擁有了不必遵從宗教教義的充足自由，而能讓科學重新起步。

儘管如此，最終發現阿那克薩哥拉和原子論者的揣測，其實預告了一種關於物理現實之架構與性質的強大思考方式。17世紀自然哲學家們的「微粒」（corpuscular，意指「小體」）理論是古代原子論者理論的翻唱，但要到19世紀，尤其要到20世紀，全然科學且有實驗支持的原子論才開始成形。

要注意一件事：巴門尼德等人的推斷是起於實證觀察，並讓他們推論出能解釋觀察結果的理論。巴門尼德看到了物體的衰敗和改變，心想一

個世界要怎麼在衰敗和改變下持續存在，因而假設在現實背後的本質為何的問題上，人類的感知覺察並沒有揭露出邏輯思考需要的答案。阿那克薩哥拉和原子論者觀察到，整體是有各個部分的，且沒有任何事物來自於無（ex nihilo nihil fit），而現實應該也有終極單位，那些單位的關係產生了我們觀察到的現象。今日的「弦理論者」從基礎物理學當前的反常情況所做的推論，和這些猜想有著同樣的形式，儘管前者有著豐富太多的背景理論工具和算數力量，來清楚表達其推論。

自從 1960 年代晚期以來，最佳且最廣為接受的物質與輻射的基礎結構科學理論是「標準模型」（Standard Model），描述基本粒子，以及把粒子結合起來成為原子的力。[2] 在物理學家格拉肖（Sheldon Glashow）提出統一電磁和弱核力形成電弱場的方法，並進一步將這個統一力場與解釋基本粒子如何獲得質量的理論（該理論和假設了「希格斯玻色子」〔Higgs boson〕的希格斯〔Peter Higgs〕與恩格勒〔François Englert〕的研究最密切相關）結合後，他和溫伯格（Steven Weinberg）以及薩拉姆（Abdus Salam）三人一起構想出標準模型。溫伯格、薩拉姆和格拉肖因為這項重大研究而於 1979 年共同獲得了諾貝爾物理獎，而希格斯與恩格勒又於 2013 年共同獲得了諾貝爾物理獎。

標準模型的重要性，就在於它提供了一個比較簡約的物質基本構造描述。有一種思考物質結構的方式非常有效，就是把它當作由「根據可用數學用語來呈現的定理來互動並結合的基本粒子」所構成。物質粒子靠著帶力量的粒子之中介，進行交互作用。物質粒子稱作「費米粒子」（fermion）由兩組組成：構成質子和中子的夸克（quark），而前兩者形成了原子核；另外還有輕子（lepton），包含了電子和微中子（neutrinos）。當夸克束縛在一起時，被稱作強子（hadron）。[3] 一種畫出原子的簡單方式（但要小心：這是一個誤導的方式，見後文說明），就是畫成一座小小太陽系，原

子核位處中心,電子則環繞著它。如果原子真的長這樣的話,那麼為了瞭解其內部大小,可以打比方說,如果你把原子放大成倫敦皇家阿爾伯特音樂廳(Royal Albert Hall)那麼大,那麼原子核的大小就是建築物中心的一隻蒼蠅,而電子構成的外殼就在該廳的牆壁上。

物質粒子藉由彼此傳遞力量粒子(玻色子)來交互作用。玻色子有光子、膠子和 W 與 Z 粒子。由光子中介傳遞的電磁力,將帶電荷的粒子束縛在一起;有質量的 W 和 Z 玻色子中介傳遞原子核的弱力;無質量的膠子構成了把夸克束縛成質子和中子(物質強子)的強核力。

在模型裡的帶電荷輕子之中,只有電子是穩定的,也就是會維持同樣的電荷;其他的輕子(緲子〔muon〕與陶子〔tau〕)則會極快速衰變,瞬間就分裂。

如此描述的整體物質結構裡,有一個關鍵要素是,需要有一個粒子把質量傳給光子和膠子以外的其他粒子。標準模型的所有其他基本粒子都已經由實驗觀測到了,但上述這個粒子,也就是希格斯玻色子,一直要到瑞士歐洲核子研究組織(CERN)的大型強子對撞機(Large Hadron Collider)達到了在實驗室條件下產生希格斯玻色子所需的高能之後,才被人觀測到。這項發現於 2012 年公布。

希格斯玻色子極其重要的作用,就是回答了「輕子和夸克從哪裡獲得它們的質量」以及「無質量的光子和有質量的 W 及 Z 玻色子之間的差異從哪裡出現」的問題。如果留意到光是談「粒子」不足以描述次原子層級的現象,而該層級的現象出於某些目的,用「場」來呈現會比較容易解釋這一套如何行得通。因此,一個電子並不是像個行星繞著太陽那樣繞著原子核,而是一個鄰近原子核的場。現在,把希格斯場想像為一座游泳池,往裡面丟進代表輕子和夸克的東西:水藉由拖曳物體而讓它們慢下來:拖曳的效應就是物體的質量。光子沒有質量;一個代表光子的物體會馬不停

蹄地穿過希格斯游泳池，一路暢行無阻。

　　儘管發現希格斯玻色子更進一步的證實標準模型，但標準模型還沒有完備。它並沒有提供把電弱力和強力結合到其他自然基本力量（也就是重力）的方法；而這理論的約莫二十個參數，也不是來自物理原理，而是從實驗中調查出來的。要結合重力與原子力（換句話說，要找到重力的量子理論）的嘗試，從仍有爭議的「弦理論」得到了一些支持：見以下說明。

　　「在自然微觀層級中運作的各種原子力能，能跟在大尺度（也確實在一般尺度）的自然中運作的重力統一起來」的希望，燃起了一種假設，那就是自然在最深的層次上其實很簡單，因此自然的四種力量——電磁力、弱力、強力和重力——其實只是一股我們還不能領略的背後力量之不同版本。在這種假設中，巴門尼德那種還原主義式的強大動力可說在全面運作。

　　為次原子領域提出深刻見解的是量子理論。這種強大而成功的理論，保障了許多實際運用可以進行，儘管它所呈現的現實深層面貌打從根本就違反直覺。量子理論成功的證據在於高度精準，在小數點後許多位數的地方仍能產出漂亮的正確性。如以下這般，從一個稍微不一樣的方向來陳述方才提出的標準模型發展，有助於瞭解量子理論。

　　源自牛頓研究及 18 世紀化學研究並從中發展出來的古典物理學，不足以解釋一些越來越明顯的異常，促使量子理論的誕生。19 世紀中期，當馬克士威成功替氣體行為做出統計描述時，他得以假設氣體包含了微小無特色的原子，像微縮版檯球那樣互相作用。但同個世紀更晚的實驗結果證明，原子有內在結構，因為有觀測到粒子的質量少於質量最小的氫原子；此外，原子還展現出後來所謂的放射性（原子核隨時間自然分裂），會接受電荷、拋出電荷，並轉變為其他原子。這個關鍵發現發生於 1897 年，是湯姆森在調查陰極射線時發現的：他發現「射線」其實是負電荷粒子

流，而他將這種粒子取名為「電子」。

這就引人猜想，原子內的正電荷是如何分配的。湯姆森提出一個「葡萄乾布丁」（plum pudding）* 模型，其中的負電荷電子是一大塊正電荷「麵糰」裡面的「葡萄乾」。拉塞福（Ernest Rutherford）和同事們靠著「散射」實驗發現，原子絕大部分的質量以及其正電荷，都集中在其體積的非常小比例內。拉塞福假定，質量和正電荷都集中於體積的中心，構成了原子核。從中產生的行星式原子模型，就假設了三種次原子粒子：電子、質子和中子，其中電子「環繞」著構成原子核的質子和中子（描述模型的這種方式主要歸功於 20 世紀初的波耳〔Niels Bohr〕）。質子是正電荷粒子，而中子就如其名，是中性不帶電荷的；它們一起持有原子的絕大部分質量。電子是非常「輕」的粒子，質量只有質子的一小部分，而它們帶負電荷。電子和原子核的電荷差異，是讓前者「繞行」後者的原因。

在非離子的原子中，質子和電子的數量始終同等；原子電離之後，電子的數量就會多或少於質子。原子依據原子核中的質子數而有所不同，這就決定了它們各自是什麼元素；氫因此是元素週期表中的第一位，因為它有一個質子；氧是第八位，因為它有八個質子，諸如此類。

然而，科學家很快就證明這個古典的原子面貌不夠充分。一個簡單的理由是，依照古典原理，電子應該會在繞行原子核的時後失去能量，因此以螺旋軌跡掉進原子核。但它們並沒有；原子是比較穩定的結構。此外，到最後發現原子確實會吸收並放射能量，但只會以特定波長放出。像黑體輻射問題和光電效應這類難題，都顯示需要一種新的方式來思考物質的基本架構。當普朗克於 1900 年證明，他可以藉著把能量的存在狀態假設成

---

* 譯注：葡萄乾布丁是一種英國傳統食物，配料不只包含現在一般布丁的雞蛋砂糖，還有奶、白蘭地、乾果、麵包、糖漿等。

一種他稱作「量子」（quanta，拉丁文的「數量」）的切分小包來解決其中一些難題之後，這個新方法就誕生了。

普朗克本人將量子當作一種純粹探索式的概念，一個用來解決難題的數學手法，**要到很久以後，才接受實情真的就像他講的這套主張那樣。**但1905年時，愛因斯坦在那四篇意義重大的知名論文的第三篇裡，使用了普朗克的想法來解釋光電效應（為什麼頻率夠高的光線照在金屬上會產生電）。在愛因斯坦和同代人看來，奇怪的地方在於儘管有充分的實驗證據顯示光是波——而且到了19世紀末時，物理學也假設光的確是一種波——但在普朗克對黑體幅射問題的解答，以及愛因斯坦給光電效應的解釋中，光的行為卻像是粒子。它到底是哪種：波還是粒子？到頭來（現在熟悉的）答案是，它應該同時被當成兩者看待——或者，應該說，在指定的目的下，當作哪種比較方便就當作那種。

在尋常經驗的層次中，我們很熟悉波和粒子的現象，好比說海浪和海灘上的一顆顆卵石，就分別是波和粒子。粒子移動時，同時會把質量和能量從一個位置帶到另一個位置，然而波只會攜帶能量，且波會在空間中散布。但在量子理論所描述的那類事物的尺度下，波與粒子在我們直覺中的差別打破了，而在它的位置上有著讓量子理論看起來如此違背直覺的波粒二元性。

1912年，德布羅意（Louis de Broglie，唯一獲得諾貝爾獎的公爵）把波粒二元性的想法從光子延伸到其他粒子，最初面對了眾多懷疑聲音；但波耳的研究早已證實普朗克提出的詮釋是正確的——能量的存在形式，是以能量梯度做出切分間隔的一份一份能量小包，它的高低差距並非連綿不斷，而是會從一階跳到一階。波耳因此可以解釋原子為何結構穩定卻又能吸放能量；因為電子的波長始終得是一個整數值，所以如果電子放出了或吸收能量時，它就得跳到另一個整數波長去，不會停在兩個數字的中間。

這些發展都登場後，物理學家們（其中主要有薛丁格〔Erwin Schrödinger〕和海森堡〔Werner Heisenberg〕）就能夠產出理論所需的數學計算。其中最重要的結果，是一種對電子的截然不同看法，認為電子其實不是繞著原子核的實體粒子，而是原子核周圍的一種機率式存在。當電子吸收或失去能量時，它們會從原子核鄰近地帶的一個「位」消失，然後突然在另一個位重新出現。

海森堡假設了「測不準定理」，指出人無法同時測量一個次原子粒子的位置和動量（「動量」即粒子質量乘以其速度）。這對於和粒子未來行動相關的因果和預測，都有很深刻的含意。在古典觀點中，如果人徹底通曉一個物理系統的當下狀態，也清楚知道主宰該系統的定律，那麼他就可以準確預測未來的狀態將會如何。但海森堡說，「在因果定理的清晰公式中，『如果我們完全知道當下，我們就可以計算未來』這句話，是錯在前提而非結論。」

對於瞭解現實本身，量子論也有同樣深刻含意。它似乎在表示，事物在微觀世界裡的模樣是測量的結果——亦即在測量量子狀態之前，它並沒有確定的特性（舉例來說，在計算出粒子的確切路徑之前，粒子並沒有確切的路徑）。這是因為在測量進行前，量子的狀態就包含了一整列的機率，而測量會決定哪個才算實際情況。這就產生了一個令人煩惱的問題：是否該要有一種在現實能有確切性質之前就進行測量的測量工具？現實的本質怎麼可以是取決於對它進行的測量？此外，不管哪種情況下，當現實被測量時，現實是如何「決定」它的哪一個確切狀態要被採納？這被稱作「測量難題」，許多關於「詮釋量子理論的正確方式，也就是如何把量子理論當成一種現實樣貌來理解」的討論和意見分歧，都是以這個難題為焦點。

在後來稱作量子理論「哥本哈根詮釋」（Copenhagen Interpretation，

因為它是由波耳和海森堡在哥本哈根共事時推動的,而波耳的研究機構就在該城)的解釋中,看起來不可思議的「量子系統在被測量前是不確定的」之事實,就只被當作是理所當然的;然而一旦接受這點,其他所有事情就可以跟著欣然接受。但該詮釋本身要我們接受的東西在哲學和科學上都太令人費解,以至於長久以來都是爭論要點,以釐清謎團為目標的理論五花八門,有時還很奇異。

這類理論中有一個是「多世界理論」(Many Worlds Theory),其主張為,因為從出現可能性的原世界中分裂出不同的世界,所以所有的可能性都被實體化,而每個新世界又從自身可能性分裂出新的真實世界,但在分裂後,新生世界沒有一個能和其他世界互相聯絡。至於「一致性歷史」(consistent histories)或稱「去相干歷史」(decoherent histories)理論,基本上是主張,量子事件的環境有著事件觀測者的作用,導致所有這類事件都具有一種古典的現實化狀態。哥本哈根詮釋本身就屬於一種工具主義,說到底就是「理論並沒有描述現實,但不知怎麼就是說得通,所以我們就繼續用下去」:就如費曼和其他眾多物理學家說的那句格言一樣:「閉上嘴去算數吧!」

而長久以來位居最不受歡迎地位、近日卻捲土重來的另一種說法,就是波姆(David Bohm)所推動的理論:宇宙是一個「內藏秩序」,就某種意義上來說,宇宙中有潛藏著一個「量子位能」連結所有量子現象,而該宇宙的特性,就是將該內藏現實的確定性結構外展的結果。

愛因斯坦自己從未被使現實看起來不確定或者有機率性的量子理論詮釋所說服。在所謂的「愛因斯坦—波多爾斯基—羅森思想實驗」(Einstein-Podolsky-Rosen Thought-experiment,EPR)中,也就是愛因斯坦用來證明量子理論不完備的思想實驗中,會發生以下的事情:假設你將一對剛有過交互作用且「自旋」正好相反的粒子沿直線朝反方向發射出去,

再來測量其中一個粒子的自旋態，也就因此（根據哥本哈根詮釋）固定了它處在哪一種自旋態中。因此在那一瞬間，另一個粒子便在沒人對它做任何事的情況下，被固定在相反的自旋態中。但這種情況若要發生，在假說中（被觀測所固定下來的）第一顆粒子的自旋態為何的信息，就得要以一種超過光速的速度傳遞到第二顆粒子上（超光速信息傳遞）。然而，物理學的一個基本保證會讓這件事辦不到：沒有事物能夠以超光速行進。量子理論因此有哪裡錯了。愛因斯坦以此證明，宇宙會遵守定域性原則（principle of locality）的看法是正確的。

但對愛因斯坦來說很遺憾且讓眾人更加驚奇的是，1982 年阿斯佩（Alain Aspect）在巴黎大學進行實驗研究的結果，證明 EPR 效應是正確的。這就讓上述那些尋找其他方法說明量子理論謎樣面貌的理論，又多了一股動力來持續爭辯並持續發展。

一個主要的難解謎題是，物理學上另一個強大的理論——愛因斯坦描述重力、空間、時間本質的廣義相對論——看起來和量子論不一致。這問題的確很大，因為另有一個科學領域全都以相對論為基礎，那就是宇宙學。

「相對論」這個詞指的是愛因斯坦在 20 世紀頭二十年裡發展出來的兩個相關理論。他於 1905 年發表了一篇論文〈論動體的電動力學〉（'On the Electrodynamics of Moving Bodies'），說明了狹義相對論的基本假定；稱「狹義」是因為只能運用於以恆定速度運動的物體。1916 年，他發表了廣義相對論，也顧及了加速中的物體（「加速度」〔acceleration〕指的是「速度改變」，增加或減少都算）。廣義相對論因此處理了重力，因為它證明了加速和重力有一樣的效應；這稱作「等效原理」（Equivalence Principle）。

愛因斯坦的研究是出於一項事實，也就是到了 19 世紀末時，以牛頓

研究結果為基礎的古典物理學很明顯地有嚴重問題。問題就在於以牛頓方式描述的移動體之間的關係，和馬克士威發現的電磁方程式不一致。牛頓式的看法其實是一種關於移動體如何行為的常識理論；舉例來說，如果你在一台以每小時三十二公里速度移動的車輛內，以每小時十六公里的速度向前丟一顆球，那球的速度就會是兩者的總合——每小時四十八公里。這種顯而易見事實的背景是，對每個相對於彼此為恆定移動的人來說，物理學的定律都是一樣的，這是 17 世紀物理學發展出來的概念，提供了能在裡頭描述自然法則並加以應用的參考系。在丟球的例子中，所謂車速是相對於某個車外靜止的東西，而球速加在車速上，是在同一個參考系內計算的。這之中一項重要的假設是，時間是絕對的——不管什麼情況，它都固定地流逝，在所有的參考系裡都一樣。

但馬克士威的電磁方程式給了光速 c 一個每小時約十八萬六千英里的恆定值（更精確來說，是真空中每秒二億九千九百七十九萬二千四百五十八公尺，即一個光子一秒鐘足以繞地球七圈），這和光源本身靜止或移動無關，也和光線觀測者的速度無關。如果一個人坐在車上以每小時十六萬公里移動並打開一個向前照的光束，那道光的速度並不會是每小時 c 加上十六萬公里，就只是 c 而已。這看起來很矛盾，然而兩顆朝彼此扔過去的球會以相加總合的速度彼此靠近，但兩道朝彼此照過去的光束，還是以光速相靠近，而不是兩倍光速。

愛因斯坦的貢獻是證明了，假設「對參考系內的所有觀測者來說物理定律確實都一樣」，但又假設「不管參考系如何，光速全都不變」，兩者其實並不矛盾（在前者有了適當的數學調整之後[4]）。同時接受兩者，得要接受某種驚人的、思考自然的新方式。首先，時間看起來不再是絕對且不變的，在移動的車上測出的時間，會比在一個相對於該車為靜止的地點所測出的時間還慢。此外，某觀測者測量物體長度時，物體會順著它們移

動的方向變短。物體移動得越快，其質量就變得越大。也因此 c 便是任何有質量之物的絕對速限；達到該速度需要無限的能量。再也沒有絕對同時性這樣東西；對單一觀測者來說，兩個看起來同時發生的事件，在不同觀測者眼中可以看起來是不同時候發生的。而且，或許也最有名的就是，愛因斯坦證明了質量和能量是等同而能互相轉化的：這道理表現為知名的方程式 $E = mc^2$，其中 E 代表能量、m 代表質量，而 c 是光速。

在與光速相比下的低速度條件中，狹義相對論同意牛頓物理學，但當速度大幅加快到與光速相比沒那麼懸殊時，它便與牛頓物理學漸行漸遠。這已經歷過反覆測試和證實，而且人們發現，在實驗或技術面應用時，會產生比應用牛頓定理正確太多的結果。因此，物理學家沒有一刻不在研究中使用狹義相對論，在研究中那堪稱是他們的思考背景。

愛因斯坦發展廣義相對論時，受到某個一開始他覺得很厭煩的人的幫助：那就是閔考斯基（Hermann Minkowski，當過愛因斯坦的物理學老師，且曾經覺得這位學生很懶惰），他證實了愛因斯坦的狹義相對論以四維時空的幾何學方式表達是最適合的。愛因斯坦已經完成了等效原理，表示一個重力場的效應和加速的效應是完全一樣的。先不提別的，這就先解釋了人在火箭飛行器上體驗到的那種失重狀態。當引擎關閉、火箭沒在加速的時候，乘客會在「自由落體狀態」下漂浮於火箭內。

等效原理的一個立即結果，就是光會被重力彎曲。這並不是什麼新奇的想法，因為牛頓物理學就已經接受說，被設想成粒子（光子）流的光線，會感應到重力。愛因斯坦根據他理論而來的新時間空間模型，證明重力對光的效應會是牛頓物理學預測的兩倍強。這個理論表示，時空本身就會被其中物質的存在所扭曲，就像在撐平的床單中間放上一個重物，就會把床單向下拉進一塊凹陷裡一樣。想像一下光如同一顆球滾過撐平的床單那樣穿過時空，但中間有一個重物；球的軌跡會受到凹陷的斜面所影響，

被向下拉著朝中間的重物而去。用夠大的力量滾,它就會從床單一頭滾到另一頭,沿著斜面的等高線拐彎繞,但不會掉到凹陷處的重物那邊——這有點像高爾夫球選手輕推球,讓它繞著洞邊但不掉進洞裡那樣。這就是光在空間中行進的方式,偶爾會被太陽之類的大質量物體所彎曲(這在 1919 年一場支持愛因斯坦理論的關鍵觀察活動中獲得證實)。這個現象稱作「重力透鏡」。

廣義相對論除了重新將時空構想為彎曲狀,並把重力重新構想為這彎曲的效果外,也預測了光的重力紅移、重力波以及黑洞的存在。它的有效性讓它成為標準宇宙模型的基礎。

「重力紅移」是電磁放射從重力井逃逸時的波長拉長現象——「重力井」就是任何有質量物體的重力拉扯。因為光子逃出井必須耗費能量,但不是靠著放慢速度(光當然永遠是以光速前進),其能量的減少得化為頻率的降低,因此朝著光譜的紅色那端增加了波長。1960 年代經實驗證實了廣義相對論對該現象的預測。

重力波是時空曲率受到的干擾。就跟電磁輻射一樣,重力波是一種能量傳播,由有質量物體在時空中移動、進而干擾該區域時空的曲率所造成。一個粗略的比方是,想像一顆石頭掉進池塘然後引起水波。重力波以光速移動,經過時空時擠壓然後拉長時空,所以如果有人在觀測一股波穿過(好比說)有兩顆恆星的空間時所產生效應的話,他會看見那兩顆星體隨著它們所佔據的時空變窄又變寬,而交替反覆地前後晃動、彼此靠近又分開。2015 年,雷射干涉引力波天文台(Laser Interferometer Gravitational-Wave Observatory,LIGO)的科學家直接觀測到了重力波,使索恩(Kip Thorne)和其天文台的同事共同獲得了諾貝爾獎。

黑洞是重力場強到沒有東西能逃脫的天文實體,連光也沒辦法(所以才是「黑」洞)。愛因斯坦廣義相對論在描述時空曲率時認為黑洞必然

存在,因為這告訴我們,當時空緊密地朝自身彎曲時,結果就會結實到沒有東西能逃出其產生的重力。說巧不巧,有人基於牛頓對重力的描述,而早在 1795 年就預料到黑洞的存在;經拉普拉斯(Pierre-Simon Laplace,1749~1827)推測發現,如果一個物體緊實到夠小的半徑,它的「逃脫速度」(克服它「感受」到的重力所需的速度)就得要比光速還快——而那是不可能辦到的。

當代宇宙學的標準描述,把黑洞的起源描述為恆星的死亡(且明確指定為至少比太陽大四倍的恆星)。恆星是巨大的核融合反應爐,只要把注的力量強過它們的大小所產生的重力,就可以持續存在。當一個大小妥當的恆星開始耗盡燃料時,重力就會把恆星往自身內部拉,使它向內崩潰。在某個時間點上,其核心的壓縮程度以及因此產生的熱變得太大,恆星就會化為超新星而爆炸。剩下來的就是一個密度極大的殘留物,其重力場實在太大,以至於沒有東西可以得到足夠的逃脫速度來離開——連光都不行。

史瓦西(Karl Schwarzschild)率先看出愛因斯坦的重力描述在這方面所蘊含的意義;他在德國對抗蘇聯的一戰期間算出了這一點,不過幾個月後他就過世了。他描述了球形質量體周遭的時空幾何學,證明了舉凡那種質量體都有一個關鍵半徑,只要半徑小於該數字,任何物質都會被壓縮到實質上將自身封存在宇宙之外的程度。他將論文和計算寄給了愛因斯坦,後者於 1916 年在普魯士科學院(Prussian Academy of Sciences)將其發表。這個關鍵半徑如今稱做「史瓦西半徑」。

史瓦西半徑測量的是一個黑洞的「事件視界」(event horizon),也就是從那條界線算起,裡頭的物質絕對逃不出來。黑洞中央有一個「奇異點」,物理學家用該名詞稱呼一個物理標準法則在那裡不適用的實體。

黑洞根據轉動的有無被分有兩種。不轉動的稱作「史瓦西黑洞」,只

有一個奇異點為核心，以及一個事件視界。如果黑洞的核心在旋轉——而大部分的黑洞都是這種，因為形成它們的恆星本身就在旋轉——那麼就還會有兩個特色。一個是「動圈」（ergosphere），在事件視界之外的一個蛋形區域空間；會呈現那個形狀，是因為它被旁邊拖曳著時空的黑洞重力給扭曲了。另一個額外特色是「靜止極限」（static limit），即動圈和普通空間的邊界。如果有人意外將太空船駛進動圈，那還有機會利用黑洞旋轉的能量來穿過靜止極限。但一旦跨過事件視界，就再也不能回頭了。

　　儘管我們對於位處黑洞核心的奇異點一無所知，但黑洞的質量、電荷和角動量（轉動速度）是可以計算出來的。這並不是直接計算出來的，而是用黑洞附近物體的行為算出：鄰近恆星的振動或自轉；廣義相對論預測會出現的、當光被黑洞重力彎曲而發生的重力透鏡效應；黑洞從鄰近恆星吸引物質，然後在重力場內靠著壓縮而大幅加熱（所謂「超溫加熱」），導致物質放出的 X 射線；諸如此類。也有人假定，超巨大黑洞（那些質量是太陽幾十億倍的黑洞）可以放出高速的物質噴射流（據推測可能是來自動圈），且會放出強大的電波信號。

　　黑洞這種實體是如此地異樣，因此還引發其他各種想法。數學家克爾（Roy Kerr）於 1963 年提出一個想法，指出一種黑洞的可能形成方式，會讓黑洞核心沒有奇異點；倘若真的如此，那麼飛進這種黑洞就不會撞在一個無窮小的點上，而是有可能會被排出到另一頭，穿過一個「白洞」——黑洞的相反或者黑洞的另一端，不是吸入物質，反而會排出物質——而進入不一樣的時間或甚至不一樣的宇宙。

　　這是進行時間旅行或者造訪其他宇宙（前提是，如果有一個以上的宇宙以平行排列或蜂巢排列的方式存在）的一種可能提議。其他主張——舉例來說，在彎曲的時空構造中存在的、可以讓人在時間中走捷徑的「蟲洞」——並沒有假定黑洞核心不存在奇異點。

在標準宇宙模型的基底，有著宇宙起源的「大霹靂」理論。結合了「宇宙正在擴張」的想法，以及很有影響力的「宇宙擴張的第一個瞬間如何發生」的想法，所形成的大霹靂理論混合概要，產生的宇宙面貌如下：宇宙是一百三十七・二億年前從一個「奇異點」中誕生；這個奇異點在最初的無限分之一秒內超急遽擴張，就定下了宇宙一路產生出當前狀態的那條路徑。

大霹靂理論的起源，來自 1929 年天文學家哈伯（Edwin Hubble）觀察到宇宙在擴張。幾年前，他證實了宇宙遠遠不僅止我們太陽系所在的銀河系而已，而是遠比銀河系更大的範圍，包含了非常非常多像我們銀河系這樣的星系——現在的星系估計數量為兩兆個。除此之外，還觀察到這個龐然大物正在往四面八方擴張，就更令人驚訝了。

宇宙正在擴張，就暗指在宇宙史更古老的時刻，萬物都比現在更靠近；一路回溯的話，最終就會使一切都擠在一個起點上。該想法是物理學家勒梅特（Georges Lemaitre）於 1927 年提出的（一位在天主教魯汶大學〔Catholic University of Louvain〕教科學的教士），所以兩年後，當哈伯注意到星系離越遠就移動得越快——證據在於它們發出的光越來越偏向電磁光譜的紅色端——的時候，不可避免地就會想到得要有一個誕生事件。

說巧不巧，「大霹靂」這個名字當初其實是作為玩笑話發明出來的，出自當時立場相反的「穩態論」擁護者，他們認為宇宙是永恆存在的，物質是自發地從真空空間中發生的。但這個玩笑名稱卻從此一槌定音，而且不再是個玩笑。

面對如此提出的可能性，後續進行的研究調查便（跟目前走在最前面的假說一樣）包括了已經提到的想法：宇宙存在的最初一瞬間有一個奇異點，極其快速地——連頭一秒的一小部分都不到——「暴脹」成為宇宙最早的初始狀態，並從那開始持續擴張發展。不意外地，這就被稱作「暴脹

模型」。

根據這個理論，宇宙開始時，在「無」過了一瞬間之後是一團十分高溫的電漿，而它在誕生的 10^{-43} 秒後（普朗克時間）冷卻，而開始包含了幾乎等量的物質和反物質粒子，在彼此相撞時毀滅彼此。因為有一點微小的不對稱性比較偏向物質粒子而非反物質粒子（一開始的偏差程度大約每十億個才有一部分不對稱），物質的優勢也隨著宇宙成熟而增加，物質粒子才因此可以用現在的物質架構理論所描述的方式來交互作用和衰變。當最初的「夸克湯」冷卻到大約三兆克耳文的時候，一個「相轉變」導致質子和中子等重粒子形成，接著是比較輕的粒子，如光子、電子和微中子（一個比較熟悉的「相轉變」例子，就是當水溫達到攝氏零度時結成冰的那種轉變）。

在宇宙誕生的一至三分鐘後，氫和氦開始成形，這些是宇宙中最普遍的元素，比例大約是每有一個氦原子就有十個氫原子。另一個在核合成（nucleosynthesis）早期階段形成的元素是鋰。隨著宇宙持續擴張，重力開始對宇宙中的物質運作，觸發了恆星和星系成形的過程。

哈伯會得到宇宙擴張的觀察結果，是因為他注意到，人不管往天空的哪個方向看過去，每個星系都（幾乎）在遠離我們，以及它們遠離的速度和它們與我們的距離成比例。這就是「哈伯定理」：星系越遠，離去越快。要瞭解這一點，就得想像一下，我們的銀河系就像一顆葡萄乾，塞在熱爐裡膨脹的一塊麵糰內；從我們自己那顆葡萄乾的角度來看，隨著麵糰往四面八方膨脹，所有其他葡萄乾看起來都越來越遠，而且它們越遠，離去得就越快，一如哈伯定理所陳述的那樣。

測量來自星系的光移向光譜紅端的程度，可以計算星系的速度和距離。有一種熟悉的方式可以說明光的「紅移」表現，就類似聲音的「都卜勒效應」，當一台車遠離觀察者時，其聲響的頻率就會下降。隨著光源遠

離觀察者，從該光源發出的光也會與其類似地出現越來越強的紅移。如果光源一路靠近觀察者，光線就會往光譜藍端變化。因此，紅移越強烈，光源離去的速度就越快，所在的位置也就比較遠。

觀測到宇宙最初歷程的殘餘——宇宙背景微波輻射，讓大霹靂理論獲得了強力支持。觀測到的兩位天文學家因此贏得 1978 年的諾貝爾物理學獎，他們分別是彭齊亞斯（Arno Penzias）和威爾遜（Robert Woodrow Wilson）——他們當初還以為自己觀察到的現象是儀器上的鳥糞造成的。而觀測到宇宙中最充足的元素，正如大霹靂模型所預測的是氦和氫，也支持了大霹靂模型。

大霹靂理論的標準版本，需要一個宇宙大尺度特性的恆定數學描述，而這種描述的基礎是一個解釋了宇宙中的大架構是如何交互作用的重力理論。該理論就是愛因斯坦的廣義相對論，它描述了時空的曲線幾何學，並提供了描述重力作用的方程式。

標準宇宙模型以「宇宙均質且等向」為前提，意指每個地方都運行同樣的法則，且我們（觀測者）並沒有處在其中一個特別的空間位置——也就使宇宙任一處的觀察者眼中的宇宙都一模一樣。這些合稱為「宇宙論原則」的假設，也不過就是假設，當然也就可以挑戰——也確實有人提出問題，尤其是「宇宙的性質（特別是在宇宙非常早期的階段中）怎麼有足夠的時間發展成現在這個樣子」的問題。這被稱作「視界問題」。暴脹理論是這個難題的一個解答，而它有一個優勢，就是能迎合那些解釋了宇宙特性如何在頭一個無窮小瞬間內產生的已知物理定律。別的解答就沒那麼保守，有些要調整愛因斯坦方程式，或者更全面地要求接受「我們現在認為是自然常數（好比說光速）的值，在早期宇宙中可能不一樣」的想法。這些沒那麼保守的解答，是因為當今理論正全力面對的這些謎團而起。其中最大的幾個謎團和「暗物質」以及「暗能量」有關（見下詳述）。但即便

這些謎團不存在,其他謎團也從哈伯的觀測結果出爐後就讓宇宙學充滿爭論。

其中一個謎團,是關於宇宙到底會永遠持續擴張,還是重力終將減緩擴張,然後把它拉回到一個最終的「大崩墜」(Big Crunch)——如果循環會無限重複,它有可能會成為一個新的大霹靂,讓一切又從頭來過。答案要看宇宙的密度。這個密度是先算出我們自身銀河系和周遭星系的密度,並把數字推算到整個宇宙而估計出來——這就假設了整個宇宙各處都是均質的,但這也就有理由懷疑。這是所謂的「觀測密度」。這個密度與「臨界密度」——宇宙最終會停止擴張的密度(因此能用計算的方式算出)——的比,稱作 omega*。如果 omega* 小於或等於一,那麼宇宙將一直擴張,直到冷卻而滅亡(冷寂)為止。如果它大於一,那它就會停止擴張,並開始收縮,在一場大崩墜中慘烈爆炸死亡。

出於理論方便,omega* 被指定了一這個值。藉由觀測得到的測量結果顯示它為大約〇・一,如果正確的話,預測情況就是會持續擴張到冷寂。

儘管大霹靂理論是宇宙學家最普遍支持的理論,也是最禁得起觀察證明的,但它並非毫無爭議。前面已經提過,歷史上該理論的一名對手,就是霍伊爾(Fred Hoyle)和邦迪(Hermann Bondi)等人所提出的「穩態」概念;該概念假設宇宙永遠以同一種平均密度存在,新物質自發地在星系中產生的速度,等同於遙遠物體在擴張宇宙邊緣變得無法觀測的速度。霍伊爾和邦迪接受宇宙應該是在擴張,因為在靜態宇宙中,星球的能量沒辦法散開而會加熱,最終毀滅整個宇宙。穩態要求的新物質出現率一定得非常慢——每年每立方公里出現一個核子而已。

除了發現強力支持大霹靂模型的宇宙背景輻射外,穩態理論遭到懷疑的另一個理由,是類星體(quasar)及電波星系只存在於宇宙遙遠地帶的這種情況,似乎駁倒了穩態理論的「宇宙不變」假說;因為那些星體證明

了早期宇宙和今日並不一樣。太空中的距離遙遠就等於過往的時間遙遠；看著太空中的遙遠物體，就是在看向宇宙歷史；如果過往和現在不一樣，那麼它就不是處在穩態中。

大霹靂理論還有好幾個對手，各有著別種模型：電漿宇宙學、火成宇宙、次量子火成宇宙學等等。在這裡提出來的別種可能，其合理度各有所別。

電漿宇宙學是由物理學家阿爾文（Hannes Alfvén）於 1960 年代提出，他靠著電漿方面的研究獲得了諾貝爾獎。他主張，在宇宙尺度上，電磁就跟重力一樣重要，而星系是藉由電磁對電漿的效應而成形的。這個想法因為和暗物質難題有關，而得以捲土重來。

火成模型是由弦理論所提出，支持無盡循環宇宙。它假定，兩個三維的前代宇宙沿著另一個維度擴散而相互碰撞，造成宇宙最初的熱擴張式誕生。這兩個宇宙混合起來，它們的能量轉化為當今三維宇宙的粒子（夸克和輕子）。這兩個前代宇宙幾乎同步在每個點碰撞，但偶爾有些非同步的點產生了背景微波輻射的溫度差異，並促成了星系的成形。

次量子火成宇宙學提供了統一場論，取自非平衡反應系統產生自我組織波樣式的方式，被假定為持續在宇宙中誕生物質——乃穩態理論的精緻化版本。

試圖解決大霹靂模型難題或回答它所受到的批評，是激勵這些大霹靂模型競爭者的動力。它面對的批評包括以下這些：它得要調整參數來符合觀察，好比說宇宙減速參數，或者那些和宇宙中元素的相對豐度相關的參數。它得解釋宇宙微波背景輻射溫度為何是大霹靂的餘溫，而不是空間因為來自恆星的輻射影響而暖化。它得要替一個事實找到理由，那就是就宇宙一百三十到一百四十億年的歷程來說，它擁有的大尺度結構實在是多過頭，多到需要暴脹模型，來讓宇宙有吻合的、特別安排的、不可驗證的外

觀年齡，以及讓其結構成形所需的更長年齡。一個具體例子是，某些球狀星團的年齡似乎比宇宙的計算年齡還大。有些觀測者聲稱，宇宙最遙遠的——根據假說便是最古老的——星系，那些在「哈伯深空」（Hubble Deep Field）裡的星系，展現出一種和它們假定的年齡不一致的演變程度。

或者最令人不得其解的是，大霹靂理論要我們接受我們對於宇宙的95％一無所知，而必須說有暗物質和暗能量的存在；暗物質說明了已觀測到的星系及星系團的分布與彼此之間的關係，而另一個神祕的成分——暗能量——則以越來越快的速度把宇宙推開，而其加速似乎是從已知宇宙至今生命的一半左右才開始的。

儘管就如前文所言，量子理論和宇宙學都有公然質疑和難解之謎相隨，但它們也各有實驗和應用所提供的強健基礎與強力支持。因此，它們看似不可調和，就成了令人煩惱的問題，也激起人們尋找一種能結合「對重力大尺度現象的理解」和「量子層級之結構與特性的諸多理論」的統一理論。到頭來這實在難如登天，但其中一個看來最有望的達成方法就是弦理論，它的第一個版本於1980年代初期被人提出來討論。

弦理論假定有非常微小且在振動的弦狀線圈存在，而重力現象和基礎粒子都同樣從振動中而生。弦理論首先主張有九種空間維度，其中六種太微小地捲在一起而無法偵測；接著，又運用幾種其他的假設（其中有「有一個不變的背景幾何學」以及「宇宙常數〔在愛因斯坦假設中，宇宙中用來抵銷宇宙質量之重力拉扯的能量程度〕為零」），而成功達成這了不起的理論統一。

弦理論的描述和其表現的數學非常美，而統馭弦行為的法則既優雅又簡單。上述這些事實，再加上該理論能夠拿下統一理論這座聖杯的能力（在「超對稱」〔Supersymmetric〕版本的理論〔見下文〕中，該理論統一了所有的物質和力量粒子、費米粒子和玻色子），都吸引人（就像它的一

些提倡者一樣）去思考它「應該是真的」。

　　這裡再稍微詳細解釋一下原因。相對論針對宇宙提出了強而有力的見解，而其他理論——關於大霹靂、星系演化、恆星與行星、黑洞、重力透鏡效應、行星軌道，以及其他不計其數的相關理論——都仰賴於相對論。量子理論在這之中沒有作用；人們認為大尺度下的宇宙是純然古典領域。出於同樣原因，量子論用來描述可忽視重力的微觀領域時無往不利。如果發現一種方法能連結這兩個理論（幾乎確定會成為第三種同時容納這兩者的理論），那就得要有一種粒子來攜帶重力，一種「重力子」，具有一種特定的性質，也就是零質量且兩個單位的自旋。這個想法在物理學中早就不是什麼私家祕密，但也只是當作一項提議，因為把重力子加入量子混合體的數學計算就是行不通。粒子可以在零距離的情況下交互作用，但試圖讓重力子這麼做（因為它們得要做到這點），就產生了數學上的荒謬；計算中出現了無窮大。

　　接著，在 1980 年代初期，一個令人高興的巧合，展現了向前的一大步。一開始提出弦，是企圖解釋強子（也就是由夸克組合而成的複合基本粒子，包括質子和中子）中自旋和質量之間的關係。這個想法行不太通，而另一種叫做「量子色動力學」（Quantum Chromodynamics）的想法到頭來比較成功。但把粒子看做是弦的激發，就會讓零質量且兩單位自旋的粒子能夠存在，還進一步讓粒子之間的交互作用，能以一種將那種粒子與其他粒子之間交互作用的數學解碼還原的方式傳播出去。這是一個舉世歡騰的發現，而隨之而來的想法是，或許弦理論總算構成了人們追尋已久且極其渴望的量子重力理論。

　　然而，有些理論家對弦理論發出深刻的憂慮之聲，第一股聲浪主要是，它裡面沒有完整的構想，且沒有人曾經提出它的基本原理，或者具體指明它的主要方程式該是什麼。弦理論作為科學理論，最糟糕的一點（有

鑒於科學就是根據這個關鍵點定生死）就是，它無法做出直接可測試的預測，因為它可能的詮釋實在太多。確實，弦理論者會談論一種有著許多種可能弦理論、大到不明確的「景觀」。讓許多批評者失望的是，最後這個事實讓一些弦理論的資深提倡者聲稱，沒必要對該理論進行實驗證實——他們說，光是理論展現出來的數學之美，本身就已經夠有說服力了。

其他弦理論的捍衛者也訴諸「人擇原理」（Anthropic Principle），亦即「物理學和化學的基本常數，被微調到恰好能夠產生地球上的生命並加以維持的那種狀態」這種蠻橫的事實，把它當成擺脫「若非如此，該理論的眾多可能版本就不會有哪個會作為獨一無二的正確版本而突然降臨」這個難題的方法。

因為基礎物理學的重要性，以及弦理論在基礎物理學中的明顯份量，所以弦理論的可測試性疑慮必須是相關爭辯的核心，這一點很重要。這就是批評者最憂慮的地方，因為弦理論不讓人質疑理論本身最具科學文化基礎的問題。而且，就算人接受「並不存在能應用於所有科學分支的單一正確方法論」這種說法，弦理論還是有著疑慮，因為把那些科學分支結合起來成為科學的，就是對測試的解釋責任，以及與自然的契合性。上述這些條件，被一併假設為任何可適當形容為科學之物都必須遵守的必備條件（sine qua non）。

這就是準則難題討厭的地方。簡潔、優雅和美是否足以當作標準，來判定理論有正當理由獲得採納？當兩個或者更多個實證充足的理論有所衝突時，就可能會訴諸這樣的「理論外標準」來決定何者是對的。光是上面的這個例子就已經夠具爭議性了；但如果選擇正確理論的唯一理由就只有「美」和那幾個標準的話，人類還能提出什麼正當理由？因為，別忘了，我們會以自己對「事物在我們用來望進自然的針孔上呈現的樣子」的反應為基礎，來判斷什麼是美。

　　還能拿來考驗弦理論正確與否的，恐怕就只剩一種可能情況——觀察研究或許能證明，光速在宇宙史上有過不同。任何證明了廣義相對論可能要調整的事，都會引發對弦理論的懷疑，因為該理論假定廣義相對論是正確的。

　　另一種可能是，非常高能的粒子對撞機，好比說瑞士歐洲核子研究組織的那台，或許會發現當今已知粒子的**超對稱夥伴**；這樣的話，以「每個玻色子都有一個費米子夥伴」（這種配對關係就稱作超對稱）為假說的弦理論大家族，就會獲得實驗證據。當今的實驗工具還沒偵測到理論所提出的「已知粒子的超對稱夥伴」；如果它們存在，要製造出它們就需要非常高能的對撞機——達到了歐洲核子研究組織至今還無法達到的高能，而且恐怕也是達不到的。

　　所以，既然弦理論可以靠這些方法來打擊或得到支持，那麼到頭來它還是可以間接地接受測試，儘管理論本身沒什麼能接受直接實驗審查的內容。

　　但對於懷疑弦理論的人來說，同樣重要的事情是，物理學應該歡迎並鼓勵各種解決物理學面前五大基本難題的其他方法，而那五個難題中，弦理論只處理了一個，即統一難題。其他的難題則是：首先，必須把充滿未解謎團和反常的量子機制弄清楚；在我們看來，量子世界是一個怪異的地方，而它的怪異顯示了有某種更基本的東西等著被發掘。第二個相關的難題是，必須決定標準模型的所有的粒子和力量是否全都可以根據一種更包羅萬象的理論角度來理解；在那種包羅萬象理論的描述中，所有的粒子和力量，都是上述那種假想中更深層現實的表現形式。第三個難題，是要解釋為什麼自然的自由常數值——（好比說）描述夸克質量和原子結合力的數字——就是那個數字。第四個難題，是想出一種描述方式，來描述近期天文觀測看似揭露的兩個極度費解的現象，亦即前面提過的暗物質和暗能

量。

對上述五種主要挑戰全都有幫助，或者對其中幾種有幫助的方法，包括了「迴圈量子重力」（Loop Quantum Gravity，LQG）、「雙重狹義相對論」（Doubly Special Relativity，DSR），以及修正牛頓力學（Modified Newtonian dynamics，MOND）。有別於弦理論，它們都有做直接可測試的預測，如果錯誤的話就能證明是錯的。

迴圈量子重力主張把普朗克尺度內的重力場量化為**自旋網路**（量化指的是把可容許的數值限制為一個可以採用的變數），因此調和了重力與「物質的結構本身是量化的」事實。迴圈量子重力優於弦理論的一個優勢是，它並不需要額外的空間維度。

雙重狹義相對論在光速的不變性裡，加入了「普朗克長度」和「普朗克能量」值的不變性的概念。這有助於解決的難題是，不同觀測者可以不同意各自慣性系中的普朗克能量值，也就很難在它們的慣性系之間寫下「轉換法則」，因此很難調和重力與量子理論。

修正牛頓力學提供了另一種方法來解釋星系中的恆星為什麼速度比牛頓力學預測的還要高。這是在暗物質之外解釋這個現象的別種方法，需要調整恆星和其星系質量中心的關係；若要舉一個方法當例子的話，就是聲稱，重力強度是隨軌道的半徑變化，而不是跟著半徑平方變化。

對弦理論批評者來說，因為可測試性問題是個關鍵質疑，所以他們會用從這種不利弦理論的角度來把它跟上述這些可能方法相比，並把弦理論本身描繪為形上學（用的是這個詞的貶意），而不是物理學。

因為有「實驗與觀測為科學之核心」這道信條，所以，如果哪種想法是不論自然展現了什麼都同意，該想法就不具意義；無法在自然世界中檢驗的想法，在找到方法進行實證審視以前，都得接受質疑。這個保證就是科學的底限，是科學固執的要求：必須寄託於可重複的實驗數據上。

　　稍微思考一下就會產生一個問題：這個保證本身意味著什麼？在下一節裡，這個問題會不斷追問。

4

穿越針孔

前一章最後提出的問題是，當科學探問超過了當前實驗的極限，漂浮在深到無處寄託的可能性之海時，我們該說什麼。弦理論和多世界理論一般都被舉為物理學猜想的例子，隨之而來的還有一些無法經實驗測試的想法，如宇宙是一個全像圖（hologram），或者是由情報所構成，或者就是以能讓智慧體存在的形式存在（人擇宇宙原理）。一個毫不妥協的實驗主義者或許會問：這些猜想真能算是科學嗎？它們難道不是某種全然不同的東西（也就是說，形上學）嗎？

思考這個問題的第一步，就是在「因為成本或規模限制，所以就實際面而言（還）無法進行實驗的假說」和「基本上不可能設計出測試的猜測」之間做出區隔。就科學方針而言，實驗「基本上不可能」這種話該不該說出口其實是有疑問的；人類的足智多謀、科學其他方面的發現、藉由實驗把前述猜想背後那些當今同意的理論推翻掉一部分，以及其他種種情況，都可以造成改變。而且不論在哪種情況下，說基本上不可能這樣做，都是一種失敗主義；有志氣想做到，會是好上太多的選擇。

第二步是要留意到，讓不能（或者還不能）接受實驗測試的猜想（用

「猜想」這個詞來指構思新奇大膽或者看似狂野的假說）有其價值的關鍵，在於它本質上與已經測試的理論有所連結。在這個基礎上，可以如下打造一個論點。

從當前理論開始進行有紀律的推理，而進入其顯示的可能地帶，如此的做法可不只是「可以接受這麼做」而已，而是根本就必須這樣做。探問的新前線就是這麼開啟的。當一個探問的領域達到了實驗的極限，就會出現更多指望能推進的方法，而想像力起的作用也會隨之增加——這就是前面提到的領域中正在發生的事。但如果猜想在某種程度上受到「不要跟丟了當今理論」的約束，如果想像遵守了紀律，如果它像亞里斯多德很久以前對所有假設構思的要求那樣盡可能「保留了」當前理論的「面貌」，且不以從目前觀點看來無合理性的概念為前提，那麼，它就值得科學這名號。

這種論點的**擁護者**可以承認，全新啟程的終點，可能是修正當今科學，或者得出一個離現在理論非常遠的論點，可能徹底顛覆當今理論。「猜想始終要提供合理性來和當前的理解有所關聯」，這樣的想法並不是要讓一切的猜想都無法出現；它反而是說，邁向超越當前理論的概念之旅，必須藉由可理解的步驟連接到當前理論。我們（在尋常的例子中）看到理論是怎麼演變並適應的，或者能看出，為什麼新的證據和比較好的解釋可能會要求新典範取代既有典範。

如果歐洲核子研究組織的實驗當初沒在預測中的希格斯能量等級下偵測到一個粒子，並因此讓當今原子標準模型得以完整的話，一場令人興奮的、瞭解基本粒子如何獲得質量的新探索就會啟程。在希格斯粒子獲得實驗證實之前，這方向有過五花八門的猜想。但那些猜想全都和實驗至今揭露的原子架構有所連結，無一例外。沒人會去猜想說，是因為（好比說）巨大的地精坐在質子和中子上，然後有比較小的地精坐在電子上，所以電

子質量遠小於核粒子。

同樣地,能將「四種自然力如何化約為單一力量(也就是弦理論)」的包羅萬象想法紛紛展現出來的美麗數學,並不僅僅是幻想而已;這些猜想是有標準模型作為根源的(雖然有點遙遠但確實有)。關於暗物質和暗能量的同一類費解難題,像是為什麼自然常數有那樣的值,又或者要怎麼理解會把一系列機率轉為絕對值的「波函數坍縮」(就想想多世界理論怎麼解答這個情況),它們本身就來自那些經測試發現精準程度堪稱美妙的理論,而有太多科技的背後都以那些理論為基礎:我們手機裡的電晶體和LED 螢幕,從核電廠到我們家中的電力供應,不勝枚舉。這些看法的擁護者大都堅持,原則上不能排除實驗與觀測結果(即便是間接進行,且還需要極度精妙的探測研究)。就是這個最重要的事實,避免它們淪為科幻或幻想,而真正是正統科學的一部分。

這個論點可說是好處多多。然而,因處在知識前線而阻礙了知識求取的難題所引發的眾多思索,不會因為這論點被打消;那些難題包括了托勒密難題、針孔難題、比喻難題、地圖難題、準則難題和真實難題。

與托勒密難題有關的是,某個理論在某一範圍內的目的上有效,並不保證其真實性。拖勒密的宇宙觀是將地球擺在中心,有著精巧設計,能解釋行星那種看似不定、有時倒退(所謂的逆行運動)又時近時遠的方式,從恆星前面晃蕩過去的運動(英文的行星〔planet〕來自希臘文的 *planetoi*「漫遊者」)。托勒密的模型是個精巧的設計,其中行星在本輪(或可說是小軌道)上繞圈運行,而這組合又繞著一個可說是大軌道的均輪,而均輪則以一個處在該行星和地球之間的「偏心」為中心點。恆星則固定在一個處於行星運行球體之外的天球上。這個方案在預測行星位置和日月食以及海上導航方面都運作良好;但它單純只在自身受限的範圍內有用處而已,當今的天文學並不會認為它所提供的內容有正確描述行星和恆星「真

正」的位置及運動。

這件事的教訓是，一個理論光是「行得通」並不代表它就真實。一般來說我們的假設正好相反：如果疫苗能保護人不受感染，那麼就由此證明疫苗背後的理論——注射版的病原體可以刺激免疫系統，使其準備好能對付活病原體——是真的。但仍然有的問題是，儘管實證給予理論的支持讓後者有了正確的可能，但就算是極高的機率，也保留著理論為錯誤的可能。這就是作為方法論的科學被認為有「可廢止性」的一個理由，也是「實驗結果不是錯誤或某些其他因素造成的結果」的可能性得要非常高的理由。

就托勒密難題有可能破壞我們求知抱負的程度來看，它大概處在什麼等級？最讓人信服的回答是，儘管它使人產生警示關注，卻不太會阻撓人的求知欲。這回答可以直接套用到**如何做的知識**，這種知識不管怎樣都是以實用性為目標，而非解釋。大部分技術都不會去管托勒密難題，因為技術或設備的效能無關乎別人對它的諸多解釋中選了哪一個。當然，瞭解為什麼某個東西行得通的理由，除了本身就很有趣，也蘊藏著改善和類推運用的良機；不過，早在阿基米德解釋槓桿和支點的背後原理的許久之前，人們就已經在用它們來移動重物了。

然而，對於正在爭論的點——是否科學都一定要接受實驗測試——來說，思考托勒密難題的重要意義，在於證實了假說的實驗測試結果無論如何都沒有**解決**問題。科學哲學家波普（Karl Popper）在回應「一個有把握的實驗結果並非真實的保證」的觀察結果時，引入了「可證偽性」的概念而主張，能夠冀望的頂多就只有靠著「假說預測的事沒發生」來反駁該假說。但又有人在回應時主張，和預測相反的結果駁倒假說的能力，並不會比符合預測的結果證實預測的能力高。個別的案例會增強或削弱假說的信心，這是沒錯的；但這些案例並不會完全解決問題。通常的情況是其他

因素（內在一致性、與既有理論的一致、簡約性、運作的數學計算美感）強化了肯定的實驗結果的合理性程度，或者反過來，當否定的實驗結果出現，又缺少那些因素的時候，情況就會對那些不幸運的假說更不利。

這對於那些不可能進行任何實驗調查的假說而言意味著什麼？這樣的研究調查無論如何都不會解決問題，是否就意味著光靠其他因素——簡約性、一貫性、與已獲接受的理論一致、算式很美——可能就夠了？如果這麼說，就是使科學和**絕對**要求實驗測試脫鉤。

這裡爭論的事情和**針孔難題**非常相關，它指的是我們所有探問的起點，都是有限且嚴重受制的**自然**，而構成它的都只是局限於時空中並出自我們有限觀點才讓我們得以到手的資訊，這就讓我們看見的宇宙（以及我們看見的過去）好像是從一個正好擺在我們受限範圍上的針孔所看出去的那樣。在引言中提出的問題是：我們的方法是否成功帶著我們穿過並超越了針孔呢？

要瞭解難題的本質，對大小尺寸有概念會有所幫助。首先指名宇宙最小與最大的尺寸，分別入選的為普朗克長度 1.6×10^{-35} 公尺，以及從地球到可觀測宇宙邊緣的距離 4.4×10^{26} 公尺（四百六十五億光年等於一百四十二‧二億秒差距）。有些人喜歡指出，這讓我們所在的地球，大約處在從一個原子到整個宇宙之間的中間大小，而其中又有些人喜歡在那想法中尋找特殊的重要意義；但比那更有趣的思考是去猜測一下，有鑑於我們瞇起眼看穿針孔時所受的限制，這些最小和最大的尺寸，會不會只是（所謂的）理論和觀測結果下的「我們能觸及的極限」。也就是說，不管現實的真正基礎到底是什麼，那樣的存在會不會遠小於普朗克長度？或者說，「長度」到了那種地步時，是否根本就是不能應用且不適當的概念？另一方面，儘管大霹靂理論有那樣的數學計算，但宇宙有沒有可能遠遠大過我們所觀測到的，好比說，只是多重宇宙中的一個泡泡，而其他泡泡宇

宙之中運行的物理法則各有不同？

　　這類質疑的動機，有一部分就在於，我們在「給予科學理論可測試、實證的支持」方面奮力爭取的事物，僅存在於我們拓展探問能力範圍時所能達到的結果——而終究來說，那就代表著我們的觀測能力。而觀測受到工具影響：從不同種類的望遠鏡（聚光的、電波的、伽馬射線的；位在山上、在太空中）、顯微鏡（光學的、電子的和其他的）、示波器以及其他測量和偵測設備，一路來到歐洲核子研究組織的大型強子對撞機。它們連接著我們那無助的、通往自然的經驗通路——我們的五感，主要是視覺、**聽覺和觸覺**——以及我們的推理、比對、分析和理解等心智能力，說穿了就是感官心智的放大器和增強劑；但這些能力就是不可避免地連接著工具，而在進行最終分析時更是無從逃脫地連結著。會不會因為我們只讓自己在原則上接受我們極度局部且受限的力量所准許自己去調查的東西，所以「以實證檢查理論的需求」這個在我們認知能力中的終極依靠，就只是一個有局限的因素，甚至只是一個扭曲的因素而已？

　　或許會有個思考是，數學是另一種工具——一種推理工具，把探問的範圍延伸進入物理觀測儀器無法觸及的領域內。弦理論（就用這個顯著的例子）表達的數學如此之美，美到不需要那些使用其他「觀看方式」的實驗查證——這種想法的背後，就是上述那種思考；從這觀點來看，數學之美即物理事實。

　　為了努力克服我們的起始點在針孔處強加的限制，實驗和執行實驗的儀器設計都充滿了大量巧思。這至少減弱了難題的一個面向，因為，儘管經驗的本質以及經驗如何形成概念，都是不可避免的人類建構（也就是說，人類認知能力的運作），但這並不是說，科學不過就是主觀而已，因為互為主體性和合作的努力，除去了「**不過就是**主觀」的說詞，就如三角測量去除了主觀那樣。代表成功的探問以及其理論和經驗方面增強的標

記，就是趨於一致：舉凡一個實驗可以一再重複執行，它所測試的假說
──如前面所承認的──就因此得到了支持。但關於這方面的一條思路會
堅持說，這到頭來還是人類心智致力於瞭解它接觸之物的結果，但人類心
智的特點和局限，卻是飽受責難的。

誇大一點的話，就同時想想下面這兩套思考：普朗克數量是怎麼得出
的，以及認知和認知對象之間的關係問題。

找到普朗克長度（Pl）的方法是將重力常數（G）乘以約化普朗克常
數（reduced Planck Constant），然後將結果除以光速 c 的三次方。最後得
出的值很大，這也就是 Pl 很小的原因──藉由這樣結合自然的幾個常數
後所能定下的最小長度。要注意到「常數」真的就是字面上的意思：光速
c 在任何條件下都是固定恆常的。因為 c 是恆定的，其他量就得隨之改變：
以和光速相比仍低不到哪裡去的速度行進的人，其空間會收縮而時間會拉
長：你走得越快，縮小的就越多，你的時鐘也跑得越慢。這就是實務上的
相對論。

將 Pl 除以 c 就會得到普朗克時間，也就是 5.4×10^{-44} 秒。也有「普朗
克質量」，用了同一類代數但結果卻非常大，比質子的質量還大 10^{19} 倍。
以愛因斯坦知名的方程式 $E = mc^2$ 當成類似的例子回想一下；如果你把看
起來很小的一個次原子粒子的質量乘以 c^2，你會得到巨大的能量。因此就
有了原子彈。[1]

現在，對於我們用來將自身的理解擠出針孔的那些概念有所懷疑的
人，或許會問「各種普朗克尺度是來自於自然常數；那普朗克長度和普朗
克時間在和光速相比不算慢的速度下會發生什麼事──它們分別會收縮和
擴張嗎？如果，身為多個常數的相互關係的這些尺度不會出現變化，那這
樣要怎麼和較大尺度上發生的事情一致？」我們確實離「能用實驗法觀
察普朗克尺度的效應」還有很長的距離，但不論情況如何，這是一個質問

「運行中的概念在涉及超極端尺度時到底還有沒有道理」的問題。在這些尺度下，量子論和廣義相對論相符（這就激勵到前面提過的迴圈量子重力論）。要留意的一個點是，常數的值在稱作「量子電動力學」（QED）的理論中，作為基本粒子特性描述中的參數時，產生了非常準確的結果。費曼曾經說明它的準確度，他說如果有人問他這裡到月球有多遠，他可以回答，「你是說從我的頭開始算，還是從我的腳開始算？」而在他的書《QED：光和物質的奇妙理論》（*QED: The Strange Theory of Light and Matter*）中，他評論道，人靠著它的方法所得出的紐約與洛杉磯之間距離測量結果「可以精準到只有毫髮之差」。他靠著量子電動力學的研究贏得了諾貝爾獎。[2]

現在，將這些論點和下面關於人類認知能力的思考擺在一起。要對「認知與其對象之關係」的問題提出一個最初而直觀的說明時，要注意社會科學研究調查裡某個有啟發意義的東西。在這些領域中的研究，得要意識到「霍桑效應」（Hawthorne Effect）之類的擔憂，在這種效應下，被研究的對象因為知道自己正被研究，而改變了行為；又或者是「觀察者期望效應」（Observer-Expectancy Effect），在這種效應下，研究者（通常是在無所覺的情況下）影響了研究對象的行為。而最熟悉的難題，就是研究者在詮釋自己於數據中所見之物時出現的無意識偏誤。研究者或研究狀態在此干涉了被研究的一方，所以看見的現象並不是現象自處時的模樣，而是它們被研究時的現象。就想想在叢林中觀察黑猩猩：人是在觀察黑猩猩，還是在觀察正被觀察著的黑猩猩？如果你沒在看著牠們，牠們還會表現出那樣的行為嗎？

自然科學也可能出現類似的效應。「觀察」這個行為，以及觀測設備的存在與使用，是觀測到現象時不能排除在外的顧慮。這些分別是所謂的觀察者效應和探針效應。對顯微鏡底下分析的樣本所做的準備工作——冷

凍、切片、固定、著色、貼片、壓平、抹片，舉凡用了的方法——在多大
程度上干涉了看到的情況？一個細胞和一個準備好給顯微鏡觀察的細胞，
它們之間的差異是否有成功排除的餘地？答案是，整體來說，有的，然而
堅持不懈的懷疑者無疑地會設法堅持他的懷疑論。

在知識理論中，認知的本質和架構，以及它與其目標的關係，是一
個重要且廣獲討論的問題。就拿一個最簡單的例子來說：環顧一個人的房
間。我們可以援引視覺感知的神經學，來描述這個熟悉的進程——反射自
物體表面的光落在眼睛的水晶體上，而它將其聚焦在視網膜上，組成視網
膜的視桿細胞和視錐細胞被啟動，激發了脈衝沿著視神經傳到腦中枕區
的初級視覺皮質。我們也可以用知覺心理學的方式來描述這個過程，在那
之中人不只是**看**，而是一直**看成**——意思是說，**看**的行動本質上是解釋的
行動，因為進來的感覺刺激在抵達的這個行動中，是被歸類到「告訴看者
（不管是有意還是無意）被看到的是什麼，或者至少提供一個理論推斷正
被看到的是什麼」的**概念**類別。這涉及了記憶，一個關係到視覺經驗中接
觸到的那類事物的類別概念，並從該概念做出選擇，來分類那個事物，以
及針對（各式各樣的）狀態、行為、品質和重要性的大量計算，如果看見
的事物是某類行為者的話，還要計算意圖和動機——如此這樣下去。這樣
的話，**看**這種尋常行為就非常複雜，並且涉及大量精神活動，而這種活動
存在於大量概念工具與計算能力的運用中。**看**因此遠遠不僅止於照射視網
膜並刺激視覺路徑而已。

感知不只在本質上有解釋性；其焦點也是有選擇的。魔術師就是靠
這一點謀生的。它有著提供在特定環境內有用之資訊的功效（諸多解釋可
以用一句「對於生存和繁殖目的有用的資訊」帶過）。將其他可能資料排
除後，針對認定為重要而中選的資料所做的解釋，可以想成兩個廣泛的類
別。一種是給感知和推理系統的演化天賦軟體；另一種是透過經驗和文

化取得的軟體。它們彼此之間有一個組成功能：它們打造了一個世界，感知者就處在這個世界在空間、時間、意義賦予方面的原點。說它們打造了以感知者為原點的**虛擬實境**，正如字面一般正確。要證實這一點很容易。視覺存在於腦中枕區和顳區的一些部分裡的活動電化學模式。這些活化作用給感知者一種錯覺，讓他以為自己正透過雙眼，看著在他的腦外以三維空間陳列的世界。這種活化作用和伸手觸碰該空間內的物體所產生的本體感受經驗以及觸覺經驗相連結之後，會強化這種錯覺。但就另一種意義來說，它並不是錯覺：它**就是**感知到的空間和運動所憑依的現實。「某人桌機螢幕上的圖標」和「該桌機內真正將圖標代表的資訊型式實體化的活動」之間的關係，或許是一個不錯的比喻。因此可以說，感知經驗的世界是符號性 [*] 的。

只要稍稍更改這段描述（現在已是認知神經科學標準敘述）的語言，你就會得到一種跟康德在《純粹理性批判》（*Critique of Pure Reason*）中談我們對表象世界的經驗時幾乎一樣的看法。他的論點同樣是，世界在我們看來的模樣，是我們認知能力的構成物。[3] 雖然現在去思考「感覺認知」已是稀鬆平常，但他的看法還額外帶有一種哲學感染力——認為我們感知到的世界，是無法擺脫地被我們感知它的方法所調教。就算我們藉由工具來擴大我們的輸入資料的能力和範圍，這一點也還是不變：由工具收集而來的輸入資料，其終極目的地還是我們給予這些輸入資料的認知回應。進來的資訊啟動了認知結構，而這結構會以（僅限它手頭上的）這筆輸入資料來告知我們的外面情況組織起來並加以轉譯，不論外面情況是指房間裡、星系空間裡還是原子內部結構裡。

當然，這裡說的結構並非只是基礎的嬰兒視覺軟體。遠遠不只如此：

---

[*] 譯注：iconic，或可說是象徵性、圖符性，和上文的「圖標」（icon）對應。

有一個精細的、後天的認知結構儀器，如今還外存於物裡學理論以及數學能力中。歐洲核子研究組織「緊湊緲子線圈」（Compact Muon Solenoid）實驗的實驗物理學家在螢幕上**看見**的東西，就遠遠不只是一排痕跡而已，因為此人的解釋裝備充分順應需求，能指認出那些痕跡代表的意義是什麼。但要注意這幾個字：**代表的意義是什麼**。解釋是經驗。在歐洲核子研究組織物理學家的例子中，認知結構的天生稟賦是由後天的結構所強化。

在康德觀點中，哲學感染力的更深層面向是，如果我們沒有配備認知工具，迫使我們把輸入資料解釋成時空序列——在這樣的解釋下，時間和空間就如我們日常**體驗**那樣，暗指為牛頓式的絕對時空——我們就不會有日常的普通經驗。就康德的說法，若要指望得到經驗，就需要持有這種認知結構，因為這種結構是經驗的組成結構框架。而這又意味著，我們事先預期的世界是一個非常難以逃脫的古典世界——在測量難題所引發的困惑中，也有這個因素。

這種困惑可以概述為，從古典現實來詮釋量子現實時，明顯不可克服的困難。嘗試理解量子現實的行動——多世界、隱藏變項、哥本哈根工具主義——全都（或者說有一部分）被「想要讓量子論在被古典理論調教過的思考中有其道理」的欲望所推動。熟悉經驗中的世界（古典世界）是**真正**的世界——或者（可以說）是真實世界的上層表面，不論背後的微結構是什麼，都是它的延續；上述這句假設，經康德式的感知心理學邏輯蘊涵證明，是認知上不可避免的事。而在這之中就有著可能是主要線索的東西。

應該要提一下，多世界理論是量子物理學測量難題的一個解方，不應該跟「多重宇宙」的想法搞混；後者指的是宇宙學方面的主張，認為宇宙可以存在有多個區域（或許數量無限大）且其中運作著不同的物理法則。多重宇宙理論是古斯（Alan Guth）的宇宙極初期暴脹模型的發展，設想來

解決宇宙學中的「視界難題」：該難題就是，有鑒於從大霹靂以來的時間似乎太少，而不足以達成現在這樣的情況，那麼宇宙要如何能含有它如今所有的東西？

試圖從「它在古典物理方面有什麼是我們能理解的」的立場來詮釋量子理論而體驗到的困難，可能是（而我主張就是）問題問反所造成的。「不過是個理論世界」的，可不是那個靠著科學奮力看穿針孔所暗示存在的那個世界，反而我們所處的古典物理世界，才「不過就是個理論世界」——那是個我們鑒於自身存在的尺度範圍，而為了自己的方便所設定的世界；而我們的尺度範圍其實極其狹隘，在從極小到極大的整個斜面上，其實只佔了有如一個點般的範圍。我們將自身感覺系統能偵測的資料——電磁光譜的一段，組織成一個的世界，充滿著以因果交互作用的物體，好比說蘋果和樹、人體和卡車。這些是和構成我們描述為自身神經系統的量子事件進行交互作用的一群量子事件，而我們的神經系統會將它們正在經歷的事物，根據我們在轉譯神經系統刺激時會運作的那幾套先天與後天組織原則，來構成對世界的經驗。[4]

社會建構的機構，好比說「政府」、「議會」、「醫療服務」和「軍隊」，都提供了很好的比方。儘管上述每個結構都有相關實體，好比說人和建築、公文櫃和火箭發射裝置等等，但它們本身卻是基於人們同意而存在的理想（這裡的理想不是指「完美」而是指「由想法構成」）實體，以至於如果我們絕大部分的人都決定不想要有（好比說）國會那樣的東西，也不再根據國會存在的念頭來行動的話，它就不會存在。當它存在時，就像山一樣「真實」，也可以影響我們的生活；我們個別無法靠著希望讓它消失，或者不做大動作就改變它；但儘管如此，它還是創造出來的架構，而它的構成基礎，是源自我們明著暗著都同意將它當作存在且在因果上有效。

當然山和社會機構有著差別，儘管說兩者就意圖而言都是理想（也就是一種建構）。但山是由將輸入資料組織起來所建構的，而社會機構則是一種投射，本質上跟小說角色一樣是虛構的（但它還是存在於現實中）。

另一個陳述觀點的方式是說，我們根據自身尺度下的需求和興趣來切割基本資料，用最普遍的方式將之構想為事件或者事件之間的交互作用。想像一下某位在叢林中被養大、從沒有進過圖書館的人，突然被瞬間移動到美國國會圖書館（Library of Congress）的書架之間。他會如何將書本視為個別實體，而不是把整架的書一起視為單一多色的蛇狀物？當他與領域互動，發現把書當作一個一個事物，而不是把裝滿書的書架當成個體比較方便時，就有可能改變他切割領域的方式。但在需求和興趣將「他替自己的本體論（關於「什麼才存在」的理論）決定最佳多元程度的方式」加以提煉之前，我們認為「構成他神經系統之物」與「影響神經系統之物」之間交互作用的事件，**並不一定會**把書和書架分開，甚至說，也的確**不一定會**把他和不是他的事物分開。從一個能將其他事件表現給它自己的特定事件系統的觀點來看，分類的原則，簡單來說，就是**效用**──為了我們這種大小和構造的生物的方便。至於「事件表現系統本身是什麼（基本上是腦和其功能）」的問題，就是另一個更進一步的問題：接下來第三部分會談。

該主張等於是說，測量難題所引起的困惑，是產生自針孔難題，也就是「我們就是這樣的生物，為了在我們相應於全宇宙所佔據的這個尺度下應付生存問題而如此構成」的現實。我們並不是生來就具有那種讓疊加量子狀態看起來很自然的認知架構。我們的認知能力將世界組織為因果互動的時空個體，有著嚴格限定的特質。認為我們周遭所見的**這個**熟悉世界**是現實**，認為**這就是**現實本身真正模樣的基準點，便是謎題的根源。當然，這個世界確實是現實的一部分，或者至少和現實有所牽連；在某些例子

中，它是一個現實的面向或者碎片，就好像單一水分子是海洋的一部分；而在其他例子中，它是我們設計來幫助自己與現實進行往來的理想架構，有點像我們用理想化的經緯線來畫出行星的地圖，並在行星上定出方向行進。

因為我們古典的先入之見讓我們會去校正怪異之處，所以我們只能瞇眼透過針孔看東西，大體來說會有兩種方式讓量子論看起來可能很怪。我們要不是完全沒有真正領略到現實的基本本質是什麼——我們的理論不完備，甚至可能是錯的；但有鑒於這些理論運用起來很成功，所以不太可能是錯的，這就和托勒密難題的看法相反——不然就是，我們思考的認知架構硬要施行秩序、因果、線性、一貫、單一、統一、均勻、可預測等等的概念，而這些概念用來把量子現象概念化的時候能有多大用處，其實就跟把狗理毛的技術應用到解決二次方程式差不多。

這有別於一種工具主義式的看法，在那種看法中，第二種方式其實是「就去算吧」的一種版本，把「什麼是真實」的問題丟到了一邊。針孔難題辨認出某個明確又根據事實的事情：我們在事物尺度從大到小的範圍中只佔據非常狹窄的一段，而我們的認識配備已經演變到能有效處理那窄窄一段；因此人類的認知配備（藉著它迫使我們思考並讓我們希望相信的那些事）妨礙了我們對不合於配備的資料的接收，以及組織這種資料的能力。那就是為什麼測量難題看起來很難對付：我們並沒有被設定成自然而然要那樣思考。

但我們是能夠以數學方式那樣思考。這讓人看見另一個大而有趣的問題：也就是維格納（Eugene Wigner）所謂的「數學不合理的有效性」，即「數學語言用於構成物理法則時有如奇蹟般的恰當性」。[5] 理論物理學和宇宙學的數學，常常預測實驗接下來會發現之現象的存在以及本質。一個經典的案例是狄拉克（Paul Dirac）假設反物質粒子的存在（見下文）。

自然中出現明顯數學特性熟悉例子，是「斐波那契數列」（Fibonacci sequence）以及相關的「黃金比例」、「黃金螺旋」和「黃金角度」現象，舉例來說，我們可以在許多植物的花朵、葉片和果實上看見。前述數列是以斐波那契（Leonardo Fibonacci，斐波那契原指「波那契之子」）命名，此人透過自己寫給商人幫助他們處理利潤、價格和貨幣匯兌的書——《計算之書》（*Liber Abaci*，1202），將印度—阿拉伯數字引進了歐洲。在書中他證明了，以兔子數量增加當做例子的模式——1、1、2、3、5、8、13、21、34、55，如此這般——是「下個數字是前兩個數字相加總和」的數列：1＋1＝2、1＋2＝3、2＋3＝5、3＋5＝8，如此這般。

　　向日葵、雛菊、花椰菜和青花菜的花朵都是斐波那契數列的典型；許多種花的花瓣數都是斐波那契數：百合和鳶尾花是 3，有些雛菊是 13，菊苣是 21，菊科（asteraceae，包括向日葵、其他雛菊、紫菀）則是 34、55 或 89。更普遍地來說，植物、動物和礦物的天然形狀，都展現了對稱性和模式，這些天然形狀有許多都幾乎是「黃金比例」的範例，或者接近人在蝸牛殼、蜂巢、鳳梨皮甚至猛禽猛撲行徑上找到的幾何圖形和螺旋線。在蝸牛或者海螺的例子中，螺旋線形不是純黃金螺旋線但很接近；雪花之類的結晶中會找到對稱性，五芒星形充斥於自然界（蘋果核的果皮層、大部分海星類的觸手），以對角線交點為黃金比例典型的正五邊形為模型，自然建構出來。生物數學、地質學、物理學和天文物理學提供了許多這樣的例子。

　　以 $\varPhi$（phi）為符號的黃金比例，是把一條線切成兩段不等長的線，讓長段除以短段的結果等於整段除以長段的結果。因此：在 $\overline{AB}$ 構成兩端的線上，有一個 Z 點比較靠近 B，以至於 $\overline{AZ}$ 除以 $\overline{ZB}$ 的結果會等於 $\overline{AB}$ 除以 $\overline{AZ}$。$\overline{AZ}$：$\overline{ZB}$ 的比是 1.61803398874......（後面的點顯示了這是一個像圓周率一樣的無理數；它不會結束也不會重現）。在這比例和其兄弟姊妹

（剛剛提到的那一群「黃金」數字）或者它們的各版本或者近似比例背後的運算，是雜亂無章地散布在自然中，而我們常常發現這些比例的體現形式很美。

物理方程式似乎展現了存在於自然祕密核心的數學，那數學甚至比生物學和礦物學中許多顯而易見的範例，都來得更精準而基礎。它就是因此才看起來這麼「有效到不合理」，或者甚至在描述自然和預測自然性質與行為時合適到「有如奇蹟」。有沒有辦法在訴諸某種神奇思考——或許藉由「求助於一名神祇，把祂當作自然的數學作者」這種非解釋性的行動（說非解釋性是因為，這麼做就只是把或許本來不是謎團的「謎團」推進另一個更缺乏定義的「謎團」的更深暗處）——以外的情況下，處理這個顯然「不合理的有效性」？人們已經提供了好幾個方法，並由漢明（R. W. Hamming）好好概述過。[6]

一個是「如果你的工具是槌子，那什麼看起來都像釘子」這句話捕捉到的熟悉論點。漢明的說法是，「我們想找什麼才看得到」。其主張是，數學技術的使用並不是反映了我們把自然當作什麼，而是形塑了我們把自然當成什麼，舉個例子就是平方反比定律——「如果你相信任何像是能量守恆的東西，並認為我們活在一個三維歐幾里得式的空間中，那麼，一個對稱的連心力場還能用什麼方法減弱？」——另外還有測不準原理，它引起了這個問題：「為什麼我要用傅立葉積分來做這一切的分析？為什麼它們是處理這難題時理所當然的工具？」[7]他也舉了物理常數的分布為例，其中 60％的第一位數是 1、2 和 3，其他到 9 的數字的出現比例只有 40％；描述了這個現象的是「班佛定律」（Benford's Law），當數據的範圍橫跨好幾個數量級的時候，運用起來最正確。[8]

他發現的第二個理由是，「我們選擇了我們用的那種數學。數學並不一定有效。當我們發現純量在力這邊行不通的時候，我們就發明了一種新

數學，就是向量。然後我們又進一步發明了張量……我們選擇各種數學去符合情況，所以同樣的數學根本不會在哪邊都行得通。」[9] 純量是在一個尺度上指出某點的數，好比說溫度。向量是一個大小和方向的結合，好比說速度（velocity），就是速率（speed）加上方向。張量是向量的廣義化；大略來說，它們描述向量的基礎改變時發生的轉變。

漢明思考的第三個理由是，數學不是解釋一切的魔杖，因為有很多它並未解釋也幾乎確定無法解釋的事物；他以「真實」、「美」和「正義」做為例子。最後他舉出的想法是，有鑑於我們自己的認知力量限制，或許有些東西我們就是沒本事去瞭解：「就像有些臭味狗聞得到而我們無法，也像有些聲音狗聽得到但我們無法那樣，也是有我們看不見的光波長，和我們嚐不到的味道。那麼，有鑑於我們的頭腦天生就這樣配置，為什麼當有人說『或許有我們想不到的思考』，你還會覺得驚訝？」[10]

但他其實沒有被這些思考所說服。「我被迫同時做出兩個結論，一個是數學有效到不合理，一個是當我把所有我給過的解釋全部加起來時，就是不足以解釋我著手說明的事物……宇宙本質的邏輯面需要進一步的探索。」[11]

數學在科學中的有效性無疑是一個引人注目的現象。要理解這一點，首先要留意到「自然本身為何那麼常展現對稱性和規律性範例」的理由，以下就列出一項線索。

對稱結構穩定、反覆、可複製、均質，而且它的部位可互換。某些幾何形狀有巨大功用；球形促進生物保存體溫，因為溫度的喪失會因為物體體積與表面面積的關係而有所不同。人類胚胎的發展是往四面八方均勻發生，直到兩側對稱性被打破，好讓肝臟或心臟這類單體器官的發展得以進行；但就算在這時候，胚胎發展還是有序的，器官佔據了軀幹中軸的側面，以節省空間。簡單來說，模式促成了經濟與效率。隨著自然結構更

加複雜，這種結構會很常存在於建立在模式之上的模式，這也並不讓人意外。就想想一座擺錘底端連著鉛筆，擺動時會在一張紙上留下筆跡，而那張紙又依附在一張緩慢旋轉的碟片上，會畫出什麼圖樣？隨著紙張旋轉，最終的圖樣看起來會十分驚奇。基本上，模式就是那樣在自然中建立起來的。或許，對稱性是自然的最初預設，有充分的理由從它出發——在生物實體的例子中，多半都是為了適應，有時候是為了拱肩效應，也就是其他幾種適應性意外結合起來的結果。

現在來想想數學。數學和模式、維度以及關係有關。事實上，後兩者本身就是模式，是可標示於圖上的模式偏差，或者是模式可以近似的東西。數學作為一種取得模式並組織模式的方法，它允許在追隨模式的開展以及洞察模式與其他模式之關係時，進行長而連串的追尋。一套熟悉概念的簡化系譜（好比說數字）看起來可能會像這樣：我們憑直覺領略到，有某幾堆東西或者某幾套東西比別的多；有些看起來一樣。[12] 事物是什麼不重要；我們希望能比較它們；我想知道你手上的東西是否比我多。我們把它們並排成兩條線，直到我們其中一人已經沒剩東西可以比較為止。換成別的東西來做這件事，使我們瞭解到，用來形容一堆東西的數字，可以當成獨立於那一堆東西之外，而數字彼此的關係也開始有了研究調查。我們接著可以再從數字中抽離出來，就只想像關係，就好像代數那樣；我們可以用幾何的方式呈現代數，反之亦然；而我們探索的模式和關係可以無關乎任何與實證經驗有所共鳴的事物——就想想更高維度空間的拓樸學。數學的實體是抽象的架構。大部分的數學都不是算數，但甚至連算數在本質上都和模式有關。在對模式進行的探索中，又可以藉由操作並混合既有的模式，來進一步產生模式：在物理學的量子理論中，**複數**（結合實數與乘以虛數 i〔也就是負一的平方根的數字〕）就很有用。

從這些想法中，（沒錯，）模式就出現了。數學是模式的調查與操

作。自然充滿了模式。想想「這兩件事之間可以怎麼做出連結」的一些比方。

如果假設鐵塊的重量因鐵塊大小而各有不同，這是很合理的。鐵塊越大就越重。現在假設一下，除了上述事實外，你還知道兩個不同大小鐵塊的尺寸，以及其中一個的重量。顯然，你能夠推出另一塊的重量。現在假設一下，兩塊鐵塊藏在一個複雜的結構中，該結構的活動受到兩者之間重量的不平衡所干擾。你知道其中一個的尺寸，你知道干擾的程度，所以你可以算出另一個的尺寸——然後就可以跟一名研究調查者說要去找什麼。假設你的計算說，鐵塊的大小大約跟直徑十二公分的砲彈一樣。當研究調查者找到了正好就那樣的鐵塊深藏在這個體系中，對他來說，就可以如此正確地合乎描述鐵塊的數學，實在太神奇了。

在這個例子中，數學家不會覺得有什麼意外。但現在來假設，系統的眾多值都公諸於世，有一部分是來自實驗，而有一部分是來自給一些無法測量的事物嘗試不同的值。其中一些無法測量的值，可能會藉由已經測出的值，來限制它們可以佔據什麼範圍。各個值被放進方程式中，而把手轉了下去——然後一個主張出現了，就是有一個尚未偵測到的實體，有如此這樣的特性，如果測量值正確的話，它就應該要在那裡。然後會設計出一個實驗是，如果該實體存在，將會把它偵測出來——然後實驗要不就偵測到，要不就沒偵測到。無法偵測到可能是因為好幾種因素，其中只有一種是「該實體不存在」。但如果找到的話，就證明描述它的數學是正確的。這就是 1846 年發現海王星的方式，即將已知的重力值和天王星的軌道及離心率合在一起計算。希格斯玻色子也是這樣假設、尋找並發現的。現實似乎是數學的，或者是遵從數學的，然而數學在做的，是假設某些已經確立或者特定的值是正確的，並根據假設去指出一個要望向的地方。在這些例子中，它指認出模式中的一個缺口，並加以填補。它非常適合做這

件事。假設你和某個遠方的人各有一張同樣的某風景空拍照,而你想跟那個人指認出其中的某個點。你們都在上面蓋上一片透明片,片上標著有編號的格子;你靠著給出該點的坐標來為他定位該點。數學的功能就好比格子,差別是說底下的照片有空白,而格子會把注意力導引到可能將格子填滿的事物。

一個接近的比喻,就是小時候玩的海戰棋。[*]你和對手各自畫出方格棋盤,然後將自己的戰艦安排在棋盤上不同位置但相連的格子裡。假設棋盤長寬是 12×12,每個格子都有一個用來辨識的數字字母組合;每艘戰艦都佔四格,而你們兩人各有三艘戰艦。誰先把對手的戰艦全部擊沉就贏了。你們輪流開火,記錄自己擊中或沒擊中的狀況,然後根據浮現的模式逐步改善你的搜索。每一次擊中立刻限縮了鄰近格子的可能性;周邊八格至少有一格會是那艘戰艦的其他部位。剛開始開火時會是隨機的,像是瞎子摸象;但就算空格也是資訊。現在來追加玩法:沒中的格子如果接近有東西的也給數值——好比說打在隔壁給半分,打在隔壁的隔壁給四分之一分這樣。到了這階段,數學可以大幅降低搜尋中「亂槍打船」的程度。一分、半分和四分之一分這種數值模式,會大幅提高某一格包含戰艦部位的機率;它們有可能直接逮住那一格。這同樣也類推說明了現實本質上看起來是數學的地方,而數學所做的就是控制探問的焦點並讓它更銳利。對於提出模式遺失的一塊可能會在哪裡找到,是有幫助的。

如果你看到 1 3 5 7 9 13 15......這樣的數列,然後問說少了什麼,那必然是 11。這就只是辨明模式而已。本質上來說,在物理學中尋找方程式——尋找「現象可以根據其他現象來呈現,或者呈現為其他現象的函數,或者可以呈現為其他現象的組合」的方法,就同樣是在尋找模式。狄拉克

---

[*] 譯注:在台灣較為通行的類似玩法是「賓果」,也可以比擬上一段所談的數學。

知名的方程式，就描繪了電子在電磁場內的行為模式。因為數學模式那麼描繪，所以電子必定能以已知的負電荷形式存在，也以正電荷形式存在。首先，狄拉克認為數學主張的模式有哪裡錯了，但最終確接受並說它令人信服，儘管又說它暗指有那種與物質交互作用會消滅的反物質存在。1932年加州理工學院的安德森（Carl Anderson）在一場雲室實驗中觀測到反電子——所謂的正電子（因為有正電荷而得名）——一口氣讓已知粒子種類增加了一倍，而且順便創造了「打從根本為什麼會有宇宙」的謎題，因為如果大霹靂的結果是產生等量的物質和反物質，那根本連宇宙都不應該存在。

海王星的案例說明了為什麼會有暗物質假說。盤狀星系外臂上的恆星，其旋轉速度應該會比較接近星系中心的恆星快，但天文學家魯賓（Vera Rubin）的觀測顯示並沒有那樣的差別。把這個和已知的重力值結合起來，結論看起來是，在可見的星系裡面和周遭有著大量未偵測到的質量。其他的觀測結果——舉例來說，那些除非有什麼東西把它們連在一起，不然就應該是鳥獸四散的星系團，又或者，來自比某一星系更遠的光線，被重力透鏡效應彎曲的程度，居然遠大過該可見星系的質量，到了無法解釋的程度——為「宇宙中高達 95％的物質都是暗能量和暗物質，是那種不和電磁場交互作用、因此無法看見也無法用別的方法偵測到的事物」的蘊藏之意增添了力道。

現在來想想「當作描述自然之語言的數學」和「好比說英語這種語言」之間在有效性方面的不相似性。像英語這種自然語言的各個類別，也就是名詞、動詞、形容詞和副詞，讓人能提及事物並（分別）描述其活動、包括關係在內的性質、還有模式，來回應我們認知能力把經驗組織成事物（其特質包含在本身有其特性的事件中）的方式。因此如下：在「紅球慢慢滾」這句話中，我們說到了紅（形容詞：特性）、球（名詞：

物）、慢慢地（副詞：動作或事件的方式或模式）和滾（動詞：行動、事件）——然後我們就能因此把自然語言想成是在反映世界呈現在我們眼前的方式。但數學領域的本體論——好比說集合和函數那類的東西，是日常經驗中遇不到的抽象概念，而建構來談論它們的語言，即數學語言，是我們專程設計來談論的。[13] 回想一下《愛莉絲夢遊仙境》裡，愛莉絲在吃了蛋糕讓自己長得非常高之後，藉由背乘法表來檢查自己是否仍是自己而非其他人：「四五十二*、四六十三、四七——唉呀！照那樣我永遠到不了二十啦，」她如此說道——也沒說錯，如果用 18、21（然後 24、27）為底數來乘，那麼在這個數列裡她就永遠到不了 20，因為，儘管在底數 39 中 4×12＝19，下一個——在底數 42 中的 4×13——也到不了 20。[14] 改變任何正式系統的底數——改變定義、原理、規則——你就會得到不同的結果[15]。

然而，就像薩魯卡伊（Sundar Sarukkai）所觀察到的，「當人們發現，理當獨立於我們實體世界外存在的數學體系，居然非常適合拿來描述我們實體世界的時候，他們的驚訝就更加誇大了……而且諷刺的是，它似乎做得比自然語言『更好』。」[16] 數學的精準和在物理學方面的預測能力解釋了它為何「更好」。他把這歸因於數學在重現自然形態時的功效，一種類推或設想結構的方式。這是上面關於模式所討論的想法中重要的事：自然是高度模式化且與模式相關，而數學作為一種抽象模式系統，非常適合用來描述自然。某些心智的認知架構——那些覺得數學很簡單、很吸引人，或者兩者皆是的人的心智——可能覺得認出模式並操作模式既有用又令人愉快。

---

* 譯注：base，在這裡指的是進位制的底數，常用的有二進位、十進位；而「四五十二」這句話採用的是十八進位，所以就會寫成 12。

在這種看法中，數學和世界有一種天作之合，前者能成為一種強大的工具，用來穿出針孔，進入知覺和想像達不到的領域。事實上，它是另一隻眼——可以看見自然中的模式以及自然背後的模式。

如果有人認真看待這個想法，就會支持那些說「替數學產生的理論（好比說弦理論）尋找實驗證實是在作繭自縛，因為這樣做就是要求在針孔上可得的原始資料來源，去檢查只能用數學看見的東西」的人。但要再說一次：像這樣與理論的**實證**控制原則決裂，會是非常極端的行為。實證原則看起來有很多好處；我們當然會覺得關於某些假說是否正確，如果我們丟給自然本身去判決，也並非恣意專斷的行徑。但當我們回想到，經驗上可接觸的自然，本身就是一種理想現實——一種虛擬的現實，是我們憑著自身用來應付所處的嚴重局限尺度範圍內的認知能力來斷定的，那麼問題就接踵而來：這種理想化虛擬現實之間的關係，是否足以當作一種檢驗方式，來檢查我們談到的所有其他尺度的現實呢？

這裡可以重提一個經驗主義觀點和「理性主義」觀點之間古老而歷久不衰的哲學辯論；後面這個標籤被理解為「經驗探問因為受限於我們的感知能力，面對世界只能得出局部、片面且暫時的看法，但理性思考卻能得出永恆而不可變的真理，好比數學的那些真實」的認識論看法。巴門尼德和柏拉圖是理性主義傳統的偉大祖先，他們傑出的後人包括了笛卡爾、斯賓諾莎和萊布尼茲。理性主義身為一種認識論觀點，自然會和關於抽象實體的實在論站在一邊——舉例來說，數學中的柏拉圖主義，相信數學實體是真實存在於非時空領域的東西。它們永恆不可變的真理，被視為一種標記，標示了它們是比實證體驗遇到的糟糕不完美事物都還要更真實的現實。堅信數學柏拉圖主義進而激勵了關於理論實體的實在論；馬赫（Ernst Mach）這類物理學家，面對物理學中假定的實體，其看法就傾向於工具主義者（有時稱作「反實在論者」）。後來當他本以為只是理論方便的實體

進行起實驗觀測，他的看法就站不住腳了：在歐洲核子研究組織，高能實驗中對撞的質子是非常真實的。

如前面提到的，康德藉由主張經驗主義觀點者和理性主義者的觀點各有一部分正確，來讓雙方和好：世界貼在我們的感覺表面上（經驗的部分），而心智把這些刺激組織成（這是理性的部分）一個適合我們的活動的世界版本。他認為世界看起來如何（也就是現象）的屏障，強大到讓我們無法穿透，因此我們永遠無從得知我們經驗以外的世界，即那種被他稱作**本體**現實、「依據其本身就如此的事物」。要注意到，在他的看法中，現象現實和本體現實都是**現實**，是同一枚硬幣的正反面；他認為，情況就只是我們無法把硬幣**翻**過來而已。科學企圖證明他在這方面錯了。科學是嘗試看穿針孔、穿入現象和本體之間屏障的奮鬥，期望這麼做能連結這兩種**現實**；不只是現象現實會透過實驗而能用來檢查我們在本體現實中找到什麼或有什麼看法，兩種現實更是相連不**斷**；事物在本體中是如何，會解釋它們為何在現象中看起來會是如此模樣。

但我們就是在此遇上了量子現實和古典現實的理解衝突難題。這些想法是否證明了，我們是以一種足以解釋量子世界為何看來如此令人費解的方法，把希望和假設混在一起？比較早先的想法是，之所以產生困惑，是因為我們試圖尋找在古典意義上說得通的量子論**詮釋**。換句話說，這是在期待能畫出一種從本質現實方法到現象現實方法的面貌地圖。畢竟在幾個重大案例中，這樣的期待是實現了——我們的顏色感知，已經由「我們對電磁光譜特定頻率範圍的感受」好好解釋了；所有的看與聽的確都包含在其中。就是那一點讓人有信心去認為，瞇眼從針孔看過去，並把探針推過去——包括了數學的探針，而它是所有探針中測量距離最遠的——最終會揭露萬物背後的模式。

但反過來的話，這又讓「當我們因為沒有實證實驗能推離針孔那麼

遠，只能用數學來看的時候，那麼數學本身就應該被算做是測試」的想法看起來是真的。如果它是一個有實證支持的東西所延伸，或者說它出自實證的支持——就像是弦理論推論自標準模型，但又超過標準模型的範圍而提供了方法解決它的一些難題——那麼從這個觀點來看，理論所擁有的科學正當性就跟實驗室結果能給的一樣多。

在「除非科學理論能夠從針孔另一邊回過頭來標定在我們的古典經驗中，否則都不能達到要求」這種經驗主義式的限制，和「理性主義者實際上是製造，而數學是一種能夠自我確認的觀看方式」的主張之間，能夠決定些什麼？

在這時候，在知識的最前線，同樣的看法衝突看來或許會一直出現，甚至在最前線本身又推進，使得更大片的無知領域進入視野時或許會繼續開展：因為最前線的定義是，在尋找新見解的手段上，推理的觸及範圍超前了經驗的那個地方。

這時候會想到兩種補充想法。一種是，在知識的前線沒辦法捨棄想像、猜想和猜測。另一種是，如果認為實驗科學家連這類猜測中看起來最瘋狂的那些，都無法想到方法來測試，那你就錯了。他們早就太常做這種事了。誰會想到，來自大霹靂剩下的輻射會跨越宇宙模糊嗡嗡作響，而能在今日被偵測到？誰又會想到，那種輻射可以十分精準地標定位置，且從其佈局可以演繹出那麼多關於宇宙史的事？而這不過是其中一個例子而已。

針孔難題的另一種應用，這一次連同「讀入難題」，為我們這些眯著眼望穿針孔的人，替那些透過針孔看穿的事物尋找一些重大或相關意義。一個主要的例子就是「人擇原理」。這種原理表示，如果宇宙不同於現在這樣的話，裡面就不會有生命——而且，尤其是，我們就無法存在來觀察並研究宇宙。換句話說，它表示自然的「常數」（光速、電荷、普朗克常

數）都為了生產生命而有所微調，讓情況看起來像是我們處在一個合意的宇宙裡的合意時空中。

如果粗略地描繪這種看法的含意，那些認為宇宙存在是為了讓我們存在的人就會樂見其成——而該看法確實是特意為了上述這理由而設計的。眾多世紀以來這都是盛行觀點，直到哥白尼證明地球不是太陽系中心，而那之後，人們又證明了太陽系也不是宇宙中心，而是大格局中某個相對不顯著的東西——就是一顆普通恆星周圍的一團天體，而那顆普通恆星也只是極大量恆星中的一顆而已。不到四個世紀後，哈伯證明了不重要的程度比本來還要嚴重，因為我們只佔據了幾十億個星系中的一個星系的一個角落而已。

但想要自我慶賀地讚嘆「宇宙看似是為了產生人類這個明白目的而如此安排」的那股衝動（要記得，這之中的人類要將希特勒與波布〔Pol Pot〕或者達文西、布拉姆斯〔Johannes Brahms〕和愛因斯坦一起算進去），從一種觀測結果獲得了強化，那就是物理和化學的基本常數似乎都微調過，而能夠產生一個正好能產生生命並維持（也因此有了我們）的宇宙；而如果該宇宙的常數不正好是這個值的話，宇宙就不會存在，因為就是沒辦法。

舉例來說：如果電子和質子沒有等量且相反的電荷，化學就會全然不同，而我們所知的這種生命就算不是完全不可能發生，也不太可能會發生。同樣地，如果弱原子力比現在這樣還弱的話就不會有水了，因為全宇宙的氫都會變成氦，而沒有氫的話就不會有水了。不論如何，水的特性也有如奇蹟般地合適：在眾多分子中獨一無二，因為氫原子的特性，使其在固態時比液態輕，而讓冰能浮在水上。如果不是這樣的話，海洋就會結凍，而地球則會變成一顆冰球，對生命造成威脅。

同樣神奇的，是碳合成發生的方式。碳是所有有機分子的關鍵成分，

因此是生命能存在的重要原因——這裡也一樣，至少在我們瞭解的生命形態中是重要的。如果強核力和電磁力（讓電子維持在原子的核「軌道」上）的比率不一樣，恆星最深處的碳合成過程可能就不會發生了。此外，碳合成發生的機會之窗只有很小一面，需要精準的能量水準、溫度和極小時間尺度。宇宙的年齡也很關鍵；一百三十七‧二億年的宇宙已經成熟到能夠生產碳了。如果它年輕十倍的話，就沒有足夠的時間做碳合成；如果十倍老的話，生產碳的主序列星會超過它們能生產碳的壽命期限。

　　所以這應該就是所謂的宇宙生命「黃金時期」。把「重力比電磁弱10^{39}倍」的事實加上去；如果沒有弱那麼多，恆星就會遠比這還巨大，因此會更快燃燒殆盡。強核力的值也很關鍵，因為如果只要強一點點，原子就無法成形，而只要弱一點點，恆星也無法成形。

　　「人擇原理」這個詞，是卡特（Brandon Carter）在 1973 年一場致敬哥白尼五百歲誕辰的研討會投稿中發明的。卡特試圖證明，自然的常數和我們的存在之間有著關連，藉以修正哥白尼所證明的我們在宇宙中並未處於特殊地位。他定義了兩種形式的人擇原理，一種「弱」原理解釋了幾種「定義了『此時此刻』為宇宙史上允許我們這種生命存在之時間空間的自然常數」之間的驚人關係；還有一種「強」原理主張，我們可以從「關於我們這種碳基生命的諸多事實」、不然就是從「在眾多宇宙中我們佔據了常數如觀測這般的那個宇宙」的事實，去推論常數該是什麼。

　　巴羅（John Barrow）以及迪普勒（Frank Jennings Tipler）提供了以下「這段弱版和強版人擇原理分別涉及什麼」的陳述：

（一）所有物理學和宇宙學的觀測數值，發生的可能性並非同等，而是各自得到了受限於「存在著一些地方，在該處碳基的生命可以演化」這個規定，以及「宇宙要老到足以讓它已經這麼做

了」這規定的不同值。

（二）宇宙在其歷史的某些階段，應該有那些能讓生命在其中發展的性質，要不因為（i）存在著一個可能的宇宙，是以產生觀測者並維繫他的存續為目標而「設計」出來；不然就是（ii）要讓宇宙存在，觀測者是必要的；不然就是（iii）全體其他宇宙對於我們這宇宙的存在而言是必要的（就如「多重宇宙」理論設想的那種各式各樣共存宇宙）。[17]

（一）描述了「弱人擇原理」，而（二）則描述了「強人擇原理」的幾種版本。事實上（一）可以解釋成重述了「常數會如此，是因為靠著常數如此才得以存在的我們正好在觀測並測量它們」這個論點。（二）在任何一種解讀方式下都比較有爭議，其中一種解讀說，宇宙是一個有意識設計出來的實體，另一個則說，它的存在仰賴我們對它的觀測，而第三個則是說，有許多宇宙，它們的決定因素彼此不同，而我們處在適合生命的宇宙，可能是唯一一個，也可能是多個之中的一個。

很熟悉地，有些人選擇的版本是，宇宙藉由設計而特地存在，好讓我們存在。但任何一個讓「宇宙如此適合我們存在」這件事看起來意外、奇妙或者不太可能的版本，都仰賴一個簡單的錯誤。就如同從古典觀點來尋找量子現實的本質會使人困惑一樣，錯就錯在問題問反了。因為，我們存在的事實，意味著宇宙的物理常數當然得是我們能存在的那個樣子，因為如果它們不是我們能存在的那樣，我們就不會在這裡測量它們了。那樣想就好像在說，出於我們每個人的祖先相會並交配的這種累加而成的偶然，一個人的存在必定是奇蹟。因此，用常數的值來證明它們是量身打造好生產出我們，就是把馬車放在馬前面——或者更好的說法是：同意伏爾泰（Voltaire）作品裡面那位潘格羅斯博士（Dr Pangloss）所說的，因為我們

有些人戴眼鏡,所以鼻子才特地存在來支撐眼鏡。在這個問題上,一個更精確的觀點反而是該去認識到,都有了現在這樣的常數值,若以這行星過去四十億年歷程中所盛行的條件來看,生命如果**沒有**演化出來,還比較令人驚訝。如果在太陽系或者太空中的別處發現了生命,那種觀點就會增加很大的合理性。

有可能在別的地方發現生命嗎?在可觀測的宇宙中,這種行星物質的物理化學性質都很尋常,把肯定答案的初步證明(prima facie)屏障全都移除了。光是統計學就主張,生命在我們的銀河系中很充足,且若如此的話,在可觀測宇宙內更是充足到爆炸。「生命」是一回事,「智慧生命」則是另一回事;許多人自然會對後者的存在機會很感興趣,但兩者都是很使人著迷的展望。此外,我們沒有理由去期待那些生命會像我們已知的生命——生命需要水,天文生物學家把水的存在當成生命可能存在的標準關鍵徵兆——因為這種期待涉及了一個大假設,就是認為碳基生命是唯一可以存在的生命類型;或者認為,不同的宇宙基於有別於可觀測宇宙的物理安排,而無法產生生命甚至智慧。把地球以外生命的可能性設限於水,是針孔難題的另一個產物,用我們的所知去束縛我們可以想像什麼,甚至約束我們在概念上獲准能想像什麼。

基本物理學有一個激勵人的志向,就是得出一個單一、包含一切、統一的萬有理論。伴隨這種志向的一種假設,就是這樣的一種理論會證明,終究只有一種東西,從中出現了看起來各式各樣沒那麼基本的事物。把自然的四種已知力量——強弱核力、電磁力以及重力——統一起來,並證明標準模型中的夸克、輕子和玻色子本質上是同一種東西,甚至證明一切的力量、場和粒子背後根本都只是**一種**東西,就是物理學的聖杯。

「現實到頭來應該是單一(或者至少是單一類)物」的這種還原假設,可以回溯至最早期的希臘哲學家,也就是那些假設眼前的多樣自然都

起源於一元幕後現實的「前蘇格拉底」思想家。如引言中所提到的，米利都（Milesian）學派的思想家，西元前 6 世紀中聲勢正盛的泰利斯，採取了「背後的單一物，或者本原，就是水」的看法。他的門徒阿那克西曼德（Anaximander）把背後的現實稱為「阿派朗」（apeiron），指的是未分化、無限、初始的某種東西，各色各樣的存在無止盡地從中而生並翻新。在前蘇格拉底思想家中，泰利斯因為指定了一個未知的背後基底而獨樹一格；他的後繼者阿那克西曼德選擇了氣做為本原，後來的赫拉克利特則選擇了火。

回想一下，在宇宙的基本本質必須要有單一性、永恆性和不可變性的這種看法上，最重要的論點是出自巴門尼德；他說，如果現實的背後基礎是多元、可變、暫時的話，現實就會不穩定並因此無法保持存在。

當然，當前推動的統一論不是以這個為論點，儘管說其中一個面向可能真的是。那個面向的想法是，得出一個單一、簡單、一元的 X，而對 X 的解釋本身就反映了 X 的簡約性與涵蓋性，這樣在智慧上比較令人滿意。基本現實與關於基本現實的真實，想必簡單、理性且涵蓋一切；上述這段假設是一種在自然哲學與其繼承人科學的初始之時，在引領探問方向上有主宰地位的假設。對於這個假設本身，我們該怎麼想？

你也許會問，為什麼世上沒有十七又二分之一種力，為什麼沒有八又四分之三種基礎實體一類的東西，把問的數字改成多少都隨便你——要問的都是，為何要那麼堅持力和實體各有一個本原，甚至執迷於力與實體有著共同單一本原？為什麼會有追求終極一元性和簡約性的驅力？一個想法可能是，就算你沒找到最簡單的終極解釋，藉由尋找它，你還是會從你的理論中除去特定安排的以及概念上偶然的事物，而因此更接近真實。這是一個有說服力的說法。它和另一個想法站在同一邊，那就是（在其他的一切都同等的情況下）最簡單的理論是最有可能為真的理論。不過這不是

個好論點；若是把這句話運用到別種探問，好比說研究歷史或者道德、或者政治的時候，就真不是如此。這種思考應該要產生一定程度的不安，因為在主張真實或許複雜而非簡單的時候，就暗示了在邁向還原解釋的過程中，為何「看起來」會複雜的原因可能會被忽視。

　　追求萬有理論的志向有很大一部分存在於科學本身的歷史中，接連的進展往往把更先前的進展當作自身的特殊案例來接納並包含，展現出物理學家多伊奇（David Deutsch）所謂的「外延」（reach），也就是能適用於大過原本探求目標的性質。[18] 牛頓的重力論被包含在愛因斯坦的重力論中並被後者取代，而愛因斯坦的理論解釋的比重力還多：它們「外延」而產生或提點了黑洞、重力透鏡等等的理論。馬克士威統一了電和磁的現象；愛因斯坦統一了空間、時間和重力；原子現象（即在原子核及其內部結構之上的層次）被薛丁格、海森堡和狄拉克統一到了原子論中；有量子色動力學、電動力學和希格斯場的標準模型，提供了次原子層級的統一描述。有著多種不同質量粒子（或者沒有質量，好比說光子和膠子）和不同強度力量的標準模型，儘管提供了極端準確度又擁有確切的實驗支持，看起來還是凌亂而尚未完成。但它就是行得通：這就令人想起托勒密難題。它深深違背直覺而且怪異：這點令人想起針孔難題。如果沒有大量猜側性假說，它就無法弄到和廣義相對論一致。試圖將其整頓並提出背後更簡單且一元的實體與機制，這樣的行動就跟「弦理論」的情況一樣，超出了實驗的可及範圍，所以另一個針孔難題的面向就出現了，我們在前面討論過這點。把量子現象和重力放入單一框架，這看起來無解的難題引發了一種想法，就是如果它們都是遠比這基礎太多的東西之表現，那麼所有熟悉的概念，包括時空本身，可能都得要拋開。

　　在當前科學的工作中，可以說有一個鉗形攻勢；一頭有標準模型引發的問題，另一頭有尺度另一端的問題，也就是在宇宙學尺度上，和暗物

質與暗能量的現象有關。宇宙中可觀測物質的量實在是太小，小到無法說明其中運作的重力；而那就是暗物質難題。宇宙膨脹的速度，在大霹靂後誕生以來的後半段一直在增加；那就是暗能量難題。如前所述，在哈伯太空望遠鏡觀測十分遙遠因而十分古老的超新星（在宇宙中距離就是時間）所得出的結果，揭露宇宙擴張速度增加之前，人們認為宇宙可能有著充足的能量密度，最終足以停止擴張並開始向內坍塌。如果宇宙的能量密度太小，它就會持續擴張，但因為重力的拖曳效應而越來越慢。哈伯太空望遠鏡的觀測結果主張二選一的可能，一個是愛因斯坦重力理論先前捨棄的一個面向可能到頭來是對的，或者理論本身就是錯的；另一個是，宇宙中有一種未知的能量在運作，但也因為宇宙的膨脹速度，而讓我們知道該能量應該有多少——也就是，大約佔了宇宙的 70%。有鑑於宇宙還有 25% 是由暗物質構成，結果就是宇宙有 95% 是由未知物所構成。我們手頭上成功到讓人吃驚的科學，只能應付宇宙的 5%。

回想一下勒梅特（Georges Lemaitre）於 1927 年證明了，據愛因斯坦的理論來看，宇宙應該是在擴張的。因為當時人們接受的看法是靜止宇宙，所以愛因斯坦援引了一個他在 1917 年某論文中提出的想法：宇宙有一種真空能量密度，有著抵銷重力效應的作用，而其數值則是由「宇宙常數」λ 所賦予，這 λ 大小得要恰好達成它現有的效果；因為只要它高一點點或低一點點，宇宙就會因而擴張或收縮。當哈伯證明了宇宙在擴張時，愛因斯坦非常開心；這代表說他可以捨棄他發明來讓宇宙不動的特設裝置。他的確把引入宇宙常數描述為「他一生中最大的錯誤」。

捨棄宇宙常數，就跟說它的值是零的意思一樣。在愛因斯坦早期維持宇宙靜止的努力中，他主張這個值小而且是負的。哈伯太空望遠鏡的觀測結果主張，常數值不是零而且是正的。廣義相對論加上一個小而正值的宇宙常數就能容納暗能量，所以暗能量若要存在，其實並不需要捨棄廣義

相對論;但它完全沒能解決如何將理論與量子論保持一致的難題。與其相反,它讓人更難看出如何獲得重力量子理論。這是因為一個攜帶重力的無質量假定粒子「重力子」,其特性會使描述它們的特性和交互作用的數學中產生無窮大。在解釋膠子將夸克耦合在一起、形成核粒子之活動的「量子色動力學」所描述的力量粒子案例中,無窮大也會出現,但可以藉由「重整化」(renormalisation)來處理,因為膠子(和光子一樣)是「自旋數一」的玻色子。重子如果存在,就得是「自旋數二」粒子。差別是很明顯的;自旋數一的玻色子是處理向量場的量子理論中的實體,但一個重力的量子理論要處理複雜許多的東西,也就是一種處理張量場的理論,而就是這地方需要無質量的自旋數二玻色子,並阻擋了描述其交互作用的數學重整化。當方程式裡出現無窮大,就是哪裡出錯了。

此外,思考重力對於像真空中的量子漲落那樣成對瞬間一同出現又消失的粒子與反粒子所造成的效應,也導致了矛盾。這是因為這種在普朗克尺度下的漲落會產生大量能量,讓黑洞同樣會瞬間存在又消失,把所有在普朗克長度下的空間間隔都吞下去。結果就會是物理學家惠勒(John Wheeler)所描繪的一種不斷冒泡的時空「泡沫」,在那之中能量、距離和時間都變得服從於不確定原則。普朗克尺度真空能量實在是太大,而無法成為把宇宙外推的暗能量;這總得用某種方法來辯解。要拿下統一量子理論和相對論的聖杯,就需要給這個難題(而它還只是眾多難題之一)一個解方——然而,如果沒有目前仍不可能做實驗測試的更大膽提議,看來就無法克服。[19]

這裡似乎運作著針孔難題。在目前科學可及的最小和最大尺度上,分頭嘗試觀察自然現象並加以描述的行動——產生了到六位數以上仍精準的面貌,並透過先進技術而能應用到令人讚嘆的地步——在嘗試把兩個尺度結合起來時卻以矛盾為終。不管人怎麼推論,說人的認知能力不充足(太

悲觀）；說我們因為要求在針孔外偵測到的一切都得從針孔那頭拉回來，好讓我們可以用古典方式來理解而抑制了我們自己；說自然本質上是不一致或者不連貫（這不太可能）；說我們仍處在科學的原始階段（這個和第二個主張是最可有能的），都還是有「為什麼目標得要是一個單一、簡單、涵蓋全面的描述」以及「尋找它是否為對的事」的問題。提出這個問題就是反思，我們是不是中了巴門尼德式的咒語，以及去思索，在那咒語暗中呈現的典範之外思考會是什麼模樣。

第二部分

歷史

　　前面引言有指出，19世紀以前，在「有某種可信度的所知過往」這個意義下的歷史，僅僅往前延伸了不到三千年，就來到一個人們約略而零碎記得並寫在《希伯來聖經》中的時期，以及希臘古樸時期。儘管希羅多德（Herodotus）提到埃及陽剛豐饒之神「敏」（Min）為該國的「第一位王」，但仍從他稱作塞索斯特利斯（Sesostris）的法老王開始他的埃及歷史記述；有好幾個法老王都叫這個名字，但沒有一位做過希羅多德口中那位塞索斯特利斯做過的事，而那個人可能是埃及第十九王朝（西元前12世紀）多名法老王的混合。[1] 希羅多德造訪埃及期間，從教士和抄寫員那邊聽說的，大部分都混合了傳說，並充滿了為希臘讀者所設計的參照，而且他沒有提供日期；但他知道那些偉大的遺跡，並將它們以及埃及的城市，拿去跟尼尼微和巴比倫相互比較。

　　埃及在亞歷山大大帝征服以及其後併入羅馬帝國期間，經歷了一整段希臘化的過程，讓人們的記憶以及對歷史的興趣都加速黯淡，所以記載這些故事的希臘文和拉丁文作者，瞭解的也沒比希羅多德豐富多少。波斯和美索不達米亞各邦同步失去影響力，也有著類似的效應：希臘歷史學家會記得薛西斯（Xerxes）和他之前的大流士以及居魯士（Cyrus），是因為他們的文化面對當時強大的波斯帝國曾奮力求生，就像是《希伯來聖經》頭五書——《妥拉》或《摩西五經》——的編著者會記得尼布甲尼撒王，是因為他把他們的領袖流放到了巴比倫。《妥拉》談到法老王統治的埃及，談到巴比倫和尼尼微，談到基什和亞伯拉罕的出生地「迦勒底的吾珥」，這是因為和《妥拉》的編著者所在的黎凡特這樣的小地方相比，這些地方是值得一提的堂皇之地。

　　接著，直到不久以前，（在歐洲看來）比較牢靠的歷史最遠也才延伸到西元前1千紀的前半而已——大概沒比西元前750年早多少——而人們對其所知的事就只是模糊的記憶，比那更早的事情就更模糊了。從歐洲中

心視角來看，於近世開始的全球化，讓埃及的遺跡和其他地方的傳統（特別是中國）進入了焦點；在司馬談和司馬遷於西元前 2 世紀末至前 1 世紀初所著的《史記》中，中國歷史推定回溯到了西元前 3 千紀中的黃帝，不過 1920 年代的中國「疑古派」[*] 歷史學家主張，黃帝只是傳說人物，任何早於西元前 2 千紀商朝之前的事物都應歸為神話──中國最早的信史，要追溯到西元前 13 世紀中期，據說是商朝第二十一代王的「武丁」當政時──但任何早於春秋（西元前 770 至 457 年）的事情，主要都是以假設為基礎的。

不論在哪裡，我們不知道起源的事確實大致都是由神話所補充，而在歐洲和近東的例子裡，從遠古一直存續到古典時期的遺跡，主要被拿來當作鉤子，可以掛上神話和傳說。

因此情況是，直到非常晚近為止，人們對於比荷馬史詩與《五經》寫成的時代（大略來說，兩件事都發生在西元前 9 至 7 世紀之間）更早的歷史，都只是略有印象而已：事實上應該說，直到西元 19 世紀為止都是這樣。

---

* 譯注：也稱作「古史辨派」。

1

歷史的起頭

19 世紀考古學家和歷史學家重新出土的失落世界,是興起於近東肥沃月彎的第一個文明的世界。[1] 在那裡以及歐洲所發現的、大約於西元前 3000 至 1200 年的青銅時代遺物,勢必引起人們對於更之前時代的興趣——也就是大約從六千五百年前到三千五百年前的「銅石並用時代」或「銅器時代」,以及從大約一萬二千年前新仙女木氣候變遷事件結束(也視為新石器時期開始)以後的時期。這些年份跟時期的標籤,把一種考古學正統的錯誤印象給了人們,而那種正統是從「新石器革命」的想法來斷定的;用考古學家柴爾德(Gordon Childe)的話來說,在那場革命中,出現了一場從移居的狩獵採集生活方式到定居生活並行農業的變化,接著在幾千年後發生了城鎮興起,因而和前面五萬年間近東與歐亞大陸西部由各種解剖構造上的現代人(也就是智人)所居住的狀態,劃出了一道清晰的界線。此外,這個正統就等同於以下這個想法:除了那些被某種大災難(好比說,於西元前 1200 年促使青銅時代崩潰突然發生的事件)中斷發展的時期外,新技術和生活風格的發展都是線性且進步的發展(「進步」在這裡採用的是「在生活的工具和方式上從不那麼精細發展到更加精緻」

那層意義）。

　　但這種清楚整齊的想像備受挑戰。有證據顯示，有些人早至西元前20000年就住在屋內；有些狩獵採集者並沒有過著移居生活；收成並烹煮穀物的行為，或許甚至包括種植栽培穀物的行為，是在新石器時代之前就開始的；放牧動物遠早於農業；甚至在某些例子中，經過氣候變遷或其他擾亂事件後，人們反而拋棄定居居住，重拾移居生活。洞穴畫、裝飾品和埋葬行為（其中有些還從十萬年前就開始存在），展現了比線性歷程所呈現的面貌還要更複雜的史前面貌。

　　我們得要記住這些要點。同時，在新石器時代史（又特別是銅石並用時代和青銅時期）方面的新發現，也確實證明了人類社會和經濟生活的條件有著可觀的改變。有鑑於我們對過往的所知（或者至少我們對於過往以為知道的事）影響我們的程度，不小於我們當下的概念和利益影響我們詮釋過往的程度，因此，這一大段精心打造的歷史居然如此晚近才突然崛起，就像一座人口稠密的島嶼在我們驚奇的注視中就那麼從時間之海中浮起，確實是一個令人震撼的事實。先把史學史的爭議暫時擱到一旁，這個重新出土世界的故事和重新出土的歷程，可以一併簡略描繪如下。

　　近代初期收藏家的好奇心，是在比過往更深刻的表面上抓出的第一道抓痕。在那之前，人們對於前古典歷史的興趣可說驚人地稀少。從11世紀晚期以來，中世紀十字軍從近東帶回的事物所產生的眾多而複雜的影響，並沒有包括漫長的歷史；對他們來說（對所有人來說也一樣），過去的事情由《舊約聖經》說了算。自羅馬帝國時代以來，歐洲貿易商在黎凡特一帶就很活躍，但文藝復興初期對香料需求的大量增加，讓威尼斯以及熱那亞的商人富有起來。中世紀晚期開始的貿易財富增加，確實是文藝復興的因素之一，把閒暇和委託人創作藝術的機會都放入世俗手裡。接著，這又促成了法國和英國商人從16世紀開始在黎凡特貿易相爭一席之地的

情況。[2] 但這些都沒使人發現一段比古典過往還早上許多的過去。

　　情況於 16 世紀晚期開始改變。「珍奇屋」變得很流行，而且儘管一開始它們只收藏令人驚奇的大雜燴——包括被誤認為人魚尾或獨角獸角的東西，以及被解釋為巨人股骨的恐龍骨骼——但它們是博物館的起源，並刺激了科學研究調查的進行。[3] 那些富裕的壯遊（Grand Tour）參與者，走出羅馬世界，少數更深入了（以太陽的**升起**命名的）黎凡特，通常最有興趣的是基督教古物，以及購買與基督教古物相關的紀念品，或者像是比這些人還都早的 1670 年代的萬斯勒本（Johann Wansleben）那樣，對於尋找手抄稿特別有興趣。[4] 還有一些跟萬斯勒本和夏丹（Jean Chardin，他在 1686 年出版的波斯遊記中，率先主張黏土板上的楔形記號不是隨便畫的裝飾，而是文字）同樣早期的其他人，猜測有還有更早的歷史存在。同樣在西元 17 世紀時，耶穌會的博學者基爾學（Athanasius Kircher）發表了一本科普特語（Coptic）文法，而牛津大學的數學家兼語言學家格里夫斯（John Greaves）則是在黎凡特和埃及旅行，並測量了吉薩大金字塔的高度。18 世紀時，法國學者羅藍（Charles Rollin）那二十冊的《埃及人、迦太基人、亞述人、巴比倫人、米底亞與波斯人、美索不達米亞人與希臘人的古代史》（*Ancient History of the Egyptians, Carthaginians, Assyrians, Babylonians, Medes and Persians, Macedonians and Grecians*，1730-1738），讓人們對整個前古典古代（又特別是古埃及）的興趣得到了提升。[5] 這本受歡迎程度遠高過正確度的著作，最終激勵了一支學者大軍加入 1798 年拿破崙入侵埃及的戰鬥部隊。

　　這又進一布激發出 19 世紀對於「更遙遠歷史可能存在」的興趣，以及對這種歷史的追尋。在那之後，最先發掘到的是亞述和巴比倫，因此把歷史的範圍回頭延伸到西元前 3 千紀晚期。到了 20 世紀的前半（經過了 19 世紀中的匆匆幾瞥之後），這種搜索又進一步延伸，到了西元前 4 千紀

的蘇美。

　　這些發現的事物離完整仍十分遙遠，甚至在動筆此刻都還是如此。我們已經將那些時期的文獻拾回了幾百萬份，但讀過的沒比十分之一多出多少，而且仍有好幾百座考古遺址尚待探勘——這些遺址是星羅棋布於今日伊拉克和鄰近地區的臺形遺址或土堆，是人們活在此處累積幾千年的層層遺跡或瓦礫堆疊（臺形遺址〔tell〕是阿拉伯語，有 tel、tall、tal 這些變體；在波斯語中這些地方被稱為 tepe，土耳其語則是 huyuk）。由於戰爭和內戰、政治和外交緊張，動筆此時無法前往臺形遺址，但博物館藏有大量的黏土板收藏，刻著關於經濟和軍事事件、政府活動、建築、貿易、金錢收支積欠、醫學與科學、文學作品和廟宇活動等等，構成豐富的資源，描述了一個直到近日以前都徹底失落的世界。[6]

　　我們將我們所望向、橫跨兩千五百年的西元前 5 世紀（也就是西元前 1 千紀中間）的希臘古典時期，稱為「古代」。當時活著的希臘人如果知道蘇美，回頭就能望向更遠處：從他活著的日子回望三千年，來到西元前 4 千紀中期蘇美興起之際。然而到了希臘古典時代，甚至連較晚近的、在荷馬史詩的琥珀中封存為傳說而非歷史的青銅時期過往，都完全遺忘了；就算西元前 13 世紀晚期、在約莫青銅崩潰期間真有「亞該亞人」（Achaeans）和「阿哥斯人」（Argives）圍攻特洛伊，到了前 6 世紀雅典暴君希庇阿斯（Peisistratus）命人寫下那些口傳至今的詩篇的時候，也已成為過度潤飾的回憶。希臘人的神話版本歷史，因此只延伸到他們自身時代的五百年前。然而，主題和信仰卻從更深遠的過往一路存續下來：在希臘神話中講述的杜卡利翁洪水，以及在《希伯來聖經》中述為挪亞洪水的那場大洪水，都和最晚起源自西元前 3 千紀的《吉爾伽美什史詩》有所牽連。羅馬的維納斯是希臘的阿芙蘿黛蒂（Aphrodite），而她又是巴比倫的伊絲塔（Ishtar），也是蘇美的伊南娜（Innana）——有著同樣特性，掌管

愛、性、美、繁衍和衝突這同一套人類牽掛的女神，可回溯至奧古斯都成為羅馬第一位皇帝的四千年前。

拿破崙委託人進行埃及科學研究，一定程度上是出於法國長久以來始終培養著對地中海東岸與黎凡特的興趣。而法國人於 16 世紀時，和鄂圖曼樸特（Porte）*建立了一段晚於威尼斯人與熱那亞人、但早於英國人的貿易關係。另外如前面所提，這也是羅藍那本該地區知名的歷史書所激起的眾人興趣所造成的。在「拿破崙埃及研究」的盛名激發下，開始了一種戰利品之旅。考古學確實是始於對掠奪物的追尋，進行的人除了戰利品觀光客之外還包括了當地人，後者熱心地滿足觀光客對紀念物和收藏品的需求。

連形象威嚴的機構，好比大英博物館和柏林、巴黎等地的博物館，也感受到那股對掠奪物的欲望，只不過它們稍微節制一點，也稍微多穿戴了一點學術的外衣。隨之而來的是一種正在萌芽的學術責任感；但最初的主要動機，仍是想要尋求可展示的古代奇觀。1854 年，大英博物館要求駐巴斯拉（Basra）英國領事泰勒（J. G. Taylor）調查美索不達米亞南部的一些臺形遺址。他選擇了皮區（Pitch）臺形遺址，因為當初有一名短暫造訪的同行英國官員洛夫圖斯（William Kennet Loftus）留意到此處意義重大。泰勒發現了指認該地為《聖經》中「迦勒底的吾珥」的碑文。泰勒只在那裡開挖了兩季，19 世紀末由一支來自賓州大學的考察團延續工作。一直要到一場由大英博物館和賓州大學合作的完整規模共同考古行動於 1930 年代在伍利（Leonard Woolley）的指揮下開始進行，人們才好好看見了蘇美。

除了亞伯拉罕與吾珥的關聯外，《聖經》唯一提到蘇美的地方，就是在〈創世紀〉中以「示拿（Shinar）之地」這名字出現。[7] 19 世紀時，

* 譯注：指鄂圖曼帝國的最高行政會議處。

（追隨古玩收藏家和前述掠奪者的腳步）尋找《聖經》遺址的法國、德國、英國和一些美國考古學家，調查了美索不達米亞北側藏著尼尼微和亞述的亞述臺形遺址，以及美索不達米亞中部的巴比倫遺址。結果就讓通稱為「亞述學」的區域研究發揚光大。1840 年代萊亞德（Austen Layard）發現尼尼微，是這項發展的一個關鍵時刻。意識到〈創世紀〉提到的「示拿」指的是美索不達米亞南部蘇美的人，是德國法裔亞述學家歐佩（Jules Oppert），而他進一步辨認出楔形文字是從那邊起源的。

該世紀中有了這些發現之後，美索不達米亞考古學就突飛猛進地開展。前面提到的洛夫圖斯，是效力於英國政府突厥─波斯邊界委員會（Turco-Persian Boundary Commission）的年輕地質學家，被派去參加大英博物館在美索不達米亞的調查，和其他人一起在尼尼微和尼姆魯德（Nimrud）進行工作，並在後面這座遺址發現了亞述王阿淑爾納西爾帕二世（Assurnasirpal II）的宮殿，還有一批雕刻過的象牙，年代可追溯至西元前 9 世紀。但到頭來對蘇美史意義最為重大的，是他先前在美索不達米亞南部的短暫開挖。他於 1850 年代找到了烏魯克和吾珥金字形神塔，而就是這項發現促使大英博物館將泰勒送來。同時，大英博物館的羅林森爵士（Sir Henry Rawlinson）和史密斯（George Smith）針對楔形文字完成了傑出的工作，其中一項偉大結果，就是後者在從亞述挖掘現場帶到倫敦的數以萬計黏土板和碎片中，發現了《吉爾伽美什史詩》。

史密斯的生平就跟道德故事一樣勵志。1840 年於倫敦工人階級家庭出生的他，十四歲就離開學校去印刷廠當學徒學雕版。他私下熱愛亞述學，來自近東各種令人興奮的新發現充滿了他的想像。他午休時間都泡在大英博物館，閱讀關於開挖現場發現何物的報告，並自學楔形文字閱讀。他最終獲得博物館當局的注意，他們對他的專精印象深刻，因而邀請他協助清理黏土板並加以分類，而他便在晚上進行這項工作。投入這項工作

時，他認出了一個以色列王耶戶（Jehu）於西元前9世紀給亞述王沙爾馬那塞爾三世（Shalmaneser III）的支付紀錄。比那還更重要的是，他認出一場日食紀錄，從天文紀錄中獨立地標記出年份為西元前763年（到頭來這在建立近東編年歷史上很重要），還辨認出巴比倫於西元前2280年遭受埃蘭人（Elamites）入侵的紀錄。這些令人印象深刻的發現，讓博物館的理事們在羅林森本人的鼓吹下，指派史密斯任職亞述學部（Assyriology Department）的資深助理。這發生在1870年。幾年後，他在後來被稱作《吉爾伽美什史詩》的內容中所發現的洪水敘事，讓他享譽全球。後來博物館三度派他前去參加尼尼微考察團，而他在那開挖了亞述巴尼拔（Ashurbanipal）的藏書，發現了更多《吉爾伽美什史詩》的殘篇，以及一套價值連城的巴比倫諸王朝紀錄。第三次考察途中他死於痢疾；維多利亞女王給了他的妻兒一年一百五十英鎊的撫恤金。

像這樣的研究者以及其他人開始掀開層層時代（不論從比喻還是實際上都可說是如此），露出其下一整段漫長歷程。現在人們已充分認識了蘇美和後來的阿卡德以及亞述時期，但地底下以及文本內仍有很多部分需要發掘。

今日鳥瞰美索不達米亞，會看見底格里斯河和幼發拉底河向南流，在阿拉伯河（Shatt-al-Arab）開始的地方匯合，它們相加的河水滲透並散布到那塊區域的沼澤中，最終涓涓流入更下游約一百九十三公里的波斯灣。直到近期，阿拉伯河沿岸都還有大量沼澤和椰棗林，在它們之間創造出一片獨特的環境。然而，戰爭和「經濟發展」讓椰棗林及沼澤減少到只剩下原本的一小部分。[8] 六千年前，河道並不相同，也確實因為多次大洪水和河流流經的沖積平原侵蝕而數度改道。那些今日在離河數公里處留下臺形遺址的城市，西元前4千紀時一度聳立在河岸邊：尼普爾、烏魯克和吾珥聳立在幼發拉底河支流的岸上；而吉爾蘇（Girsu）則在底格里斯河岸上。在

那些紀元裡，兩河的支流環繞著肥沃的島嶼，而在那些島嶼上，世界第一個偉大文明——蘇美——的眾城出現了。

在蘇美之前的六千年，美索不達米亞北部的人們開始種植二粒小麥和一粒小麥（兩種都是小麥的古代種），並在耕種地點旁建造永久定居地。是什麼促使某些狩獵採集者定居（有鑒於這樣的改變一開始對他們的健康無益）仍然是個未解決的問題，儘管說，有了一種可以儲存好幾週或好幾個月而不只是幾天（像肉就是這樣）的食物供應，這樣的好處無疑是一部分理由。定居是仰賴穀類食物的必然直接結果：播種和收成都在固定時間發生；儲存穀物需要興建某種設施來保護穀物免受天氣和害蟲侵襲，可能是更大形陶器發展出來的理由；而一旦收成後，就很難大批運輸到遠方。隨時間過去、人口增加，定居行為沿著河流擴張開來。伍利（Leonard Woolley）就在吾珥遺址附近的歐貝德（al-Ubaid）發現了那樣的一座早期村莊，就把這名字留給了當地早於蘇美的文化。

「早期」可能會誤導人。安那托利亞東南部的哥貝克力石陣，年份定為介於西元前10000和8千紀之間。由在札格羅斯（Zagros）山麓地帶的賈爾莫（Jarmo）發現的黑曜岩和貝殼證明存在的長距離貿易，發生於西元前7千紀。在瑪米（Choga Mami）找到的已知第一個灌溉系統，是西元前6000年之前出現的。這個地區顯然熙熙攘攘且人口越來越多，其組織和技術方面的發展，到了蘇美的創建者於西元前4千紀開始進行這種活動時，已經非常可觀了。

到了西元前3千紀尾聲，拉格什有一名抄寫員制定了一份《蘇美王表》（Sumerian King List），可能是當時的統治君王命令他為王家世系製作一份系譜，藉以確立自己的身分地位。有人說蘇美的第一位統治者是基什城的一名埃塔那（Etana），被描述為「穩住所有土地的人」。他是乘在老鷹背上飛向天空、尋找神奇植物來讓自己有個兒子的英雄人物。基什

與埃里都、烏魯克、吾珥、拉爾薩（Larsa）、拉格什、尼普爾是蘇美頂尖城市，而在拉格什（似乎對西元前 3 千紀尾聲的歷史學家來說最重要的城市）的抄寫員所描述的邊界溝渠頻繁糾紛中，有時彼此結盟，有時相互競爭。

蘇美人並不自稱蘇美人；這個名字是繼承它們成為美索不達米亞主要強權的阿卡德所給予的。蘇美人稱他們的土地為「高貴領主之國」（Kiengir），而他們以「黑頭人」描述自己。蘇美人是一種非閃族，而阿卡德人就是閃族。當阿卡德帝國於西元前 3 千紀中期興起時，該國同時通行阿卡德語和蘇美語，而阿卡德人採納了蘇美人發明的楔形文字書寫系統。漸漸地，越來越少人說蘇美語，儘管到了西元前 2 千紀前半的巴比倫時期，它都還和阿卡德語以及亞蘭語一樣是官方語言，且主要被保存在宗教儀式中，就像拉丁語被保存在羅馬天主教儀式直到 20 世紀一樣。

我們並不清楚蘇美人的起源。一個理論認為，他們延續了從美索不達米亞北部來到南端定居的歐貝德人（Ubaidans）；他們排乾沼澤種植作物，並交易他們製造的紡織品、皮革製品、陶器和金屬製品。這就是在主張，存在一個已經發達的基礎，而蘇美文明有可能從中而生。其他理論則認為，蘇美人來自印度且和印度的達羅毗荼人有關，或有一說是來自北非。有一個主張認為他們來自波斯灣西岸，是冰河期尾聲洪水淹沒他們所在的沿海地區時被趕來這裡的。然而，另一個理論把它們的來源地定為「西亞」，因為夠模糊所以隨便這個那個群體的未知起源都放得上去，而成為了標準說法。

或許最合理的想法是，有好幾個群體混合形成蘇美人：包括歐貝德的農人、帶著成群綿羊和山羊的移居放牧者，以及來自幼發拉底河和底格里斯河三角洲那片沼澤迷宮的漁人，在相聚幾個世紀後，合併為具創造力且高度組織化的蘇美文明。有人主張，波斯灣岸的埃里都城是這種人群、傳

統和技術合併的聚點；其後代散布到整個美索不達米亞南部，並成立了拉爾薩、舒魯帕克（Shuruppak）、烏魯克、基什、尼普爾、拉格什、吉爾蘇、烏瑪（Umma）和其他城市。[9] 蘇美的城邦有時候獨立，有時候彼此敵對，有時候連合一致，但要到西元前第 3000 年晚期的阿卡德帝國（西元前 2300 至 2000 年），特別是在薩爾貢大帝（Sargon，西元前 2270 至 2215 年）的統治下，這個區域才成為單一帝國。

西元前 4000 至大約 3000 年這段期間，稱做烏魯克時期。有些估計指出，烏魯克城最高峰時達到八萬人口，而它六平方公里的範圍有巨大城牆環繞，據說是由最出名的國王或「大人」（lugal），也就是英雄吉爾伽美什所建。烏魯克沿著作為主要運輸手段的各河流，上下來回與蘇美其他城市交易，而在其他遙遠的都市中心都能找到該城的建築風格、陶器與工具，最遠出現在今日的敘利亞和安那托利亞，代表該城殖民過上述地點，或者至少對其有巨大的影響。在烏魯克早期，城市與其鄰居並沒有設置城牆，可能是由一位稱作恩施（ensi）或恩（en）的祭司長所統治，並由一個同時包含男女的長老會議來提供意見。但後來該城改由一名大人進行更世俗的統治，也出現了防禦城牆，這些後來的改變都顯示蘇美諸城的競爭和衝突日增，也顯示了來自埃蘭的第一場軍事威脅；來自底格里斯河東方、今日伊朗東南部的埃蘭，於西元前 3 千紀早期嶄露頭角。

楔形文字於西元前 4 千紀晚期，也就是蘇美歷史的烏魯克和捷姆迭特那色（Jemdet Nasr）時期期間，從象形紀錄文字發展而來。西元前 3 千紀開頭的幾個世紀內，有些城邦開始主宰其他城邦；拉格什的恩納圖姆（Eannatum）大人征服了長久以來的對手城市烏瑪，把他堅決的勝利記錄在禿鷹之碑（Stele of the Vultures）上。[10] 烏瑪後來報了一箭之仇：在恩納圖姆死後打倒了拉格什，也征服了烏魯克，而烏瑪的統治者盧加爾扎克西（Lugalzagesi）把烏魯克立為首都，並把影響力進一步沿河向上擴大，進

入美索不達米亞中部，或許還繼續向外。

蘇美城市的統一，為美索不達米亞中部的閃族鄰居阿卡德人送上了一個機會。已知第一個在真正意義上統治了一個帝國的，是阿卡德王薩爾貢大帝，他似乎是從拿下基什城接著攻打烏魯克開始進行征討的；他在烏魯克推翻了盧加爾扎克西，並「給他掛著頸圈」從戰場上拖走。有銘文說他摧毀了烏瑪和拉格什，並徹底摧毀它們的領土，他的神恩利爾（Enlil）因此賜給他介於上部海和下部海之間（分別是地中海和波斯灣）的所有土地，讓他把整個美索不達米亞據為己有。他讓美索不達米亞中部的阿卡德城成為帝國首都，並在可能延續了五十年的統治中從首都繼續對東邊的埃蘭和北邊安那托利亞的胡里安人（Hurrians）發動戰爭，並且取得勝利。碑文提到他強佔了雪松林以及銀山，意指著他的領土從地中海邊的黎凡特，一路延伸到裏海附近的阿拉達格山（Aladagh Mountains）。這麼一來，就那時代而言，他自吹為「世界之王」是有一定程度的正當性。

薩爾貢的阿卡德城至今還沒有找到；如果真能找出其位置並開挖，將會是近東考古學的一大至寶。

按往例不可免地薩爾貢這樣出眾的人物周圍累積了許多傳說。有人說他出身卑微，是基什王皇宮的園丁之子。有個傳說說到曾有一位王讓薩爾貢當他的侍酒人；另一個傳說則說他是某恩圖（entu，高階祭司）的私生子，祭司把他放進一個蘆葦籃子，他就在籃子裡沿著幼發拉底河一路漂下去，後來被一名園丁發現並將其扶養長大。[11] 然而，由於他生活在書寫時代，又是如此顯赫的人物，因此有關他以及他的家人的書寫內容，會有一部分屬於紀錄而不是傳說。如今已知他的妻子和幾個後代的名字和生平，包括他的兒子瑞穆什（Rimush）和瑪尼什圖蘇（Manishtushu），以及孫子納拉姆辛（Naramsin），他們在他之後分別當上了國王。的確，在他之後一千五百年的所有亞述和巴比倫諸王，都自認在某種意義上是他的後裔。

薩爾貢培養了五千人的菁英團，據紀錄所言，他們「每天在他面前吃麵包」，藉此鞏固了彼此的忠誠關係。他在軍事遠征前會跟他們商量，有些遠征是為了保障阿卡德商人在鄰近土地上的利益而進行。然而到了他漫長統治的尾聲時，帝國卻發生了麻煩：一場饑荒導致了暴動，使他被迫要用武力壓制，一直到他死前，整個帝國仍私下充斥著抱怨和反抗行動。儘管如此，這個帝國在他後裔手中又延續了好幾個世紀，在西元前 2400 至2200 年時達到高峰。阿卡德語在這段期間成了該地區的優勢語言，不過書寫仍使用蘇美文字。蘇美語本身同時繼續用作帝國「黑頭」臣民的方言，以及廟宇儀式的語言。阿卡德帝國滅亡後，領土分裂成兩個主要部分：北邊的亞述以及美索不達米亞中央的巴比倫，後者從該處統治美索不達米亞南部、蘇美人原本的心臟地帶——因為氣候變遷，到了那時已是一片人口持續減少的地帶。

＊　＊　＊

歷史——從那時開始至今的信史時期——因此是從蘇美開始，而文學也隨之開始。《吉爾伽美什史詩》對它所處時代以及其後時代的意義，就如荷馬之於希臘人的意義，也如《聖經》之於西羅馬帝國滅亡至文藝復興預示近代開始的那一千年的意義。換言之，就是一個文明自我設想的核心部分，是來自故事、文獻或者「**那本書**」。在蘇美語中，「吉爾伽美什」這名字被稱為「比爾伽美什」（Bilgamesh），是描寫某個烏魯克王的一組詩集的主人翁，年代大約為西元前 2100 年。在接下的幾個世紀裡，這些詩篇以阿卡德語合併修飾，成為各種版本的《吉爾伽美什史詩》，後來靠著在美索不達米亞臺形遺址出土的眾多黏土板和碎片，重新出土並拼湊回原狀。目前為止，該史詩的最佳版本是在尼尼微的亞述國王「亞述巴尼

拔」圖書館發現的，年代定為西元前 7 世紀。我將在附錄二中描述這篇史詩。

後來的神話與故事有太多主題都包含在吉爾伽美什的故事中，以至於可以用一整本書來撰寫這些主題，從杜卡利翁、挪亞到每個傳說中的英雄和巨人殺手，到泰山和毛克利（Mowgli）[*] 這類野性主角，又偏到噴火怪獸、殭屍這一系，還有拜訪地底世界或過往去尋找知識，對於夢的心理狀態和性的力量之影射，把吉爾伽美什和恩奇杜（Enkidu）之間友情的主題，連結到阿基里斯和帕特羅克洛斯（Patroclus）、約拿單（Jonathan）與大衛、尼索斯（Nisus）和歐律阿羅斯（Euryalus）——諸如此類，豐富到不計其數。[12]《吉爾伽美什史詩》是文學的泉源，甚至連技法都能在後來的作品中辨識出來。猜測以下觀點挺有趣的：這篇史詩從非常早先時期就是以書寫文本的形式存在，這就有別於荷馬史詩；後者的風格和架構，在使用需要熟記的成語以及需要即興創作的重複中，體現了其口語起源。在《吉爾伽美什史詩》的例子中，重複似乎是為了不一樣的目的；舉例來說，在前往胡姆巴巴（Humbaba）森林的旅程中，每一天行進和停下來休息吃飯的篇幅，會在吉爾伽美什的每一個夢境前重複，而且用詞都一樣，但這似乎是要為讀者（而且當文字朗讀出來時，無疑還有更多聽眾）提供一種旅行多麼漫長艱鉅的感覺。在文章的其他部分，其敘事和描繪都沒有荷馬那種口頭朗誦的特色。

有太多是依靠猜測；但毫無疑問的是，《吉爾伽美什史詩》各主題意義深遠的本質，以及它為湧現這史詩之文明的精緻成熟度所提出的證據。將這些和蘇美與阿卡德世界高超的藝術與建築、進步的經濟，以及在背後支撐的技術與農業結合起來，便會覺得人們直到如此晚近以前都還不知道

---

[*] 譯注：《叢林奇譚》（*The Jungle Book*）的主人翁。

這幾個上千年的高水準歷史，實在是滿不可思議的。

這些被重拾回來的千年裡還有另一份驚人的文件，就是《漢摩拉比法典》（*Code of Hammurabi*）。如果問大眾想起遙遠過往時最普遍想起哪個名字，就是這個於西元前 18 世紀在位的巴比倫王的大名。在這個接續阿卡德帝國的王朝中，他是第六位也是最偉大的國王。他將埃蘭的領土和拉爾薩、馬里（Mari）、埃什南納（Eshunna）等城納入巴比倫的控制之下，並讓美索不達米亞北部的亞述成為朝貢國。他之所以出名是因為他的《法典》。這不是史上最早頒布的法典——蘇美人有一套關於犯罪造成損失的賠償清冊——漢摩拉比的創新，在於下令違法者除了賠償外還要接受懲罰。他把法條刻在石碑上，並豎立在每個人都能讀到（或者讓人讀給他們）的公共廣場上。日後征服巴比倫的埃蘭人把石碑當作戰利品帶回首都蘇薩（Susa），1901 年法國考古學家就是在該地發現石碑的。現在它存放於巴黎羅浮宮。它的一些基本原則概述會放在附錄三。

《漢摩拉比法典》出於好幾個理由都算得上是指點迷津的讀物，特別是打開了一扇窗，讓人看見西元前 2 千紀前半的巴比倫生活。當文獻結合考古學家出土的物質文化，就能明顯看出巴比倫王朝是亞摩利人（Amorite）成立的；亞摩利人是游牧人，可能是在西元前 3 千紀期間從黎凡特進入阿卡德帝國，並定居在美索不達米亞中部地區。

他們的巴比倫小鎮剛開始並不起眼，而該城在那些生產《漢摩拉比法典》的王朝底下的盛世也很短暫，因為到了西元前 2 千紀中期，它就被來自安那托利亞的西臺人征服，接著又被來自今日伊朗的札格羅斯山脈加喜特人（Kassites）所征服。《聖經》中的巴比倫比這晚上許多，說起來是一千年以後；到那時候它已是新巴比倫（有時稱作迦勒底〔Chaldean〕）的首都，年代為西元前 7 世紀晚期，有著它最出名的國王，於西元前 857 年摧毀耶路撒冷並將以色列人領袖擄走的尼布甲尼撒二世。

到了西元前 6 世紀，我們就處在 19 世紀有所發現之前已非常熟悉的歷史範圍內。完整的肥沃月彎記述，包括從西元前 3 千紀尾聲開始的埃及王朝，根據傳說，美尼斯（Menes）將上下埃及王國合併，成為統一埃及的第一位王。從這一刻開始的埃及歷史，就其物質文化和組織而言都是很傑出的歷史；和美索不達米亞相比，它的不同之處在於處在一條沿著尼羅河的狹窄帶狀上，而在歷史上要過了很久之後，才會結束和美索不達米亞及安那托利亞的分隔狀態；這讓它比較不是個文化交流點，因此沒那麼容易受到那股讓蘇美、阿卡德和後來的文明中心一個個興起的變化影響。埃及人只有一個擴張方向——向南進入努比亞（Nubia），而努比亞就是南方的極限。努比亞本身曾是克馬（Kerma）文明的家園，後來於西元前 16 世紀被埃及的圖特摩斯一世（Thutmose I）征服。許久以後在西元前 8 世紀時，一個庫施（Kushite）強權在努比亞興起並打敗埃及，還統治了埃及一世紀——整整一個王朝週期，也就是第二十五王朝——之後被一個埃及本土王朝所取代。庫施王朝本身存續了一千年，之後被衣索比亞征服。

這一切也同樣是晚近知識：不過，歷史的探照燈在過去兩個世紀間，並不只照在美索不達米亞上頭。

近東重見天日的歷史包含了一個大謎題：大約在西元前 1200 年左右的文明崩潰，終結了青銅時代，引入一個長達數個世紀的黑暗時代，從中出現了鐵器時代。

貿易、結盟和衝突，以及後來的王國與帝國的興衰，將近東世界涵蓋在一個（如果更之前沒有的話）至少從西元前 4 千紀早期就存在的關係網絡內。到了西元前 2 千紀，後來一直到大約西元前 1200 年為止，近東和地中海東岸都是一個緊密聯繫的區域，有著複雜的原料和成品交易模式。當時經濟的關鍵是銅和錫的貿易，也就是青銅的原料。就如一位歷史學家描述的，銅和錫在那時代的意義，就跟石油在 20 世紀世界經濟中的意義

一樣。但交易的商品不是只有這兩個。就如烏魯布蘭（Uluburan）外海沈船上找到的貨物所證明的，那時的工商業生活都可說是豐富多彩。

1982 年，土耳其一名撈海綿的潛水夫在安那托利亞海岸靠近卡什（Kaş）的烏魯布蘭大角（Grand Cape）外海，發現了一艘沉船殘骸。接下來進行了十年的海洋考古，開啟了通往青銅時代晚期的神奇窗戶。當該船沉沒時，它攜帶著十噸製成牛皮錠（oxhide ingot）的銅礦；那形狀就像是有把手的長方形，以方便搬運。大約有十分之一的銅錠特地製成方便在駄獸身上攜帶的形狀，來進行橫跨陸地的長距離運輸。這艘船也攜帶了一噸的錫——一份錫和十份銅就接近青銅的比例。人們發現，一百五十個普遍使用於愛琴海和近東的迦南壺，大部分都裝著圓柄黃連木（turpentine），而其他則裝著橄欖和玻璃珠。有幾乎兩百錠的玻璃、彩色綠松石、薰衣草和鈷藍，以及非洲黑檀木的原木、象牙和河馬牙齒、龜殼和鴕鳥蛋、塞浦路斯的陶器和油燈、青銅和銅碗、未加工或已加工為飾品的金銀和次貴重寶石；另有一套劍、匕首和矛頭，一套包括斧、鐮刀和錛子的工具，還有包括松子、杏仁、葡萄、無花果、橄欖、石榴和香料在內的糧食。這艘船帶了十個石錨，而貨物則是用貨墊——同時用來壓艙並避免貨物滑開的混合雜物——包在一起。

從這個裝載物清單可以想像它所代表的精細世界。舉一個特別能夠說明的例子；它解釋了港城烏加里特（Ugarit），這座立於把美索不達米亞與黎凡特連結上埃及與邁錫尼希臘的一條條海陸貿易路線焦點的城市，為何擁有那樣的財富和精巧建築。

烏加里特是一座古老的城市，最古老的城牆建於西元前 6000 年，但其繁盛頂點出現在西元前 2 千紀中期，那時它在通往兩河流域諸城、埃及、安那托利亞高原上首府位於哈圖沙（Hattusa）的西臺帝國的陸路，以及通往克里特、邁錫尼等地的地中海航線之間，擔任了完美的轉運點。它

是那年代的頂尖國際港，其宏偉的宮殿是用石頭建造，但該宮殿更之前的各階段還是用黏土蓋的。

　　烏加里特遺址位於今日敘利亞北部拉塔基亞（Latakia）市郊的一個岬角上。1920 年代，一名農人的犁敲開了烏加里特大型墓地的一座墳墓，讓這座古城重見天日。開挖行動揭露了一座巨大的宮殿複合建築體、富裕市民的宅邸，還有拜巴力（Baal）與大袞（Dagon）的神殿。其中最棒的，是發現了一千五百份以楔形文字為主的文件，年代可追溯至西元前 13 和 12 世紀，其中有將近五十篇史詩，最有名的是《基爾塔傳說》（*The Legend of Keret*）、《阿克哈特故事》（*The Tale of Aqhat*）以及《巴力組詩》（*The Baal Cycle*）。第一個講的是的胡布爾（Hubur）的基爾塔王，有點像是約伯那種因為無法信守對神的承諾，使得諸多不幸越演越烈的人物。《阿克哈特故事》是關於與該文同名的主人翁拒絕了女神阿娜特（Anat）的勾引，甚至連她提供永生不死以及與她同眠的機會也不為所動，後來在她復仇的教唆下遭到殺害；阿克哈特正直的父親、當初費盡苦心才得到一個兒子的德涅爾（Danel），從禿鷹皇后的胃中拾回阿克哈特的「骨頭和脂肪」，好妥當地埋葬自己的兒子。《巴力組詩》敘述巴力打敗有野心要當諸神之王的英姆（Yam）；接著又有一連串的衝突，在衝突中巴力和他的死對頭莫特（Mot）分別被殺害並輾成碎片，但又復活，而最終巴力獲得勝利。就跟《吉爾伽美什史詩》一樣，這些作品的主題都明顯讓人聯想到，那些在接下來數個世紀裡的神話和經書（包括《聖經》）中再現的故事。

　　除了包含的文學成分外，烏加里特文獻最重大的意義，在於它們是用楔形文字寫下的蘇美語、胡里安語和阿卡德語，還有一些是埃及象形文字和塞普勒—邁諾安（Cypro-Minoan）文字。就如蘇美語因作為神聖儀式語言而倖存那樣，阿卡德語也作為法律用語而倖存。文獻中還找到楔形文字

字母表，以及腓尼基字母的早期符號。

烏加里特的歷史中有一段是由埃及所控制——到了西元前 2 千紀時，埃及帝國擴張到今日以色列、黎巴嫩和敘利亞一帶的地中海海岸，越過烏加里特遺址之外，與哈圖沙統治的西臺帝國在那一帶競爭。兩個帝國交戰使烏加里特數度易手，成為西臺的附庸國，而在西元前 1200 年的大崩潰時就是如此。在烏加里特遺址復原的文獻中，有一封來自烏加里特最後一任國王安穆拉皮（Ammurapi）寫給塞浦路斯王的信件，向他報告自己面臨入侵者的威脅並請求援助；沒多久就有報告指出，該城遭到洗劫，其儲糧和葡萄園都遭到摧毀。[13]

這個事件屬於一場蔓延各地的大破壞，它吞沒了希臘、黎凡特、安那托利亞和埃及諸城，也擾亂了更東方的其他王國。這件事突如其來地發生在西元前 1200 年的前後十年左右。埃及的一篇文件提到稱作「海上民族」的神祕入侵者，這讓歷史學家猜想這些蝗蟲般的勢力會是何許人，以及他們從哪裡來。埃及是近東西側唯一在這些攻擊中留下半條命的文明中心，但狀況也大幅衰退；更遠在東方的亞述和埃蘭也沒那麼受影響而倖存下來，但也都有所衰退，一個理由就是與西側文明中心的貿易中止了。

這場崩潰非常急遽。在安那托利亞，西臺首都哈圖沙被徹底燒毀而永久遺棄。卡拉歐格蘭（Karao lan）城也是；它的死者都沒能下葬。特洛伊遭到摧毀，然後就廢棄了一千年。塞浦路斯的恩科米（Enkomi）、辛達（Sinda）和基提翁（Kition）都遭到洗劫、燒毀和遺棄。烏加里特只是眾多崩潰的黎凡特中心城市之一；其他還包括西元前 13 世紀一場埃及－西臺大戰的戰場卡德什（Kadesh），以及卡特那（Qatna）、阿勒坡（Aleppo）和埃馬爾（Emar）。更南方的城鎮加薩（Gaza）、阿什杜德（Ashdod）、阿卡（Acre）、雅法（Jaffa）和亞實基倫（Ashkelon）等也都遭到摧毀。希臘的邁錫尼消失了，而鄰近的伯羅奔尼撒（Peloponnese）定居地也跟著消

亡。底比斯（Thebes）、提林斯（Tiryns）和皮洛斯（Pylos）也同樣被毀滅。

西元 1855 年時，羅浮宮一位法國的埃及學家發現一塊來自梅迪涅特赫布（Medinet Hebu）的碑文，描述了一場發生在拉美西斯三世（Rameses III）統治期間的「海上民族」入侵。那份文件以及其他文件把「海上民族」稱為「丹雅（Denyen）、埃克維什（Ekwesh）、佩萊斯特（Peleset）、謝克萊什（Shekelesh）、施爾登（Sherden）」以及其他民族的組合，而許久以後的學者們認為，他們分別和丹尼安人（Danaans）、亞該亞人、非利士人（Philistines）、西西里人（Sicilians）和薩丁尼亞人（Sardinians）有關——「佩萊斯特」意味著巴勒斯坦，因此是非利士人；「丹雅」和「埃克維什」讓人聯想到荷馬的「丹尼安人」和「亞該亞人」，而「施爾登」和「薩丁尼亞」的類似發音也引人遐想——諸如此類。有一些鑑定是合理的，但並沒有其他證據支持「地中海與歐亞西部各民族結盟發動侵略近東」這種推理。相反地，研究者的一個共識是多種因素綜合起來導致了青銅時代崩潰：除了地震，還有氣候變遷導致的食物短缺，那造成了難民遷移、動亂和暴動，大大削弱該區域的各個政體，以至於攻擊者儘管數量比推定的「海上民族」大軍入侵來得少，卻能夠觸發崩潰——因為該區域透過貿易而互相仰賴的程度如此之高，一旦打破，就會迅速讓所有牽涉其中的城市和國家垮台。我們只要想像一下，如果今天在我們高度互相依賴的世界中，能源食物供應鏈都被切斷，導致超市貨架全空、汽車和卡車無法動彈，也沒有電，就能瞭解如果沒了讓文明運作的基礎，文明的表象會有多薄弱。從自食其力和湊合將就的方面來看，青銅時代晚期的居民很可能比我們今日還更有適應力；但崩潰之後出現的黑暗時代，就表明了情況有多嚴重。

光講一件事就好，即書寫從邁錫尼世界消失了。目前為止唯一破解的

青銅時期邁錫尼文字——線形文字 B（Linear B），此時停止使用；陶器上的裝飾變得更簡單，石造建築也幾乎停止興建，而被假定是首領居住的村落中最大的住所，也不再是巨型石造宮殿複合式建築，而是多間茅草棚小泥屋，就跟周圍的房舍一樣。各局部地區的差異增加，證明此時沒了旅行和區域間的互聯性，或是大幅減少。第一個顯示復原的跡象，是希臘各島嶼上一些西元前 10 世紀的埋葬行為；但主要是到了前 8 世紀，當源自腓尼基字母的文字書寫系統散布到整個地中海東側時，文明回歸的初步跡象才最清晰。將裝飾品、馬匹和武器跟遺體安置在一起，證明死者是一位要人的埋葬行為，展現了一個擁有階級制度且有足夠剩餘財富，而能容許其中一部分在埋葬時永遠損失的社會。這樣的墳墓是在尤比亞（Euboea）島上的萊夫坎迪（Lefkandi）找到的，年代大約為西元前 950 年，而接下來幾個世紀挖掘的墳墓，也證明了這種行為的持續。

書寫的消失明顯指出了衰退。舉凡有貿易，就會需要紀錄。舉凡有中央集權的政府和宮廷文化，就不只需要留下紀錄，還需要法律和外交以及商業溝通。這也需要識字，進而就需要學校。舉凡有生產抄寫員的教育，就有可能產生文學。來自青銅時代的證據顯示的，是社會、政治和經濟組織日漸精細，伴隨而來的就是識字以及文學、傳播，還有想法和知識的交換，然後又再使組織更加精細，形成了反饋迴圈。[14] 但青銅時代崩潰，讓接下來幾個世紀都沒了這樣的循環回饋。

不論最初的單一原因或綜合原因是什麼，青銅時代文明的結束用人類學家坦特（Joseph Tainter）貼切的說法，就是「系統崩潰」。在這種崩潰中，維繫整個架構的高度相互依賴性中斷，導致整個架構的失效。[15] 克萊恩（Eric Cline）和其他人都指出青銅時代晚期世界和我們當今世界令人憂心的相似性：管理起來過度複雜的中央集權社會、生活和經濟幾乎每個面向都過度專精化、對於食物和能源這類不可或缺資源的仰賴程度高到脆

弱——這全都是我們當今世界的特色；而不論是以網路攻擊、大型氣候災難、大規模衝突還是大流行病來打斷這個連繫組織，都可能輕易打碎整個架構。

如前所述，在崩潰後的黑暗時代裡，（如果我們繼續使用這些過度簡化但堪用的標籤，那麼就是）鐵器時代出現了。就如標籤所指，這個新制度的顯著特色就是使用鐵來當武器和工具。這是眾多重大改變的原動力。

先前就已經有人在運用鐵，主要在鄰接黑海的東南歐。儘管鐵需要比較高的溫度來熔煉，但鐵優於青銅之處（除了美觀之外）有很多。比較好處理、便宜許多，也就代表更多人有辦法取得鋒利的武器，而且還可以做出更多這樣的武器。或許青銅時代崩潰的一個面向，就是配備著鐵劍鐵矛卻被飢餓驅使的人，進行了內部遷徙——可能是多利安人（Dorians）或斯基泰人（Scythians）以及其他人；還有來自青銅時期世界以北跟以西的人。他們之中的戰士人數應該更多，因為他們有更便宜、更優良且更充沛的武器供應，高過了他們擊敗的抵抗者後面的青銅武器供應。

像這樣的一個優勢，遲早會因為人們更普遍採用鐵來製作武器而消失。因此到頭來意義更為重大的，反而是將鐵使用於工具，特別是使用在農業工具上所導致的產能增加，幫助崩潰後人口枯竭的地區逐漸恢復人口。但那花上了好幾個世紀。

＊　＊　＊

在前面第一部分第一章關於技術演變的討論中，將馴化馬匹和發明輪子的時間和地點，定為西元前 4 千紀的黑海—裏海大草原（Pontic-Caspian steppe）。有鑒於馬匹及後來結合輪子使得行動力大幅提升的意義重大，且這在技術散播的相關疑問上意義又特別重大，所以這場擴散發生在何處

以及如何發生，都是很重要的問題。這曾是眾多爭辯的核心，不只歷史學家和考古學家會爭論，從本文動筆的前十年起，遺傳學者圈對此也有大量爭辯。

問題概述如下。針對技術與文化擴散的來源和方式，考古學和語言學證據——後者在於「從一種最初的原始印歐語源頭發展出各種印歐語言」的前後關係和擴散狀況——各自主張了互相衝突的假說。利用語言學證據形成的一個假說認為，源於原始印歐語的語言，是靠著使用者於新石器革命時轉為定居農業後進行了遷徙而散播出去，在這個過程中，說原始印歐語的人開始從安那托利亞同時沿西北和東南兩條路擴散出去，分別進入中西歐和印度（兩個方向內的區域在那時之前，都住著狩獵採集者）。

人們假定這是從西元前 7000 年開始發生的。這個看法的主要擁護者是考古學家兼古代語言學家倫福儒（Colin Renfrew）。[16]

比倫福儒的看法更被人接受的競爭假說，是由美國籍立陶宛考古學家金布塔斯（Marija Gimbutas）提出；她依循先前柴爾德（Gordon Childe）提出的相同看法，主張原始印歐語使用者的家鄉，是屬於庫爾干（Kurgan，指墳塚）文化的人所居住的黑海—裏海大草原。[17] 後來，安東尼（David Anthony）開發了這項理論；他聚焦於特定的庫爾干埋葬團體，也就是顏那亞（Yamnaya），在黑海北岸發現他們的文化從狩獵採集演變到放牧，在過程中發展出牧馬技術。接著，在西元前 4 千紀晚期，草原氣候更加乾冷，他們便利用騎術和輪子取得行動力並開始移動，先是在草原上向外擴大，然後一部分往歐洲，另一部分往中亞和南亞，並把印歐語系的根源帶著一起走。[18]

源自原始印歐語的語言所提供的語言學證據，指出它們是從單一源頭散播出去。在遺傳學帶來一些答案前，問題在於它是怎麼散播的？它們的散播究竟是人遷徙的結果還是文化擴散的結果？這問題考驗著觀察新石器

文化**物質**遺物的考古學家。是安那托利亞的農人舉家攜帶工具進入歐洲，還是安那托利亞的巴爾幹半島鄰居從他們那邊取得了耕作的點子，然後他們自己更遠的鄰居接著起而效尤，就這樣接力模仿下去？後面這種想法被**概**稱為「是壺，不是人」——也就是說，透過模仿而移動的是陶器風格，而不是製陶的人。二戰後，多虧心理學在這場恐怖戰爭後的激勵，人們有一股欲望想要去認為，如果文化確實是由人的實體移動來散播的話，那麼會是和平的「人口擴散」，而不是暴力征服。這個看法的根據是，雖然陶器風格和工具類型可能是模仿散播，但如果認為語言也是一樣，就沒那麼合理；因此，語言學證據和物質證據各自能推斷出來的看法之間，出現了一定程度的緊張。某些考古學家選擇避開這困難的一個方法，是避免全盤式地假設互相衝突的擴散模型，而專注於特定場址出土的東西：你或許可以把那稱作考古學的「地方史」版本。

然而，古代 DNA 可以定序之後，不只全盤式的假說重出江湖，還有了令人驚訝的結果。它不只證明人們確實有移動，還證明他們大幅取代了原本居住在目的地上的人——在某些例子中，幾乎是徹底取代。在中歐和北歐，繩紋器文化（Corded Ware Culture，會這麼稱呼是因為其陶器有用繩壓黏土留下痕跡的裝飾紋路）和遷移到該區域的顏那亞人有關。後來的人口中，基因組源自顏那亞移民的人佔了 75%。在不列顛，那些興建巨石陣的人，在替這座偉大遺跡完成最後一圈不過幾世紀內，也就是在西元前 2000 年時，就幾乎完全被外來者所取代：「高量的草原相關血統……和近 90% 的不列顛基因池在（巨石陣完成的）幾百年內取代一事有關，持續了前面幾個世紀從東向西把草原相關血統帶入中北歐的擴張行動。」[19] 在西班牙，遺傳證據顯示，在遷徙之後，前來的男性獨佔了與當地女性接觸的權力，所以在混合的基因池裡殘存的遷徙前基因，就只由女性傳遞下去。

遺傳資料意味著進入歐洲的移民有兩波，強力支持了原始印歐語的草

原起源說。[20] 大約從西元前 7 千紀開始，農人從東方移入歐洲，佔據了匈牙利、德國和西班牙，而在那之前就抵達了安那托利亞。後面這批人裡面的先鋒農人遷移到希臘，有些人沿地中海海岸一路抵達伊比利亞，有些人沿多瑙河而行，進入了德國。他們的後裔保留了他們 90％ 的 DNA，證明他們並沒有與遇見的當地狩獵採集者混合。但隨著時間過去——過了大約二千年後——狩獵採集者的基因在人口中開始捲土重來，在基因組中再增加了 20％。[21] 這當中的一個因素是，農業的擴散差不多在波羅的海沿線往內幾百公里的地方就停住了，因為再往海岸去，氣候和土壤都沒那麼適合農業。那一帶由興建巨石的狩獵採集者所佔據——因為陶藝風格而稱作漏斗杯文化（Funnel Beaker culture）——而他們採納外來者行為和技術的腳步很慢，花了一千年。

歐洲人口中農人基因組佔優勢的這種平衡維持了二千年的穩定，直到西元前 3000 年。沒有混合農人基因的狩獵採集群體變得越來越少，且住在遙遠而彼此孤立的地帶。農業人口，又尤其是歐洲南部的農業人口，發展出精細的社會結構，（根據優雅女性的小塑像和其他考古證據而）被金布塔斯描述為「與女方居住婚」（matrilocal）。[22] 接著一場巨變發生。「在遙遠的不列顛，巨石興建者努力打造日後世人所見過最偉大的人造紀念碑：巨石陣的立石，」遺傳學者里奇（David Reich）如此寫道，「跟巨石陣那邊的人類似的人們，過去為自己的神造了巨大的神殿，為他們的死者蓋了墳墓，而且不會知道在短短幾百年後，他們的後裔會消失，他們的土地會遭到踐踏。從古代 DNA 浮現的不尋常事實是，如今被認定為所有現存北歐人最初祖先的那群人，連在五千年前都還沒抵達當地。」[23] 這些「最初祖先」就是顏那亞人，他們大幅移民至歐洲，取代了他們遇見的當地人，日後並主宰了後代基因組的 75％。

在得出這些結論的途中，基因證據還產生了一些附加的意外。其中

一個是今日的歐洲人不只有著來自顏那亞人基因、早於顏那亞人之前的狩獵採集者與農人的混合基因，還有第三種，令人震驚地與美洲原住民有所連結的「幽靈」基因。因為阿帕契人（Apaches）和蘇族人（Sioux）的祖先，實在不太可能設法跨越大西洋然後與青銅時期的歐洲居民混合，所以有人提出的想法是，曾經有過一種先祖西伯利亞人，他們之中有些人向東行並穿越了白令（Bering）陸橋進入美洲，而其中有些人向西並與歐洲狩獵採集者混合。這些幽靈被取名為「古北歐亞人」（Ancient North Eurasians），而研究者們一度等著看考古學能不能提供確證。結果出現的確證是，在西伯利亞找到活在二萬四千年前的「馬爾塔男孩」（Mal'ta Boy）DNA。[24]

遺傳學提供的另一個意外和當代馬的血統有關。人與馬的關係超越單純獵馬食用的第一個跡象，是西元前 4 千紀位於古哈薩克的博泰文化。博泰人的基因接近古北歐亞人的程度高於顏那亞人，他們把馬趕入圍欄，擠奶並屠宰馬匹，且有證據顯示他們給馬上輓具來騎乘；有鑑於這是放牧牠們的最佳方法，所以有這種可能。但博泰人馬匹遺體的基因分析，揭露了牠們並非當代馬的直系祖先，在現代馬的基因組中只貢獻了大約 3%。牠們反而和普氏野馬（Przewalksi's horse）有關，這種馬別名塔希（takhi）或蒙古野馬。這意味著顏那亞的馬文化頂多是從鄰居學來的結果；他們捕捉馬匹繁殖的行為與博泰人無關。[25]

另一個怪異之處和西元前 3 千紀的鐘形杯文化（Bell Beaker culture）有關，這個文化因其陶器的鐘形而得名，且取代了繩紋器文化。但它不是緩緩地跨越歐洲全面地取而代之，而是隨機地在小片土地上進行。似乎從伊比利亞開始，跳躍式地散布到中歐、北歐以及西側島嶼（也就是不列顛）各個地帶，一開始還和繩紋器共存，但接著就將其取代。

在鐘形杯現象後來的幾個階段中，那些地區在工藝方面產生了豐富的

區域多樣化，不只是在陶器方面，也產生在金銅製飾品、房屋建築風格，以及葬儀行為中（在某些地方是土葬，別的地方則是火化），然而還是顯示著共同的社會風貌。

費解之處在於，鐘形杯文化在考古地景出現時，那種不規則散布的本質，讓文化散布還是人群移動散布的問題再度復活。一個主張是，它是少數人散布的——工匠、旅者因為技術高明，到哪去都受人歡迎以及模仿。這就以一種合理方式結合了文化和人口擴散。[26]

在這段時期的諸多費解難題中有兩個確切的線索，就是遺傳學和語言學。前者揭露的事情前已概述；語言證據值得多提一些，不只出於其重要性，也同樣出於其趣味性。它和一個事實有關：歐洲、伊朗和印度次大陸所說的許多種語言，是同一個印歐語系的成員，全都傳承自原始印歐語。

第一個察覺到歐洲和印度各語言有關係的人，是一名駐印度的英國法官瓊斯爵士（Sir William Jones）。他就跟同時代同階級的所有男人一樣，是在希臘文和拉丁文這兩種古典語言的薰陶中長大，而在抵達印度之後自學了梵語。他沒花多少時間就注意到，梵語和古希臘文及拉丁文有著驚人的相似性。在他於 1786 年的第三次孟加拉亞洲協會（Asiatic Society of Bengal）會長演說中，他說出了常常被人引用的一段話：

「梵語，不論它有多古老，其結構都十分美好；比希臘語更完善，比拉丁語更豐富，也比任一種都來得更精緻精煉，然而同時在動詞的詞根和文法形式上，又與後兩者有著一種不那麼可能是意外產生的雷同之處；這種雷同實在太過強烈，以至於沒有哪個檢驗過這三者的語文學家，能不相信它們發源自某個可能已不存在的共通來源。」[27]

　　甚至連外行人都能看出雷同之處。梵語的「父親」是 *pitar*，希臘語是 *pater*，拉丁語是 *pater*。梵語的「二」是 *dva*，拉丁語是 *duo*，希臘語是 *duo*（試著說英語的「二」〔two〕但要把「w」也發音出來，並在「t」用重音，像美國英語的奶油〔butter，美式發音會接近 budder〕裡面的「t」那樣）。梵語的「七」是 *sapta*，拉丁語是 *septem*，希臘語是 *hepta*。梵語的「足」是 *pad*，拉丁語是 *ped*，希臘語是 *pod*。以童話聞名的格林兄弟（brothers Grimm）是語言學家，察覺到某些子音如何在語言間改變，特別是「p」如何變成了「f」、「t」如何變成了「th」，而「k」又怎麼變成了「ch」。[28] 我們可以直覺地看出這種轉變是怎麼運作的。說「t」然後注意舌頭的位置：它壓著牙齒的後面，然後放開來造成空氣爆開一點點。現在把這個動作慢慢放鬆做出來，非常柔和地把舌頭靠近牙齒後端，結果就是「th」。用「p」或者「b」來試試看：雙唇先是壓住，然後鬆開，讓空氣帶出一個爆破音。現在慢慢放鬆地做，雙唇不要壓住而是稍微分開一點，結果就是「f」。把這些改變應用在梵語的父親 *pitar* 上，你就會說出 *father*。並不是所有的子音都同時變化：梵語的 *brhata* 是「兄弟」（brother），這靠的是「t」到「th」的變化，但沒去管「b」；然而拉丁語和希臘語是沒去管「t」，而「b」變成了「f」：分別就是 *frater*、*phrater*。我們在當代語言之間會看到「p」、「b」還有「f」、「v」之間的相似性；就想想說英語的人得要怎麼適應某些「d」和「th」實際上一樣的西班牙詞語發音：西班牙人口中的馬德里（Madrid）聽起來像 *Mathrith*。在印歐語系的日耳曼語族和羅曼語族之間，「k」和「ch」的變異很普遍：後者要不發音發得像輕輕地清喉嚨，就像希臘語的「xi」那樣，或者就更強調重音像是 *church* 那樣──聲音根據舌頭是壓在顎上發出「k」或者離開顎發出「ch」而有所不同；古英語的 *kirk*（德語的 *kirche*）因此變成了 *church*。

　　某些子音的發音差異有助於建構一個印歐語族族譜。這個語族的西支稱作「腭語」（Centum Languages），centum 是拉丁文的「百」，而東支稱作「噝語」（satem），satem 則是阿維斯陀語（Avestan）的「百」（「c」跟「s」差別出現在英語中，就好比「candle」和「centre」的念法差別）。腭語包括希臘語、拉丁語、凱爾特語，以及日耳曼諸語（荷蘭語、丹麥語、挪威語、英語、瑞典語、意第緒語），還有一些有趣的滅絕語言如西臺語和吐火羅語（Tocharian）。噝語包括伊朗和印度的諸語言──波斯語、孟加拉語、古吉拉特語（Gujarati）、印地語（Hindi，或稱印度語）、吾珥都語（Urdu）、馬拉提語（Marathi）、信德語（Sindhi）、旁遮普語（Punjabi）等等──還有包括了拉脫維亞語、立陶宛語、波蘭語、捷克語、俄語、斯洛文尼亞語、保加利亞語、塞爾維亞—克羅埃西亞語（Serbo-Croat）、索布語（Sorbian）；而自成一分支的阿爾巴尼亞語以及亞美尼亞語也屬於噝語。

　　只有當語言的書寫形式出現，並保存在可和其他人工製品一起定年的材料上時，才能確定它們的年代。重要的一點是，「某一區域人們說著或寫著一種語言」本身，並不能成為「說該語言的人大量移入該區域」的證據，更別說拿來證明他們取代先前當地原住民。就看看法語在諾曼人（Norman）征服後作為英格蘭法律、政府和貴族語言的例子。諾曼人本身不是法國人，卻採用了法語但血統上是斯堪地那維亞人，而法語便因他們而於 1066 年後的幾個世紀裡成為英格蘭的時髦語言，要在那之後，英語才因為是大眾日常語言而重新聲張其價值。英語也在愛爾蘭和蘇格蘭，以及印度和其他大英帝國領地上發生同樣的情況。歐洲從 17 世紀到 19 世紀都以法語為外交語言，而在波蘭和俄羅斯，它是上層階級與貴族偏好的語言。許多人可能已經忘記，新成立的美國曾有過一次辯論，爭論該國的官方語言要是剛被打敗的敵國的語言──英語，還是鑒於當時源自德國的

移民在賓州與紐約州的人數,而採用德語(「德國帶」〔German Belt〕如今大幅延伸,經過北方各州而橫越至奧勒岡州)。[29] 就如這一切所顯示的是,語言和人並不一定並肩而行。

關於這個語言大家庭的**起源**以及其第一次散播的疑問,其實也有些類似大霹靂和宇宙起源的疑問:往回頭推的話,這個家族可說是一縮再縮,最後縮回到一個親緣點。基因資料和語言資料的結合,充分證明了印歐語系日後的發展,主要是靠印歐語系使用者和其後裔根據本章所提到的方式遷移造成的。人們也因此認定,原始印歐語的原鄉(Urheimat),是黑海—裏海大草原上的顏那亞文化,並隨著顏那亞人以及其後代的遷移,而從該處向東西兩方傳播開來——後來過了很久以後,又靠著向西的那一支後代,在過去幾個世紀的殖民主義和歐洲帝國時代裡,把印歐語系傳到了全世界。能把改變世界的一系列的發展,追溯到歷史中某一刻在地圖上的某一點,是相當了不起的事。[30]

2

人類的到來

　　前面處理了最近重新出土、大約從一萬二千年前算起,被稱作「全新世」(Holocene)的人類過往。這裡頭同時包含史前史,以及隨書寫而來的歷史。另一個更晚近才為人所關注的過去面向,是人類自身從幾萬、幾十萬、幾百萬年前一路至今的演化——一段刻在骨頭和石頭上的故事,不過骨頭上的加總起來並不多。那是一段迷人、模稜兩可、令人費解且驚訝的新故事,甚至比早於古典時代的歷史故事都還要更晚被人發現。[1]

　　儘管人越是瞭解人類的演化,整個演化過程就變得更令人費解——這是知識矛盾的作用——但人們還算熟悉整體故事大綱。發展出智人的人科譜系,大約是六至七百萬年前從人與黑猩猩的共同祖先那邊分支的。解剖構造上的現代人「智人」,在比五萬年前更早的時候離開非洲,開始那段到後來將遠至天邊的遷徙。到了大約一萬五千年前,智人已經存在於地球上的每個角落和氣候區,也是人屬內的各種近親中存活下來的唯一一種。[2]人們在研究人類演化的初期階段,都假定那是段單線歷程,用我們熟悉的那種從猿到猿人再到現代人(這些描繪中的象徵圖示是「男人」,是各個物種中的概念雄性)、一個接一個越站越挺、越站越高的列隊圖來說

明。但古人類學和遺傳學那些詳盡又令人印象深刻的科學研究，卻描述出一個比那複雜太多的故事。

從解剖構造上的現代人「智人」於六萬至五萬年前離開非洲的這段遷徙開始算起的時期，可算是人類最近的史前史。這並不是解剖構造上的現代人第一次搬離非洲、進入近東，然後又穿越近東，最遠至巴爾幹半島；像這樣的先例，過去確實不只發生一次。今日在以色列的數個場址有找到解剖構造上現代人的遺物，包括小犢洞穴（Mugharet-es-Skhūl）和懸崖洞穴（Jebel Qafzeh），年代介於氣候溫暖的九至十二萬年前，與尼安德塔人共享類似的工具技術。這些先行者到了七萬五千年前時，就從那些區域絕跡了。更早之前，其他各種古早的人屬物種，從至少一百八十萬年前開始，就散布到了整個歐亞大陸；其中最有名的是直立人（Homo erectus），但並不只有這一種。

上述這些內容和人類演化的一個關鍵問題有關：在眾多人族物種中，確認出哪一種與智人有直系血統關係十分困難。隨著追尋古人類化石的行動在投入程度和科學正確度上逐漸增加，我們找到了越來越多的人族（人族或特定人族物種）之中至少有個例子，模糊混合著更現代和不那麼現代的特性，但時間上又處於比較晚近的時間，即來自南非升星洞窟系統（Rising Star Cave System）的納萊迪人。然而，這樣的五花八門沒什麼好意外；今日至少有七十八種（有人說一百三十二種，有人說一百四十八種）舊大陸猴分為兩個亞科，分別是獼猴亞科（Cercopithecinae）和疣猴亞科（Colobinae），從撒哈拉以南的非洲遍布到東南亞，而直布羅陀海峽兩側還都有一個區外群體。牠們的數量和多樣性，都表明了牠們祖先群的特化和分隔。要瞭解特化，就想想達爾文看到的加拉巴哥雀的鳥喙，十三（獲者更多）種裡面有一種具強壯粗短的鳥喙來壓碎果實，另一種則又比較細的喙能伸入花朵，還有一種適應了捕捉昆蟲，諸如此類。[3] 變異讓

同一地區能開發出不同的攝食生態位。靠著地理分隔出現的演化趨異，可用又稱為 *panins* 的黑猩猩屬來說明。黑猩猩屬有兩種，比較大的 *Pan troglodytes* 稱作「普通」黑猩猩或「強健黑猩猩」*，還有比較纖細的倭黑猩猩 *Pan paniscus*†。牠們的棲地分別在剛果河北邊和南邊，而黑猩猩屬不擅長游泳，說明了兩者差異的一部分。

照這樣來看，如果智人就只有一脈相承，那會滿驚人的；自然似乎不是那樣運作的。今日各種大型猿以及小型猿（分類上包含於人科〔*Hominidae*〕和長臂猿科〔*Hylobatidae*〕）之中，有著大猩猩、黑猩猩、紅毛猩猩和長臂猿等群體，這些群體間的差異，比任何一個智人個體之間的差異都還要大。小型猿包括了四個屬和十六個種的長臂猿；大型猿也包括四個屬，包含三種紅毛猩猩（其中一種非常晚近才發現且瀕臨絕種）、兩種大猩猩共四或五個亞種、兩種黑猩猩（黑猩猩也有四或五個亞種）、還有一種人類。上述這些就是每個屬的現存種；每個屬的族譜裡還有幾種滅絕的分支。和智人今日在地球上的七十億人口相比，其他各屬大型猿的數量都很少。

古人類學面臨著許多挑戰。儘管過去一個半世紀找到了成千上萬的人族化石，發現速度和分析化石的技術發展都在加快，而且儘管發現的化石可以追溯至六百萬年前人族開始與其他人科分家的時間點，但大部分的發現還是來自這段時期中比較晚近的那部分。此外，它們全都來自利於發現的場所——洞穴，或者地質事件把地層和沉積層暴露出來的地方，就像在東非裂谷那邊一樣。有鑒於我們只曾在少於3%的非洲陸地面積上尋找過人族化石，因此人類演化的故事必定是個非常零落的故事。東非大裂谷是

---

*　譯注：中文稱「黑猩猩」。

†　譯注：也稱作「巴諾布猿」（bonobo）。

由三個板塊的分裂所形成（並仍持續成形中），把一層層直達幾百萬年前的地質暴露出來；它是街燈底下的那一片亮處，最常找到演化往事掉在那裡的車鑰匙也不意外，因為其他地方多半都太暗了。

然而，聚焦於非洲並沒有排除別的地方；南亞和東亞、近東和歐亞大陸西側都出現在故事中。達爾文在《人類的由來》（*Descent of Man*）一書中，基於赫胥黎（Thomas Henry Huxley）從解剖構造比較人類和大猩猩、黑猩猩及紅毛猩猩，證明人類更接近大猩猩和黑猩猩等非洲大型猿、較遠離東印度群島紅毛猩猩的這個結果，而將非洲認定為人類可能的故鄉。古人類學，又特別是遺傳學，提供了此說法正確的強力證據。早期的直立人於一百八十萬年前出走非洲並散布各地，過了滿長一段時間後，海德堡人（Homo heidelbergensis，尼安德塔人、丹尼索瓦人〔Denisovans〕和智人可能的祖先）也於大約七十萬年前追隨其腳步而去。其他人族可能也散布到了歐亞大陸上，而那幾種特定人族身上引人聯想但頗為模糊的基因痕跡，看似指出了這點。

地點不是唯一的挑戰。顱後遺骸（也就是頸部以下的骨骸）遠比顱骨（又尤其是顎骨）和牙齒來得稀有，理由主要有兩個。一個是因為顱骨和牙齒比脊椎、肋骨和四肢骨更重、密度更高且耐久。顱骨和牙齒比較不可能被捕食性動物和食腐動物嚼爛，而且，也不像食腐動物吃剩下的其他部分那樣，比較有可能被雨水沖走然後散落各處。較大型的人族比較小型的人族更有可能在死後留下點什麼；而他們死去時所在環境的性質，會影響它們保存的好壞程度——有些環境有助於化石產生，有些則因為土壤酸性而有助於分解。在前面這種環境中，可能會有大量的人族遺物，而後者則很少或完全沒有——某些地方曾找到人族製造的大量石器卻沒有骨頭，因此沒辦法在沒有骨頭的情況下推斷出太多資訊。遺物定年雖然現在已是相當精準的科學，但無法排除一種可能，就是遺物可能被移出死亡發生的地

點，並因為地震、洪水或者動物行為而進入更早期或者更晚期的地層中。

這一切的因素，都在斷言「人族演化是如何」後面的空白處加上了問號。儘管如此，浮現出來的景象也並非徹底模糊。大約在人族祖先開始與黑猩猩祖先分家，也就是大約六百萬年前或更久以前，整個地球慢慢開始變冷變乾。這在非洲的效應，是長滿草的莽原取代了森林和小林區。人族化石與他們當時的棲地證據之間的關係，顯示一開始他們生活在林地和開闊地貌的邊界上，同時利用兩邊的資源。他們可能從樹木收集水果，晚上也窩在樹上，以避開肉食動物；雙足移動應該會比較適合牠們短時間在草地上行動。在人族先祖與黑猩猩屬先祖分家的那段時期，附近可能也有其他的前人族祖先和前黑猩猩屬祖先——別忘了今日舊大陸和新大陸各有多少種猴子。根據目前可得的最佳證據，演化的面貌看起來如下：

想像一個大寫 Y，其中右岔比左岔短。從 Y 的主幹最底端開始，把那一點定為七百萬年前，在那邊寫上查德沙赫人（*Sahelanthropus tchadensis*）（每一個後面都會再解釋）。沿著主幹上來一點，在六至五百萬年前之間，寫上圖根原人（*Orrorin tugenensis*），然後在高一點的地方寫上卡達巴地猿（*Ardipithecus kadabba*）。在主幹四百五十萬年前的地方寫上始祖地猿（*Ardipithecus ramidus*）。

在這個點以上，就是主幹分成兩支的點，也就是四百萬年前以及其後。在分支的區域內有點推擠。繞著分岔點畫一個圈圈，然後在裡面把從四百到二百五十萬年前的那段分成一格一格，依序寫上湖畔南方古猿（*Australopithecus anamensis*）、羚羊河南方古猿（*Australopithecus bahrelghazali*）、近親南方古猿（*Australopithecus deyiremeda*），然後在大約三百五十到三百萬年前的地方寫上阿法南方古猿（*Australopithecus afarensis*）。在大約三百到兩百七十萬年前，世界歷經漫長溫暖期之後一路變冷，而溫暖的日子裡，海平面比今日高了六公尺。同時北半球正發生廣

泛的冰河作用，海平面下降，而非洲內陸日漸乾涸。使智人出現的發展很有可能就從此時開始：因此就有了 Y 的分岔。

我們現在可以爬上 Y 的個別分支。從右邊比較短的分岔往上，在兩百五十萬年前的地方，寫上非洲南方古猿（*Australopithecus africanus*），然後在那旁邊外頭寫上衣索比亞傍人（*Paranthropus aethiopicus*）。在一百八十萬年前的地方寫上南方古猿源泉種（*Australopithecus sediba*），在一旁寫上鮑氏傍人（*Paranthropus boisei*）。然後在二百萬年前和一百萬年前之間寫上粗壯傍人（*Paranthropus robustus*）。

隨著提出的一連串名字從南方古猿來到傍人（*Paranthropus*），右邊岔路就漸漸與 Y 字朝左岔頂端智人前進的那條路分道揚鑣。

但沿左岔而上後，那邊的你推我擠就跟主幹開始分岔的地方一樣多。這裡我們會看到：二百三十至一百六十五萬年前有巧人（*Homo habilis*），大約一百九十萬年前有德馬尼西（Dmanisi）的化石，一百九十至一百五十萬年前有匠人（*Homo ergaster*），一百八十萬年前則是直立人開創漫長而成功歷程的起點——有些人主張直立人一直到三萬年前都還存在於亞洲，那就代表著四至三萬年前尚存四種人屬：直立人、尼安德塔人、佛羅勒斯人（*floresiensis*）和智人。那會很令人驚嘆。長久存在的直立人，到了前人（*Homo antecessor*）和海德堡人分別於一百二十萬年前和八十萬年前出現時都還在，後來到了尼安德塔人約於七十至五十萬年前出現、納萊迪人約三十五萬年前出現，以及智人約三十萬年前全面登場時，也都還在。丹尼索瓦人和晚期尼安德塔人以及解剖構造上的現代人都是同期。

這是一片擁擠的畫面，然而根據一個人是統合派或分割派，就可以讓這景象更不擁擠或者更擁擠。難題和個體的變異有關：看起來不同的顱骨和牙齒，是來自人屬的不同種，還是同一種但只是彼此有差別——就像今日人們高矮差異、臉寬臉窄、瓜子臉厚斗嘴、凸額頭扁額頭、圓臉長臉那

樣？點開注釋的連結^[4]來看看這一排在德馬尼西出土的五顆顱骨；外行人幾乎一定會認為它們是人屬中的不同種。對顱骨以及骨骼的形態進行詳細分析（顱骨的部分稱作顱骨測量法〔craniometry〕）是十分合適的分類方法，但統合派或分割派的兩難依舊存在，雖然說，顱骨解剖學以及關於顱骨各處形貌如何演變出差異的詳細研究，還是約束了一定人口內可能有多大的變異^[5]。從這方面來說，牙齒和雙足甚至可以成為更有意義的指標，因為在同一個物種內，齒系和顎的基本排列在個體間差異範圍不大，而雙足步行動物的腳，基本架構同樣也差異不大。

查德沙赫人正如其名是在查德發現的，那裡離東非和南非那些發現最多人類祖先相關化石的地方都很遠。一支法國與查德的聯合團隊發現了來自九個個體的遺骸，包括一顆接近完整的顱骨。其年代並不確定，但遺骸發現處的化石環境（也就是其他動物物種的骨骸）主張的年代是七百至六百萬年前。遺傳學就是把人科與黑猩猩屬的分家處放在這裡。查德沙赫人的牙齒和比較扁平的短臉，展現了類似人族的跡象，然而整體顱骨來看就沒有。

在肯亞的切伯特（Cheboit）發現了一種可能是最早雙足步行人族的候選者，年代介於六至五百萬年前。這就是圖根原人，多虧了牠的牙齒，以及股骨的健壯程度——直立行動需要強壯的大腿骨——而有著重要的地位。與其時間接近的是卡達巴地猿，是在衣索比亞的阿瓦什河（Awash River Valley）河谷找到一部分骨骸，而牠一開始還被認為是南方古猿類，後來針對其齒列和化石環境的檢驗，才顯示牠古早到不可能是南方古猿。

在四百五十至四百三十萬年前的這段時間，始祖地猿提供了至今最完整的早期人族面貌；阿瓦什河河谷中部地帶一共發掘出超過十七個個體，其中包括一具完整骨骸是目前為止發現的最古老人族骨骸。以一位身高一・八公尺和體重七十公斤的解剖構造上現代人來大略比較的話，這個

「阿迪」（Ardi）身高一・二公尺，重五十公斤。現代人的腦容量大約是一千四百毫升，而阿迪的腦則是三〇〇至三七五毫升。牙齒、手腳和化石環境的證據顯示，住在小林地裡的阿迪有時在樹上生活，有時則在地上生活。他的雙腳有一個位置與其他趾頭相對的大腳趾，很適合攀抓樹枝，但也有適合雙族步行的強壯足中段，以及適合站立的骨盆。他的手沒有像大猩猩或黑猩猩那樣演化成適應關節行走。

在阿迪之後，Y的兩個分岔各自從主幹向上爬升。南方古猿類（australopithecines）就是在這時候出現；上湖畔南方古猿在四百二十萬年前、羚羊河南方古猿在三百六十至三百萬年前、近親南方古猿在三百五十至三百三十萬年前。上述的第一種，是以在肯亞圖爾卡納湖（Lake Turkana）和卡納波伊（Kanapoi）發現的零碎遺物作為不太可靠的基礎。羚羊河南方古猿也是證據稀少，但因發現地點而重要：東非大裂谷西側遠處的南蘇丹。近親南方古猿是這一群之中最晚才命名的，是 2015 年在衣索比亞阿法爾（Afar）地區的瓦納索—米勒（Woranso-Mille）發現遺骸後才命名。它很重要，是因為它證實了古人類學家二十年前開始懷疑的事情，也就是有好幾種人族物種曾經共存，而邁向智人的譜系並沒有之前設想的那麼直接。主要指出了這一點的，是於本世紀初在肯亞圖爾卡納湖附近的洛美魁（Lomekwi）發現的肯亞平臉人（*Kenyanthropus platyops*），年代為三百五十萬年前。

不過，人們認為，三百五十至三百萬年前的阿法南方古猿，是最有可能與現代人有直系關係的南方古猿。在衣索比亞的「阿法爾三角」大量發現、此外也在坦尚尼亞的來托利（Laetoli）以及肯亞圖爾卡納湖發現的阿法南方古猿，靠著各性別和年齡層皆有的數百個個體而廣為人知，其中包括了完整度達 40％的知名骨骸「露西」（Lucy），而更近期又有來自衣索比亞闊希朵拉（Korsi Dora）、完整度 25％的「大個子」（Kadanuumuu）

加入陣容。雄性阿法南方古猿站立時約有一‧五公尺高，重達四十公斤，腦容量則有四○○至五○○毫升。來托利的腳印顯示，阿法南方古猿是徹底的雙足動物。那些腳印是令人讚嘆的發現：三個個體一路跨越一片因火山剛噴發而覆蓋火山灰的地帶，在身後清楚留下了足跡；一場陣雨，緊接著炙熱的陽光，就將足跡固定下來。接著，更多層火山灰因為更多次噴發而散落其上，將足跡埋了起來，直到歷經三百萬年的侵蝕作用讓它們再度曝光。地層中也能看到其他足跡——有一組是一匹三趾馬（Hipparion）留下的。藉由現代人分別以屈膝和伸長腿留下兩種步伐的足跡，完成了足跡輪廓的 3D 圖像比對。來托利足跡從腳趾到腳後跟的深度，意味著他們伸長（打直）了腿走路。關於這部分，有件事滿有意思的；到 20 世紀初，至少都還有許多中國人是以屈膝的方式行走；我們在魯迅的《阿 Q 正傳》中會讀到，與書名同名的非正統主角眼見一個在日本受過教育、有著新思想的同輩，正模仿那些西方人伸直腿闊步而行，便斥責他居然這麼做（他就因為這麼討人厭而被打了一頓）。[6] 如果當初來托利步行者的足跡顯示他們屈膝邁步，就有可能被錯當成一種原始特徵。這顯示了假說能夠深藏到讓人無法察覺。

　　第一個被命名的南方古猿類是非洲南方古猿，於 1924 年由達特（Raymond Dart）在南非發現。他發現了孩童的顱骨——塔翁孩（Taung Child）——上頭所有的乳牙都還在。一開始達特因為主張發現了一種「介於現存類人猿與人類中間」的生物而遭到嘲笑，但後來發現的其他非洲南方古猿，以及與日後在東非發現的南方古猿類所進行的比對，還有定年為三百五十至三百萬年前的相關化石環境，都證明他是正確的。他這項發現之所以意義特別重大，在於他將強大證據給了達爾文「非洲可能是人類故鄉」的看法。在那之前，因為發現尼安德塔人，所以人類的起源曾假定為歐洲，或者以爪哇人（直立人）為證而假定為東亞。

　　Y字的右岔路，從上述這些南方古猿類所構成的這一群開始，邁向了更健壯的親戚和後代，他們被稱為「傍人」（*Paranthropus*），代表他們與人族這條線分道揚鑣。而那之後從「巧人」開始，左岔就越來越明顯像是人類祖先；他們因為與工具有關而得名，存活於兩百三十至一百六十五萬年前。最早是在坦尚尼亞的奧杜威峽谷（Olduvai Gorge）發現的，另外還有來自肯亞庫比佛拉（Koobi Fora）和衣索比亞奧莫河（Omo River）的其他化石。巧人比南方古猿小，但有著明顯較大的腦、像人的雙腳以及能精準抓握的拇指，因此引起了「他是獵食者還是腐食者」的爭論，如果獵食的話，就需要比較高程度的協調、策劃和溝通等社會行為。考量到他是緊貼在「人屬」前面的先驅者（至少在時間上最靠近），且人屬又幾乎必定擁有這些能力，把他歸於人屬也是有道理的。在時間序列上，下一個發現的人族是一百九十萬年前那群神祕難解的德馬尼西，代表非洲之外年份確定的最早人族化石。

　　被某些人稱作喬治亞原人（*Homo georgicus*）的德馬尼西化石，代表的是一些包含各種性別和年齡的個體。他們的肢體比例像現代人，但顱骨卻不比巧人的大。一個引人注目的特色是，其中一個顱骨屬於一個老而沒有牙齒的個體，如果要活到那麼久，就需要他人的照顧和支持。

　　第一個最接近於「類似解剖構造上的現代人」的人族是匠人，名稱來自其進步的工具技術，年代為一百九十至一百五十萬年前。其中最有名的化石來自圖爾卡納湖，一個知名的樣本——「圖爾卡納男孩」（Turkana Boy），除了四肢和左鎖骨有缺損之外幾乎完整。其他匠人的化石則展現出人類的雙足，而在某些樣本中有著達到九〇〇毫升的腦容量，儘管說其他的都小於五〇〇毫升。

　　讓匠人自成一種，就是在說他不像某些學者認為的那樣，是非洲版的直立人。直立人最早是在爪哇發現，但其遺骸在全歐亞大陸各處出現，從

西班牙到中國到東印度群島都有。他可能是人屬中率先離開非洲的，而他的長期存續——有些人說直到三萬年前；但就算只到十一萬年前好了，他的出現也比兩百萬年前更早——實在是令人驚嘆。十一萬年前並不是隨便舉出的；某些在爪哇梭羅河（Solo River）河谷發現並歸類為直立人的化石，就被認定屬於這個年代。

在一個主流看法中，直立人是海德堡人和前人的直系祖先，而海德堡人又是分別現身於歐洲、亞洲和非洲的尼安德塔人、丹尼索瓦人以及現代人的祖先。表面上來看，有著高達一二〇〇毫升的腦容積、精細的阿舍利工具，還有航海、社會組織能力，可能還會使用語言，且可能也有能力製作裝飾品甚至藝術的直立人，要不就是智人的直系祖先，要不就和智人的直系祖先有著密切關係。如果在爪哇發現的五十萬年前貝殼上由直立人留下的刮擦圖樣是為了裝飾目的，那麼直立人就有在創作藝術；而有符號表徵的行為，就明顯指出還有眾多其他行為。事實上，目前已知歐洲直立人曾經收集赭石，而其唯一用途就是顏料。

直立人的發現者杜布瓦（Eugène Dubois）是荷蘭東印度軍的醫官。他的專長是解剖學，而其熱切的抱負就是找到人類祖先。他獲得的回報就是於 1891 年找到第一具直立人化石。有人把後來在中國的重大發現（「北京猿人」；在周口店找到了四十個樣本）連結上杜布瓦的爪哇人，藉以鼓吹東亞是人類起源的想法。直立人的個體在不同時代地點有著極大差異，但典型樣本有一種明顯的眉脊，也就是沿顱骨中線一道低而厚的龍骨；此外，還有比現代人更大的牙齒。高一·六至一·八公尺、重四十至六十五公斤的直立人幾乎就跟現代人一樣大，而有些樣本還有著一三〇〇毫升的腦容量，和現代人不相上下。他們被視為阿舍利製造業的發明者，以及最早控制火的人屬，或許還是最早蓋小屋的人。

如前面所提，有些人假定海德堡人是尼安德塔人和現代人的最晚共同

祖先。牠（的顎骨）於 1907 年在海德堡附近茂爾（Mauer）的一座洞穴
中首度發現，當時被認為是尼安德塔人。到了 1970 年代，儘管有許多不
確定性和爭議，牠還是被一些古人類學家拿來代表所有七十至三十萬年前
非洲及歐洲的人屬化石。其他學者認為這些化石代表人屬的另個亞種，要
不就是直立人（海德堡人確實有滿長一陣子分類為海德堡直立人〔*Homo
erectus heidelbergensis*〕），不然就是羅德西亞人（*Homo rhodesiensis*，來自尚
比亞卡布韋〔Kabwe〕的「破丘人」〔Broken Hill Man〕），有些人認為
後者就是智人的直系祖先。根據西班牙北部阿塔普埃爾卡山脈（Atapuerca
Mountains）「骨頭坑」（Sima de los Huesos）找到的超過三十具個體遺骸
所得到的遺傳學證據，海德堡人應該被分類為前尼安德塔人或古尼安德塔
人，而尼安德塔人與現代人的分道揚鑣，應該要當作是約八十萬年前的
事。有個看法認為，海德堡人是「漸變種」（chronospecies），一種中間
發展形態，顯示了一種隨時間進行的世系變化，從現已絕種的早期形態來
到一種可以看出有一脈相承的後期形態，能當作一種介於早於他的前人、
匠人以及晚於他的尼安德塔人、丹尼索瓦人、智人中間的可能連結。

　　從一百萬年前算起的這段時期內，這些人屬品種之間的關係，因為較
缺乏四十萬至二十五萬年前的化石證據，而變得更不明朗，然後又因為一
個驚人的發現而更加令人困惑。有人發現了混合原始和現代形態的人屬物
種，也就是不可思議的納萊迪人，於 2013 年在南非的升星洞窟系統發現。
在一次堪稱豐功偉業的洞穴學研究（speleology，探索洞穴的技藝，也確實
配得上「藝」這個字；那樣的研究得要有個頭小、非常苗條且沒有幽閉
恐懼症的古人類學家，擠過一連串狹小裂隙，進入骨頭所在的深邃洞穴）
中，人們找到了分屬近二十具個體超過七百片的骨骸。[7] 納萊迪人的腦袋
頗小，約四五〇至六〇〇毫升，高一・四公尺，重四十公斤以下，類似雄
性阿法南方古猿；儘管使用雙足行動，他們卻有著適應樹棲和懸掛枝頭的

動物典型具有的高肩膀。在發現者眼中，他們一開始看起來像南方古猿。雖然沒有同時發現工具，但他們的手很靈活，適合製作並使用工具。他們遺骸的所在處深藏在一個實在難以抵達且需要人工照明來引導的洞穴，顯示了死者們是刻意被藏在那裡，代表一種有意識的埋葬行為，也說明了已有一定程度的社會發展，就算那只是保護遺體不受食腐動物損害，也一樣有這樣的意義。

納萊迪人的發現者單憑外觀猜測，認為他們可能活在兩百萬至一百萬年前。在對牙齒及其所在的沉積物使用包括鈾釷（uranium-thorium，U-Th）和電子自旋共振（electron spin resonance，ESR）在內的一系列定年測試後，顯示了他們其實活在三三·五至二三·六萬年前。這實在出乎意料。這意味著，腦較小且有原始解剖構造特色的人屬，曾和腦較大且解剖構造上更現代的親戚一同住在非洲，而這又進一步讓人屬系譜及人屬關係的疑問變得更令人費解。早期人屬和南方古猿有雜交的可能性、來自不同人屬系譜個體雜交的可能性，以及更久以後尼安德塔人和現代人曾雜交的遺傳學證據，都顯示跨越人屬品種的混合，曾頻繁到足以解釋化石紀錄所呈現的系譜模糊。隨著遺傳研究調查的進展出現的證據顯示，一個人屬基因組滲透到另一個的情況不只比人們所想的更為普遍，也比人們想的更複雜；舉例來說，當代非洲人有一些尼安德塔人的基因，證明了尼安德塔人在十五萬年前以後的某個時間又遷徙回非洲；而尼安德塔人則展現出來自非洲各個祖先的多線基因輸入。同樣地，有很強力的證據證明，歐亞大陸的智人在五萬年前之後的某個時間回流非洲，也證明歐亞智人從五千年前開始流入南非。

遭托爾金遺產委員會（Tolkien Estate）禁止而不得使用「哈比人」這名稱的矮小佛羅勒斯人，一直到五萬年前（當現代人抵達佛羅勒斯〔Flores〕時）都還存在，甚至可能還存在到更晚。這也顯示了人屬的複

雜面貌。如果這種矮小生物真的是人屬中的矮人種，那就是發生在島嶼棲息地的小型化例子——佛羅勒斯也有小型象（但不湊巧的是，島嶼性似乎也會促使某些生物巨體化；佛羅勒斯也有大老鼠）。佛羅勒斯人生存時間確實長到足以發生「島嶼侏儒化」；而顱骨測量分析顯示，和現代人相比，他們比較類似約兩百萬年前生存的人屬。儘管佛羅勒斯人體積約四〇〇毫升的腦就像南方古猿類，但其身體形態卻令人想起巧人，只不過「盆栽化」而縮小到了高僅一公尺、重二十五公斤。年份定為十九萬年前的石器，是佛羅勒斯人假定的直立人親戚最早生存在佛羅勒斯島的證據；這群直立人親戚想必是（令人驚嘆地）乘船航向該島，因為在人屬演化期間，該島與印度尼西亞大陸之間從來都沒有陸橋或冰河結凍的通道。

佛羅勒斯人這一方面，就跟古人類學領域的大部分地方一樣有著爭議。目前已發現九具個體的遺骸，其中最完整的樣本是 LB1（以發現這具女性骨骸的「涼洞」〔Liang Bua〕命名，當時她被埋在火山灰中）。有沒有可能他們根本不是小型版人類，而是因為其他理由而生得矮小——舉例來說：他們的體型是否可能是因為地方性流行病而造成的？有人主張他們得了小頭症（microcephaly）和呆小症（cretinism）；前者是很罕見的情況，幾千個新生兒裡只會出現一例，但呆小症的出現機率在孤立人口中可高達 10%，往往是先天低甲狀腺性功能症的結果。另一個可能是，出土的遺骸是得了萊倫氏症候群（Laron syndrome）的個體，這樣的個體對生長激素遲鈍；而該症候群有遺傳性，有可能在佛羅勒斯人之間散布開來，而成為地方性流行病。有這種症候群的人和一般人相比，比較不會受癌症和第二型糖尿病的威脅。單憑印象來說，佛羅勒斯人的面部重建會讓人聯想到萊倫氏症候群的特色，也就是突出的額頭和塌鼻子。

我們最出名的人屬近親就是尼安德塔人。他們也是最早發現的人種，是於 1856 年在德國的尼安德河谷（Neander Valley）發現，因而得名。事

實上，有一個尼安德塔人顱骨比那更早出土，是 1848 年於直布羅陀的富比士採石場（Forbes Quarry）發現的，但當時並沒有立刻察覺其重要性。留意一下發現尼安德塔人的時間：那是在達爾文《物種源始》發表的三年前和《人類的由來》發表的十五年前。後者發表時並沒有引發多少爭議，因為到了那時，人們已漸漸準備熟悉「包括人類在內的一切都是演化而來」的想法，就算那些不想接受的人也不得不熟悉。1864 年，當直布羅陀顱骨準備在不列顛科學促進協會（British Association for the Advancement of Science）[*]的一場會議上展示前，萊爾（Charles Lyell）讓達爾文先看過了它；於是達爾文便在《人類的由來》裡稍微提及發現尼安德塔人一事。

尼安德塔人化石的最早年代被定為四十三萬年前（人們認為他們與智人譜系的分家大約發生於八十萬年前），但其歸屬還有些不確定。從十三萬年前開始，尼安德塔人的遺骸就相當多，而且如前所述，主流猜測是他們從海德堡人演化而來，所以就會將四十三萬年前的「骨頭坑」化石定為古尼安德塔人，而稍微晚一些、來自葡萄牙阿羅亞伊拉（Aroeira）的海德堡人化石，則被定為過渡期範例。這符合正在浮現的面貌，也就是眾多人屬品種共存，有時候還長期混種。人們認為尼安德塔人與智人的分道揚鑣始於八十萬年前，但如前所述，異種交配在現代人早於五萬年前離開非洲後仍在發生。到了三萬年前，尼安德塔人已經滅絕，僅剩在智人的基因組裡倖存的部分——大約剩 3%——在丹尼索瓦人身上又再多一些。

人們所熟悉的尼安德塔人有著巨大眉脊，以及強壯結實的體型，讓他們適合放在諷刺漫畫上，作為大眾想像中的那種呼嚕作響的愚笨洞穴人，他們花了很長的時間才擺脫這種臭名。但其先進的莫斯特石器製造業和可能存在的人體彩繪、裝飾品、巨大的腦部（女性一三〇〇毫升，而男

---

[*]　譯注：今日稱為「不列顛科學協會」（British Science Association）。

性一六○○毫升——後者這數字比智人還大）、紅髮，從遠離定居地三百公里處取得或交易到物資、為了不同目的分割其定居地、以火烹煮並煙燻肉類、一些音樂的證據（以可能是十四萬年前的迪烏耶巴貝笛子〔Divje Babe Flute〕為證），甚至可能是藝術行為的證據（在石器上明顯易見的雕刻、六萬六千年前的洞穴顏料圖形畫和手印，比智人抵達西歐還早了兩萬年），都展現了不一樣的面貌，其文化跡象強烈反駁了他們的野蠻臭名。

他們會說話嗎？他們的喉嚨裡有舌骨，耳朵的構造以及 FOXP2 基因，全都和智人的使用語言能力有關；而他們定居地的分割——此處烹煮、另一處製作石器——顯示了一種可以斷定有在使用語言的社會組織水準。根據尼安德塔人上呼吸道的重建，他們看起來恐怕不是很擅長發鼻音，但這是不是清楚表達語言的障礙，其實還有疑問。證據反而更傾向顯示他們有在使用語言，還有一個額外的考量是，他們如果都不說話，與智人的異種交配就沒那麼可能發生了。

然而，尼安德塔人也有一些衝突和食人的證據，所以就算試圖把他們描繪成《美女與野獸》中的野獸那樣被外觀所掩藏起來的人，也不該過度美化。尼安德塔人故事的真正辛酸之處，是他們的群體整個計算起來，人數其實相當少；人口稀少使其成為脆弱群體，而不論是什麼造成他們在智人踏進地盤後滅絕——不論是因為智人的暴力，或是對智人帶來的疾病缺乏免疫力，或是在霸佔資源方面輸給智人，還是其實就只是他們自己本身在人口和適應力上來到了黃昏——他們的數量顯然都不足以抵抗、競爭，或者存活下來。無論如何，他們的命運十分顛簸：80％的尼安德塔人遺骸都是無法活過四十歲的個體，而他們的骨骸顯示了傷痕累累和飽受磨難的證據。

回到問題：智人真正的演化情況是如何？這問題沒有單一明確的答案，反而有一個引人入勝、複雜且非常缺乏證據的面貌，展現了多種人族

和人屬物種；他們可能是先分道揚鑣，然後又雜交，後來又再度分離，但以一個本身尚待大幅釐清的急遽結局收尾，也就是出現了不僅是解剖構造上的、更是行為上的現代人屬，同時伴隨著所有其他人屬相關物種的最終消失，接著是前者急速散布到整個星球上，以及先穩定、然後越來越快的人口擴張。第一眼看下來，這故事不只是令人震驚而已；從某一特定關注凶惡面的觀點來看的話，這故事更是把智人描繪成一種掠奪成性且剝削他者的物種，從一小群一小群食用狩獵動物的獵物殘骸、在砂土中扒找東西吃的各種人族祖先開始，確確實實走了相當漫長的一段路。

　　21 世紀的遺傳學，又尤其是德國萊比錫（Leipzig）馬克斯・普朗克演化人類學研究所（Max Planck Institute）的帕波（Svante Pääbo）等人所率先倡導的古代遺傳物質復原定序技術的精巧發展，以引人入勝且有時在概念上有所革新的資訊，解釋了人類起源的故事。然而，是一個比那早上許多的研究，成功辨認出今日全體人類最晚近的共同女性祖先的生存時間地點：十五萬年前的非洲。她就是「粒線體夏娃」（Mitochondrial Eve），會被這麼稱呼是因為粒線體 DNA 只能透過女性一脈相傳，而從我們的母親、祖母、曾祖母這樣一路回溯的系譜鏈，就會匯聚在約莫活在那時間的單一一位女性。在幾乎所有情況下讓人類男性和女性有所區別的，是他們是否持有 Y 染色體（人類通常有四十六個成二十三對的染色體，其中有一對在女性身上是 XX，而在男性身上是 XY）。[8] 但到頭來，要追溯人類父系軌跡直到「Y 染色體亞當」就比較困難，那會產生五十八萬至十八萬年前這個對研究沒有幫助的年代範圍，其中最佳估計值為十五・六萬至十二萬年前。後面這個範圍讓亞當跟夏娃比較一致。

　　這些發現至少有兩個有趣的意涵。一是它們支持單一源頭出走非洲理論，反對人類分頭在亞洲、非洲、歐洲和澳洲從數個直立人系譜發展而來的「多地起源假說」。它們也支持一個看法，就是行為上（而不只是解

剖構造上）的現代人可能和一個人口瓶頸有關，從解剖構造上現代人當中的一小組人開始興起了行為上的現代性，而（有些人主張）那是該小組人獨自發展出來的遺傳特色造成的結果。這個想法又因為前面提到的事實而複雜起來：現代人基因組包括了繼承自比夏娃和亞當更古老且已經住在非洲之外的各種人屬的基因，好比說尼安德塔人基因，或者在美拉尼西亞人和澳洲原住民的案例中，還繼承了丹尼索瓦人的基因。但這些事實，並不會否定「某一特定亞族群的基因改變引發了行為上現代特性之發展」的想法。

關於智人演化中行為現代性的問題——也就是智人本身的源頭為何的問題——有著熱烈的爭辯；我會在接下來的第三章討論。所謂「行為上現代」的人，就是有語言、藝術、象徵性思考、有將知識資本從一個世代傳遞到下個世代而累積的行為；能夠靈活創新，藉此能根據新的挑戰和情況來發展變化這項資本；並使用類推思考來察覺相似性和可比擬性，而能把實作行為從一個領域轉移到另一個領域的人。在「導致解剖構造上的現代人大約於三十萬年前出現的演化過程」以及柴爾德那場大約發生於一萬二千年前的「新石器革命」（只是簡便說法，需加注警語）之間，又尤其是從智人於六萬至五萬年前在非洲出現（再度出現，但這次是永久存在）到一萬五千年前散布到整個地球為止的這段期間，可以說自成一段故事。伴隨這場散布而來的，是所有其他人屬物種以及眾多動物物種的消失——智人散布全球對其他物種的影響，頗令人不安地類似一場不分青紅皂白攻擊的大流行病所能造成的結果。

古人類學運用嚴格審慎的考古方法和先進的法醫鑑識科學，來釐清幾百萬年前的謎團。這是最大規模的偵探故事。或許，就連蒐集到更多證據時，困惑之處難免還是會增加，直到骨頭和人工製品的拼圖片開始湊成更清楚的面貌為止。仔細端詳我們眾多祖先的顱骨（而它們又以如此神祕的

沉默從跨越萬古的過往回望我們），是一種令人目眩的體驗。人類歷史在過去兩萬年左右可說白駒過隙，但到達那一刻的路途卻很漫長。

　　導致智人出現的演化歷程幾乎正好和稱作「更新世」（Pleistocene）的地質年代吻合，從兩百八十萬前到一萬二千年前。就人族至人類的演化來說，這段時期被稱作舊石器時代，後面又細分成舊石器時代晚期（從五萬年前起）以及中石器時代（從大約兩萬年前開始，從一萬二千年前開始轉為新石器時代）。這些標籤指的是這段期間發展的各種石器技術，顯示了隨著時間過去，精細度緩慢增加，而且在每個階段都使我們對於製造並使用這些石器的人有著眾多聯想。但就如我們所見，到了舊石器時代晚期，就已不再是生物演化大於文化演進的情形，而是變成了相反；到了這階段，人們的興趣專注於行為上現代人的出現。儘管這個詞有其爭議，但也是一個引人聯想且有其用處的詞，而它是到 19 世紀為止都還不為人所知的歷史中，會被寫下的最後一章。

3

過往的難題

前面概述了 19 世紀以來對於過去所瞭解到的事,其中大部分來自過往半個世紀,甚至是過去幾十年的發現。人類從原本僅知一丁點自身歷史,變成能回溯遠超過一丁點的幾百萬年歷史。從心理學的觀點來看,這是很大幅度的躍進:從相信世界起始於六千年前的《聖經》框架,來到提出宇宙在一百三十七・二億年前、地球在四十五億年前、生命在四十億年前、人族在六百萬年前、人屬在兩百萬年前、解剖構造上的現代人在三十萬年前、行為上的現代人(據說)在十萬年前、定居農業在一萬年前、城市在五千年前誕生的框架──且上述觀念原先都無人所知,甚至連猜都沒猜過。從這種觀點來看,進步名符其實地大到嚇人。同時,我們在思考自己怎麼知道這一切時,也變得遠比先前更批判而嚴謹,但這的確是這番嘗試之所以成功的一部分原因。以下是一些因此引人思索的要點。

如果有人開場就想語驚四座,他可以順著本部分第一章開頭的話,說歷史起於西元前 5 世紀的古典希臘──也就是將歷史當作**歷史探問**,當作探問並描述過往發生之事的活動。若這麼主張,就是在主張歷史是一場有自我意識的奮進,從希羅多德筆下的那個時間地點開始。但這也太語驚四

座了；如果把我們現在對於王表、非傳說偉人之軼事，以及刻在紀念碑上的戰鬥征服紀錄等這一類所知道的事都算做歷史的話，那歷史就至少跟書寫一樣古老，因為我們會發現有這樣的紀錄以楔形文字刻在美索不達米亞的石碑和黏土板上。而且以口頭來保存傳遞的歷史，無疑比這些紀錄形式要早個幾千幾萬年。

就如近代發現蘇美人的美索不達米亞文明所揭露的，作為**過往時期**而能同時透過考古學和書寫紀錄取得的歷史，是從西元前 4 千紀開始。在那之前，歷史是「史前史」，談的是人們做了什麼、在哪裡做，以及如何做，可追溯至書寫之前的新石器時期，也就是西元前 10000 至 3000 年。若要談及比那更之前的一切，也就是遠遠回溯至三百三十萬年前、從可能是第一個可辨認的石器開始算起那段模糊而破碎的人類演化故事，我們所處的「歷史」，意義上就和用來指「蘇美誕生以後的過往所發生的事」的那個「歷史」不一樣了。

我們馬上就能從這看出，「歷史」這個詞是模稜兩可的。它既可以指**對過往事件的研究**，也可以指**過往事件和境況本身**。在這第二個意義中，「歷史」無所不包地意指早在我們時代之前就已流逝的千萬年間所發生的一切，我們可以藉由所有的研究手段來照亮那一切，其中就包括了考古學，也就是第一種意義下的「歷史」。我們越是深入探問過去，該要有的研究技巧就會有越大的差異。「信史」只能帶我們回溯至西元前 4 千紀晚期，當時第一次有了書寫，也就第一次有了文件紀錄。在這時期，文獻和考古學會彼此補充。在此之前那段不確定的「史前史」時期，和找到世上第一個農業定居地證據的區域內所出現的定居農業生活及城市化成長有關。[1] 考古學在這只得靠自己了。那能帶我們回到大約一萬至一萬二千年前。在那之前，人類的歷程以及演化上的祖先是古人類學的領域，會有更多套考古技術到那邊參上一腳。

　　就如我們將看到的，我們所做出的這種陳述，每一個都必須符合資格，也確實要接受考驗：最主要的一個例子，就是「人類從事各種農業和定居生活的時間，比一萬二千年前還早了一萬年以上，並且把狩獵採集到定居農業的生活方式改變視為線性、單方向運動，這樣是不對的，更別說是『進步』」的這種主張。接下來的內容中，這個警語必須被當成理所當然，至於這麼做的一些主要理由會在接下來討論。

　　關於歷史的一個關鍵整體問題是：是第一種意義上的歷史（也就是**歷史探問的活動**）產生了第二種意義上的歷史（也就是**過去發生了什麼**）；還是說，我們很確信自己有辦法發現過去發生了什麼？──這個問題換個說法，就是「對於過往發生了什麼，我們能否發現客觀的真實」？提出這個問題的理由是，過往以文件、紀念碑、地上地下的廢墟、傳統與回憶的形式留存到現在，既不完整明確、往往含糊不清，又常常神祕難解。我們發現這些遺物殘存至今，然後圍繞著它們建立詮釋；而遺物和我們的詮釋與我們屬於同個時代。因為第一種意義上的歷史──探問過往──隨性地存在於現在所塑造的敘事和解釋中，所以歷史學家們常常對於過去的看法意見不合，也沒什麼好意外的。就想想一場交通事故的多名目擊者，想想他們可能說出的不同故事，他們提供的詮釋能形成多強烈的對比；也想想震撼、或利益、或同情心、或反感，能如何影響記憶和觀點。如果連眼前事件的目擊者彼此都可以有所差異，甚至必定彼此矛盾，那麼，我們有多大機會能獲得某件古早發生之事的「正確」記述？

　　把歷史──過往事件的領域──想成一個在我們「身後」延伸開來的地方，是個有台時光機就可以造訪並探索的地方，是個很誘人的想法。這種比喻支配了我們的想像力，因為它和未經思考就相信歷史的客觀性有所關聯：面對過去發生什麼事的問題，我們會預期有事實可以回答，而（作為探問的）歷史有著發現那些事實的職責。我們這種實在論的感覺，遭到

「過去是現在的創造物」所冒犯，尤其當我們碰上某種歷史修正主義時更是如此，而當它顯然很有偏見時就更覺遭到冒犯了，好比說否定納粹有對歐洲猶太人進行大屠殺。上述這個例子，證明了「歷史是一門創造的藝術還是發現的科學」並不是隨口問問的問題。它總歸起來是要問，有沒有歷史真實這種東西？如果有的話，我們在多大程度上能夠知道這種真實？

　　最後這一點說有多重要就有多重要。歷史大半是活在當下的，國際間緊張、種族敵對、各種衝突的傳統和世界觀、國家的自我認知，以及綿延不斷的恩怨都證明了這項說法。16 至 19 世紀在大西洋奴隸貿易中發生的事；鄂圖曼帝國最後幾十年間在亞美尼亞人身上發生的事，又特別是從 1915 年開始、被亞美尼亞人稱作「大罪行」（Medz Yeghern）的種族滅絕；1930 年代還有 1940 年代「最終解決方案」中，歐洲猶太人發生的事；1975 年波布的「零年」（Year Zero）期間和之後，在柬埔寨殺戮戰場（killing field）中發生的事──這些都很重要。歷史在悲劇和受苦的重擔下呻吟，而這些事不僅還被記得，更是不應該被遺忘，因為它們讓我們的現在與未來造成了許多種的差別。

　　然而，這強化了史學史的困境，即弄清楚過往真實的難題。眾所周知，研究歷史能讓我們認識的其實大多是我們自己，比較少是過往。每個世代和社會都透過自己的鏡片看向過往──肯定是透過多重相互競爭的鏡片，它們的折射指數仰賴各種政治和社會定位──而那會對某些事物進行放大並篩選；這些鏡片的規格也會隨著時間和情況而有所改變。

　　「歷史」這個詞裡充滿問題的模棱兩可，是一種長期存在的現象。英文的 hitstory 源自古希臘的 istoria，意思是「探問」。但到了西元前 4 世紀時，意指「故事朗誦者」的 historikos 這個詞，與 historeon 也就是「探問者」一併使用。這就引發了「第一批偉大的歷史學家屬於那一類」的問題，包括了希羅多德、修昔底德（Thucydides）、波利比烏斯（Polybius）、

李維（Livy）和塔西佗（Tacitus），前三位用希臘文書寫，後三位則使用拉丁文。而這如今確實都還是問題，儘管到了今日，那些人人都是「故事朗誦者」的大眾敘事派歷史學家（好比說布萊恩〔Arthur Bryant〕和諾里奇〔John Julius Norwich〕），和那些個個堪稱「探問者」的第一線檔案研究歷史學家（幾乎所有的學院歷史學家）之間，是有著公認區分的。

　　說巧不巧，古代的歷史學家們非常能理解這個難題。（堅持自視為探問者的）修昔底德嚴厲批評了希羅多德（在修昔底德看來，此人就是一名故事朗誦者）道聽塗說的歷史，在談那場波斯與希臘的大戰以及其起源時，混雜了故事、事實、傳說和推測。修昔底德在自己的伯羅奔尼撒戰爭（Peloponnesian War）記述的起頭就說道，歷史探問應該自限於可以由直接觀察所證實的當代事件。他在相當大程度上實踐了自己宣揚的說法：他在雅典軍中服役，寫的是他經歷的事情，或者是寫他能夠和經歷過的人核對的事情。然而，他也有自己的私心，因此捏造了——比較精確的話，或許我們應該說「有創造力地重建了」——整段演講來放進那些領頭人物的嘴巴裡，主要一個例子就是知名的「伯里克里斯葬禮演說」（Funeral Oration of Pericles）；所以說，就連他這位明明白白的探問者，也是會利用故事朗誦者的技藝。

　　到文藝復興時期之前，在歷史這個領域中，故事朗誦者的地盤遠大於探問者。但從西元 17 世紀開始，在科學與哲學發展以及兩者背後的智識精神激勵下，出現了「更科學的歷史探問」這種想法。它大半是由文件資料來源方面的研究工作所推動，尤其是因為鑑定原稿的準則已經先建立起來了。到了 19 世紀前半，在德國學術興盛繁榮的那段時期，是有可能相信可以得到過往的徹底客觀知識——用 19 世紀歷史學界大老馮蘭克（Leopold von Ranke）的話來說，即「就如實際發生」的過往。

　　馮蘭克被形容為歷史的「實證主義者」，不只是因為他相信歷史的客

觀性，也因為他認為歷史是被可辨別的法則所主宰。**彌爾**同意他的看法，還將心理法則使用在歷史法則中，讓人有管道去理解過往人們的行動與抉擇。這種歷史觀將歷史視為科學，其法則能與自然法則相比，而其真實能以實證研究來發現。

實證主義歷史觀遭到日後稱作唯心主義者（Idealists）的一群人大力反對，其中最有名的就是狄爾泰（Wilhelm Dilthey）。這些思想家受哲學家康德和黑格爾影響，這兩人的看法促使唯心主義者主張，歷史不是像自然科學從外在觀點研究現象那樣，而是一種從人類思考、欲望、意圖和經驗的內在觀點研究現象的社會科學。實證主義者認為歷史探問是對客觀事實的實證研究，唯心主義者卻將它看作「智識共鳴」的行動，是設計來理解先前的人們怎麼感受、怎麼思想，好讓我們瞭解他們那時為何做了他們做下去的事。唯心主義者進一步認為這是一條通往知識的路（與其相反就是通往看法），因為就如維柯（Giovanni Battista Vico）所主張的，當我們自己身為行為者，意圖和社會建構對我們來說會是顯而易見的；人性就足以當作一個常數。

這因此意味著，並非所有唯心主義者都只把歷史當作主觀而已；狄爾泰就主張，它仍客觀地受限於那些存在於公共領域並用來實現「智識共鳴」的書籍、信件、藝術、建築等其他的人類經驗產物。然而，他最出名的一些唯心主義者同伴並不同意；克羅采（Benedetto Croce）就主張，歷史始終還是比較主觀的，因為歷史學家沒有辦法自外於歷史的建構。

剛剛描繪的這些看法構成了歷史哲學。它和討論歷史技術和方法的「史學史」密切相關。但它必須和「哲學史」區分開來，指的是「歷史的形而上重要意義」的廣義理論，由黑格爾、馬克思、史賓格勒（Spengler）、湯恩比（Toynbee）和諸多神學家所促進發展。這些思想家就像馮蘭克一樣，認為歷史是在體現法則，但他們增添了非常不一樣的主張，就是這些

法則將人類事務推向一個頂點或者目標；他們也主張歷史是有目的地、有意圖地開展的，或者至少是朝向某種目標或頂點——舉例來說，黑格爾就認為歷史的終結是「世界精神」（Geist）的徹底自我實現；對馬克思來說，是以和平而共同的共產主義為條件的國家消亡。這種看法的宗教版，則是預測目前這樣的世界會有一個終點——一個「終結時刻」，一個審判日，宇宙的一個末世論式終局（dénouement），接著就是新的安排。對猶太人來說，這便是彌賽亞的到來；對基督徒來說是彌賽亞的回歸再臨；對斯堪地那維亞神話諸神的崇拜者（如果這種人還有留存下來的話）來說，就是「美麗的巴德爾」（Balder the Beautiful）的復活；在所有例子中，那之後都將有一種美好的存在為信者而開展。這樣的看法既不是歷史的一部分，也不是歷史哲學的一部分。

馮蘭克會想到歷史的科學方法，要多虧 18 世紀哥廷根大學（Göttingen University）的一個學者團體；這間大學當時才新成立，後來將啟蒙運動理性主義的精神展現到極高的水準。而哥廷根的學者們又是受兩個更先前的影響所激發。首先是，由單槍匹馬發明古文字學的法國本篤會僧侶馬比榮（Jean Mabillon，1632-1707）在文件研究上所要求的批判精確性。另一個則是吉朋和伏爾泰的歷史著作中壓倒性的普遍主義。哥廷根的學者結合了這些影響力，於是通往歷史實證主義的門就此打開。[2]

毫無疑問地，許多歷史研究的有益事物都從此而來。但哥廷根學派影響力的一個有害面向仍殘留於種族理論中；它在把一種人類學層面帶入歷史研究的過程中，發明了這種理論。其中兩名教授，布盧門巴赫（Johann Friedrich Blumenbach）和美納斯（Christoph Meiners）假設了一組以膚色編成的五個人「種」，並替他們各自發明了名字：「白」人叫高加索人、「黃」人叫蒙古人、「棕」人叫馬來人、「黑」人叫衣索比亞人種、「紅」人叫美洲人。《聖經》裡〈創世紀〉第十章寫到的挪亞眾子（Table of Nations），向上述兩人的前輩蓋特勒（Johann Christoph Gatterer）以及馮施洛塞（August von Schlözer）提出了一種分類法，將挪亞的三個孩子「含」（Ham）、「閃」（Shem）和「雅弗」（Japheth）各自的後代分成三類的分類法——即含米特人（Hamitic）或者黑人種、閃米特人（Semitic）或者猶太／阿拉伯人種，以及雅弗人（Japhetic）或白人種。

種族理論是種族主義的一根明顯支柱，而種族概念的正式化在這時間點發生，其實也不是意外。我們現在認為是全球化的情況，是從西元15世紀，隨著人們探索各方尋找航線、前往東方交易異國香料開始的。為了抵達東方而向西航行的結果，就是不久後在「新世界」由西班牙和葡萄牙侵略者開始對當地人民進行的征服和奴役；接著就是北美東岸部分地帶的殖民行動。一場新型的跨大西洋大規模奴隸貿易，讓東非的阿拉伯奴隸交易相形見絀，替英國以及後來美國的大量財富打下基礎，但也促成良心的首度發現；貴格會（Quaker）對奴隸制的反對起於18世紀，而19世紀早期終結了奴隸貿易；而在同個世紀的後半，奴隸制本身也終結了。[3]

然而，奴隸販子及後來的殖民者都需要給自己的活動找個正當藉口，結果在種族差異的教條中找到了，尤其是「優越」種族與「低劣」種族的觀點。這種充滿偏見的人類學的一大重要部分，就是為了該說法提出假定的歷史基礎。上面引用的《聖經》權威說法，下令含的子孫永遠是「劈柴挑水的人」，也就是僕役和奴隸；這又契合了亞里斯多德的看法，認為「野蠻人」就是低人一等且有人「天生就是奴隸」，而那便允許人們對種族概念做出欠考慮的省略，因為一路上與其同源的想法也跟著參戰：收復失地運動（Reconquista）期間，西班牙援引「血統純正」（limpieza de sangre）的概念，將摩爾人和猶太人從土地上的一處排除——而猶太人早在中世紀時期，就已經是基督教歐洲的「他者」。

　　關於歷史意義與歷史罪責的爭辯有其深遠根源，其中一個主要部分就是上述的考量。就以重傷澳洲的那場關於原住民問題的「歷史戰爭」為例。1960 年代晚期，歷史學家雷諾茲（Henry Reynolds）提出了「究竟是英國人於 18 世紀發現澳洲並在此定居，還是英國人入侵澳洲」的問題，激起至今未艾的激烈爭執。雷諾茲是昆士蘭詹姆斯・庫克大學（James Cook University）的教員，那時與大學的一名園丁、來自托雷斯海峽群島（Torres Strait Islands）的島民馬博（Eddie Koiki Mabo）熟絡起來。當馬博從雷諾茲和他的同事路斯（Noel Loos）那邊得知，他在出生地墨島（Mer）*上自以為擁有的一小塊地，其實在法律上隸屬於英國皇室官地（Crown Land），他便根據原住民土地權將政府告上了法庭，而且贏得訴訟──只可惜是在他死後才贏；在澳洲高等法院於 1992 年判定支持「澳洲從來都不該被視為無主地（terra nullius）且該國原住民從古至今都保有土地權」的論點之前，他就過世了。

　　該項判決促使《原住民土地所有權法》（Native Title Act）於 1993 年通過，承認了原住民和托雷斯海峽島民使用土地來生活、漁獵、教導風俗以及遵循傳統的權利──不過要注意的一個重點是，這是透過地契團體自願加入而簽署的《土地使用協定》（Land Use Agreements）來讓人有權使用某些土地，達到澳洲總陸地面積的 15%。

　　《原住民土地所有權法》由基廷總理（Prime Minister Paul Keating）的工黨政府通過。當保守的自由黨於 1996 年贏得大選後，基廷的繼任者──霍華德（John Howard）表示自己厭倦了「黑臂章」版本的澳國歷史，並希望看到「猶太─基督教倫理、啟蒙運動進步精神，以及英國文化制度與價值」重振旗鼓。[4] 爭議的火焰被這番話所煽動，因為，如果說基廷的

＊　譯注：又稱墨雷島（Murray Island）。

發言強調了尊重原住民歷史和權利，那麼霍華德這番話直接假設了歐洲中心價值的優越性，就算主張他的大意其實是「重新打開傷口會妨礙統一國族認同的成形」，以及「再怎麼樣，當代澳洲人都不該為過去發生的事情遭受譴責」，也遮掩不掉背後的種族主義暗示。

進一步讓問題更火上加油的是，這個爭議發生時，有一份關於「被偷走的一代」（Stolen Generation）的報告也同時發表；「被偷走的一代」是指原住民孩童以及托雷斯海峽群島出身的孩子，他們大部分被分類到一個現在已不能接受的詞，也就是「混血兒」（half-caste），並從原生家庭中移出，轉移到國家和教會機構養大。這項從 1905 年持續到 1960 年代的政策，是基於人們相信原住民正在死絕，而孩子們（又尤其是女孩）在其社群內有著受虐的風險。有多達三分之一的孩童被帶走；該報告聲稱，他們總數至少達到十萬人。

雷諾茲就像他這行的大部分人一樣，認為這些事引發的問題，得要妥當地放在其歷史脈絡中，因此進行了多個研究，將「18 世紀晚期澳洲是被英國人『入侵還是移居』」的問題，以及「移民和原住民之間的暴力衝突，是否在當時以及其後的一個多世紀都有發生」的問題區分開來。他主張，就算入侵不涉及暴力，它還是一場入侵；在那一點上就成了權利和土地權的議題。但就算澳洲曾是一片無主地，所以發生的事情是移民而不是入侵好了，但結果還是發生了一個世紀的衝突。雷諾茲的論點是，過往發生的是入侵，而且還是一次暴力入侵。[5]

保守派對雷諾茲論點的反應並不意外，主要就是以下兩種之一，或者兩種兼具：要不就覺得它指控了長久以來的正統觀點，也就是英勇移居新世界，馴服蠻荒大地、探索艱難危險的邊疆；或者（又是）覺得它製造分歧與禍害，讓仇恨復甦，讓原住民和澳洲白人反目成仇，並阻撓了邁向團結一致的努力。對於贊同雷諾茲這樣據理力爭的人來說，這個議題也開啟

了兩個主要論點，但這邊就是兩者合一：實際發生的真相，以及原住民權利的恢復。

在雷諾茲和其批評者之間選邊站，就完美說明了分別從歷史望遠鏡的兩頭看望，事物經處理後看起來可以多麼不同。被形容為「保守歷史戰士領袖」的歷史學家溫夏特（Keith Windschuttle）主張，雷諾茲口中、塔斯馬尼亞原住民反抗移民徵收土地的行動，不過是犯罪活動罷了。因此，我們來想想雷諾茲用來替其著作《被遺忘的戰爭》（Forgotten War）開場的那件移民與原住民衝突事件。

1831 年 9 月，塔斯馬尼亞移民的領頭人物湯馬斯上校（Captain Bartholomew Boyle Thomas）以及他的不動產管理人帕克（James Parker），被三名原住民殺害。其中一份地方報紙《朗瑟士敦廣告人報》（Launceston Advertiser）憤怒地宣稱湯馬斯和帕克遭「非人的蠻族殘忍地屠殺……由於又多了兩位備受尊崇的紳士被列入受害者名單，成為那個沒有仁慈能軟化、簡直需要徹底滅絕才能壓制的種族的暴行受害者。」[6] 在這件事的一年前，曾有人試圖將敵對原住民一群又一群地移出定居領域；超過兩千名士兵和移民組成了警戒線，把一群群原住民趕在前頭，而這事件被稱作「黑線」（Black Line），是將整場塔斯馬尼亞移民與原住民戰爭——「黑色戰爭」（Black War，1803-1832）帶到頂點的事件；而在整場戰爭中，死亡的移民有兩百多人，直接或間接死去的原住民可能多達八千人。[7]

移民們對於湯馬斯和帕克的死去格外憤怒，因為前者在拿破崙戰爭以及南美洲獨立運動貌似擁有英雄般的地位，且在塔斯馬尼亞定居後又是想與原住民達成友好協定的其中一人。然而這種友好態度並沒有打動另一間當地報紙，它呼籲血債血償，不是只對犯罪者，「而是針對整個種族」。[8]

殺了湯馬斯和帕克的原住民被抓捕到朗瑟士敦去。死因裁判法庭明確

判定三人罪名成立。接下來的問題是該如何處置他們。經過爭辯後生出了一份單一且震撼的文件，是某個匿名者投書寫給當地媒體的一封信。它值得引用如下。[9] 在承認他（她）的第一反應是希望「消滅黑人」（澳洲原住民）之後，投書者寫道，他有了挑戰這種情緒的重新思考，於是問道：

> 這些怨聲載道的人是否為吾王臣民且處在叛亂狀態，或者他們是一群受傷的人民，是我們入侵他們並和他們交戰？他們是在我們法律的範圍內，或者他們要以國際法來審判？他們是要比照謀殺者來看待，還是要當成戰俘？他們是犯了國際法中的任一條死罪，還是只是**以他們的方式**在打一場仗？……我們是在與他們交戰：他們將我們視為敵人——視為入侵者——視為他們的壓迫者和迫害者——他們抗拒我們的入侵……我們聲稱他們犯下的罪責，若是發生在一個白人身上，我們就會稱其為愛國情操。[10]

雷諾茲主張，邊界戰爭持續不斷且無所不在，從開始定居到 1920 年代為止的一百四十年來，每年都有人在澳洲的偏遠地帶因暴力而死去（而「偏遠」這個詞也會隨時間改變其意義），大部分是原住民，儘管也有為數可觀的移民死去。他原本估計在這些衝突中有兩萬名原住民遭到殺害，但後來表示這個人數「就算只當昆士蘭一地的總數來看」也還是太低。新聞、信件和其他文件證明，直到 20 世紀初期，人們都還普遍察覺到衝突的存在，然而到了 1960 年代年輕的雷諾茲在昆士蘭擔任歷史講師時，他教課的教科書卻完全沒包含原住民——這個詞甚至沒出現在索引裡面。然而，那時候的昆士蘭其實充斥著緊繃的種族關係和白原衝突。

對雷諾茲而言，一個關鍵在於，移民和原住民的衝突就是名符其實的戰爭，是在**澳洲境內**打的一場關於**澳洲**的戰爭。這是一場誰能擁有並

控制該國最好地段的戰爭;這是一場主權戰爭。他寫道,「這是我們的大戰(Great War)。有什麼能比整塊大陸的所有權和控制權更重要?而且這場戰爭有著影響全球的重要性,因為它爭奪著地球上一塊大陸的所有權」。[11]

* * *

雷諾茲對於澳洲的論點,可以「準用」[*](mutatis mutandis)到美國身上,但要乘以好幾倍。美國打過最長的一場戰爭,是西部擴張時對美國原住民發動的戰爭;這場戰爭從周而復始的掏金熱和鐵路的開通獲得動力,入侵了北美大平原和落磯山脈上休休尼族(Shoshone)、夏安族(Cheyenne)、蘇族(Sioux)等族群的領域。在西南部的新墨西哥州、德州和內華達州,科曼契族(Comanche)和阿帕契族(Apache)抵擋了移民;美國從西班牙那裡拿到了佛羅里達之後,便與塞米諾爾族(Seminole)發生了一連串艱苦的爭鬥。

1860 至 1890 年這段時期,被美國原住民方面的頂尖歷史學布朗(Dee Brown)描述為:

當美國印第安人的文化和文明被毀滅時,幾乎所有的美國西部偉大傳說也同時出現,包括毛皮商人、山間探險者、汽船駕駛、掏金客、槍手、騎兵、牛仔、煙花女、傳教士、女教員和農場主的故事。偶爾才會聽到一、兩個印第安人的聲音,而且往往是被白

---

* 譯注:指大體事實或情況相同而可類比推用,但在細節上要做出些許變更。

人的筆所記錄下來。印第安人是神話中的陰暗危險之物，而且就算他學會了寫英文，又要去哪裡找到印刷業者或者出版商呢？[12]

但 19 世紀的衝突並不是新鮮事。美國原住民第一次抵抗殖民者，是 17 世紀初期維吉尼亞州的波瓦坦戰爭（Powhatan Wars，1610-14 年、1622-32 年以及 1644-46 年），以及新英格蘭的佩克特戰爭（Pequot War，1636-38 年）。整個 17、18 世紀，美國原住民部族為了土地與入侵者戰鬥，從紐約州到南北卡羅萊納州，從新斯科細亞省（Nova Scotia）到肯塔基州和西維吉尼亞州，各地都不斷發生（總共至少數十場以上）的衝突。美軍到了 20 世紀頭二十五年都還在與美國原住民作戰，甚至在迫使所有美國原住民族幾乎全被驅逐並隔離到「保留區」的條約執行完成之前，仗都還沒打完；阿帕契戰爭（Apache Wars）要到 1924 年才正式結束。

這是一段了不起的反抗與反剝奪歷程，雙方都犯下了暴行。以下這一個例子足以呈現這整整三個世紀的衝突。1851 年，美國政府和包括阿拉帕霍族（Arapaho）以及夏安族在內的七個「印第安民族」在拉勒米堡（Fort Laramie）簽下條約，認可他們擁有北起北普拉特河（North Platte River）、南至阿肯色河（Arkansas River）、東至堪薩斯西部、西至洛磯山脈之間一大片土地的權利。這塊領土涵蓋了現在的懷俄明州、內布拉斯加州、科羅拉多州和堪薩斯州各自的一部分。1851 年，科羅拉多州落磯山脈的派克峰（Pikes Peak）一帶發現了黃金，激起探勘者和移民大批擁入這片領域。人們對聯邦政府施壓，要求重新檢視拉勒米堡條約，好重新定義美國原住民領域的範圍。在 1861 年的懷斯堡條約（Treaty of Fort Wise）中，四位阿拉帕霍族和六位夏安族酋長簽下文件，放棄了拉勒米堡條約所給予土地的十二分之十一。那些對酋長們感到憤怒、認為他們是被賄賂欺騙而簽字的族人拒絕承認條約，並持續在 1851 年條約的土地上生活並狩獵。

有一小群稱作「犬戰團」（Dog Soldiers）的夏安族好鬥戰士，對白人移民特別有敵意，於是堪薩斯州斯莫基希爾河（Smoky Hill River）流域的金礦區小徑一帶就緊張了起來。

科羅拉多州的志願者曾經組成一個軍團，在原為衛理公會傳教士的美國陸軍上校奇文頓（John Chivington）指揮下，於 1861 年開始的南北戰爭中援助聯邦（北軍）。1862 年 3 月，軍團在新墨西哥州的葛洛雷塔山口戰役（Battle of Glorieta Pass）戰勝德州部隊後返回科羅拉多；這時，奇文頓和科羅拉多領地首長伊文斯（John Evans）合作，決定要利用這一點來對付夏安族。

奇文頓對美國原住民有著強烈恨意。據報導，當他在沙溪（Sand Creek）屠殺夏安族的計畫被底下一名軍官反對時，他曾說出「同情印第安人的全都該死！」的言論。「我是來殺印第安人的，而且我相信在上天之下使用任何手段來殺印第安人都是正當榮耀的。」他催促他的部隊「不分大小，全部殺了割頭皮；留蟲卵會生蝨子」。[13]

1864 年春天至夏初，美軍在毫無預警下攻擊了好幾個夏安族的大型定居地，而在其中一處，當一群夏安酋長要與軍團展開討論時，士兵卻將他們槍殺。先不論那些好鬥的小隊，大部分的夏安族都渴望避免衝突，而當對方提出若搬到科羅拉多州東南部的懷斯堡（也稱作里昂堡〔Fort Lyon〕）就可以獲得和平及美軍保護時，他們都同意了。當他們抵達那裡時，有人指示黑壺酋長（Chief Black Kettle）所領導的夏安和阿拉帕霍族在距離要塞約六十四公里處，一條名為沙溪的河灣處紮營。

奇文頓和他那支近七百人的騎兵部隊，就是在該處襲擊他們的，時間是 1864 年 11 月 29 日。以為在當局保護下安全無虞的夏安族人並沒有安排衛兵。許多男人都出外打獵，而六百人左右的營區居民當中有三分之二是婦孺。奇文頓在破曉時分發動突擊；居民最先察覺到的跡象，是騎兵衝

鋒的馬蹄節奏逐漸接近。黑壺在一根竿子上升起了美國國旗,因為有一名叫葛林伍德上校(Colonel Greenwood)的美軍陸軍軍官跟他說,只要美國國旗在他頭上飄揚,就沒有士兵能對他開火。[14]但到頭來,旗幟卻一毛不值;部隊接著進行了不分青紅皂白的屠殺。

在日後調查中作證的其中一人——和夏安族女性結婚、被奇文頓部隊強行帶走、名叫班特(Robert Bent)的商人兼中間人,是如此描述他的所見所聞:

當部隊開火時,印第安人奔逃,有些男人衝進他們的小屋,可能是要拿武器……我看到五個番婆在邊坡下躲著。當部隊靠近她們時,她們跑了出來,露出自己的身體讓士兵知道她們是番婆,並向他們求饒,但士兵還是把她們全部擊斃。我看到一個番婆躺在邊坡上,腿被炮彈打斷;一個士兵手持出鞘的軍刀走近她,她舉起手臂保護自己,他卻一刀砍去,砍斷了她的手臂;她翻過身來舉起另一條手臂,但他又一刀揮下,砍了她的手,然後沒了結她就離開了。現場似乎是不分男女老少地屠殺。有大約三、四十個番婆集合在一個洞穴裡保命;她們派出一個大約六歲的小女孩,帶著綁在棍上的白旗;她才前進幾步就被槍殺了。後來洞裡的番婆全被殺了,外面還死了四、五個男的。那些番婆並未抵抗。我看到的每一個死人都被割了頭皮。我看到一個番婆被開膛剖肚,躺在她旁邊的,我想應該是肚裡還沒出生的小孩。索爾(Soule)上尉後來跟我說,真的就是那樣。我看到白羚羊(White Antelope,其中一名酋長)的遺體私處被切了下來,而我聽見一名士兵說他準備要用那來做菸草袋。我看到一個私處被切掉的番婆……我看到一個五歲左右的小女孩躲在沙裡;兩個士兵發現了

她，就掏出槍斃了她，然後抓著她的手臂把她從沙裡拉出來。我
看到好幾個懷裡的嬰兒跟著母親一起被殺死。[15]

班特的記述獲得其他目擊者證實，其中一人是康納中尉（Lieutenant
James Connor）：「第二天前往戰場時，我沒看到哪個男人、女人或孩童
的屍體是沒被割頭皮的，而在許多案例中，他們的屍體是被最恐怖的方式
毀損——男人、女人和小孩的私處被割掉，諸如此類……我聽一個人說他
砍了一個印第安人的手指好拿到他手上的戒指……」在描述了其他甚至更
鮮明而噁心的褻瀆屍體行為後，康納說：「就我最確切的認知和信念，奇
文頓對這些犯下的暴行是知情的，而我不知道他有採取任何措施來避免發
生。」[16]

奇文頓的部隊是紀律敗壞、訓練素質低落的民兵：他們連夜騎向沙溪
時還邊喝威士忌，有人說他們在戰鬥中承受的一些死傷是自己打不準造成
的。有些估計表示，大約有一百三十名夏安人和阿拉帕霍人死亡，幾乎全
都是女人和小孩，而其他人則逃跑了；奇文頓聲稱他殺了五百到六百人。
他應該要能做出更精準的估計才對，因為他第二天還跟手下回到屠殺現場
拿走更多頭皮和身體部位，包括男女的生殖器以及胎兒，用來裝飾馬鞍和
帽子，再拿去雅座酒吧展示，甚至在丹佛的阿波羅劇院展出。

大屠殺受害者的親人，加上其他地區的許多阿拉帕霍人和夏安人，都
加入了犬戰團在科羅拉多州和內布拉斯加州為期數年的報復攻擊。然而，
就跟美國原住民發起的絕大多數反抗一樣，白人征服者的人數、火力和組
織都不是他們能匹敵的。像 1876 年 6 月蘇族（拉科塔族[*]）、夏安族和阿
拉帕霍族戰士在小大角戰役（Battle of the Little Bighorn，又稱「卡斯特的

---

* 譯注：原文為 Lakota，即蘇族的三大族群之一。

最後一戰」〔Custer's last stand〕）那樣的例外獲勝，只能說不過爾爾：真的就是幾個例外而已。

但沙溪屠殺的立即結果並不一樣。一開始，沙溪發生的事被人們讚揚為戰勝大量危險敵人的勝利，但因為有了牽涉其中的某些部隊成員——奇文頓部隊中兩個中隊的軍官拒絕參與，另外還有像班特這樣的隨隊平民——的目擊證言，使得事件真正的本質很快就為人所知。隨後舉行了兩次軍方訊問以及一次國會調查，後者做出的結論，是奇文頓「蓄意策劃並執行了一場惡劣殘忍的屠殺，令那些受他殘虐行為所害的人當中的真正野蠻人蒙羞。他明明清楚他們友善的性格、在安置他們於其自認安全地點一事上有一定程度的關鍵性，卻利用了他們不理解以及無力自保的條件，來滿足那種始終詛咒了人心的最糟糕的狂熱」。[17] 神奇的是，奇文頓得到的懲罰也就這樣而已：遭受批評。

聯邦政府與夏安族及阿拉帕霍族達成新協議，也就是 1865 年的小阿肯色條約（Treaty of the Little Arkansas），承諾賠償沙溪屠殺的倖存者，並開放讓族人使用阿肯色河以南的土地（但拒絕他們使用該河以北的土地）。兩年後聯邦政府收回承諾，被 1867 年的梅迪辛·洛奇條約（Medicine Lodge Treaty）所取代，又減少了 90％的保留地。這還不是最後一次強行減少土地範圍。

*　　*　　*

當我們觀察北美、中美和南美洲原住民與入侵並侵佔他們土地的歐洲人發生的一整串衝突，就會看出它們多容易就能用雷諾茲描述澳洲種種事件的同一種方法來解釋。歐洲強權在印度、東印度和非洲奮力進行的帝國主義，其特色可說壓迫和剝削不相上下，然而只有當人們對奪權的抵抗

類似於美國原住民的奮鬥，好比說，如南非祖魯人（Zulu）、西北邊境省（North West Frontier）的阿富汗人，以及中國義和團的時候，他們才會採取**赤裸裸**的武裝強徵方式。

帝國史和殖民主義史的這些面向，只觸碰到它們初步的問題而已。接下來，在大西洋奴隸貿易的恐怖慘況中，在幾個世紀的奴隸制本身裡，以及在征服幾乎全世界每個角落所有人口的行動中所發生的，就真的是一場悲劇了。然而，如果把這段故事的起頭重新調整，讓它不是開化野蠻或原始種族與地帶的光榮成就，而是入侵，並且是遭到痛苦抵抗的入侵，這樣的話，就是將理解過去的方式重新聚焦的重大一步。

筆者求學時，學校所教導並學習的美國歷史、大英帝國歷史、澳洲歷史，都完全沒有包含這些慘烈鬥爭，而是專注在當成正向教材的東西上，符合一套已經安排好的價值判斷：移民的英勇事蹟，以及教育、醫療照護、宗教、社會秩序和政府的「開化」效果。[18] 電影把北美洲的白人男性描繪成英雄人物，而美國原住民則是野蠻人；完全沒有提到那些鬼吼鬼叫著闖進馬車隊或者騎兵隊的花臉戰士是怎樣地絕望而孤注一擲，也沒有提到他們面對別人有組織地偷竊他們的土地與生計、奪走他們的傳統和人身安全時，是如何奮力保護自身的獨立。[19] 除了暴力強徵上述資源外，還有再三撕毀協議打破承諾的背叛行徑，以及那種謠傳中文明開化的人對謠傳中野蠻人所進行、出於人們對土地與黃金的飢渴卻被說成是高尚行為的背信棄義。

研究過往與復原過往的歷史，因此再次證明對於當下和未來很重要，而其中的誠實程度也再次被證明極為關鍵。就選邊站這個意義來說，大部分的歷史是要論戰出勝負的——要提出一個主張——而且會有所偏袒。但有一定程度上的勝負論戰和偏袒，不只是為了說服和說明而設計出來的，而是設計來改變過去，讓過去看起來非常不一樣。在勝者觀點歷史的例子

中，改變過去是靠排除的方式：把另一邊的觀點排除，把麻煩的事實和罪責排除；也有可能是藉由刻意引入謊言和曲解，來達成更危險的意圖。當人們（若要舉最令人擔憂的例子就是）以否定的方式，以及試圖將受害者的記憶跟有責任感的研究者一致的發現加以反轉，藉以修正歷史，就是最明顯展現了這種危險意圖。否認二戰期間的歐洲猶太人大屠殺，以及否認一戰期間鄂圖曼帝國對亞美尼亞人行種族滅絕，就是最主要的例子。

猶太人大屠殺的否定者，不是聲稱「最終解決方案」並非殺害猶太人的計畫而只是驅逐他們，也根本沒有滅絕營和毒氣室；就是聲稱如果上述單位存在，在其中被殺害的猶太人其實只有主流和官方歷史記載的六百萬人的十分之一或者更少。否定者在試圖提出充分理由的時候，得要解決如山的反對證據。

在簡化歷史使大眾有所意識的典型做法中，人們將 1942 年 1 月 20 日，國家安全部（Reichssicherheitshauptamt，RSHA）頭子海德里希（Reinhard Heydrich）主持的萬湖會議（Wannsee Conference），當作猶太人大屠殺的引發點。但猶太人大屠殺其實早就在進行；萬湖會議的重點只是強化它，開始將猶太人大批運送到特雷布林卡（Treblinka）、海烏姆諾（Chelmno）、貝烏熱茨（Bełec）、索比堡（Sobibor），以及奧許維茲－比克瑙（Auschwitz-Birkenau）等地專門興建的死亡營。這一點很重要是因為猶太人大屠殺有著比萬湖會議及其結果更龐大且更多面向的脈絡，會使猶太人大屠殺的否定者更難去否定它。

納粹（國家社會主義德意志勞工黨，Nationalsozialistische Deutsche Arbeiterpartei，NSDAP）自 1933 年掌權後，就決心對那群不只在德國而是在全歐洲，都與羅姆人一同被正式分類為「外人」的猶太人進行脅迫、強徵和「鼓勵移居國外」的政策。1937 年實施「吉普賽人問題最終解決方案」，涉及將羅姆人逮捕、驅逐出境，以及拘留在拉文斯布呂克

（Ravensbrück）、毛特豪森（Mauthausen）、布痕瓦爾德（Buchenwald）
和達豪（Dachau）的集中營。德國併吞奧地利後，維也納和柏林都設立
了辦公室來「促進」猶太人移居他國；法國於 1940 年落入德國手中之
後，艾希曼（Adolf Eichmann）提議將猶太人驅逐至法國的殖民地馬達
加斯加。然而，主要是入侵波蘭以及兩年後入侵俄羅斯，促使納粹領導
階層用更有野心的方式思考，因為這兩件事又多拉了幾百萬猶太人進入
這個局，從納粹觀點來說是增加了麻煩。猶太群體被迫住進被佔領的波
蘭的各個猶太人居住區（ghetto），然而隨著東線戰事越演越烈，也就
更迫切需要全面解決該地猶太人。因此，「猶太人問題最終解決方案」
這道政策，採用了親衛隊全國領袖（Reichsführer-SS）希姆萊（Heinrich
Himmler）的設計。1941 年 7 月 31 日，戈林（Hermann Goering）指示海
德里希「為全面解決猶太問題做必要準備」。[20] 而這比萬湖會議還要早六
個月。

　　強化努力的動力，來自人們發覺當時用於完成「解決方案」的手段不
足。當希特勒入侵蘇聯（巴巴羅薩行動〔Operation Barbarossa〕於 1941 年
6 月開始），別動隊（SS Einsatzgruppen，「特別行動隊」）的處決小隊和
秩序警察（Ordnungspolizei）就被送到前線後方的佔領地帶，屠殺那些被
希姆萊分類為「原則上……為游擊黨羽」，所以被視為敵方戰鬥員的猶太
人。猶太人被包圍起來射殺；其中一個最具象徵意義的事件，是 1941 年
9 月 29 至 30 日的娘子谷（Babi Yar）屠殺，當時約三萬三千七百名猶太男
性、女性和孩童，被親衛隊的行刑隊、秩序警察以及烏克蘭輔警聯手在基
輔郊外一道峽谷裡殺害。1941 年 10 月在敖德薩，有超過三萬五千名猶太
人被德國和羅馬尼亞部隊殺害。這些是最大規模的屠殺；佔領區每一處都
發生類似的暴行。

　　面對因此爆發的混亂，納粹追加了一個正當理由，聲稱己方對蘇聯

的攻擊是以根除布爾什維克主義為目標，而猶太人全都是布爾什維克；因此，「所有猶太人和共產主義者」都是行動的目標。親衛隊和秩序警察裡有一萬五千人在東方為這個目標工作，又獲得波蘭和烏克蘭的自願協助者補充人數，若不是從既有的警力而來，就是特別招募而來的小隊。即便巴巴羅薩行動已經發動，這些小隊仍然照常開工；1941 年 6 月，有五千五百名猶太人在波蘭的比亞維斯托克（Białystok）遭到屠殺，其中有幾百人被鎖在大猶太會堂（Great Synagogue）裡被縱火燒死。但海德里希批評這些小隊工作速度低落；他們殺的猶太人不夠多，所以他下令連女人跟小孩也要全部殺掉。[21]

　　到了 1941 年底，東部佔領區大約有四十四萬猶太人遭殺害。槍殺的人數到了翌年年底時倍增到了八十萬。[22] 然而，考量到納粹控制的領土上有幾百萬猶太人這一點，這樣的速度還是不夠。各種加速滅絕工作的嘗試，比如說將一輛輛卡車接上排氣管，然後將廢氣灌進密閉空間內，或者把載貨車廂上鎖丟上鐵道側線，讓裡面的人凍死、脫水而死或者餓死等，都太過緩慢而低效。[23] 此外，為了要控管準備要死的大量人數，以及很離奇地因為意識到有可能會被記載於史書的關係，他們探索了能讓屠殺既可控管又不會讓後世看見的各種方法。有四個迫切項目：準備要死的人得要無從察覺死亡即將發生；殺人者要完全看不到、接觸不到甚至聽不到被屠殺者；殺死他們要在一瞬間，或者至少要快；以及最後一項，他們的屍體上不能出現可見的受傷痕跡。[24]

　　納粹當局因此開始興建專門設計的滅絕中心。第一間位在波蘭的貝烏熱茨；它於 1941 年 10 月打好地基，並從 1942 年 3 月起運作。索比堡和特雷布林卡分別於 1942 年 5 月和 7 月開始運作。「開始運作」是指運輸開始抵達，而大規模殺害開始進行。這是萊茵哈德行動（Operation Reinhard），消滅全波蘭猶太人的計畫。受害人在專門興建的地堡內被坦

克引擎的廢氣毒殺，然後埋在機械開挖的萬人塚裡。在奧斯威辛－比克瑙
（Auschwitz-Birkenau），是以氰化物——齊克隆 B（Zyklon B）來毒殺，
並在專門興建的爐內火化。索比堡、貝烏熱茨和特雷布林卡到了 1943 年
底時關閉、整棟房屋被推平並在上頭種滿草，然而在那之前該處已經奪走
兩百七十萬猶太人的性命；那之後，奧許維茲－比克瑙成了全歐洲列車的
主要終點站。

奧斯威辛－比克瑙從 1942 年 6 月開始運作，在該月有一萬六千名法
國猶太人、超過一萬名西里西亞（Silesia[*]）猶太人、以及七千七百名斯洛
伐克猶太人在新完工的地堡一號裡遭到毒殺。從此開始了更高效的工業化
屠殺。接下來兩年間，該營做出了眾多「改進」，增添了新的鐵路旁軌以
及延長的坡道，好方便下車和指揮調動的進行。因此能實現的進一步效率
增加，可以由一個事實來說明：1944 年 6 至 7 月間，在不到八週內，總共
有三十二萬匈牙利猶太人在此處的地堡內遭毒殺並在爐中化為灰燼。1944
年春天至秋天的僅僅六個月內，奧斯威辛－比克瑙屠殺了約五十八萬五千
名來自全歐洲的猶太人。[25]

猶太人大屠殺的諸多事實存在於納粹當局自己保留的官方文件中——
他們可說是一絲不苟的紀錄保存者——還有記錄下來的諸多演說、書信、
日記，以及包括希特勒、希姆萊和戈林等納粹要人的備忘錄裡；而倖存者
的回憶錄和證詞中甚至有更多紀錄。來自這麼晚近的一套如此痛徹心扉事
件的壓倒性證據，讓「否認猶太人大屠殺」看似無法理解。挑戰否定論
的人認為那是被反猶太主義、種族歧視態度、挺納粹以及極右的看法所
推動，而且大部分的猶太人大屠殺否定論者確實都有上述那幾個方面的淵
源，儘管不是人人都有。它因此是一個深受情緒影響的問題。

---

* 譯注：介於捷克、波蘭與德國之間的地區。

第一批否定論者是納粹黨員自身。當敗戰開始有可能發生時，希姆萊下令銷毀證據。在索比堡、特雷布林卡、貝烏熱茨之外，馬伊達內克（Majdanek）、波尼亞托瓦（Poniatowa）和特拉夫尼基（Trawniki）的滅絕營也於 1943 年關閉。為了清除最後這三座營的囚禁者，親衛隊的一些小隊、秩序警察以及烏克蘭的特別部隊（Sonderdienst）與輔警，在名稱極其惡毒的「豐收節行動」（Aktion Erntefest）中殺害了四萬兩千名猶太人。1944 年末，隨著蘇聯部隊持續推進至不遠處，奧斯威辛－比克瑙的火葬場也被拆毀。在拉脫維亞里加（Riga）附近的倫布拉（Rumbula），1941 年秋天射殺的兩萬五千具猶太人屍體被挖出來燒毀，而其他的萬人塚也發生同樣的情況，好比說貝烏熱茨和特雷布林卡的萬人塚。某些死亡集中營還裝置了碎骨機，來解決死者的骨骸——特遣隊（Sonderkommando）工人在它們旁邊擺姿勢拍下的照片有留存下來。[26] 因為局勢快速崩盤，這些掩蓋猶太人大屠殺痕跡的工夫有好有壞；只有那些比較早關閉並拆毀的營地讓人覺得可以掩蓋罪行。但其實藏不住。

下一批否定論者在戰後開始活躍，當時人們普遍懷疑那些講述暴行的故事（一戰的殘餘陰影，當年關於「邪惡敵方」的宣傳到頭來都是假的），加上許多猶太人大屠殺的文件都還沒發表，激勵了一些人去挑戰那些親眼見過解放後集中營的軍方人士以及集中營倖存者的說法。

確實堪稱「猶太人大屠殺否定論之父」的法國政治人物兼作者拉西尼耶（Paul Rassinier），有一段得以取信於那些否定論傳統追隨者的個人經歷：他曾是法國抵抗運動的一員，被監禁於布痕瓦爾德與米德堡－朵拉（Mittelbau-Dora，V2 火箭工廠）但得以倖存。他說，閱讀克魯（Jean Norton Cru）的一戰法國士兵目擊證詞研究，對他來說有著啟發意義，該著作向他證明了目擊證人的證詞可以多麼不可靠、扭曲、誇大且矛盾。

[27] 儘管猶太人大屠殺否定論的主流派和種族主義者、新法西斯主義者以及整體來說極右的政治方向有關,但拉西尼耶卻是共產主義者兼無政府主義者以及和平主義者。戰後他在法國國民議會擔任議員,鼓舞了由否定猶太人大屠殺者組成的法國左翼團體,該團體以巴黎的書店和紀堯姆(Pierre Guillaume)所經營、否定猶太人大屠殺的出版社「老鼴鼠」(La Vieille Taupe)為中心。[28] 當他右傾之後,這個團體便與他保持距離;但他把一種猶太人大屠殺否定論的傳統遺留給一部分的法國左翼單位。

拉西尼耶的論點,包括聲稱德國集中營和法國監獄或俄羅斯勞改營沒有差別;它們全都是「國家嚴厲本質根據情況而或多或少」的呈現,「不僅限納粹親衛隊國家……國家本質背後的邏輯,就是戰爭和奴役的邏輯。」所以他把自己的論點,當作在警告「把所有的責怪都放在單邊,因此激發戰爭的摩尼教(Manichaeism)*……戰爭本身才是絕對的邪惡,而不是這個或那個挑起戰爭的政黨」。[29] 他接受某些集中營有毒氣室,但他說它們可能有殺人以外的用途,好比說替他們消毒;他說,它們是蓋在衛生設施旁邊,而不是在火葬場旁邊。「毒氣室曾用來滅絕一事不能徹底否定」,但大有可能是「一、兩個瘋掉的親衛隊隊員或營內官僚所造成的」。[30] 他的主要主張是,納粹並未進行有系統的猶太人大規模屠殺。

然而如前所述,大部分的猶太人大屠殺否定論來自政治右派。其中最早的一人是巴代什(Maurice Bardèche),此人自己公開聲明反猶,還是支持維琪政府(Vichy)的法國法西斯主義領頭人物布拉吉雅克(Robert Brasillach)的妹夫,後者在法國戰後清算中被視為通敵者而遭到處決。藉由推廣拉西尼耶的著作,並利用前集中營囚徒的名聲使他聲名大噪的就是巴代什,儘管兩人的政治立場在一開始是對立的。

---

* 譯注:該教的一個主張是善惡二元論。

拉西尼耶的另一名追隨者兼推廣者，是美國歷史學家巴恩斯（Harry Elmer Barnes），他和一個 1921 年由德國政府成立的機構「戰爭起因研究中心」（Zentralstelle zur Erforschung der Kriegsursachen，指一戰）合作共事，致力於證明德國是英法兩國 1914 年侵略行動的目標；也要證明迫使德國接受戰爭責任而放棄領土、並支付高額賠款的凡爾賽條約二三一至二四八條款，在道德上站不住腳。

二戰後，巴恩斯下定決心主張猶太人大屠殺的諸多故事是假的，而德國不是加害者，反倒是 1939 年和平崩解為戰爭的受害者，就跟 1914 年那時一樣。[31] 他的主張是，猶太人大屠殺的政治宣傳是捏造出來當作美國參戰的正當理由，而它「毀謗了德國的國家品格」。[32] 在 1964 年一篇名為〈猶太復國主義者的詐欺〉（'Zionist Fraud'）的文章中，巴恩斯提及拉西尼耶作為這問題上一位「勇敢的」權威，聲稱猶太人大屠殺是「那些我們必須稱作火葬場騙子的人，還有那些從神話般想像、不存在的屍體中獲得幾十億德國馬克的以色列政客」創造的謊言，「而那些屍體的數量又是以不尋常的扭曲且不誠實的方法計算出來的。」[33] 或許有人會順帶說，要在這類主張中察覺強烈偏見的一個技巧，就是去留意到如果屍體不存在，那麼它們的數量就無法被「扭曲」；主張有那種扭曲，就是心照不宣地坦承的確有屍體可以清點。

拉西尼耶、巴代什和巴恩斯是徹底否定論者的範例；而否定論者遠不只這些。後來的否定論者能夠得利於上述三人，以及其他態度接近否定論的人，還有那些觀察結果可以援引來支持否定論的人，好比說德國歷史學家諾爾特（Ernst Nolte）和美國歷史學家梅爾（Arno Joseph Mayer）。諾爾特對那些在巴勒斯坦問題上敵視以色列、並出於此動機而否定猶太人大屠殺的人表達了支持。他相信萬湖會議沒有發生過，其會議紀錄是戰後由猶太歷史學家製作的偽造品，而他指責那些人宣揚了一種第三帝國的「負面

神話」。儘管他沒有否定滅絕營和毒氣室的存在，但他主張，有些否定論者的說法「並非沒有基礎」。[34] 這不像梅爾頗具爭議的主張那般堅決，後者認為奧斯威辛的死亡大部分是疾病而不是殺戮的結果。此外，因為親衛隊毀滅了所有和毒氣室有關的文件證據，因此主張它們存在的基礎，都得要視為「稀薄而不可靠的」。[35]

可以看出，這樣的陳述對熱切的否定論者來說是很重要的想法。他們之中較受公眾注目的，就是厄文（David Irving）。有一位挑戰過厄文、名為利普斯塔特（Deborah Lipstadt）的猶太人大屠殺歷史學家，因為在 1993 年出版的著作《否認大屠殺》（*Denying the Holocaust*）中說厄文是「替猶太人大屠殺否定論發言者中最危險的其中一人」，指控他扭曲甚至偽造證據，好讓證據符合（被她描述為固執偏頗的）「意識形態傾向和政治議程」而被他控告。利普斯塔特的律師團邀請兩名權威來檢驗厄文的出版物，以及之前錄下的口頭發言；兩人分別是劍橋大學研究第三帝國的歷史學家埃文斯教授（Professor Richard John Evans），以及北卡羅萊納大學教堂山分校（University of North Carolina at Chapel Hill）研究猶太人大屠殺的歷史學家布朗寧教授（Professor Christopher Browning）。他們也邀請建築史學家佩爾特（Robert Jan van Pelt）來報告奧斯威辛－比克瑙毒氣室的存在證據。厄文在庭上自行代言，反詰抗辯方的目擊者。結果是由格雷法官（Mr Justice Gray）所撰寫的三百五十頁判決，極其詳述了呈於庭上的證據，並以此為基礎，做出「沒有哪位客觀公正的歷史學家會有重大的原因，要去懷疑奧斯威辛是否真有毒氣室，是否有以可觀的規模運作來殺害幾十萬猶太人」的結論。[36] 於是厄文敗訴。

猶太人大屠殺否定論的爭議，產生了「區分**否定**和**修正**」這個重要問題。揭露上述澳洲原住民和美國原住民的觀點，就是修正的例子，對於那種（常常是隨人高興講的）扭曲歷史認知的單邊記述以及耀武揚威的「成

王敗寇」式記述來說，是一種必要的糾正。另一個例子是中南美洲的「新征服史」（New Conquest History），以那些對西班牙征服者的軍事成功、改信的「宗教靈性征服」以及殖民過程敘事的獨霸提出挑戰的學術研究為基礎。使用原本運用於美洲人種史學的「新語言學」來進行的全新檔案研究工作，以及中美洲聲音與觀點在古文字學方面的復活，都讓過往總是處於被遺忘一方的原住民及黑人故事如今被講述出來，也讓人們以新觀點來瞭解那段征服時期。[37]

對於整個殖民主義來說，道理大致也是一樣的。激起人們四處揭露被壓抑過往真相的一個主要刺激，是 2020 年 5 月佛洛伊德（George Floyd）於明尼亞波利斯（Minneapolis）遭警察殺害之後的怒火。在種族主義和種族不公盛行的美國，這場悲劇事故並不是什麼新鮮事，很多人都吃過與佛洛伊德同樣的苦頭；但這件事發生的時代有種比較新的現象，就是社群媒體有如病毒般快速傳送新聞及影像，因此擴散到全世界的那股衝擊波，激勵了許多人下定決心，要挑戰那種使「歷史因素造成的劣勢群體」（一個主要例子就是非裔美國人）永遠面臨困境的沉默或扭曲。

在英國，一個反響是挑戰過去自鳴得意的看法，那種看法讓奴隸商人的人像挺立在各城市的公共空間，好比說過去從西印度群島大農場奴隸制度和奴隸貿易本身大幅獲利的城市布里斯托（Bristol）。對許多人來說，得知某些人沒多久以前的祖先曾收到相當於幾百萬美元的錢，用來交換讓他們底下的奴隸獲得解放，然而那些獲釋的奴隸卻什麼也沒得到，會是一種有益的震撼。然而，意義更重大的教育效果，是認識到勝利者敘事迄今如此成功地抹消（這個詞的適當聯想可不只一個）了 * 歷史還留下來的種族

---

* 譯注：「抹消」的原文為 blank，不論解釋為「使其模糊」、「將其刪去」、「讓它變成空白」，在本段的脈絡下都很合適。

歧視和族群劣勢等遺毒。

否定論者把自己描述成修正主義者，並拒絕「否定論者」這個標籤。彰顯這兩類人差異的一個方法，是由杜克大學（Duke University）歷史學院的成員在回應一名猶太人大屠殺否定論者的行動時所提出的；這個人反覆在校園報紙上投放廣告，呼籲進行一個他描述為「公開辯論猶太人大屠殺」的東西。杜克大學的歷史學家們寫到，歷史學家確實從事修正，但那種修正「和那些事件的實際情況無關；反而是關於它們的歷史詮釋——它們整體的因果」。[38] 一個比較全面的記述會包括，恢復失去的聲音和觀點、評估他人提出的詮釋，以及對人們強調或留白的抉擇作出評估。與此相反，否定論者恐怕不只是壓制了材料而已，還主動扭曲它、偽造它，甚至編入了「某些事連發生都沒發生過」的虛假和全然否定。薛默（Michael Shermer）和葛羅布曼（Alex Grobman）在他們的否定論研究中，把「修正」描述為因為有新證據或者對既有證據的重新評估，而對某一事件相關知識進行提煉；至於有著一致充分證實資料證明其發生的事件本身，則是沒有遭到懷疑。[39] 「否定」是聲稱沒有這樣的情況發生，或者說該情況有著非常不一樣的性質，且該性質符合否定論者個人的（通常是政治的）議程。

有鑒於前面曾提及，歷史對現在和未來很重要，而修正就是上述這句事實裡的一個要素，也因此往往有一個瞄準了歷史學家當代顧慮的論戰角度，所以爭辯「歷史本質和歷史知識」的複雜程度，其實超乎「否定與修正相比較」的問題。否定論者和修正主義者各自的**論戰目的**有什麼區別？答案的要旨就是，一邊在爭論主張的是不是「X 沒有發生」（這是否定論者的主張）；而修正主義者這邊則是在爭「儘管 X 發生了，但不僅如此；故事還有其他許多面向。去留意這些大幅影響我們對其認識的面向，是因為它能告訴我們什麼地方『現在正在發生事情』」；或者諸如此類。否定

有時被稱作「否定主義」（negationism）；修正則是努力勸人重新詮釋。

　　一個經典的例子是希爾（Christopher Hill）的著作，探討的是發生在 17 世紀中期的英國、後來被描述為「清教徒革命」（Puritan Revolution）的那場事件。希爾在一套於 1962 年間講述並在日後以《英國革命的智識起源》（ *The Intellectual Origins of the English Revolution*，1965）為名出版的講課內容中主張，這場革命主要來說並不是人們過去以為的宗教事件，而是近代第一個大規模的政治社會革命，替接下來三個世紀的美國、法國和俄羅斯革命立下了樣板。三十五年後，為了回應他的主張所引發的激烈辯論，他發表了大幅擴充版的《英國革命的智識起源》。[40] 進一步的研究讓他堅定認為，英國革命不只在英國產生巨變，也因為它讓英國變成如此，而在世界上產生巨變；不只給後來的革命帶來典範，也給英國 18、19 世紀的帝國式擴張創造條件，在那段期間，它將自己的制度、自己的經濟思想和實踐還有其語言，全都出口至全球。

　　革命的重大意義，在於涉入其中的多項變化互相結合：弒君、土地所有權急遽轉移、大規模民主運動，以及讓國會更穩固掌握徵稅，而這只是幾個例子而已。它們一起改變了英國制度面和社會面的特徵。因叛國罪處決國王，是以實際行動否決了兩個教條：君權神授，以及主權只存在於王權的這種想法。而詹姆士二世（James II）也是吃了苦頭才發現，就算是王朝復辟時期，人們也回不去早先對於君主政體的看法。立憲政府的基礎是因查理一世被斬首而奠定；斬首（decapitation）這個詞也有下台的含意，其實也說得通。當美國殖民地的英國人公然反抗喬治三世，以及當法國人把路易十六送上斷頭台的時候，他們並非只是意識到這個前例，而是援引了這個前例。

　　希爾主張，若要瞭解後果，就需要瞭解是什麼觸發了後果；因此英國後來的歷史和其生成的全球效應，都迫使我們得去認為，這些事情的觸發

點本身，就是某件遠超乎教派行事爭議的事情所產生的效應。舉例來說：拒絕封建式土地所有制，意味著地主可以鞏固他們的地位，並策劃農業方面的長期投資。因此有些種子就是為了積累資本才種的，而資本後來又資助了工業革命。同樣重要的是，國會控制的租稅收入用來打造強大海軍，而海軍使國家能夠控制各個海洋，因此對國際貿易有了重大影響。這又推動帝國更進一步擴張，使推動工業革命的財富獲得更大的挹注，而那又推動帝國再進一步擴張：成了滾雪球效應。

希爾在主張 17 世紀中期諸多事件為世界歷史轉捩點的時候，並沒有聲稱說，那時代的人要不有意造成這樣的結果，要不猜到了接下來的路。他們連自己正在做的事都還沒命名：克倫威爾（Oliver Cromwell）是第一個依現代含意使用「革命」這個詞去稱呼這件事的人──而且也只是在事發之後才用上的。沒有密謀者或者陰謀家；希爾主張，革命並不需要這些人，因為當一群人再也受不了，並且產生一股想要急遽改變的情緒時，各種革命就會出現。

希爾的研究把主要焦點放在導致英國革命的諸多想法上。在哲學、科學和醫學，以及經濟與歷史理論方面的發展，結合了形形色色的文學影響──其中英語版《聖經》的影響很重大──在觀念方面產生了鉅變。對 17 世紀的人們來說，16 世紀的種種籌劃安排都不再適用。他們見識到荷蘭人拋開了外國壓迫者──西班牙──的枷鎖，儘管這並不完全適用於自己的情況。他們覺得得要嘗試某些新鮮大膽的事物，卻還不知道那是什麼或是會導致什麼結果。但他們之中有些人──其中一個例子是霍布斯（Thomas Hobbes）──就懷疑說，不管來的是什麼變化，那都會影響深遠；而他們是對的。這便是希爾企圖表達的看法。

希爾的著作因此是修正主義歷史的典型範例。查理一世當政的事實和在位的年份，以及導致他被處決的那場內戰的事實和年份，都有著充分

的紀錄，而獲得一致同意。希爾沒有要爭那個；他所做的，是支持一種用嶄新角度觀察其因果的方法。確立事實，以及瞭解事實的成因、意義和後果，是歷史學術的要事；藉由新穎的證據或是新論點來修正我們對一個歷史主題的理解，是歷史辯論在做的事。然而否認者就很不同，他會說查理一世不是被處決的，或者說該王在十一年的「個人統治」期間沒有試圖阻止召開國會、從沒有在「主教戰爭」（Bishops' Wars）中被蘇格蘭人擊敗，甚至是清教徒鼓吹政變的無辜受害者，就因為他娶了天主教的公主，然後諸如此類。

政治和外交史、軍事史、社會史，思想史——歷史探問的各式各樣領域廣闊無邊，而他們行動時所使用的資源和技術也是五花八門。儘管如此，在每一個領域中，否定和修正的對比都是一樣的，就看你是要下工夫去反駁某個主題中趨於一致的看法，還是要下工夫從某個主題中趨於一致的看法起步。推翻或大幅改變某些主題中趨於一致的看法（也就是正統觀念），也是合理可接受的行為；但有個前提，進行時要能提出一種在負責任的心態下收集並管理且以謹慎論證來呈現的有力證據。否定並不是理所當然地錯誤。事實也不是理所當然地要為議程效力。但如果用的是扭曲和偽造的方法，且議程有著啟人疑竇的道德偏袒時，懷疑的眼睛就會張大。

由戰爭起因研究中心所提出且由巴恩斯所支持的多個論點主張，德國是 1914 年攻擊的受害者，凡爾賽條約因此是歷史的不公。有鑒於一戰的起因複雜而引人爭辯，從鐵路時刻表到過度累積軍備到強國外交混亂，戰爭起因研究中心的各種論點或許可視為一場多方爭辯的其中一邊，根據各論點的是非曲直來評估。但過了一陣子之後，巴恩斯聲稱猶太人大屠殺是二戰後猶太復國主義陰謀論者所捏造的謊言，那他就設想了某種超乎修正的東西；在這邊他越了線。

　　要記住前述內容，「關於歷史客觀性的問題」與「關於歷史用途問題」之間的連結，會清晰到令人困擾。要說明為什麼會如此，我們需要做的，也就是想想在中國、日本、英國、美國、法國、加拿大——真的幾乎就每個地方——的學校教導歷史時的論點和政治看法。要包含什麼，要排除什麼，要強調什麼，而整體調性應該要如何？歷史要不要讚揚一個民族的成就，要不要坦然面對它沒那麼體面的活動和抉擇，要強調社會史還是政治史，是要把過去當作一連串的「起因、過程和後果」，還是當作一片複雜、模稜兩可且喧騰的事件之海，被意外所翻攪的程度遠勝過行動者的意圖？

　　20 世紀最後幾十年裡，英國歷史課內容的相關辯論，因為歷史該怎麼教的相關辯論而更加複雜。從 1970 年代開始，歷史課教的都是一種方法，而不是編年敘事；舉例來說，老師會要學生會把某鎮人口統計拿去和同一地點十年後的人口統計做比較，來認出顯著的趨勢或者變化。學生們在先前的求學階段中，會學到都鐸王朝和斯圖亞特王朝的事；那時代跟他們保持了一段夠遙遠的安全距離，所以只要把當中一連串的背叛、謀殺以及大多數人艱苦的生活都加以修飾或輕描淡寫，就能描繪成一個還算輝煌的時代。比較晚近的話，二戰是個如此重要的主題，以至於學生會發覺自己在不同求學階段裡學過了好幾回。

　　英國的保守政客反覆迫切要求歷史成為一種英國英勇興起為帝國並永垂不朽的編年史。明明晚了一步才成為海軍強權（先不論西班牙無敵艦隊那件事，英國為期兩個世紀的海軍稱霸地位，真的是要靠 17 世紀的皮普斯〔Samuel Pepys〕才得以開始），所謂一個航海民族的「島嶼故事」其實是編造出來的。從阿爾弗雷德大帝（King Alfred）到納爾遜勳爵（Lord Nelson）到邱吉爾（Winston Churchill），國家英雄們體現了那種最終造就日不落大英帝國的美德。羅馬人和諾曼人入侵過，但被處理成有

益的入侵;反抗入侵但各自失敗的布狄卡(Boudicca)和哈羅德王(King
Harold),反而被貶為敗寇。像是拿破崙、希特勒那一類盤算侵略但失敗
的人,論起他們的思想就會伴隨著耀武揚威的鄙視。

但英國對帝國各地原住民的處置——好比說茅茅起義(Mau Mau
uprising)期間在肯亞做的事,以及對馬來亞的「叛亂分子」所做的事——
或者對待國內印度、巴基斯坦和加勒比海移民的方式,要怎麼看待呢?要
怎麼看讓英國富有、讓布里斯托與利物浦等城繁盛的奴隸交易呢?英國對
1914 年和 1939 年戰爭的長期無準備,由外行人治理的慣習、社會本質上
階級嚴重分裂的長年積弊,又要怎麼看呢?

在美國,或許會被人稱作官方、標準、製造認同的 1776 年及其後故
事,是民族建構的一個重要面向。美國一直到 1920 年代初期以前都鼓勵
移民,而他們的同化取決於接不接受移民有望「合眾為一」(e pluribus
unum)的熔爐想法。獨立和西部擴張的歷史有著戲劇性事件、英勇事蹟、
龐大的空間,還有考驗人本事的條件,能作為大城市、龐大財富和世界強
權崛起的背景。在這個故事中,對美國原住民進行的剝奪和種族滅絕、奴
隸制、奴隸制終結後的種族隔離和不公不義、南北戰爭中的恐怖殺戮,還
有美國對外政策那種天不怕地不怕的現實政治(realpolitik)[*],又尤其是冷
戰期間的這種政治(冷戰期間,中央情報局在「華盛頓可以接受跟不能接
受的外國政府是哪些」這一塊,擔任外交政策決策者的左右手),全都沒
有演到重要角色。敬重國旗和慶祝七月四日都是在彰顯正面事物,不是負
面事物。

就跟美國學校教生物演化引起的爭論一樣,歷史課的內容也曾是爭辯

---

* 譯注:不管意識形態或理想道德,僅以國家利益至上的政治,以德國首相俾斯麥為表
率。

起因。那些社會跟政治都比較保守的州,其法律要求歷史教學必須以鼓勵愛國主義為目標。1990 年代初期,歷史課程內容的難題來到了緊要關頭。總統老布希(George H. W. Bush)成立了一個工作小組,來設計一套「國家教育目標」(National Education Goals),其中歷史連同科學、數學、地理以及英文被選為核心科目。歷史標準國家理事會(National Council for History Standards)——其名稱就展現它將遇到的一切困難——生產了一份在美國和世界史方面更加彰顯多元文化主義、黑人歷史以及女性歷史的意見建議。可以預測的結果是共和黨政治人物和媒體的強烈反對,它們視其為「政治正確瘋狂化」,並聲稱它把美國描繪成一個「天性邪惡」的國家。一名總統候選人杜爾參議員(Senator Robert Dole)甚至誇張到聲稱,建議提倡的課程是「叛國行為」,而且「損害美國的程度會更勝外敵」。

多虧了歷史學家、歷史教師和更清醒的人們,這個意見建議最終獲得了採納——大致上被採納,但追加了一個(要不要用都歡迎的)章節,鼓勵思考歷史本身的本質和用途。

然而,即便爭議才在越演越烈的階段,它就已經先讓德高望重的史密森尼學會(Smithsonian Institution)在籌劃舉行一場二戰終戰五十週年展時捲入困境。它的展藏包括那架於 1945 年 8 月 6 日在廣島丟下世界第一枚原子彈的 B-29 超級堡壘(Superfortress)轟炸機。以駕駛員母親命名為艾諾拉・蓋(Enola Gay)的這架飛機成了激辯目標,倒不是因為它是對平民人口發動那一次終極「區域轟炸」攻擊的工具(這種戰爭型態已在 1949 年日內瓦第四公約〔1949 Fourth Geneva Convention〕的 1977 年第一追加議定書〔1977 First Protocol〕中禁止),而是因為策展人提議邀請訪客思考使用這種武器的道德。展覽預計包含一些廣島和長崎的物件,以及受害者照片。激烈的反對來自媒體和政治人物,其中美國參議院介入其中,並把提議使用於展出品的用詞描述為「對許多二戰的退伍軍人而言,

是修正主義且不快的」。但參議員的說法跟美國空軍協會（US Air Force Association）有所牴觸，後者早就認可，準備舉辦的這場展覽是以尊重的態度對待轟炸機部隊的退伍軍人。當史密森尼學會提議淡化展覽，並移除日本受害者受苦的證據時，日本政府強烈反對。夾在怒火、外交緊張以及一種歷史責任感當中的史密森尼學會全面退讓，主管也因此辭職。

　　幾乎一樣的狀況，也發生在加拿大試圖回顧二戰德國轟炸問題的時候。就連在戰爭期間，都有人批評對平民不分青紅皂白的「區域轟炸」攻擊——1943年奇徹斯特（Chichester）主教，就在英國上議院問道：「我們是在對抗野蠻人嗎？為什麼我們做事要像他們一樣？」——然而，以在德國佔領的歐洲上空駕駛重型轟炸機而蒙受嚴重死傷的皇家加拿大空軍第六群（No. 6 Group Royal Canadian Air Force）成員為主要聲量的轟炸部隊退伍軍人，完全不想被重新描述為戰爭罪的犯罪者。當渥太華的戰爭博物館於2005年公開加拿大參與轟炸的說明展品時，被題名為「持久的爭論」。事實上，這幾個詞意圖表達的事實，不只是軍事行動的爭執從戰爭當下就開始，也是想表達說，只要時機一到，這種爭執總會以歷久不衰的熱度復活。1992年，當加拿大廣播公司（Broadcasting Corporation）播放一系列的戰爭電視節目，其中質疑了區域轟炸的道德可接受性，並引爆退伍軍人的怒吼，曾經引起一陣軒然大波。[41]

　　關於這類問題的民族辯論，又因為幾乎總是身為更大拼圖當中的幾片而變得更為複雜。在加拿大這邊，1867年加拿大成為大英帝國領地的週年紀念日「自治領日」（Dominion Day）進行重新命名時起了爭議；選定的新名稱是「加拿大日」（Canada Day），標記的是加拿大司法與英國樞密院原本的連繫在1982年的這一日全面終結。在美國這邊，「哥倫布日」（Columbus Day）引來關切者的注意，他們指出哥倫布抵達美洲，對於原本住在那或者後來被帶來當奴隸的人的後代來說，並不是該慶祝的事。戰

線很熟悉地又劃在保守派和自由派之間，也只能靠一個名稱上的改變而稍微平息——從**慶祝**哥倫布「發現」歐洲人所謂的「新大陸」，變成紀念該事件。對那些辯論中站在自由這邊的人來說，入侵、種族滅絕、剝奪和奴役確實需要記得。

德國對於自身 20 世紀過往的承認，以及日漸接受這段過往的堅定努力，和法國處理自身二戰經驗的那種侷促不安形成對比。一戰慘烈人命損失所帶來的一道道深刻傷痕，多少讓法國不喜歡舊事重提，但舊事中最糟的一面是維琪政權的通敵，以及許多人在戰後緊張兮兮的行動；這些人不只試著撇清關係，甚至還聲稱自己是抵抗運動的一員。確實是有一些人——例如在大庭廣眾下羞辱交過德國男友的女性的那些人——在眾多方面都沒有比通敵者不「有罪」。對有著騷亂歷史的法國人來說，需要深思的事——法國大革命後 1793 年至 1794 年的恐怖時期（Reign of Terror）、拿破崙（是英雄還是掠奪者？）、阿爾及利亞戰爭——就跟英國人要思考奴隸制和帝國主義、俄國人要思考史達林的恐怖統治、西班牙人要思考佛朗哥的歷史遺產、奧地利要思考德奧合併後自己在第三帝國的角色，以及整個歐洲要思考殖民主義和種族歧視的份量一樣多。

擔負歷史罪責的並不只有歐洲。要怎麼看土耳其以及它對亞美尼亞人的大屠殺，或者說，日本要怎麼處理自己對韓國人以及 1930 至 1940 年代對中國人犯下的暴行？每當一本新的日本歷史教科書又無法滿足中國方面應包含 1937 年 12 月南京大屠殺等事件的需求，或者當日本首相前往供奉日本戰亡者的靖國神社祭拜時，外交就會越趨緊張。中國政府對於歷史課可以教什麼，有著堅定的看法：任何無法教導「正確歷史」並質疑「社會主義及黨的領導」的事物，都會被當作政治以及意識形態的「異端邪說」而禁止。像中國入侵圖博及越南、侵犯印度邊界、威脅統一台灣，以及掠奪南沙群島這類的事情，都被描述成中國解放那些需要解放者的神聖工

作，被描述成自我防衛行動，或者描述成收復過往外國以不當方式從中國取走的失土。至於1958年至1962年「大躍進」造成的那場有三千萬人餓死的毀滅性饑荒，還有1968年至1976年間又造成幾千萬人死亡、許多人遭到欺凌迫害的文化大革命，則沒怎麼提起。[42] 就如一名中國歷史學家所言：「禁止深入探討毛澤東、鄧小平，或國共內戰的某些特定部分。」[43]

有些地方已經做了歷史清算，或者已經坦誠地嘗試做歷史清算。前面提到，德國就處理了自己的納粹過往。愛爾蘭共和國已不太將自身的歷史局限在「英格蘭人（或者更廣義來說，是隔壁大不列顛島上的清教徒英國人）八百年來的壓迫與週期暴行的過程及後果」的框架中，儘管很遺憾地，這確實是該國歷史中的一大部分。在南非，種族隔離的醜陋歷史和後來創造「彩虹之國」的努力（在動筆時，財富和生活水準的平衡倒向白人的程度，仍然十分不成比例），是以一個「真相與和解」的計畫來處理；該計畫力求坦白過往，並包含所有南非族群——南非複雜的社會包含了科薩人（Xhosa）、桑人（San）、祖魯人、印度人，包含荷蘭後裔阿非利卡人（Afrikaner）以及英國後裔等白人，還有一度被官方定名為「開普有色人種」（Cape Coloureds）、在西開普省佔了將近一半人口的混種族裔。這些例子證明了，像地雷一樣大量遍布於歷史地景下的那些問題，是能夠給予答案的。另一方面，舊傷會不會像1990年代的巴爾幹半島那樣撕開然後出血，或者說，像以巴衝突那樣看似難解的難題到底有沒有解決的一日，都還是很難回答。對某些人來說，更大的悲劇不只是歷史傷害了他們，而是隱藏了他們：帝汶人（Timorese）、庫德人、那加人（Naga）、羅興亞人（Rohingya）、維吾爾人、圖博人、阿爾察赫人（Artsakhtsi），可能都解釋了隱藏是怎麼發生在他們身上的——而地圖集模糊國家邊界是人造的事實，大部分是以戰爭的血畫下，收集了形形色色的人和傳統，有時還強迫把它們圍在一起：中國西部和西南部的「少數民族」、印度和尼

泊爾的達利特人（Dalit）就是顯著的例子，但原則上他們的情況和西班牙的加泰隆尼亞人（Catalan）以及巴斯克人（Basque）、不列顛群島的蘇格蘭人以及威爾斯人、比利時的佛拉蒙（Flemings）與瓦隆人（Walloons）本質上沒有不同（但物質現況上就有很大差異）。儘管如此，解決與和解的歷史範例，並不只是我們的最後指望，也是一個希望，就算在此時此刻也是一樣。

*   *   *

　　另一個問題和評判歷史中的進步與退步有關。想想西羅馬帝國滅亡後那段「黑暗時代」的問題。對廣大群眾來說，社會和公民事務的品質——識字程度和與其相關的就學以及書籍發行、建築技術、水道橋的運行、事務紀錄、個人健康與人身安全、甚至人口數量——全都下滑了。從文藝復興時期早期的佩脫拉克（Petrarch）到 18 世紀的吉朋（Edward Gibbon），有一種正統觀念逐漸出現，大略是說，後古典時期是一段充滿迷信、無知和文明衰敗的時期。14 世紀的佩脫拉克認為他仍活在黑暗時代；後來黑暗時代被限縮為西元 5 世紀至 10 世紀。許多人都歸咎於基督教於 4 至 5 世紀達到正統形式後的擴散，因為它對思想強行施加了一種霸權，還毀滅了與前基督教「異教」思想信仰相關的文學及物質文化。[44] 信奉基督教的羅馬皇帝查士丁尼於西元 529 年驅逐了雅典學院的哲學家，就是一個例子。

　　如果西羅馬帝國滅亡後確實有黑暗時代，這就會是退步的一個範例。但歷史學界的共識反對黑暗時代這種說法：研究該時期的學者提出辯護來反對這種汙名，他們指出了修道院教育和文獻保存的興起，還有加洛林王朝文藝復興（Carolingian Renaissance），過程中靠著查理曼在領土內進行的改革，某種程度上停止了識字率和教育的繼續惡化。就舉一個例子：看

看盎格魯—薩克遜的藝術與工藝，展現在金工、象牙雕、紡織品和手稿彩飾上的複雜與美；這本身就有著糾正說法的能力。

然而很難否認的是，整體識字率確實下降，且古代世界大部分的文學、歷史和哲學都失傳了，僅有小部分在拜占廷世界倖存下來，但大部分無人閱讀（因為那是「異教的」）。其中有一些得等阿拉伯征服才會重見天日。[45] 從馬克森提烏斯和君士坦丁巴西利卡（Basilica of Maxentius）* 興建於古羅馬廣場（Roman Forum），到一千年後布魯內萊斯基（Brunelleschi）興建佛羅倫斯主教座堂穹頂為止的這段期間，建造前者的工程技術都不復存在，這些都是不爭的事實。

儘管上述這段時期，並沒有像它身上貼的貶義標籤那麼陰暗，但同樣很明顯的是，如果和前面幾千年古典時期和羅馬時期的高水準生活、藝術、文學、組織相比較，同一塊地方在西羅馬帝國滅亡之後的幾個世紀裡根本望塵莫及。指責這時代退步的說法仍然沒變，而且當同一句「黑暗時代」被拿去用在西元前 1200 年青銅時代崩潰後的幾個世紀時，這種退步指責還是有一樣的描述功用。出於同樣的原因，我們也有理由說，在一種可測量的標準下，有些時代和面向值得描述為進步範例；倒不必像所謂「輝格黨式的歷史詮釋」那麼極端，說發生在某一時期的一切都代表了邁向光明高點而勢不可擋的進步。舉例來說：任何 21 世紀初期的歐洲或北美普通居民，都享有前面四個世紀裡只有佔人口極少數的貴族、仕紳和高階神職人員才能取得的自由、權利和幾乎所有的個人發展機會。我們四個世紀前的祖先，除非自己就是那種團體裡的一員，不然就有很大的機率是從來沒有或幾乎沒有離開過出生地的文盲農民，過著幾乎在所有面向上都

---

* 譯注：「巴西利卡」是一種影響深遠的建築形式，在羅馬時代的功用類似於公會堂，也是日後基督教教堂的樣式基礎。

充滿嚴苛限制的生活。儘管上面這麼說,但只要他們的人際關係、健康狀態和食物供應安全都過得去,他們的一生或許仍可稱得上滿足;但若客觀地衡量他們個人的生涯發展機運,那就實在不能跟今日相比。若從「進步」這個詞的一個好的意義來說,當時和現在的不同,大可視為進步的絕佳範例。[46]

另一個相關連的例子,或許是 16、17 世紀的哲學與科學革命,說是造就了現代世界也毫不誇張。現代世界這個綜合體,當然不可能都沒有十分令人不快的面向,但可以說在更多面向上是一場進步;就想想通訊、計算、醫療方面的進展,整個科學領域透過技術而進行的應用,可以列出的清單非常長。這些革命包含的思想,是因為宗教改革而得以發揚光大,不是因為新教對科學革新比較友善,而是因為新教的出現無意間產生了一種副產物,就是讓歐洲的大部分地區擺脫一個對質疑教義正統性的思想都抱持敵意的教會霸權控制。布魯諾(Giordano Bruno)、瓦尼尼(Cesare Vanini)以及伽利略各自在 1600 年、1619 年和 1632 年遇到的事,分別說明了天主教會對哥白尼式思想的態度;新的路德派教會,相比之下就沒有那麼強硬地控制人們可以想什麼和出版什麼(但喀爾文派又比他們強硬),便無心插柳解放了歐洲的心智。[47] 這也會被許多人認為是進步,但可以保證不是每個人都這麼認為。

提出理由來說明某個時期或者某一套事件體現了退步或進步,就是以論戰的方式使用歷史,但還是在詮釋的層次內。這不只是正當而已,還很重要;因為,在「我們如何瞭解過去,以及過去和現在的關係」方面持續重新評估和協商的過程中,這種辯論是不可或缺的。

4

「讀入」歷史

歷史探問面臨的一個警戒，是由地圖難題所引發的，這再明顯也不過了。一比一萬的地理地圖會被當作「大比例尺」，這可能約略等於歷史書一年寫成一頁那樣（好比說，一萬小時寫成一頁）。如果不分青紅皂白記錄每件事、每一刻、每個地方，從意外事件和無關緊要的事一路寫到改變文明進程的大事，這種做法所施加的限制，會比完全無用還糟糕：它會使人眼花撩亂；全都是樹而沒有森林。探問的歷史是選擇與組織，是嘗試把事情弄清楚。但如果接受歷史和過往事件的關係，頂多等同於地圖和一個實際國家或一片大陸的關係，那又會產生另一個難題：讀入難題。因為現在的問題是，我們是在什麼基礎上進行詮釋的？

「讀入」是根據研究者局部的假設和興趣來詮釋資料；那是研究者戴著概念和經驗的眼鏡，看著經由鏡片變色而塑造的事物。所以，它是造成扭曲的主要可能來源。想想那些在社會科學中擁護各種**理解**（Verstehen）理論，好將社會科學和假定的「自然科學客觀性」區分開來的人，彼此之間有什麼樣的爭辯。[1]基本的想法是，自然科學的目標是描述和解釋；而社會科學的目標是理解和詮釋。描述時可用的工具（測量和可重複的實

驗）有別於理解時可用的工具；在這邊，我們基本資料的來源是研究者的洞察力、理解力和經驗。既然這麼說，就等於接受「讀入」打從一開始就是免不了的。是這樣沒錯嗎？

這句話有沒有錯誤，恐怕一點也不清楚明白。舉例來說，在回應相對主義者所聲稱的「因為我們被關在自己文化的概念框架中而無法瞭解過去，或者因此無法瞭解與我們不同文化、說不同語言的人」的時候，很快就可以舉出反例，好比說，我們就有能力同情《伊利亞德》（*Iliad*）第十八卷阿基里斯對帕特羅克洛斯（Patroclus）的悲傷：「一團悲傷的烏雲籠罩了阿基里斯，他雙手抓起黑土，灑在自己頭上，玷汙了自己俊美的相貌……他張開四肢躺在一片泥塵中……親手抓扯又玷汙著頭髮……接著阿基里斯放聲呻吟，」而他的戰友抓住他的雙手，以免他傷害自己。[2] 他難以成眠；晚上時，他來回踱步於亞該亞人船隻停靠的海灘，悲嘆著他深愛的友人。我們可以從跨越時代和跨越文化的文學和歷史中舉出太多愛與悲傷、憤怒與怨恨、飢餓與痛苦、安適與恐懼的例子，我們為此感動，或者會感到同情並理解。人類的共通性是巨大而深遠的。似乎有編寫於基因中的能力，讓我們能辨識並回應微笑和大笑、啜泣，以及痛苦、恐懼和憤怒的表情。畢竟，我們所有人的祖先，都是誕生出行為上現代人的群體。

這不是在否定文化間有著屏障，會讓每個文化都具備一些其他文化成員看不見的面向。在同個文化裡的（好比說）男人和女人、老年世代和年輕世代之間，也可能會有這樣的屏障。在同文化的例子中，如果相信這些屏障打從根本是不可踰越的，未免也太悲觀了。出於同樣原因，人們標準的希望，就是希望人類共通性也可以是一座跨文化理解的橋梁。**理解**類理論（Verstehen-type theory）便是基於這樣的假定。

問題在於，它能夠有多關鍵，或者它得要有多關鍵。接下來的例子說明了，對於所有類型的歷史來說，這是一個十分迫切的問題，而在談及歷

史最偏僻地帶時又格外迫切。

首先，假設一名遙遠未來的考古學家在挖掘我們現在的世界，或是某個大災難摧毀了所有圖書館和電腦硬碟之後，幾乎沒有或完全沒有留下書寫紀錄，對這名考古學家來說，只剩下毀壞都市中心的實體殘跡，能當作我們這時代存在的證據。她會找到大大小小的建築物，小的遠大的多，所以她會更重視後者，去推測它們的用途，進而思考它們表達了我們社會的什麼本質。現在，我們來給她加上各種社會文化背景的身分資格吧。假設她所處的時代是人們每天會花八小時在健身房運動的時代；她和她的同代人都是極致塑身的生物，健身房巨大而資源豐富。又或者，想像一下她是處在高度軍事化的時代，在那時代裡介於青春期和老年期之間的全體人口，都待在專門打造的兵營和軍械庫裡，整天大半時間都投入各式各樣的備戰與訓練中。又或者，想像她的時代是一個超宗教時代，每天一大半時間都在奉行各種儀式跟禮拜，整條街上就像今日某些美國城鎮那樣，遍滿了教堂。她會如何詮釋挖掘時發現的這些大建築呢？她會認定它們有什麼用途？它們會是健身房、兵營還是教堂？

古典時代以前的考古學，人們把大建築物詮釋為神殿或宮殿。這是因為，介於古典時代和現代初始之間——差不多西元 6 至 16 世紀之間——的這段時期裡，興建的建築要不是神殿就是宮殿。如今大建築物都不是這樣使用了；它們除了會是大教堂和宮殿外，也會是圖書館、劇院、音樂廳、學校、大學、美術館、醫院、政府辦公室、整區整塊的公寓、兵營、工廠還有百貨。自基督教和伊斯蘭教相隔三個世紀分別興起、成為一方霸權——基督教於西元 380 年依《薩洛尼卡敕令》（Edict of Thessalonica）成為羅馬帝國國教；伊斯蘭教於西元 650 年前後開始擴散——以來，他們統治的領土上最大的建築幾乎都是大教堂和清真寺，後者還是以前者的拜占庭範例為模範興建的。為了興建和維修這些展現文化主宰力量的建物，從

群體吸收的財富與勞動量都非常龐大，但就算在情況如此的那一千年左右的時間裡，人們的日常生活也不只專注於這些建物上。

然而，如果是大約西元前 6000 年的一個定居地中央的巨大建築物，在考古學家的標準假設中，那要不是首領的房子，不然就是宗教建築。就標準的假設而言，沒有人會假設那樣的建築是學校，或是收納穀物或武器的中央庫房，或是準備轉大人的青少年住的宿舍，或是保留給經期婦女或產後婦女待著的地方，或是賓館，或是長老們討論政府事項的集會廳，或是寡婦之家，或是病人收留所，或是留給製造衣服、飾品、武器或農具的地方。從洞穴畫到石雕的種種藝術，也一樣幾乎普遍認定具有宗教意義。不難理解為何如此——也就是說，詮釋最大建築物用途的唯一可得證據，就是在有資料來源詮釋最大建築物用途的其他歷史時期內，最大的建築物通常有什麼用途。就算在我們自己的時代，也會反射性地不願讓人單純只為愉悅而創作欣賞藝術作品，也不願承認這兩種行為就算不管其附加價值，本身就已經非常重要（就想想將公共支出花在支持藝術上而爆發的那些爭議吧）。照這樣做出的假設就是，一個群體除非有那種顯然類似於「國王和教宗的時代興建宣告他們身分地位的建築物」的理由，否則不會花工夫在普通建物中蓋一個特別大的建築物——這個嘛，這樣假設的基準點在哪裡？

但仔細想想，這個基準假設連放在古典時期都說不通，放在（舉例來說）古典以前的埃及也不對，因為它們最大的建築物是墳墓。在邁諾安和邁錫尼的遺址中，最大的結構似乎是宮殿，它不只供統治者居住用，還是政府和司法的中心，有著多重用途。在希臘，最大的建築物是劇場；在共和國晚期和帝國時期的羅馬，最大的是市民廣場和以及羅馬競技場。相較之下，羅馬的神殿——就算是像古羅馬廣場上的灶神廟（Temple of Vesta）這種重要的神殿——就小了些。

用來將西元前 6000 年一座定居地裡的大型建築物詮釋為神殿的證據，有因此比手頭上能將它詮釋為（好比說）摔角場的證據更有說服力嗎？只有從我們對後來所知或所認為的事物來讀入，加上我們自己對於「為什麼一個群體會投入資源在群體中蓋起一個比平常大的結構」的成見，才會將我們引導到標準詮釋。

要擺脫這些假設確實很難。為什麼人們會開採巨石、加工成形，然後把它們拖行幾百公里到一個（從附隨證據來看）眾多世紀以來都有重要意義的特定地點？巨石陣的情況就是這樣；執行這件事的人們和其他歐洲各地以及近東的人們，從蘇格蘭最遠端和愛爾蘭西部（歐洲最偏遠的範圍），遍及到斯堪地那維亞和地中海諸島的人們，都對某種概念有著強烈堅定的信念；而他們一做就是幾千年——從安那托利亞於西元前 10 千紀建造的哥貝克力石陣一直到西元前 3 千紀的巨石陣。現成的結論是，他們做這件事的各種理由，就和促使人們興建大教堂的那些理由類似。動機是某種對他們而言真正重要的東西；他們投入大量的心力，想必他們期望過充滿意義的巨大報酬。

在哥貝克力石陣和加泰土丘（Çatalhöyük）的發現，是這個假設生效的最主要例子。在史密森尼學會的雜誌網頁上，我們會看到慷慨激昂的主張，大致是說卓越的哥貝克力石陣遺址是「世界上第一個神殿」，它「顛覆了文明興起的傳統看法」，且是「史前崇拜行為的早期證據」。[3] 這是一種日漸普遍的看法；文章和紀錄片（後者通常都以神祕的音樂和以及遺址內部打夜光而氣氛滿點的長鏡頭開場）都在推廣「該遺址是世界第一個宗教的原鄉，或者至少是世界上第一個聖地」的想法。

遺址最高的巨石高六公尺，重二十噸，而且在沒有鐵器的條件下雕飾並加工成形。它們是 T 形，立在從基岩挖出的凹穴中。挖掘行動和地球物理學的調查，發現有大約兩百根石柱排成了二十個圓圈，被圍進三個不同

的大圈子內，而這三個大圈的中心形成一個等邊三角形的三個頂點。也有刻成人形有如圖騰柱的石碑，石柱上則有技巧高超的淺浮雕動物圖像，雕有蛇、獅子、公牛、瞪羚、狐狸、驢、蜘蛛和鳥類，尤其是禿鷹。最後這種動物可能意義重大，因為有些人會把死者的肉移除——這種行為稱作除肉（excarnation）——再埋葬骨骸，就像圖博傳統的「天葬」以及祆教的「沉默之塔」（dakhma），屍體會被暴露在塔上，讓禿鷹將之啃食乾淨。

哥貝克力石陣最古早的幾層，比農業、陶器和冶金更早，而後面這三項又比發明書寫和輪子早了幾千年。遺址的巨石是在附近開採的，近半公里遠，但把它們準備妥當並立在遺址處所需的工夫，以及加工成形並加以雕飾所需耗費的更大功夫，都表明該文明有著高水準的社會組織和傳統。遺址開挖的領頭者、德國考古研究所（German Archaeological Institute）的施密特（Klaus Schmidt）假設，那是一座聖殿，一個「朝聖目的地」，並將之描述成一座「山丘上的大教堂」。[4]

然而，加拿大考古學家班寧（Edward Banning）在過去都被認為沒有持續居住或家庭居住跡象的遺址中，發現了燧石打製和準備食物的證據，便對先前看法提出了質疑。他的基本論點是，史前人類並未清楚區分神聖和世俗，而且現在人們認為神聖、宗教或迷信的東西，過去是融入在人們整體的世界觀和活動中的。「認為『藝術』或甚至『紀念碑』藝術只和專門神聖場所或其他非居家空間有關的這種預先假設，禁不起詳細審查，」他如此主張。「有充足的民族誌證據可以證明，人們曾大量投注資源於居家架構和空間裝飾，不論是紀念祖先功績、宣揚世系歷史，或是一名首領的慷慨無私；……或是記錄入門儀式以及其他以家為基礎的儀式活動。」[5]

據某些人所言，用「宗教」這個想法來解釋在比大約西元前 5000 年還早的建築結構專門化和藝術作品意義時說不說得通，是更深一層的問

題。[6] 而人們推斷的標準看法與此相反；在書寫出現之前，信仰系統並沒有書寫以外的別種明確證據：「第一個宗教行為的文字紀錄約在西元前3500 年，來自蘇美。美索不達米亞的宗教信仰相信，人類是諸神的共事者，與祂們一起勞動也為祂們效力，來抵擋混亂的力量。」[7] 然而，埋葬死者和洞穴藝術卻顯示，有比那早上許多的宗教感受和宗教行為，這種證據就把「宗教」大幅擴大詮釋成意指「相信有存在於自然世界之外、但在自然世界內有其作用的行為者」。在埋葬的例子中，有鑒於尼安德塔人和納萊迪人都會刻意埋葬或藏匿死者，這樣的態度或許早在三十萬年前就已經可見。在洞穴藝術的例子中，如果它有宗教意義或意圖，那麼這樣的態度在遠比三萬年前還要早許多的時候就可看見。

這一切都是有可能的。但它也有可能是全面綜合範圍的讀入作用，被**想要**在考古紀錄中找到特定某一類證據（在這個例子中就是宗教證據）的念頭所強化。批評者指出，他們所認為的顯著讀入證據，和安那托利亞南部那座驚人的加泰土丘考古遺址，以及約翰坦普爾頓基金會（John Templeton Foundation）給予該處研究的慷慨資助有關。[8] 人們形容坦普爾頓是一個致力於推廣宗教信仰合理性的組織，其方法為鼓勵科學家、考古學家等學者背書支持這種合理性，因而引發了爭議，爭論這種鼓勵對於其資助之研究的冷靜客觀性所產生的效應。[9] 作為一個讀入難題的範例，該爭議饒富啟發意義，尤其和加泰土丘相關的部分特別有啟發。

意指「叉子丘」的加泰土丘，是西元前 7000 至 5000 年前的一大片新石器遺址，包含了大群房屋的集合體，其中並沒有可能曾用作任何公共目的的巨大結構。這個聚落沒有街道，住宅透過各自的屋頂彼此相接，也從屋頂進入屋內。居民將死者除肉後，把骨骸埋葬在自家地板下；有時候顱骨會另外拿走，並用赭土在上面畫臉。這些房屋其中有些房間會用壁畫裝飾。

加泰土丘的領頭考古學家霍德教授（Professor Ian Hodder），有次接受記者瑪祖爾（Suzan Mazur）訪問時，被問起坦普爾頓資助該遺址研究一事。

瑪祖爾：坦普爾頓以媒合宗教和科學、把神性插入科學而聞名。我想知道，就加泰土丘一萬年前沒有宗教而言，你效力於坦普爾頓的董事會，並從加泰土丘相關的基金會接受四筆基金，其中三筆又和存在於加泰的所謂「宗教」有關，你是否會覺得有任何利益衝突？

霍德：關於這部分，有滿多題目可以談的。我並不是效力於發錢的董事會，所以我並不處在任何利益衝突之內。我是處在一個針對研究事務提出意見的諮詢委員會裡。不管錢決定要怎麼花，我都沒有插手。所以我看不出有任何利益衝突。我發現坦普爾頓在避免所有類似這樣的事情上非常小心謹慎。只要是宗教問題就會如此。那多少有點看你怎麼定義宗教。但我現在已經寫了或出版了三本談史前宗教的書，而我認為把宗教定義成某種確實會在全人類身上發生的東西，甚至在非人類的物種中也會發生的東西，是相當可以接受的。靈性的想法是一個非常普遍的概念。

瑪祖爾：我問這個問題，是因為坦普爾頓因染指科學各處而遭到抨擊，從調查生命的起源與演化到太空科學。有人覺得該基金會正在危及科學家的著作並妨礙科學。你自己的加泰相關研究書籍的其中一位作者布洛赫（Maurice Bloch）就說，在加泰追求宗教角度是「誤入歧途的徒勞無功」，因為人類最早頂多在五千年前

才想到宗教。[10]

　　瑪祖爾質問的主旨就直接和讀入問題有關。她的論點是，坦普爾頓基金會是因為研究內容有發掘宗教的層面才願意資助計畫的，只要科學家或哲學家做出這種意義重大的連結，它們就會把一百四十萬美元的年度大獎頒出去：受益者包括天文學家芮斯（Martin Rees）、物理學家戴維斯（Paul Davies，也是坦普爾頓基金會的顧問兼董事一員）、格萊澤（Marcelo Gleiser，因「其著作調合了科學和宗教靈性」而獲獎），以及哲學家泰勒（Charles Taylor）。其資助範圍包括「神學與科學」以及「科學和大哉問」；霍德和加泰土丘的調查活動在其支持下產出的成果，包括系列叢書《文明現身時的宗教》（*Religion in the Emergence of Civilization*，2010）；《新石器社會運行之宗教》（*Religion at Work in a Neolithic Society*，2014）；以及《宗教、歷史和地點，以及定居生活的起源》（*Religion, History and Place and the Origin of Settled Life*，2018）。[11] 坦普爾頓基金會把大筆財富用來在研究中推廣一種有可能扭曲的議程，這種行為引發了眾多抗議。[12]它的職權範圍在《高等教育情報》（*Inside Higher Ed*）2013 年的一篇文章中有著清楚描述：「坦普爾頓基金會的補助金意圖資助神學與科學問題交會的相關研究。醫學研究的補助金關注祈禱促進健康的力量……它贊助年度坦普爾頓獎，每年頒給一位『對證實生命的靈性層面做出傑出貢獻』的人。」當「宗教」按照霍德所說的那樣描述時——也就是描述成「甚至是連非人類都共享」的事物，且「靈性的想法是非常普遍的概念」時——那就變成隨便怎樣都行，而坦普爾頓把「宗教」當成任一種研究都會遇到的現象來讀入的議程就成功了。[13]

　　這番討論的要點根本不必再特別強調。當資助一場研究計畫的條款安排了刻意的讀入時，就顛覆了探問的剛正不阿。支持研究宗教、宗教行

為、宗教歷史等等的資助，是沒什麼好反對的；但如果給予資助（尤其是太大筆而難以拒絕的資助）不只是要促使研究者單純在「應該只能由已發現證據來決定其發現結果、而不是由誰**想要發現**什麼來指示結果」的探問領域內，尋找能支持「可獨立質疑之現象」的證據，而是誘使他們**去找到**支持證據的話，問題就出現了。對古代遺址進行考古研究的目標，在於發現那裡有什麼以及那能告訴我們什麼；但坦普爾頓式的探問，卻是在第一鏟土翻起來之前，就著手在古代遺址中尋找宗教。在其他砸錢的行動中，它企圖推廣修正生物學的「生命」概念，好讓它與創造論對生命起源的說法更一致[14]；它替那些把目標放在不只讓宗教與科學一致、還超乎其上的研討會和出版品買單。這就是以讀入為方針。

哥貝克力石陣似乎在西元前 8000 年遭到遺棄，至於加泰土丘則是在大約西元前 5000 年。在加泰土丘這邊，研究者是從壁畫和喪葬儀式的象徵手法來推論存在著宗教和靈性面向。有人在評論霍德《新石器社會運行之宗教》時表示，「從霍德在考古詮釋上甘冒風險的前科來說，這套書一如預期地（有時侷促不安地）避而不談『從過往遺物求取過往知識有其正當限度』的這個難題。」（評論還加了警語，提到霍德的著作是由坦普爾頓基金會所支持，「讀者須留意，坦普爾頓這個慈善基金會，是在資助有望發現『新宗教靈性資訊』的研究」）。[15] 堅決努力透過這種假設去觀看過往，其結果就是幾乎所有談及新石器文化，或是上期舊石器時代藝術，或是舊石器時代早期埋葬行為的地方，都談到了一種太像當今宗教擁護者所信內容的信仰和態度。

如果有人回應說，因為讀入是基於共通人性，所以是理解（Verstehen）的正當使用方式，這樣講並非毫無依據。但就如前面所證明的，用起它時必須十分謹慎小心，特別是因為如果還記得的話，歷史和考古探問的主題還受限於三個可以阻擋探問的難題：燈光難題、地圖難題和槌子難題。考

古學家只看著他們可以看到的地方；他們從樣本中進行歸納；他們的整排工具儘管越來越精細，然而會設計成那樣，還是為了協助檢驗他們預期或希望找到的東西。最至少，意識到障礙和不留神之處所組成的困難，有助於讓探問行動和探問揭露之事物所導出的推論都更嚴謹有紀律。

　　就想想那種在「舊石器時代人類心智與看法之本質」方面使人做出推論的證據：也就是洞穴畫。舉例來說，在西班牙阿爾塔米拉（Altamira）和法國拉斯科（Lascaux）與肖維（Chauvet）洞穴找到的許多畫像，因為展現了精緻的觀察力和執行力而真正不同凡響。換句話說，他們的藝術技巧不同凡響。那些物像的卓越，顯示他們有做練習。藝術家們是在何處練習他們的藝術，此外他們是以什麼材質畫在什麼材質上呢？我們是在洞穴裡發現藝術，但會不會洞穴之外曾經也到處都是（搞不好洞穴外的還更多），比如畫在露天的岩石上，所以老早就被雨水、風和時間所抹去了呢？有沒有誰能想到一些方法，來嘗試偵測露天岩石上的顏料痕跡？練習畫圖上色的這種想法，主張以前的人們使用會毀壞的材質來當畫布——如一片片樹皮或獸皮。舊石器時代遺址發現的飾品，例如鑽了孔好串起來的貝殼和鳥爪，都是耐久的物件；那麼，那些不是鑽孔穿線而是用別的方法附著在蔽體物上，甚至直接附在身體上（好比說在身上穿洞）的羽毛、獸皮、毛料，或貝殼和鳥爪這類耐久物件，都去哪裡了呢？

　　燈光難題的一個面相是，許多（搞不好甚至是大多數）舊石器時代人類的物質文化包含了會毀壞的材質。仔細想想古典建築中的石柱隱含什麼樣的意義；如果看到石柱會聯想到更早之前支撐屋頂的木造柱子，又或者想到石柱是那種木造柱子的進步版，都是很合理的事。沒有金屬工具的時候，木材比石材更好加工；那麼最初的圓陣，有沒有可能不是「巨石陣」而是「巨木陣」？確實有這種遺址；在英格蘭威爾特郡（Wiltshire），航空攝影在靠近巨石陣的地方偵查到了巨木陣，並在調查後發現一圈圈起來

的壕溝和土堤裡面，包含了六個由柱坑構成的同心圓。好幾世紀的農業活動幾乎徹底抹滅了這個遺址；像這樣的遺址不曉得還有多少個？有沒有可能，曾經有許多全都用容易毀壞的材質打造的文明，因此沒留下存在的線索，沒留下請帖讓人去尋找他們的遺骨？

這些想法又引發了其他想法。我們可以合理認為，哥貝克力石陣如此純熟的浮雕圖畫背後，想必有一段漫長的木雕歷史。能不能更大膽地推斷下去呢？好比說，想像一下，有人定期用植物材質做出巨大人像，要不自己能夠立著，要不就是放在古代遺址的石造結構上，或者用來裝飾那種石造結構，改變其外觀，並把一些可能和「人與現在我們稱為『神』或『靈』的行為者之間的關係」有關（其實也可能無關）的意義，賦予那邊的古代人，像是入會時期的結束、首領的選擇、標記獵季起始或結束節日、一場宴會，或一段司法流程之類的過程。能讓人推測的可能性非常多。只專注於一小部分的可能性——主要也只專注在一個上面，即「宗教」——恐怕會太確實地成為燈光難題、槌子難題和讀入難題的範例。「洞穴畫」只在洞穴發現，且有時候在洞穴中深暗不可及的地方，給人們一個強大的動機，把其目的詮釋為與「神聖」或冥冥之中的什麼來互動。如果那樣的作品並不僅（或者的確沒那麼常）限於在洞穴內，那我們對它們的理解就有可能非常不一樣。

前面這個想法可以自然無縫地轉換到「人類演化中行為上的現代性」的問題，在人類史介於「解剖構造上的現代人約在五萬年前從非洲遷徙出去」和「約一萬二千年前『新石器革命』開始」的這段時期之間，還暫時不會討論到。行為上現代性的關鍵區分標誌是藝術、飾品、精細的工具製造技術以及埋葬行為，它們展現了得運用象徵思考才能達到的進步社會結構及概念計畫。有些人呼應過往將新石器時期起始視為革命性起始的正統思想，認為行為上現代特性的出現，也同樣具有革命性——是遺傳造成神

經系統改變所導致的。[16] 其他人則認為這個過程是逐步漸進的，和解剖構造方面的整體現代化一致。[17] 而革命性的看法是，語言的出現催化了行為現代性的出現。這意味著，非智人沒有語言，也就是尼安德塔人、丹尼索瓦人和他們的後繼者沒有語言。

在這些選擇間做出裁決的唯一手段，就要看智人在「出走非洲期間以及其後」和「比（好比說）十萬年前至九萬年前更早的時期」留下的實體遺物差異能夠推論出什麼來。聲稱行為上現代性出現得比較晚（好比說根據洞穴畫的年份而證明起於四萬年前）的人，就得要解釋散開到全世界各地（先是進入近東和亞洲、四萬年前抵達澳洲、同一時間也抵達西歐）不同團體的智人怎麼能共享那麼多事物，其中最主要就是語言、藝術和象徵性思考。表面上來看，把行為上現代特質的發展，假設為出走非洲的起因而非結果，看起來是比較合理的。在那個基礎上，或許就能用另一種方式解釋遷徙；或許有環境因素，以及人口壓力和資源難題。或者有可能是，現代人的**解剖構造**演化在這個時間點上出現的認知進展，本身就是一種驅動力，涉及現代人在認知能力上增長而超越了一個觸發點，因而驅動了好奇心、追求成功的野心，以及冒險犯難的自信。

爭辯的各方都同意以下這一點：美索不達米亞第一個文明的藝術、建築和技術，從我們的標準來說絕對是「行為上的現代」。但要警惕我們的這個觀點有可能是「讀入」的，特別是其中這幾個字：「從我們的標準來說」。有個心照不宣的假設和人類演化當下處於哪個位置有關；如果我們感覺現在的人類在某種意義上是個到此就會結束的點——那是關於過往的眾多討論在欠缺思考下會去假設的事——那我們就錯了。因為，正好相反地，我們可以很合理假設，如果人類能夠活過不久的將來，就會持續演化，而更遙遠未來的世世代代，有可能在他們的背景中，在「進步」的這個指標上，給予我們當下這個時間點（即動筆此時）相當低的分數，因為

在此刻，戰爭、社會與經濟的不公平、部落主義、種族歧視、性別歧視、貧窮，以及意識形態的分歧，並不只是在我們彼此之間持續而已，而是正在發揚光大。這些可以說是原始的標誌；它們實在沒有什麼成熟和智慧的風味。有一種看法認為，戰爭（以社會方式組織起來的衝突，在可觀的大規模上核准殺戮與毀滅）是文明的一種產物，和過往短暫、局部而有限的衝突相比，程度堪稱空前。[18] 倘若如此，戰爭在人類史上的出現，就不太能算作是進步。阿多諾所談到的，從舊石器時代的鏢槍到今日電腦導引的飛彈，證明人類變得越來越聰明但沒有更有智慧，在此就很切題：技術進步只是進步的一種而已。

然而，當前目的的主要重點是，什麼被算作行為上的現代，是由一種比較所決定的；在那個比較中，一個界標是和生存於（好比說）十二萬至十萬年前的解剖構造上現代人有關的石器生產業，而另一個界標則是我們今日人類所擁有的最進步科技。在歸納上期舊石器時代的行為現代性特徵時，要回答的問題是——在那段期間裡，有什麼事物看似有可能促成我們出現？

有了這個限制後，剩下來的是現有證據指出了藝術、裝飾、長距離貿易、增加的人口，以及因為把獸骨、獸角和象牙納入工具和產品的範疇，所導致的整體技術拓展，以及群聚地的分區化，都能作為那段時期顯著而獨特的發展。這些發展有物質證據來證實，替「這些人有籌劃事務和抽象思考的能力」之推論做擔保，也擔保了一種如果沒有語言就很難解釋的社會組織水準。認知發展——心智力量——擔保了「象徵行為」處在這些現象的核心，而對投入這場辯論的大部分學者而言，「象徵性行為」就是關鍵概念。[19]

仍然不確定的是，解剖構造上現代人的認知發展，花了多少時間才出現了具有相關特色的能力，以及和該能力有關的行為。這個過程是快是

慢？是一次全都發生，還是一步一步逐漸發生的？對某些研究者來說，辨識出上期舊石器時代各項發展的變異性，以及革新在不同時間地點出現又消失的方式，顯示了一種混合複雜的面貌，但行為上現代性的「鞏固」在四萬年前以後開始現身。[20]

「行為上的現代性」這個概念的靈活程度，以及確切的實體證據數量，兩者之間的反比關係，讓這場辯論綿延不絕。然而，至少在以下這幾點上，共識正在浮現：我們不能從解剖構造上的現代性直接推論到行為上的現代性；不管行為上的現代性在別處有多麼與眾不同，其核心都在於「象徵」的使用；行為上的現代性並不像人們一度以為的那樣源自於西歐；而最後一點，晚期尼安德塔人也展示了行為上現代性的證據，至少某種程度上是如此。[21] 實證主義者和唯心主義者在歷史哲學上出現的那種看法差異——分別由前面提過的馮蘭克和狄爾泰為代表——幾乎是照本宣科地在考古學上再來一回。二戰的幾十年後興起了有關考古學本質的辯論，而辯論的起因是有越來越多科技能援助考古研究。其中最基礎的關鍵問題是，考古學究竟屬於科學還是人文學科？它可不可以志在客觀，或者要問，它是否終究得仰賴詮釋，所以一定程度上是主觀的？這是對歷史以及其相鄰領域如考古學和古人類學進行整體研究時的關鍵問題；考古學方面的辯論提供了一個好機會，對這個問題做了一次最終的再訪。

考古學可用的科學令人印象深刻，而且產生了巨大的差異。地球物理學調查和遙測技術的使用，讓人連鏟土都不用就可以揭穿地表，揭露許多原本猜都猜不到會存在的東西。過往氣候和地景特色的環境分析，讓人在瞭解一處遺址時獲得一個資訊豐富的架構，此外還有岩石、金屬、動植物的殘留，以及被封在冰裡或沉澱物內的塵土、花粉、孢子樣本等等的分析。人類遺骸的法醫鑑識和基因檢驗，提供了飲食、健康、受傷、壽命、人群親近交流和遷徙行為的證據。保存技術保存了人造物並讓它們更能接

受分析。

或許最重要的發展是定年技術：對有機物質進行的放射性碳定年以及對無機物質進行的熱釋光（thermoluminescence）；對人工製品或化石遺物相關的岩石進行鉀—氬定年法（potassium-argon dating）；年輪學，或者樹輪定年法，用來幫助校準放射性碳定年；電子自旋共振（electron-spin resonance，ESR）光譜學，以及冷光定年（光激發光〔optically stimulated luminescence，OSL〕）用來偵測沉澱物和陶製品的電離放射，這些全都有助於在過往時間表尋求更證確清楚的指示。

考古學中的科學被稱作科技考古（archaeometry）。表面上，它的客觀、量化方法似乎支持實證主義者，協助解決它和唯心主義者——或者用當前辯論的術語來說，就是過程主義考古學者和後過程主義考古學者——之間的爭論。另一方面，科學本身提出的看法彼此也會起衝突。一個著名的例子是，有一種主張是放射性碳定年解決了技術和農業的發展怎樣在史前歐洲散播的謎題；原本這謎題的候選答案有想法的擴散，或人口的移動；後者可能是和平進行，也可能靠侵略達成。所謂的「第二次放射性碳革命」（1960年代開始有更精準校對的定年技術造成的結果）支持的想法似乎是，有些革新是只在局部地區發生，而且不是人口移動的結果。這似乎反駁了「有一場從大草原向歐洲的入侵」的想法——回想一下，1939至1945年那場毀滅性的世界大戰過後沒多久，考古學界的意見是反對暴力遷徙這種想法。但近期里奇（David Reich）等人提供了「顏那亞人進入歐洲」以及「巨石陣達到當今所見狀態沒多久，不列顛群島的人口就遭大規模取代」的相關基因資訊，倒是反駁了這個意見。

定年技術不一定能解決文化方面的重大問題。《死海古卷》（Dead Sea Scrolls）包含了一些《希伯來聖經》文字的已知最早版本，其年代可追溯至某個介於西元前400年與西元400年之間的時刻，最終把最高的可能

性給了西元前 3 世紀的某一刻。批評者指出，《死海古卷》曾上過油好讓文字更能辨識，而那會讓文件看起來比可能的年份更晚，進而妨礙了分析。對某些人來說，應該將它們認定為比目前提出的年份還古老許多，這可是至關重要之事。一個可類比的例子是都靈裹屍布（Shroud of Turin），有些人相信那是耶穌基督釘死於十字架後，屍體有如奇蹟般在裹屍的亞麻布上銘印的形象。1988 年，三間不同的實驗室測試了亞麻布樣本，發現其年份並不是西元 1 世紀，而是 14 世紀。有多少人因此改觀無從得知；一般來說，信仰是個比科學更具說服力的確定性來源。一直到西元 12 世紀進入後半為止，考古學方面盛行的正統思想，基本上都還是把考古學當成歷史的分支，在那之中，文化是在某種有如（如其批評者說的）收集古文物那樣的「集郵行動」中，被人們辨識、貼上標籤並記錄下來。1960 年代，美國一組由賓佛（Lewis Binford，也是說出「集郵者」這個詞的人）領頭的考古學家，主張以不一樣的方法，重視對遺址和遺址發現物所做的科學和民族誌分析，藉此發展出解釋模型。[22] 這被稱作「新考古學」或「過程主義考古學」，會有後者的名字是因為它主張，在考古研究中發現的東西，不該被當作一個指認了某文化類型的成品來處理，而應該當成某種在自己的時代中動態且自然地被使用和處理的東西。

　　這種新方法的實證主義面相，在於它不只應用科技，也應用了科學方法論，來進行資料收集並測試假說。古代定居地的空間是怎麼陳列，以及交易和生產等經濟活動的證據，都可以詳加說明當時人們的行為和社會結構，就跟人們的貝塚可以詳加說明他們的飲食、健康和內政一樣。有個方法可以描述這種新考古學的特徵，就是把它看成一個從歷史學到人類學的轉變，從一個以記錄發現並將發現分類為目標的特殊主義方法，邁向一個以瞭解人類過往文化及社會政治層面為目標的概括歸納方法。

　　「後過程主義考古學」是對過程主義考古本質中的客觀化與科學涉

入做出回應。其擁護者重申的看法是，在（他們看來考古學屬於其中的）社會科學中，方法是不一樣的（而且得要不一樣），因為其處理的現象並不是那種能在實驗室反覆試驗中研究的東西，而是人類和社會現象，是易變、短暫而主觀的。有些領頭的後過程主義者受到結構主義、後現代主義和馬克思主義人類學的想法所影響，認為考古學本質上涉及詮釋，又因此接著認為詮釋本質上是主觀的，因為它讓考古學家的偏見和傾向影響了他們的發現。這個看法中的馬克思主義因素強調的想法是，主觀視角也不可避免地是政治視角，因此可能用考古學來支撐壓迫的社會觀，舉例來說就是藉由主張社會是以自然客觀的方法形成，也就替社會的不公不義找了藉口，甚至證明那樣是正確的。[23]

對後過程主義者來說，考古學家是整個事態的中心，對於他們做的詮釋負有責任，且不會藏在科技取得的測量數值背後。這就承認了詮釋——主動的、有創造力的嘗試——是發生在當下，而遙遠的過往是以不完整的形式倖存至當下，只能從「當下的考古學家手上有什麼」的觀點來瞭解，這一方面要看考古學家自己的能力和經驗，另一方面要看他們找到了什麼。關鍵的問題涉及到「考古發現」是什麼意思，以及考古學家能夠從中理解什麼。「意思」和「理解」本質上都具有詮釋性。因為情況如此，所以考古學發現的一切都不會有絕對確定的描述，只會有一連串且往往互相競爭的詮釋。[24]

在理解（Verstehen）以及其他社會科學方法相關理論方面，後過程主義觀點和其諸多前輩的一個差異，在於後過程主義明確否認「考古學是一種知識來源」這種想法。後過程主義堅信考古學的「意義曖昧」，是一套不同甚至相互競爭的詮釋、而且在沒有哪個能主張自己是唯一正確後，很快就會出現上述的那種差異。[25] 後過程主義和客觀主義方法的差異實在是再清楚不過了：客觀主義在這邊的想法是，放射性碳定年、電子自旋

共振、地球物理學研究、基因組定序之類的方法，可以提供硬資訊（即事實）而有著權威。從這種實證主義派觀點來看，考古學——更整體來說，歷史——就是知識。

然而，若說這種差異黑白分明，卻是有所誤導的。回想一下，自然科學自認為是可廢止的，也就是說，作為原則，開放人們藉由進一步且更好的證據或論點來反駁或修改。但可廢止性並不是逐漸進步的障礙，而是使用了證據充足的理論來做進一步的擴張探問。社會科學捍衛者試圖藉由指出各別**類型**的探問目標——在自然科學中，探問目標是地層、基因、光譜、星系和質子碰撞；在社會科學中，探問目標是制度、婚姻、葬禮、階級和信仰——之中的差異，在環繞社會科學劃出一道防守屏障的過程中，沒有理由要把可廢止性當成一種否定「一個看法除非證明為相反，否則直到那發生前都很有理由能說服人說它是正確的」的理由。如果為了辯護而一口氣跳到不可化解的相對主義去，就是把社會科學變成了家裡玩的鬥智遊戲。

另一個選擇，是去強調「方法是怎麼運用的」的問題，而不要去強調特定方法的問題。艾略特（Thomas Stearns Eliot）曾說，任何活動確實都只有一個辦法，那就是「有智慧」，而這提供了關鍵。遵守紀律的理性探問、審慎的操作和證據評估，以及有智慧的正直，這些標準原則是在任何主題上提出可信理由的超方法論要求，所以若它經得起詳細審查並得以成立，那麼它就可以用來在一個正在興建的理論大架構中當作一塊磚頭。這樣的大架構可不是偶爾才要拆解，但當那發生時，也不是裡頭的所有磚頭都要丟掉。

然而，又有人說，某些可以帶進探問過程的東西，是比較有助於「增長智慧」的，而有些就沒那麼有幫助。把數學技術帶入物理學並在那裡應用是一回事；把一套宗教或政治成見帶入歷史並在那裡應用，是另外一回

事。贊成把對意識形態的忠誠運用於詮釋工作中的捍衛者會說，總有某些意識形態在運作，因此被人有意識地採納且有憑有據的意識形態，會比一個沒意識到就採納的要好。最後這句話的後半是真的，所以問題得和意識形態的憑據有關。糾正偏誤時的自我批判工夫，特別是為了嚴防會扭曲一個人如何看待探問目標的「讀入」而下的工夫，不只是辦得到，而且還是「探問紀律」的一種成分。此外，自然科學和社會科學中的探問是一個公開問題，開放給眾人辯論批評，因而可以開放補充糾正，而這甚至能約束主觀要素的不可化解程度。

在有智識責任感的探問中，舉凡有望推進理解的資源都不會遭人摒棄。在考古學上，提供給探問的科學援助以及實踐者的詮釋技巧，兩者同等不可或缺；很難相信一個考古學家會基於「光靠他們的理解力就夠了」，或「它們因為身為現代西方科學產物而不適合用於詮釋史前史」的信念，而忽視地球物理學研究或放射性碳定年的發現。

和「意見」那種混亂巴別塔相對的「知識」，最少需要互為主體性的認可，並藉由遵守紀律的手段，來達到一個公認程度的共識。若要抵達這一步，聲稱擁有知識就得要加以證明，這在歷史上、在考古學上、在古人類學上皆是如此，跟其他領域都一樣。再說一次：每一個能召來援助的事物都該受到歡迎接納，而在有責任感的探問中始終是如此。

這就讓以下的問題懸而未決：會不會有一天，因為得到了終極且絕對正確的歷史記述，**過去所發生的事都有真確記載**，使得探問過往時會出現的難題消失？**作為探問的歷史**，在焦點和意義上活著、發展著、變化著、起伏著，而抓緊**作為過往的歷史**的最後希望，就是忠於證據、謹慎推理、冷靜判斷，且永遠別打算先從結論做起，並想著要扭曲事實去符合結論。若往那方向前進，各種對過往的看法，就有望趨合於一個證據最充分的認識。

| 第三部分 |

腦與心智

　　本書前兩部分的主題，分別是向外在空間中探問，以及向後在時間中探問。想著它們代表的進步時，很難不訴諸誇大。在此扼要重述：自 19 世紀以來，人類重新獲得了有關過往的知識，那是被遺忘的過往，或是先前完全不知其存在的過往。自 20 世紀起頭以來，人類對於至今能觸及的最小和最大尺度上的物理宇宙，做出了到目前為止都無法想像的發現。而在筆者動筆前的僅僅數十年內，人類已能探入腦內，不只能開始以過往不可能的詳細程度來為其解剖構造繪製地圖，更能夠即時觀察它運作中的狀態。讓這得以實現的技術，以及那些技術所揭露的事物，值得照字面使用那個已被濫用的詞——「令人大吃一驚」。

　　因為到目前為止，人們對於腦所知甚少。但對於心智，情況就不一樣了。長久以來，人們對精神現象，也就是社會和情感經驗的宇宙，已有了一定程度的所知，或者總之就是有一定程度的相信——畢竟，幾乎所有的文學和藝術，都在探索那些構成人類居住的基本宇宙的欲望、痛苦、愉悅、悲慟、幸福、不幸、愛、恨、洞察力或缺乏洞見。關於心智的關鍵問題依舊一如往常地難以回答，像是心智與腦的關係、意識的本質和源頭，以及在我們頭顱裡面放映的彩色電影與聲音，是怎麼從塞滿頭裡細胞的電化學活動中出現的？的確，硬要講的話，心智問題在某些方面是比較難回答的，因為腦的知識關掉了幾種思考精神生命來源的選擇，這些選擇先前看似提供人們一直渴望擁有的解脫式原因。與此同時，我們越是瞭解腦，我們思考「心智」時的複雜程度和受限情況，也會變得更加明顯。

　　在本書討論的三個發現領域中，神經科學的進展在實作面上有最立即的結果。它們早已應用於臨床等用途，即使它本身的科學還處在早期培力的階段，由新到手的研究技術賦予力量。在這些技術開發出來之前，腦的科學，以及透過心理學和哲學對心智的瞭解做出的進展都非常小，而且非常緩慢——老實說，幾乎沒有進展。那是因為這三個探問目標——腦、心

智和兩者的連結，都非常複雜。

在思考神經科學的時候必須謹慎，而這有充分理由：神經科學的進展是如此龐大，而且發生得如此急速，以至於它目前描繪出來的腦功能概況，若要當作確切無誤，恐怕言之過早。就算如此，關於它已經發現了什麼，還是有很多可思考的。它引發的一連串問題，尤其是關於它發現的結果代表了什麼，就跟科學本身的進展一樣快速倍增。就與幾乎其他每件事一樣，脈絡和背景很重要；因此在接下來的內容中，我會考量對腦和心智進行思考時的背景、會調查神經科學的新技術以及它們揭露了什麼、討論它們對於精神生活有何看法，並思考神經科學或有可能實現的那些事帶有怎樣的含義——尤其是倫理學方面的含意。

首先，必須要有一份地圖來鄰接並覆蓋這些爭論的眾多面貌：**神經科學**、**心理學**、**神經心理學**、**認知神經科學**、**神經病學**以及**心智哲學**。

這些不同的標籤代表不同但相連的興趣焦點。其中涵蓋範圍最廣的是「神經科學」和「心理學」，它們各自容納了範圍廣泛的主題。神經科學指的是對神經系統的研究，其中最主要就是腦；它從解剖學、心理學，還有分子、細胞以及這兩者發展時的生物化學和生物學等每一種相關觀點來進行研究，且同時包含一般研究與病理研究。研究的主要目標是神經元以及它們彼此的連結，不只使用將上述目標盡可能準確成像的技術來進行直接檢驗，也把上述目標互相連結的活動以數學方式建模，並瞭解該活動的心理相關現象。

心理學是對心智和行為的研究，橫跨了這兩個詞都能指涉的一整類現象：感知、推理、記憶、學習、動機、情感、智慧、人格、關係、上述這些能力的發展、與它們有關的問題和那些問題的處方，以及社會、神經病學、藥理學和法醫鑑識方法在研究和應用上的使用。這個主題有許多專精的子領域，好比說發展心理學、社會心理學、臨床心理學，諸如此類。

　　神經心理學是上述的專精領域之一，旨是在研究神經系統（且主要是腦）如何產生並調節行為與精神生活（製造激素的內分泌系統也與此相關）。與神經精神病學有所聯繫的神經心理學，在「理解精神生命和行為如何以神經學為基礎，認知、行為和整體精神生活失調如何能從神經疾病及損傷中發生，以及有何治療可能」的研究計畫之外，還強調了臨床面向。

　　認知神經科學專注於腦以及神經系統的感覺途徑，好瞭解它們如何調節並處理感知、記憶、注意力、語言能力、抉擇和情緒。臨床神經心理學和神經精神病學處理這些功能的病理學，但一般運作狀態也得要瞭解，好和功能病態以及無功能狀態對比；當認知神經科學處理腦和神經系統平常怎麼運作時，與它接近的那些研究則試圖瞭解問題出現時是哪裡出錯，以及如何治療。

　　神經病學（Neurology，又稱神經內科）是專精於腦部與神經系統疾病和損傷的醫學實作。一直到最近為止都還有人說，最聰明的醫生是因為神經病學的趣味而被吸引過去，即便他們能幫上忙的地方很少。趣味依然還在，但能夠加以照料和治癒的可能性一直在成長。

　　在這一切的活動的中心處，有著一個堅持和一個核心探問。那個堅持，就是堅決主張腦便是中心、起因、運作系統，也是意識、心智和精神生命的所在之處。因此在「心理學」、「病理學」前面，以及在這些標籤下從整體談論腦和心智的「科學」前面，都會寫上「神經」兩字。因此，核心的探問是神經科學本身的描述分析面向，以通盤瞭解腦為目標。

　　這個堅持是一個強大的堅持。別的看法如「心智與腦可以分離為個別事物」就不帶可信度；把意識和精神生命的所在之處放在腦以外地方的理論也不帶可信度。我稱它是一個「堅持」而非一個「假設」，是因為支持它的證據以及「接受其為真」有關的一切，都極其強大；如果只是容許比

較弱的「僅為假設」概念,而非像這類活動一樣要確立到一種智識強迫的程度,那麼這種程度的證據的確是強過頭了。

要瞭解這個堅持的力量,我們得看看這之外的選擇有哪些。首先要注意到,懷疑論者或嚴苛的批評者會說,至少有五個阻礙探問的難題徹底以神經科學為例:針孔難題、地圖難題、槌子難題、好事者難題以及比喻難題。頭三個連在一塊。人們常說,人腦包含了一千億個神經元(目前為止最佳的計算方式主張有八百六十億個,誤差範圍為上下幾十億),其中有多達一兆個連結微小而密集地塞在一起,處在許多神經元成長或死去且大量連結不斷改變的恆定變動中。就算以當前最佳的技術,我們也只是透過一個針孔在觀看這一切。這意味著,我們是以極小比例尺的腦區域地圖進行工作,也意味著最晚近且最強大的腦部活動即時成像技術(使用功能性磁共振成像等其他技術)還很粗陋——最嚴苛的懷疑論者有可能會說,有鑒於功能性磁共振成像的一公厘解析度(打個比方來說)只不過像是在太空中看到聖母峰,而不是一口氣看得到廚房抽屜裡的餐具(而這才是我們需要看見的層次),所以那不過就是昂貴高科技版的顱相學罷了。並且,因為這是我們用來看顱骨裡面發生什麼事的工具,我們便會把它顯示給我們看的,當成是那裡能看到的東西。[1]

頭三個批評等於是說,儘管神經科學實驗室裡有著閃亮亮的設備和高等科學在運作,但因為我們處在如此初期的階段,我們還是有著一口氣跳到結論的危險——這可以說是一種解脫難題。這一點必須要承認;不過,承認神經科學和它日後將成為並很快就會成為的模樣相比,目前還處在一個相對原始的階段,並不是在懷疑這門學問。這些批評頂多意味著,對於目前可以做出什麼結論要所有警惕或者保留。它們也低估了「已經得知的事」和「基於這些已知事情而能做到的事」的程度和重要意義。

來自比喻難題的批評不只於此。神經科學中運作的比喻是計算的比

喻，而它實在是太過令人信服而無從挑戰。在一大票用來解釋認知與精神生命的比喻中，它是最晚近的一個，而上述這項事實——甚至還有「比喻在這個領域中正做著大量的解釋粗活」的這個事實——最少也應該接受研究調查，而且其適切性也要獲得證明。至少有一個近期的意識理論徹底拒絕了計算譬喻。

　　思考心智是什麼時，人始終仰賴著各種暗喻和明喻，因為「無知」和我們為了彌補無知而使用的「意圖做出解釋性類比的機智」，有著直接關係。關於「腦如何運作」的譬喻，在近世初始時——16 世紀時——受到青睞的要不是時鐘裝置，就是水力系統，兩者都被視為神乎其技。時鐘裝置已存在了好幾個世紀（見第一部分談論技術的地方），但已經小型化，完全像是一個有著小小齒輪和彈簧的迷你腦袋，它一旦啟動，就不用人或動物來操作機制，也會自己運轉下去。確實有許多人拿這個來比喻整個宇宙，上帝在此則被任命為「天匠」。

　　人們也是從很久以前就將水流當作一種能源使用，用於多種包括鐘在內的發明物上。16、17 世紀時，水力設備可以驅動人像移動並說話，讓聖日耳曼昂萊（Saint-Germain-en-Laye）眾花園等地的訪客驚嘆不已，而笛卡爾自己就是在那裡受到啟發，而產生了將腦和神經系統視為一種機制，以及把動物視為無意識機械（因為「缺乏靈魂」）的看法。[2] 然而，用於腦的機械譬喻——儘管還需要精神啟動的輸入才會開始運作，而心智被設想為別種東西——是在這段期間裡，被使用在自然其他眾多的運作之中。

　　19 世紀時，這個譬喻變得更加貼切；第一個線索是發現了電，以及它對神經的電流效果；接著，電報系統以及電話系統的譬喻，沒多久之後就讓整個形象得以完整。雪萊（Mary Shelley）的父親戈德溫（William Godwin），曾於 1790 年代在倫敦目睹一場將伽伐尼流電（galvanism）用在屍體上的展演（伽伐尼〔Luigi Galvani〕關於屍體肌肉電流刺激的書《肌

肉運動中的電力》〔*De viribus electricitatis in motu musculari*〕於 1791 年發行）：是《科學怪人》故事很有意思的靈感來源。現場有些人被屍體受電刺激時的運動嚇到當場昏倒。電話的譬喻因為合適，一路被用到了 20 世紀：電信交換看起來很適合當作顯微鏡下可見的神經網路模型。

1950 年代電腦登場之後，提供了一個更加強大而有說服力的譬喻，不只是（甚至可以說主要是）因為結構相似，更是因為它的運作方式：也就是運算。運算，即以依循規則或算式的連續步驟，來執行以特定類型結果為目標的計算或程序——在代數中，就是解決一個方程式；在腦的領域中，就是協調視覺和運動控制，計算（看看這個詞多容易就能派上用場）距離、角度、肌肉力道、指頭所需的伸縮程度等等，好伸出手去從桌上拿起一個杯子。運算的譬喻引進了一整票強大的概念，其中包括了「反饋」、「編碼」、「演算法」以及「情報」。

電腦譬喻的首要問題是，我們不清楚腦是不是，或者在（多大程度上是）數位裝置。它沒有真的在使用二進位邏輯或演算法。但它也不是類比裝置，儘管腦內部以及從腦對外在世界的感覺界面而來的、隨時不斷變化的刺激流，可能暗示腦是類比裝置。腦反而似乎是藉由估計以及統計上的近似來處理情報，而且因為它是非確定性的（並非不變和自動的），所以它若是把某個情報處理過程重新操作一次，就必定有機會出現變異。神經元發動時的激發和抑制是「兩者任一」，就像一組電路那樣，即二進位的；但激發和抑制的權重淨輸出量，在特性上是類比的。所以，腦似乎是以一種既二進位又類比，同時也可以說兩者皆非的方式在運作著。如果這沒錯，那麼無論腦是用什麼方法執行運算（用什麼方法處理並運用情報），人們都還沒有找到它的運算模型，這也成為它遭到批評的地方。[3]

腦本身成為一個譬喻和一個模型。神經元網路則是組織有序的元件集體，這些元件根據接連運用的演算法來運作，送出多組互相權重的信號，

來產生一個輸出，而系統可以經由重複運行而訓練到能夠（更正確來說，可以學著去）產生這個輸出。[4] 接著連接機制模型又使用神經元網路和平行分配處理，來模仿腦的活動。這種互惠建模（腦連上連接機制模型、神經元網路連到腦）的力量和功用，讓「『運算』到頭來不是譬喻，而是正確描述了腦活動」的看法增添了說服力。然而，這無法說服抱持別種看法的擁護者，好比說潘洛斯（Roger Penrose）。[5]

在這關頭的最後一點，關係到最重要的一件事，也就是神經科學的堅持本身：堅持把「心智完全可以從腦生理學來解釋」的看法，當作這整門事業的基本前提。我將說明，即便宇宙中沒有什麼到頭來不是物理學上的東西，但腦依然不是心智的一切始末；此外在這整個局面中，還需要有另一門以「神經」開頭的事業，或許可以稱作神經社會學，其目標在於展現「腦所處的社會環境」之作用。這是一個被忽視但有可能十分關鍵的要點。有一個論點是說，心智是一個關係上的實體，不能只從一個頭蓋骨裡面發生的事情來瞭解。根據這個看法，心智是腦和其他腦以及實體環境的交互作用產物。神經科學傾向在「狹義內容」的基礎上看待精神現象；它的假設是，腦該被知道的一切都在腦裡面，卻遺忘了「腦基本上是種互動設備」，有著多豐富的含意；對這設備來說，輸入和輸出，以及腦連接在社會和實體世界上的事實，都是腦在認知和精神生命方面會產出什麼效果的關鍵；而腦的蓬勃發展，以及它能經歷的損害和缺失，也都是以上述這些關鍵為源頭。問題的這個面向，和上面提到的那些相鄰領域和重疊領域之中的最後一個有所關連，也就是心智的哲學。

關於這一切的問題還有不少事情需要學習，而一切問題的起頭便是，為什麼在我們擁有現在這種神經科學之前，「思考心智是什麼以及它和身體的關係」的方式，會是以前那個模樣。這——心智和腦的知識最前線過去曾經落在何處，以及為何落在該處——就是下一節的主題。

1

心智與心臟

今日世界的主流看法依然認為，心智——被人有點模糊地設想為靈或魂（或者設想為與靈或魂有緊密關連）——跟腦及身體不是同個東西；儘管科學的理解，又尤其是神經科學方面的理解有所進步，但會保有這種主流看法也不算什麼太意外的事。畢竟這是許多有死後生命的宗教世界觀的基本假設，根據這些假說，人和其意識以及記憶，應該要在肉體死亡後繼續留存，好轉化成非實體狀態，且根據死者的不同條件，前面還有著天堂、煉獄、地獄，或隨便哪個人們相信的目的地在等候著。

但很遺憾違背民主熱潮的是，多數人相信的形而上看法比較有可能是錯的而不是對的，況且說巧不巧，剛剛描繪的那種信念並非普世皆信，儘管對於兩個歷史上算很年輕的宗教——基督教和伊斯蘭的成員來說，這種看法是標準看法。早期的基督徒（還有被基督徒汲取意見的猶太教信徒）相信肉體復活，而不是一種脫離肉體的靈魂死後生命；要過了約四個世紀，那種（化為新柏拉圖主義的）柏拉圖式、關於與身體分離的「不朽靈魂」想法，才進入了基督教思想，主要是因為耶穌再臨（Second Coming）未如預期發生，而人們發現「聖者」（死去的殉教者和信者）的遺體在

墳墓中腐爛，和基督教信仰暗指的、那些聖人不會「腐敗」的說法有所出入——所以在《卡拉馬助夫兄弟們》的劇情中，當佐西馬長老（Father Zosima）死後屍體快速腐敗時，他的崇拜者才會那樣失望不已。[1]

的確，柏拉圖所謂「靈魂有一種與身體分離的智性部分存在」的看法，就算在他自己的時代都沒有普遍獲得支持；在《斐多篇》（Phaedo）或稱《靈魂論》的對話中，蘇格拉底的對談者對於他主張的靈魂不朽都抱持著懷疑態度。* 這就產生了種種問題，質問人們所瞭解的希臘神話死者最終目的地「冥界」是什麼——儘管我們對此知道的一件事就是，那裡不是人想待著的地方；驅使人們勇往直前的，是想活在他人的仰慕回憶中，而不是倖存在一個死後受賞的地方。中國的祖先崇拜、埃及葬禮的木乃伊製作和伴隨屍體的精巧陪葬品，以及（據推測）史前人類的陪葬品墓葬，都指出人們相信某種持續存在，儘管我們不清楚那指的是非肉身的存在，還是該問說，陪葬的實體物品是不是意指人們相信某種死後的物質性（木乃伊製作就指出了這一點）。這些話證明了，心智為何物的問題，在歷史上從來沒有一刻能夠輕易解決。而在人以肉體活著的期間它又**處在哪裡**，這問題也一樣不好回答。事實上，心智所在之處的問題，到了今日也跟以往一樣好端端地存在，而且並不只存在於宗教信徒之間。神奇的是，兩種基本上對立的心智所在位置理論，不論心智是不是實體，也就是不論它是與腦還是心臟有所連結，都一路持續到了現代，其中最後也是最卓越的一名心臟理論支持者，實在是讓人想都想不到；他就是心血管循環的發現者，哈維（William Harvey）。[2]

現在要取笑那些將心臟當成心智中樞的想法當然很容易，但如果理解為什麼連當年最先進傑出的科學家亞里斯多德也擁護這種說法，或許就沒

---

* 譯注：《斐多篇》作者為柏拉圖，內容由蘇格拉底與人對談所構成，談及靈魂不朽。

那麼輕鬆了。亞里斯多德採用這種看法，便在一場遠比他加入還早開始的辯論中選了邊站。此外，他的參與有部分是打算在爭論的兩方之間產生和解，因為他認為腦和心臟構成了單一的相互作用系統。

通常這個討論的起始點，是前蘇格拉底哲學家「克羅頓的阿爾克邁翁」（Alcmaeon of Croton）。阿爾克邁翁大約於西元前 510 年出生，人們認為他曾是畢達哥拉斯的學生。克羅頓這個義大利南部的希臘殖民地，是希臘世界醫學研究的主要中心，被畢達哥拉斯思想所影響，但在方法上走實證路線，這可由阿爾克邁翁的解剖研究證實；據稱他描述了耳咽管（從鼻後連結到中耳的咽鼓管）以及眼睛和視神經的解剖構造，包括他認為是神經接合點的腦中視神經交叉（事實上，視神經在那個點上交叉後會繼續通往腦後的初級視覺皮質）。

我們對於阿爾克邁翁的瞭解，來自一部由卡利迪烏斯（Calcidius）所寫的著作，他是柏拉圖晚期對話集《蒂邁歐篇》（*Timaeus*）的拉丁文譯者以及評注者，而該著作一直到中世紀較晚期以前，都是已知唯一全文完整的柏拉圖著作。卡利迪烏斯的主要興趣是柏拉圖的宇宙學，但他順帶提及阿爾克邁翁的著作，將他列為率先為瞭解剖學研究而進行解剖的第一人。我們無從得知阿爾克邁翁解剖的是人還是其他動物，但不論哪種方式，都使他得到理由來將精神生命的中心置於腦部。

對阿爾克邁翁來說，視神經的接合解釋了為什麼眼睛總是行動一致。他把視神經稱為進入腦的「帶光路徑」，並認為眼睛本身包含了光，證據就在於在眼球上或眼球內施加壓力，好比說重擊或擤鼻涕，又或者視神經或視網膜上的疾病或損害，都會造成光幻視，感受到閃光或之類的光線，或者「眼冒金星」。眼睛包含光的看法，一直要到西元 18 世紀才終於遭到捨棄。[3] 其他幾個前蘇格拉底哲學家和阿爾克邁翁有著一樣的看法，其中最主要的是德謨克利特，而他又影響了柏拉圖。德謨克利特和他的老師

留基伯（Leucippus，原子論者）主張萬物要不是原子，不然就是虛空，讓原子在其中移動。原子有不同等級的精細度：輕巧的、快速的、正球體的原子，構成了精神（psyche，或稱「靈」），遍布在整個身體中，但大部分聚集在頭部。比較沒那麼精細的原子主要聚集在心臟，構成感情的所在，而比更不精細的原子則聚集在肝臟，解釋了為什麼它是欲望之所在，包括飢餓和性欲。柏拉圖採納了這種靈魂功能——智能、情感和欲望——的三分法，也採用了三者的所在位置；他在《蒂邁歐篇》裡說，「諸神模仿著宇宙球形，將兩道上天的程序封閉在一顆球體內，也就是現在被我們稱做頭的地方，而那地方便是我們最有神性的部分，也是我們體內一切的主宰：當諸神拼湊起人體時，將所有其他的部位當作腦的僕人。」[4]

希波克拉底和他的學派強調腦是思想和情感的中心：「我們愉悅、歡樂、歡笑與娛樂的泉源，我們悲傷、痛苦、焦慮和眼淚的來源，除了腦之外別無他者。它是讓我們得以思考、看見和聽見的器官」——而要歸咎於它的，不只有睡眠障礙、健忘和反常，還有我們的癲癇——「神聖的疾病」，而希波克拉底嚴詞聲稱，那種病和神聖或者超自然無關，而是一種由無法從腦排出黏液所造成的痛苦。

希波克拉底學派並未從事解剖，而是仰賴——總的來說是相當仰賴臨床觀察和經驗，所以儘管該學派擅於描述疾病的體現形式，但說到疾病的成因就沒那麼厲害了。因此就有了關於黏液的看法，仰賴「血液、黏液、黃膽汁與黑膽汁」的四體液說；而其平衡或者缺乏平衡，各自被拿來解釋健康與疾病。然而，儘管缺乏背後的解剖知識和生理學知識，希波克拉底派還是如引文所言，明確反駁心臟和情感有關的主張（就連到情感這種層次都無關）。[5]

從阿爾克邁翁一路到希波克拉底的腦理論傳統，是小眾的看法。比較古老且普遍受支持的理論，即心智所在之處為心臟，則是亞里斯多德所堅

決主張的；他摒棄了腦理論，認為它「謬誤」。他引用了強大的實證推理支持心臟論，方法如下。從經驗來說，情感很明顯地會影響心臟；它在恐懼或興奮、憤怒或激動時快速跳動；當人冷靜時，它就緩慢而穩定。腦這邊完全感覺不到上述狀態的任一種。心臟是血液的來源，而血液是感覺經驗之所需，而且它是溫暖的，表明了這是較高等生物的生命。腦則比較無血，而且冰冷，也沒有感覺。心臟本身可以感覺到痛苦，但活體動物的腦可以在完全不展現任何痛苦或不舒服的情況下被割下。心臟透過血管系統連結到所有肌肉和感官；缺少血的腦就辦不到。幾乎沒有哪種動物沒有心臟，但沒有腦的可有不少，從這樣的事實中，我們可以看出心臟是生命之不可或缺，但腦就不是了。胎兒體內第一個發展出來的是心臟，它也是生命結束時最後一個停止運作的器官；腦比心臟晚發展出來，而能在心臟停止運作前先停止運作。眼、耳、鼻、口都是為了方便而高高搬到頭部，提供了一個比較高的有利位置；它們鄰近腦並不意味著它們傳達的情報是用於腦。無論如何，「感覺」發生在全身上下，並需要一個中心點讓它們可以融入亞里斯多德所謂的「常識」。心臟就是因此才在身體的中央，正合於它的重要性。[6]

但亞里斯多德說，這並不是把腦貶為無足輕重。正好相反，心臟是一個熱器官，需要由一個冷器官來平衡，好讓它能「達到平均、正確且理智的位置。因此本質寒冷的腦，會緩和心臟的熱和混亂」。腦僅僅被封在骨頭中，不像心臟有厚厚一層肌肉、骨骼和包裹它的肺臟作為外層，而腦也是因為沒有這些而比較冷。它能輕易消散熱量，讓血液冷下來。從天冷時戴帽子能保住一些本來要被腦散掉的熱量，就能看出這一點。如果腦太熱，就會充血產生黏液，也就是癲癇的病源。但關鍵點在於，腦是心臟至關重要的附件，讓它保持正確溫度，它才能正常進行思考與感受工作。人腦的巨大尺寸，因此和人類天生優於所有其他生物的智慧有關，因為它是

傑出的散熱器。亞里斯多德也無心插柳地走對一條路，那就是把精神疾病歸咎於腦功能障礙，儘管在他看來，那是因為腦未能有效地冷卻心臟。

在亞里斯多德對心智的討論中，常被忽視的一個推理是，希臘哲學的心智概念和我們擁有的心智概念不完全一樣，而是所謂的「精神、靈」（psyche），在拉丁文則是 *anima*；先不提這股力量的其他功能，光提它能夠賦予生命，或者讓東西活著就好了，而對亞里斯多德來說，意義最重大的地方就在於，它是把有生氣和無生氣的東西區分開來的運動與變化原理。對亞里斯多德來說，運動和變化是重要的概念；他指責許多前人無法解釋這些現象如何發生，他也有意識地反對巴門尼德（藉由芝諾〔Zeno〕設計的運動悖論來說明的）所謂「變化和運動不可能存在」的看法。[7] 對亞里斯多德來說，溫暖搏動的心臟和冷而不活躍的腦形成對比，成為包括思考和感受在內的所有活動原理所在位置的最佳候選地。

亞里斯多德這位遠遠走在時代前面的生物學家，解剖了共四十九隻從蝸牛到大象的不同大小動物，而且在做這件事的過程中，檢驗了各種腦並注意到了腦膜、腦半球和腦室。在某些案例中，他確實有將實驗對象活體解剖。這麼說來，他沒發現腦的真正功能，就還滿令人意外的。這得歸因於一個事實，那就是他並非醫學人士，因此沒觀察過也沒治療過那些展現精神障礙症狀的頭部損傷病人，若有的話或許就會留意到，頭部同個區域的損傷會在不同病患身上產生類似的障礙。那本身就是指向正確方向的明確指標。

所以說，格羅斯（Charles Gross）強調在亞歷山大征服埃及與地中海東岸世界又加以希臘化之後的幾個世紀裡，亞里斯多德的想法對整體科學發展、尤其是對腦的理解方面有著正面影響，（就算前面將他描述成那樣，）其實是沒錯的。成為埃及統治者的亞歷山大童年玩伴——托勒密一世（Ptolemy I），在亞力山卓成立了一間大機構「博學院」（Musaeum，

「繆思的所在」），是一間大學兼研究機構，由國家出資的大群學者在那裡研讀、教學以及研究。建議托勒密設立博學院的人，是亞里斯多德大弟子泰奧弗拉斯托斯（Theophrastus）的學生們。托勒密試著吸引泰奧弗拉斯托斯本人來亞力山卓掌管這間博學院，但泰奧弗拉斯托斯派了他的學生斯特拉托（Strato）和德米特里（Demetrius）代替，而他倆便成立了那間在許多方面來說都延續了亞里斯多德學院的「呂刻昂」（Lyceum）。在博學院裡，人們遵循亞里斯多德在實作科學方面、尤其是解剖方面的範例，促成解剖學的蓬勃發展，其中又以神經解剖學最突出，展現在「迦克墩的希羅菲盧斯」（Herophilus of Chalcedon）和「基歐斯的埃拉西斯特拉圖斯」（Erasistratus of Ceos）的研究工作中。他們是已知最早大量進行計畫性人體解剖的解剖學家。特土良（Tertullian）聲稱，兩人活體解剖了超過六百名死囚。他們的一個主要興趣是腦；希羅菲盧斯是第一個區分大腦和小腦、辨認出視覺神經和動眼神經之間關係、仔細觀察眼睛本身內部構造，以及辨識出顱內神經和血管差別的人。[8] 埃拉西斯特拉圖斯描述了心臟瓣膜，並認出心臟是一種泵浦，還把運動神經與感覺神經區分開來，並將兩種神經的源頭都上溯到了腦。兩人都從實證根據中相信，腦是心智之所在位置。

特土良表達了基督教思想家對亞力山卓人體活體解剖行為的憤怒。但這項活動獲得羅馬歷史學家塞爾修斯（Celsus）的辯護，他說：「那並不如大部分人宣稱的那麼殘酷，因為針對所有時代無辜者的療法應該能在犯罪者的犧牲當中找到，而且當中只有極少數的犧牲。」[9] 這一類的正當理由也被拿來捍衛當今的活體動物實驗。但在這一點上，如果進行實驗的對象是少數其他人，人會傾向於同意特土良。就如格羅斯觀察到的，「此後再也沒人有系統地實行過人類活體解剖（直到第三帝國為止）」──他大可加上日本於 1930 至 1940 年代在佔領地上進行的活體實驗──「甚至連

屍體解剖都從西方消失，直到在中世紀新成立的大學中復興，然後也只是為了法醫鑑識目的，而不是為了醫學或科學目的。」[10]

格羅斯有個挺有意思的主張，認為亞力山卓學者接受人體解剖的理由，是因為有埃及人的木乃伊製造工作，他們在進行防腐之前，需從屍體身上移除腦和其他器官。另一個理由是，希臘在埃及的支配地位意味著他們對受征服群體的良心顧忌不大，所以才會把囚犯當作活體解剖對象。此外，整體來說，在希臘化世界裡，不帶太多情感地把屍體當成曾被賦予生命的人如今丟下的軀殼，其實是很正常的。不論理由為何或者錯綜複雜的諸多理由為何，解剖研究一度在亞力山卓蓬勃發展，但要出現更大的進展還要等上四個世紀，而這一次則是靠著蓋倫的研究工作。

蓋倫同時以死體和活體解剖為基礎，成為高超的解剖學家——他那時代的羅馬禁止解剖人類屍體，所以要瞭解人體解剖結構，他得解剖最近似人類的動物，也就是猴子，特別是巴巴里獼猴。僅限於解剖動物，就意味著他難免會對人體解剖結構做出錯誤的推測，部分錯誤要到 16 世紀的維薩里進行研究時才會徹底意識到。然而他的天才創舉彌補了不少。

身為一位多產的研究者兼思想家，蓋倫寫了超過五百篇醫學和哲學方面的論文，也包括了倫理學；他對希波克拉底和柏拉圖的景仰有多深，對亞里斯多德和埃拉西斯特拉圖斯就有多堅決地不同意。蓋倫的文集與其他不計其數的古代文獻一樣，只有一小部分倖存至今；據說他的許多著作都在西元 191 年羅馬的一場圖書館大火中燒毀。倖存下來的部分，到頭來對日後的阿拉伯和歐洲醫學有著非常大的影響。蓋倫確實是文藝復興時期以前唯一的醫學權威。

儘管蓋倫景仰希波克拉底，但他不自限於為研究而觀察症狀，而是手上拿著解剖刀，來探查症狀的生理學基礎。他的興趣除了瞭解剖學和生理學之外，還延伸進入藥理學（收集藥用植物並開立處方）以及心理學（辨

識並描述心身疾病）領域。他也是一位外科器械發明家，其用途涵蓋解剖和手術。他對前人的醫學理論非常精通，特別受到希波克拉底的四體液說影響，而該學說的其中一個含意是，它們之間的不平衡不只會造成生理疾病，任一種體液若長期都佔較大份量，甚至會影響那個人及其心理：因此有些人樂觀（血液佔多），有些人易怒（黃膽汁佔多），有些人憂鬱（黑膽汁佔多），有些人則冷淡（黏液佔多）。

蓋倫理論的一個關鍵概念是氣息（pneuma），也意指「靈魂」。它被吸入肺，從那裡傳到心臟、肝，然後是腦，然後再傳到身體其他部分，由心臟轉化為生命力（pneuma zotikon），使身體有暖意（其生命），並藉由腦化為靈動氣（pneuma psychikon），也就是精神或者靈[*]。靈動氣佔據了腦室，並從那裡啟動散布於全身的神經，傳送運動並接收感覺。腦是思想、記憶、想像、意志和感覺的所有認知功能之所在，而蓋倫稱其為hegemonikon，即所謂的主宰或控制者。

蓋倫透過解剖研究辨認出十二個條腦神經中的十條，還有連結兩個大腦半球的胼胝體（corpus callosum）、腦室、海馬區內的穹窿（fornix）結構和中腦內的頂蓋（tectum）結構、從迷走神經（vagus nerve，十號腦神經）分支出來到喉肌肉的喉返神經（recurrent laryngeal nerves）、腦的血液供應，還有脊髓以及它在運動和感覺上的重要意義；最後這項是觀察脊椎受傷的角鬥士在低於受傷處所出現的不同程度癱瘓及麻痺得出的結果。而在他活體解剖猴子脊髓上下不同位置時，也有著一樣的結果。他注意到，切開第五頸椎（位在脖子上，在人類身上的話大約在喉部高度）會導致所有肢體癱瘓與麻痺，但橫隔膜不會固定位置。將脊髓剖去一半會導致失去

---

[*] 譯注：作者對 *pneuma psychikon* 的釋義為 *psyche*，也就是本節前面提到的「精神、靈」，與希臘文略有不同。

同側（ipsilateral）的自主運動力，並在對側（contralateral）失去溫度和痛的感覺。和面部麻痺有關的單側身體癱瘓（半身不遂）或肌肉無力，是對側腦半球損害的結果，意指著腦神經涉入其中；面部沒有麻痺的話，就指出損傷位在脊柱。他在頭部受傷者的顱骨上開洞（頭部穿孔），來排掉顱內血腫並減輕壓力。總的來說，他是一位傑出的解剖學家和醫學家。[11]

蓋倫對於《蒂邁歐篇》的景仰，使他自己的生理學研究裡對「氣息」所在之處的說明，和柏拉圖的「三分靈魂」（心智在腦中、情感在心中、欲望在肝中）安排非常相似。如上所言，「心智」包含了理智、記憶、感知、想像以及意志。三個氣息所在的任一點若有不調和（dyskrasia）都會導致精神疾病，就像四體液的不平衡會導致身體不健康，且導致性格上出現較小幅度的偏重差異那般。他描述了各種精神疾病和腦的疾病，包括狂躁、譫妄、妄想失智、昏迷、僵直、癲癇，以及種種智能衰退。而他很謹慎地將精神疾病和愛與野心之類的激情區分開來，甚至當後兩者變得太劇烈時也一樣，並說，他們需要的是諮詢（我們現在可能會說精神療法）而不是醫療。在這層顧慮下，他借用了斯多噶派對於如何達到「心靈寧靜」（ataraxia）的建議，也就是帶著勇氣面對你在周遭世界中不能控制的事物，並制服你心中的食欲、恐懼和性欲。[12]

直到西元 16 世紀為止，蓋倫的著作都是醫學聖經。儘管在穆斯林世界中，阿維真納（Avicenna）這類學者大力促成了希臘科學哲學文集殘存部分的保存以及傳播，但由於基督教和伊斯蘭的教義禁止，一直到 13 世紀尾聲，人體解剖都還沒能恢復進行，若從亞力山卓博學院的研究算起，有將近五百年的斷層。實驗解剖學的其中一位最早期復興者，是波隆那的盧茲（Mondino de' Luzzi），又名蒙迪努斯（Mundinus），他遵循蓋倫，將腦室視為靈動氣的源頭，並在腦中替認知能力定位。但不論是蓋倫的權威還是他後來的追隨者，都沒有足夠的說服力去幫心智位在心臟還是腦的

爭論畫下休止符。16世紀晚期，亞里斯多德主義者切薩爾皮諾（Andrea Cesalpino）仍然主張「心臟不只是一切靜脈的源頭，也是所有神經的起頭」。與哈維同代的笛卡爾在《哲學原理》（*Principles of Philosophy*）中提到，在他動筆的17世紀前半，人們對於「心智和身體的相會處要置於何處」的意見不一致（他自己的選擇是腦中的松果腺），仍活生生地持續著。

然而要留意到，「腦是心智所在處」和「精神現象就等同於腦活動或是由腦活動產生」並不是相同的主張。大部分人持續當心物二元論者，他們想問的並不是「身體的哪個部分要擔綱精神現象」，而是「（另外存在的）心智是和身體的哪個部位相關聯，或者透過哪個部位來行動」。那種在啟蒙運動開始之前多半只能在前基督教時期找到的最傾向唯物主義的思考家，把心智、精神（psyche）、靈（anima）設想成由氣息或非常精煉的液體所構成，所以那些認為心智這種東西不管源頭在哪（不論心臟還是腦）都是透過神經傳遞的人，也不是像當代神經科學那樣，思考著擔綱精神活動的器官究竟為何。因此，我們會看見知名的解剖學家索摩林（Samuel Soemmerring）在他的《論靈魂器官》（*On the Organ of the Soul*，1796）中，將心智歸因於在腦室找到的液體，而他的同代人伯達克（Karl Friedrich Burdach）和梅克爾（Johann Friedrich Meckel）都把腦本身指名為「靈魂的器官」，其中前者說是整個腦，後者則把「靈魂的原始功能」歸於位置較低的腦，而把其「較高等功能」歸於上層腦——這樣的分配大致是在正確的路線上，對於一個將看法奠基於胚胎學和比較研究法的解剖學家來說，也不算什麼意外。

即便來到19世紀早期，有些研究者仍認為神經是生命靈氣或生命之液流動的管道——他們剛開始不太瞭解電在其中可能的作用，更不瞭解產生神經衝動的動態電勢電化學傳播（藉由逆轉鈉離子和鉀離子的極性穿過

軸突壁），以及藉由神經傳遞物來行遍大部分突觸的純化學傳導。

但不用再等多久，就會開始使用電流刺激來研究腦和神經系統功能了。伽伐尼在 18 世紀晚期使用罪犯屍體進行的那場駭人實驗，為人們展示了方向。19 世紀一些生理學家用活的或死的動物做實驗，從電流刺激切下來的蛙腿，以及從包括狗和猴子在內的各式各樣活體解剖實驗中，學到了許多事情，並提出更多假說。這些發展之中的領頭人物是費里爾（David Ferrier），他替狗和猴子皮質中的運動功能畫出了精準的地圖，先證實刺激相關皮質區域會展現活動，接著又損傷那些區域來展現功能喪失。他把他繪製的彌猴腦地圖用於人腦，結果有接近的結果，因此那張地圖便被用於臨床實作和神經外科。對病患來說很幸運的是，醫學是一個以證據為基礎的進程，而神經學家很快就學著把地圖當作一種指引（而不是當作樓層平面圖進行裝修），藉由觀察損傷和腫瘤對行為的影響，來發展找出它們的方法。[13]

人們從 19 世紀後半開始正確理解神經細胞，靠的是高基（Camillo Golgi）發明的技術，將腦組織固化並上色，好讓它在顯微鏡下清楚呈現。知名的神經解剖學家拉蒙卡哈（Santiago Ramón y Cajal）又利用其技術加以改進，而他繪製的神經元圖片迄今都還在使用。他的研究成果有助於將神經系統為「網狀體」的想法（在高基之前，解剖學家能看到的就只有糾纏成一團的纖維網路），以「神經系統為一個個分離的神經元」來取代。等到別人使用解析度高過卡哈的儀器進行研究，就證明了腦和神經系統的神經元有各式各樣的類型。

然而，即便神經解剖學在所處的科學領域中正抵達成熟階段，且「心臟中心論」和「腦中心論」對於精神所在位置或精神連結的爭論也以堅定贊成後者畫下句點，但就人們覺得有需要證明為何身心二元觀點站不住腳這方面來說，心智是什麼、以及心智與身體之關聯，依舊是令人關切的問

題。

　　「心物二元論」是形而上學的命題，指精神現象和生理現象（心與身）是兩種不一樣的東西。心物二元論最具權威的陳述，就是笛卡爾的《第一哲學沉思集》（*Meditations on First Philosophy*）。在那當中，笛卡爾主張世上存在的一切要不是以物質體構成，就是以精神體構成，其中「體」（substance）是一個哲學上的術語，指的是「唯一一種（或其中一種）最基本且基礎的存在物」。笛卡爾將「物質體」定義為「佔有空間者、擴充的物」，而「精神體」則是「思想、思考物」。笛卡爾仰賴的一個方法論的主張，支持了心智和物質是**實際上有所別**的東西：「我可以清楚確實地瞭解到一個東西有別於另個東西，上述事實就足以讓我確信，這兩個東西（實際上）是有所區別的。」——但這個主張有其可疑之處。

　　笛卡爾將物質和心智描述成**打從根本**有所不同——在本質上不同、促使它們之所以各自如此的因素不同——而這就引發了顯然無法克服的難題，即它們要怎麼相互作用？像弄傷腳趾頭這樣的實體事件，要怎麼導致精神上出現痛苦？像思考「該起床了」這樣的精神事件，要怎麼導致起床這種實體事件？笛卡爾提出的想法是，心智和物質在腦中的松果腺交互作用，他選擇這地方是因為它是僅有一個的結構，和它周遭成對的結構都不同，而且它位處中央，便於作為整個神經網路向外散發以及回頭匯聚的地點。他的後繼者很快就看出，這沒辦法解釋心與腦如何交互作用，因為它就只是把難題隱藏在一個位置方便的小器官裡，沒有說明交互作用要如何進行。

　　面對交互作用的難題，這些後繼者訴諸某些費盡苦工的解答。他們的策略是接受心物二元論，但否定心智和物質有交互作用，它們看起來會是這樣做，是神性的隱藏行動所造成。法國哲學家兼祈禱會（Oratory）會士馬勒伯朗士（Nicolas Malebranche），以及德國哲學家兼數學家萊布

尼茲（Gottfried Wilhelm Leibniz），各自提出了這個解法的不同版本。馬勒伯朗士認為，有一位神讓精神和身體事件在舉凡需要相合的時候相合，所以就是：該神偵測到精神上飢餓的感受，便引起一個身體的運動而前往廚房，來準備一份花生醬三明治並享用它，那之後又轉而造成一個精神上的飽食感。這個學說叫做「偶因論」（occasionalism）：每當精神或身體發生的事情分別需要一個身體或精神聯繫的場合，神就會提供一個。神持有無限力量，在這種情況下顯然很管用，在每一刻都恰好給予了所需的聯繫。不過，因為某些問題需要大幅度的心身及身心配對也都涉及到神，所以在那樣的窘境下，想必連神也會後悔創造這個世界。

萊布尼茲同意交互作用並沒有發生，而是有一個神從創造宇宙的瞬間開始，就讓身體和精神的領域彼此徹底平行而同步啟動，讓它**看起來像是**心智和物質在交互作用。這稱作「平行論」（parallelism），而它招致了「堅守嚴格的決定論」的代價——不然的話，領域之間的平行就會無法達成。決定論在此也引發了我們熟悉的自由意志、道德責任和人性概念等難題。

這些試圖規避心物二元論產生之難題的苦心，很顯然沒有一個能充分讓人接受。笛卡爾那時代之後的大多數哲學家，認為唯一合理的別種選擇就是一種一元論，也就是堅信世上就只有一種「體」。有三種主要的可能：只有物質，或者只有心智，或者有一種心智和物質都是其表現或效應的中性物質。三個都有其擁護者——斯賓諾莎，以及柏克萊（George Berkeley）與詹姆斯（William James）各是後面這兩個版本[14]的代表人物——但最有影響力的是第一個選擇，也就是把精神現象化解到物質基礎，儘管那也是與有神論最不一致的選擇。

笛卡爾本人在承認松果腺主張的徒勞之後，不再嘗試尋找一個夠好的方法來解決交互作用難題，但他沒有放棄心物二元論本身。一個理由是

他不甘願放棄有神論的正統派觀念，因為他認為的唯一別種選擇，即唯物一元論，與正統觀念不一致。但還有其他理由，那些理由更全面地注入在「二元論為真」的廣泛假設中。其中最主要的是精神和物質的特性徹底不同：物質的存在有在空間中的位置，有重量、速度，而且（在肉眼層次上）有顏色和氣味；而精神類的存在，好比說想法、記憶和希望，都沒有以上這些性質。它依循笛卡爾相信的那一類看法，意識的存在可以在肉體死亡後繼續留存，精神現象的存在則毫不仰賴物理現象，而我們從眾多例子（岩石、棍棒、雨滴）看到，大多數的物理之物沒有展現與精神事物的聯結，更別說仰賴它了——因此就將精神和實體彼此獨立區別。而且說巧不巧地，在一個稍稍不同的版本中，精神和物質事物的不相像，甚至到了今日都仍是思考心智時的一個分歧點，關鍵就在於「感質」（qualia，說明見下文）的難題上。

　　一個比那晚近許多、勇敢回應心智難題的英勇壯舉，是將所有談論精神的說法都轉譯為談論行為的說法——也就是說，將痛苦、情緒和欲望等精神概念，化為人的可觀察行為和行為意向描述——因而把精神與身體現象的關係重新聚焦。這樣做，一方面完全不必提及精神現象，同時也不用提供一個腦理論來當作那些現象的源頭，所以難題就解決了。行為學家強調了行為公開可觀測的這點；從這些方面來詮釋精神現象，就不需要仰賴內省報告當作心理學探問資料，也因此不需要任何內在主觀的東西。所以「X正痛著」，就被「X在流血、抽搐並呻吟」所取代——在行為學家看來，這就給了我們一個有關「痛苦」意義的客觀清楚的記述。

　　提倡這種看法的領頭人物是心理學家史金納（Burrhus Frederic Skinner）以及華生（John Broadus Watson），而哲學家賴爾（Gilbert Ryle）以及奎因（Willard Van Orman Quine）則從他們的看法發展出多種版本。這幾位思想家的看法彼此不同，但他們全都面對同一個關鍵難處，就是行

為主義並沒有成功使人們再也不提及信仰和欲望這些幾乎在所有對行為的**解釋**中都會出現的基礎精神現象。描述一個人的身體朝一間店進去並單手拿著一包餅乾重新出現，並沒有解釋他的行動。他對店內可以得到餅乾的信念、他對餅乾的欲望、他想要如何處理餅乾的意圖等等，都是這種記述中必要的內容。如果我們試圖將（好比說）「X想要一片餅乾」，分解為「如果達到這樣那樣的情形，X走入店內並帶著幾包餅乾重新出現」的話，某些基本的東西就被排除掉了，除非信念和欲望的部分有被偷偷夾帶進「這樣那樣的情形」（such-and-such circumstances）這一條記述中。

賴爾在他最知名的著作《心智的概念》（*The Concept of Mind*）裡闡述看法時，發明了「機械裡的幽靈」（the ghost in the machine）的概念，來簡述笛卡爾和心物二元論者整體來說相信、而科學和哲學共識想要去反駁的那個看法有什麼特性。[15] 後面這群人在反駁它的過程中，有鑑於腦的運作是徹底不透明的，而精神現象由腦部運作造成的方式（或者說精神現象展現於腦部運作的方式，或者說精神現象隨著腦部運作而發生的方式），是不清楚甚至無從猜測的，因此以黑盒難題取代了心物二元論引起的交互作用難題。行為主義者，以及稱作「功能論」的後繼者，都嘗試在不需要腦運作理論的情況下，找方法來瞭解精神現象並描述精神現象的特性。功能論的主張是，我們必須從（好比說）痛苦和欲望所起的**作用**方面，來瞭解痛苦和欲望這類精神狀態——也就是說，我們可以把痛苦視為在一條因果序列中把某幾種輸入和某幾種行為聯繫起來的連結。有別於行為主義者，功能論者並不把「痛苦」化解為「可觀測的抽搐和呻吟」，而是將之描述成讓「這樣那樣的情況」和「這樣那樣的行為」連結、在功能上有其道理的東西。就與行為主義者一樣，這理論靠的不是堅持要從某方面瞭解功能狀態如何在黑盒內出現；而是把注意力限縮於進盒子的輸入和出盒子的行為，至於機械到底在嗡嗡響個什麼就不管了。

　　但逃避嘗試理解黑盒內部，顯然是無法令人滿意的，也早就有人在嘗試研究腦是如何和相關精神現象有所關聯，這已經行之有年了。

　　關於腦功能是各部分有所專精、還是全體一致的問題，19 世紀的腦研究者看法不一。19 世紀初期，顱相學家加爾（Franz Josef Gall）倡導不同機能或功用局限於腦中不同區域的理論；而且，雖然從現在的眼光來看，他試著感覺人們顱骨上的突起以找出腦區域的方法滿荒唐的，但基本上來說，他這種關於腦功能區域性的想法，和今日許多神經學家支持的看法並沒有差別。法國醫師兼生理學家弗盧龍（Jean Pierre Flourens）藉由兔子和鴿子的實驗證明，腦的基本分區是各有專攻的：感知和判斷在大腦半球，平衡和運動協調在小腦，呼吸和循環等維生必要的自主功能則在腦幹。由於無法找到記憶和推理的特定地點，他因此結論說它們是由全腦活動所產生的。[16]

　　弗盧龍的調查方法稱為「毀除研究」（lesion study），也就是，發現精神運作和腦中各區域損傷的連結關係。從那方面來說，它和上述費里爾（David Ferrier）的研究工作類似。另一名與弗盧龍同年代但比較年輕的法國醫師，以同樣技術（但這次是和人腦相關）做出了重大發現，他就是布洛卡（Paul Broca）；他發現前額葉的一個部分（額下回〔Inferior frontal gyrus〕）專司**生產**語言。同個世紀稍晚，德國精神病醫師兼神經病理學家韋尼克（Carl Wernicke）發現，皮層的另一個區域專司言語理解，位於額下回更後方的顳葉上端處（顳上回〔superior temporal gyrus〕）。90%的右撇子和 70% 的左撇子的這兩個中樞，是同時位於大腦左半球。這兩個區域是由一捆叫做弓狀束（arcuate fasciculus）的纖維所連接。在這兩個案例中，都是腦中各個區域的損傷或疾病，讓布洛卡和韋尼克警覺到它們的功用。[17]

　　在腦部成像技術到來以前，毀除研究（研究人身上的損傷和疾病，

在動物研究中製造損傷，從進行腦手術的病患身上觀察現象）是探索人腦的主要手段。在腦損傷及其對精神生命的影響方面，一個最有名的例子，就是鐵道建築工蓋吉（Phineas Gage）的案例。1848 年 9 月，蓋吉在佛蒙特州擔任一組工人的領班，他們為了鋪設軌道，使用炸藥來清開岩塊。一根約九十公分長的鐵桿在爆炸中向上刺進他左臉頰和眼窩後，從他頭頂貫穿，因而破壞了他腦額葉的一部分。蓋吉一時間暈眩過去，但被送上車時意識清楚，一路直挺挺地坐著回到鄰近克文迪許（Cavendish）鎮的旅館，還走上樓回到自己房間。當地醫師哈爾羅（John Harlow）檢查他的時候，他因為吞下大量從頭內受傷處排進體內的血液而嘔吐，而這就相當於「從顱骨頂端的出口洞擠壓出大約半茶匙的腦掉到了地板上」。[18] 一開始，頭部傷口的感染讓他的身體創傷難以復原，但在哈爾羅靈巧勤奮的照料下，他還是康復了。哈爾羅於 1848 年 12 月在《波士頓醫學與外科期刊》（*Boston Medical and Surgical Journal*）發表了針對本案例的兩份記述中的第一份。[19]

蓋吉後來又活了十二年，而認識他的人形容他「不再是蓋吉」，人格和出意外前的他完全不同，他變得更有侵略性，情緒沒那麼穩定，習慣出口成髒，不再是意外前的那個穩定、可靠、精明的人了。當他生命快到盡頭時，他似乎恢復了一定程度的性格穩定性，但也出現了癲癇，並在一次發作中於 1860 年 5 月死去，享年三十六歲。[20]

蓋吉的案例強力展現了腦和人格的關係，並讓區域論者和全腦論者的腦功能問題辯論火上加油。因為蓋吉這段（後來在各家報紙上稱為「美國鐵撬奇案」而聲名大噪的）故事充斥著眾多聳人聽聞的傳聞，他在肉體損傷後精神變化的性質、程度和長度如何，反而很難獲得一個精確的描述。人們熱烈談論蓋吉傷前的性格，這讓傷後的改變看來更戲劇化；也因為他的餘生都有如某種遊樂園奇觀，並在各式各樣的地方輾轉工作，甚至遠達

智利（擔任驛馬車車伕），因此不可能描繪出一幅可靠的臨床面貌。為人稱道的哈爾羅本人也試圖追蹤蓋吉的進展，甚至在蓋吉不幸過世後還取得了他的顱骨，但他收集的證據也只是軼事傳聞罷了。[21]

　　布洛卡和韋尼克所立下的範例——順帶一提，科學圈的某些人一開始對這種範例表達懷疑，但其他尋求理解意識的人們已經獨立探究下去，我們將在接下來的第三章繼續談——導致了越來越多的毀除研究，不只標示了語言能力的位置，也標示了記憶、情感、視覺和運動控制的位置。1950年代，人們辨識出海馬迴在記憶方面的作用，而幫助嚴重癲癇患者的外科干預（即切斷連結兩個腦半球的胼胝體結構），則揭露了（盡量不誇大地說）左腦半球通常主導了語言和推理，而右腦半球主導了空間能力。[22]

　　諾貝爾生醫獎於 1981 年頒給了斯佩里（Roger Sperry），以表彰他的裂腦研究。斯佩里從 1950 年代開始研究猴子、貓和人類，並發現當腦的兩個半球分開時，它們會像是精神生命的兩個獨立中心那樣運作。引發他好奇的是，胼胝體切割過的人其實並沒有任何明顯機能障礙；包含厚厚一捆神經纖維的胼胝體，從尺寸看是一個重要結構，然而切開後卻對病人沒有明顯干擾。他從已經辨識出來的腦功能偏側性（兩個半球各自掌管相反側的身體和視域）開始，設計了只把情報送給單邊腦半球的實驗，進而發現兩個半球的相互獨立性。舉例來說，他給患者的右眼看一個意指某物的詞，然後要求患者說出那個詞，那名患者可以輕易做到這點。當他把圖展示給患者左眼看，她就無法說出那個詞，但如果要求她畫出該詞指的那個物，她就做得到。[23]

　　如果在其他方面都沒事的話，裂腦患者會保有記憶和社會技能，並能正常運作。他們看起來沒辦法學習需要兩邊肢體各自獨立動作的新技能，好比說彈鋼琴，但明顯的缺陷並不多。比較局部區域的損傷會有比較明顯的缺陷發生，使得那些區域和其導致的功能受損或喪失，浮現了相關連

結。在可以使用非入侵的腦成像之前,毀除研究提供了唯一一種能畫出腦部地圖來發現這些關聯的辦法。

然而,這個假設(損傷證明了特定認知功能限定於特定解剖結構內)是有問題的,至少有個理由是結構和功能之間很難建立恆定不變的一對一相關性。一方面,個別的腦各有不同;另一方面,有些功能是跨越腦的各處以分發的方式執行,而腦的可塑性意味著神經元結構可以發展出變化,來回應新的挑戰。執著於功能的模組化或者區域限定,恐怕會忽視了上述要點。當損傷或疾病影響腦部時,它涉及的往往不只一個區域;腦的有些區域比別的區域更容易受中風影響,一旦受傷,損害可以很嚴重,會干擾甚至中止許多功能。另一方面,腦的功能冗餘,也意味著有可能發生了小中風但不會造成明顯缺陷。不論如何,如果假定當損害發生在特定區域時,未損傷的區域會維持原狀,那恐怕是錯誤的;人們常常觀察到,失去的功能性可以藉由腦中其他部位承擔其責任而恢復。

而且還有一個事實是,如果一個腦區域得要和一個相隔甚遠的區域連結起來才能運作,那麼當那個遙遠區域受損,或者兩者之間的連結被切斷時,就算前者仍然健康,也可能因此停止運作;所以,直接從特定區域就推論到功能喪失,或者直接反過來推論,都有可能是錯誤想法。

這些對毀除法的批評,自布洛卡以來就差不多定型了,但面臨的問題已因成像技術的出現而有大幅進展:單光子激發斷層掃描(single-photon emission computed tomography,SPECT)有時與更快速的 X 射線電腦斷層掃描(computed tomography X-ray,或稱 CT)結合運用;正電子發射斷層攝影術(positron emission tomography,PET)——「攝影術」是使用上述任一種穿透輻射的斷層或區塊成像方法;近紅外光譜儀(near-infrared spectroscopy,NIRS)測量腦的氧合作用;腦電圖(Electroencephalography,EEG)測量腦電波活動;腦磁波儀 (Magnetoencephalography,MEG)和

穿顱磁刺激儀（transcranial magnetic stimulation，TMS），前者負責做紀錄而後者在腦中誘發磁場；還有磁振造影（magnetic resonance imaging，MRI）。特別是最後一個，使腦以及腦功能的研究得以大幅前進。MRI 有多強大，概念就多簡單：將一名受實驗者置於 fMRI（功能性磁振造影）掃描器內並給予各種刺激，包括了進行某項工作，或者圖像、聲音，要求記憶或想像等等，過程中會監控其血流，以觀察給予刺激時哪個區域會引來較多的血液。

　　概念的簡單掩飾了方法的間接性。它是如下運作的：當神經元觸發時，會造成一個代謝支出。神經元本身沒有儲存葡萄糖和氧，所以被觸發就得從腦的供血中集聚這些資源。在這情況發生的區域，因為氧轉移給神經元，所以氧合血紅素與還原血紅素的比例會出現改變。充氧和去氧的血在磁性上不一樣：前者是反磁性的（會被磁場排斥），後者是順磁性的（會被磁場吸引）。順磁感應的增加就意指去氧的血增加，顯示了該區域的神經元正在使用較多的氧。fMRI 掃描器就是偵測並記錄這個變化。被這方法拍下來的叫做 BOLD 感應（blood oxygen level dependency「血氧濃度相依」）或血液動力（haemodynamic）感應，利用的是觸發的神經元攝取氧氣的速度比靜止神經元更快的情況。這樣收集到的初步資料是一個三萬體素（voxel，體積像素）的立體陣列，以每兩秒鐘大約一公厘的空間解析度捕捉一次。[24] 每一體素裡有幾十萬個神經元。一個神經元收到一個刺激後會在一百毫秒內激發；BOLD 感應大約要花六秒。因此，fMRI 在時間上的解析度，和神經元的活動相比非常緩慢。[25]

　　fMRI 並沒有測量神經元中代謝活動的絕對量，只是測量了給實驗對象提供刺激前和刺激後的代謝活動程度差異。它也沒有測量神經元活動的強度。是什麼造成了 BOLD 訊號？目前仍不清楚。是動態電勢？突觸活動？抑制作用？而且觀測到的並不是因果關連，就只是某種活動，它的同

步發生在時間上相當接近，因此向觀察者顯示了它和給予的刺激有某種連結。

　　fMRI 面對的一個難題是，腦組織和空氣的磁感應有所不同，導致訊號波動或失真，而那看起來就會像是腦中某個本來認為認知功能顯著的特定區域正缺少一個 BOLD 感應。此外，fMRI 掃描器裡的受試者要面對極大量的噪音，而那可能會干涉他們的反應；而他們面對著不斷轉向的強大磁場，這其中有種假設是，掃描中的腦活動等同於它不在時會有的腦活動，或者不論如何，腦就是不會被掃描影響到讓觀測不可靠。就跟所有的觀測和實驗一樣，到這邊難免就會想到好事者難題。

　　除了這些技術問題外，批評者進一步指出，fMRI 提供的資料有詮釋上的限制。就算有很多資料將一個特定區域和一個特定功能建立起關聯，它也無法確定該區域是不是造成那個功能時**所必需的**（相比之下，毀除研究就可以這麼確定），也無法確定該區域的激發，會不會只是別區域活動的副產物。它也完全沒辦法探討那些持續處於活性狀態的區域所做出的貢獻；一直處於活性狀態，就觀測不到活動增加或其他活動的變化。

　　撇開這些存疑之處，fMRI 仍是強大的工具。它最大的長處就是讓人能研究**健康**的腦，而毀除研究按其定義就是辦不到這一點。它是非入侵性的，且提供的空間和時間解析度——先不論其限制——大幅勝過其他大部分技術，而它對於臨床醫師和研究者同樣有著極大功用，已證明自己擔任神經內科、神經心理學和神經精神病學的臨床裝置表現良好，也已在認知神經科學研究方面產出豐碩的資料和洞見。

　　儘管神經科學從它獲得新技術的動力開始算起，目前還處在早期階段，但它驚人的進展已經達成了兩件事：它解決了心智處在何處的問題，並且激起人們對於認知和意識的研究，也激發了一種對心智本質的新理解。這些是接下來三章的主題。

2

認知的腦

　　網路很容易能夠找到腦和其結構的詳細圖集，所以接下來的內容只會描述個概略，提供一個方向，讓人瞭解認知神經學家在腦活動以及腦活動與知覺、思考、記憶和情感的關係這兩方面，正在假設什麼。[1]

　　關於腦，有個標準說法是，它包含了一千億個神經元，有著一百兆種組合。巴西神經學家埃庫拉諾—歐瑟（Suzana Herculano-Houzel）發現一種估計腦中神經元數量的方法，而能得出更準確的數字。她將腦轉變成一份均質的液體，一份「湯」，然後在顯微鏡下計算一個樣本中有多少染色的核。她發現的數字大約是八百六十億（上下八十億的範圍內）。[2] 因此，取整數值的一般印象數字，其實也沒離高估計值太遠。不論用哪種算法，腦都包含了非常大量的神經元，和伴隨它們的神經膠細胞加起來，構成了密集擁擠的顱內空間。這數字一般都會拿去與銀河系的恆星數量相比：也就是兩千五百億（「上下一千五百億」：在這個數字下，「大約」這種想法本身也滿「大約」的）。扯這些數字是為了強調腦驚人的複雜性，以及它多不勝數的成分居然如此地小，因此有另一種不一樣但模糊程度不相上下的粗略估計，正影響著對腦功能的研究。

　　過去人們認為腦中神經膠細胞的量是神經元的十倍；但上述的腦湯研究主張兩者比例是一比一。**神經膠細胞**（Glial cell，「glia」即希臘文的「膠」）構成了神經元周遭不導電的支持兼保護封包。腦中有超過一半的神經元都擠在小腦裡面，那是位在大腦兩個半球下方中間處的一個球狀組織，作為後腦的一部分。從這個觀點來說，「小腦」這個名稱並不符實，但就大小來說就沒什麼不對：腦的皮層佔了腦80％的質量，但「只」包含了一百四十到一百六十億個神經元。

　　人腦大約重一・五公斤。平均體積一千兩百七十四立方公分的男性腦，大約比平均女性腦多出一百五十立方公分。[3] 有著海綿般的質地、眾多迴圈以及濕潤的外觀，腦（就跟人體大部分器官一樣）實在不是什麼特別美觀的構造，但卻是宇宙中一個最迷人的東西。

　　我們可以把腦設想為一個噴射機飛行員的頭盔，兩邊各有一個耳機（我們也得想像在頭盔後側底下有一顆稍微破壞形象的網球——也就是小腦）。靠著一條深刻的縱向裂縫分開、但又靠著厚實的整捆神經纖維「胼胝體」交叉相連的兩個腦半球，各有四個綜合區域。耳機（把它們想像成平放的拉長橢圓形）是顳葉，位置大概在耳朵上面的高度。先把它們暫時移開，來好好觀察頭盔本身。額葉佔大腦的45％；在它後面靠著中央裂（central sulcus，一道跨過腦的橫向裂縫）與其分離的是頂葉（parietal lobe），佔了大腦的35％；再後面位在腦後方的是枕葉，佔了大腦的20％。我們熟悉的那種綿延旋繞的腦部外觀，是由隆起和裂隙所組成，隆起的叫做腦回（gyrus），裂縫叫做腦溝（sulcus）。皺褶的綿延旋繞增加了腦的面積，以最有效的方式利用顱骨內的空間。

　　在重新把耳機（顳葉）戴回頭盔之前，看看它們內側的表面，以及它們貼上去的那一片大腦表面。這兩個表面之間的空隙是側溝（lateral sulci），一邊各一條。而藏在它們皺褶裡面的，是腦中極其重要的一個部

分，也就是島葉（insular cortex），有不少功能都要歸因於此，包括了意識本身。

皮層包含了許多層，每一層又包含了許多柱狀以及微型柱狀的神經元，以垂直於皮層表面的方式排列。皮層分成外六層「新皮質」（neocortex）和內四層「異源皮質」（allocortex）。比較高等的功能要歸給新皮質，好比說語言、運動控制以及感覺感知。記憶、情感、動機和嗅覺，則是要歸給海馬迴等邊緣系統之結構所在的異源皮質。

大腦靠著腦幹和脊柱相連，腦幹由三個主要結構構成：中腦、橋腦和延腦。其中的第一部分有著多重作用，參與了視覺和聽覺情報的處理、運動控制、睡眠和清醒，以及體溫控制。橋腦（pons，拉丁文的「橋」）在腦皮質和小腦和延腦（medulla oblongata，拉丁文的「拉長的髓」）間輸送訊息。最後一部分的延腦，是呼吸、血壓和心跳率等自主活動，以及嘔吐和打噴嚏等無意識活動的中心。

所有脊椎動物的腦都排列成三部分：前腦、中腦和後腦。每個部分都各有含液體的空洞，稱作腦室。前腦就是大腦；中腦和後腦構成了腦幹和小腦。人類的大腦大幅擴大（成了噴射機頭盔加耳機）且被認為是進行思考以及處理複雜資訊的地方。推理、判斷、解決難題、控制情感和行為，還有人格，都要歸給大腦額葉。枕葉是主要的視覺中心（說「主要」，是因為它把一些功能派給鄰近區域）。大腦兩邊的顳葉涉及了語言和聲音處理，而大腦中間的頂葉整合了感覺資訊，並在空間和運動處理方面起了一部分作用。塞在顳葉深處的是杏仁核（amygdala），是與情感有關的一團杏仁形狀的細胞，主要是關於負面情感如恐懼、焦慮、侵犯，且涉及記憶和抉擇。

大略來說，這樣就描述了腦和起於腦的一些功能。認知神經科學的目標，在於更詳盡地指認並理解結構和功能之間的關係，以及因此會指認

並理解功能本身。這個研究進行的詳細程度不會僅止於腦區域，更要來到腦區域的構成要素以及構成要素之間的連結，也就是神經元和突觸。試圖標定繪製出神經元之間幾兆個連結的偉大奮鬥，就是人類連接組計畫（Human Connectome Project，「連接組」這個詞是使用了「基因組」的類比）。

神經元和它們彼此的連結因此成為主要的興趣目標。它們是神奇的小機器。每一個都包含了一個細胞體，從中伸出一條軸突和一些樹突。也被稱作 *soma* 的細胞體，包含了細胞核和其他細胞器，其中細胞核容納了細胞大部分的 DNA（除了粒線體 DNA 以外的所有 DNA），而 DNA 會與各種蛋白質結合而形成染色體。細胞體構成了腦的灰質。軸突和神經膠細胞則是白質。軸突被包在一種像香腸串般的脂肪組織「髓鞘脂」中，它讓軸突絕緣並把沿著它移動的動態電勢——電脈衝——加速，實際上靠的是讓脈衝在髓鞘內從一個間隙跳到下一個間隙。這種間隙被頗為詩意地稱作「蘭氏結」（Nodes of Ranvier），是以 20 世紀初首位描述它的法國醫學家蘭維爾（Louis-Antoine Ranvier）命名。

靠著電荷相反的鉀離子和鈉離子在軸突壁的兩頭互換位置，在該點上改變極性，動態電勢便一路從一個節跳到下一個節，從一個間隙跳到下一個間隙。軸突可以在好幾個稱作「軸突終端」或「終端樹突」（telodendria）的地方終結，該部位隔著一段空隙與另個細胞的樹突尾端行動一致。這種間隙是突觸，而（在大部分的情況下）抵達的信號到了這時不再是電子信號，而會成為化學信號。軸突終端釋放出神經傳導物質使它穿過突觸間隙，而被另一頭的樹突接收，因此激發出另一個信號，向前傳給它們自己的細胞體（有些軸突和其他軸突是以突觸相連，也有些是樹突與樹突相連）。在一般的情況下，一個神經元透過其軸突送出信號，並透過其樹突接收信號。有些樹突會激發信號，其他則會抑制信號；激發與抑制的總

和，決定了神經元是否會繼續向前沿著軸突送出信號。

動態電勢的差異不是在幅度上而是在數量上，亦即差別在於傳遞了多少個（大小全都一樣的）「脈衝」通過神經元。脈衝的密度將傳遞的情報編成代碼。想像以下這版本的摩斯電碼：每個聲音都和別的一樣大（在摩斯電碼中確實是這樣），但你沒有點和劃這兩種不同模式，只有點和點之間的沉默：沉默越長，強度越低；沉默越短，強度越高。代碼就存在於在一段時間裡點的數量。一個粗略的比方，就是每秒幾個點：一秒一點就是 A，二十六點是 Z，中間就以此類推（如十點是 J）。在柯斯勒（Arthur Koestler）的自傳小說《正午的黑暗》（*Darkness at Noon*）中，囚犯靠著輕敲連通每間牢房的水管來溝通，而他們用的就是這種密碼的一個版本，利用一個五乘五的方格（五道橫排且每排有五個字母），並給每一個英文字母指派一對數字：橫一直一為字母 A，橫二直三為字母 H，橫三直五則為字母 O，如此這般。這證明了十分複雜的情報也可以靠簡單的手段傳遞，而眾多神經元組合起來的動態電勢就能夠達成。

因為每個軸突都和數個樹突通訊，它的信號便被傳遞給那麼多個其他的神經元；而每個神經元也是從其他眾多神經元接收信號。根據計算，每個神經元大約和一萬個其他神經元相連。就想想那一萬個之中的每一個都和一萬個相連；再想想在腦中一層層中總共好幾百億的神經元；再想想腦部甚至在睡覺時都不停運轉地活動著。這種喧騰嘈雜的互連與活動帶來的，簡直就是一種壓過一切的感覺。

神經元主要有三種：感覺、運動和聯絡神經元。感覺神經元從視覺、聲音、嗅覺、味覺和觸覺器官，攜帶情報進入腦中進行處理、轉譯並做出反應（一個人被火燙傷或指頭被針扎到的那種觸覺痛感，會透過脊髓傳到腦，而脊髓本身會處理所需的不由自主反應，而把受影響的四肢拖離，甚至在腦發布痛苦或行動的指令之前就做了）。運動神經元從腦和脊髓取得

訊息傳給肌肉、器官和腺體。聯絡神經元是一個腦區域內的連繫神經元，構成執行各種功能的神經迴路。

在這個簡單描繪中（又特別是在上一段的最後一句話裡），腦的特徵看起來又像是由模組構成，其中特定區域支持特定功能。從上述的毀除研究和成像研究得到這種含意，讓人比較樂於接受。然而，同樣也如前面提過的，問題恐怕沒那麼直接了當。把腦想像成一個由網路構成的網路，功能在這網路中比較像是被分配處理而不是分區交辦，而網路樞紐在功能分配上有著中介調和的重大作用，可能比較接近真實情況。這是 2010 年在大筆資助下開始進行的人類連接組計畫中正在研究的其中一個想法。[4] 計畫的目標是將腦的連通性繪製成以公厘為比例尺的地圖，而不是繪出個別神經元（在一立方公厘中就有五萬個神經元），以此作為第一步，比起最終將邁向的目標要中庸許多：最終目標是替腦中的一百兆個連結畫出地圖。最後這一項目標，遠比人類基因組計畫還要有野心太多。

然而，將腦看成一個連接組，並不意味著徹底放棄功能專精化的想法，因為連接組這種看法並不代表完全的全腦同功，而是前面剛提示的，將腦當成網路系統，其中分配樞紐擔任的角色，就類似於將某一類型的功能區域專精化。將這具體顯示的話，可能是可以把一個適用於萬能應用工作的網路找來，把它的才能拿去跟其他網路的其他才能結合，而這些網路全都是由一個協調樞紐傳喚來的，它們的結合所產生的結果，就是讓一個專門特化的宏觀任務得以執行。在別的場合裡，它的才能或許會為了不一樣的宏觀任務，而去結合另一組不同網路的才能。因此，如果情況有其必要需求，也就可以徵召較小的網路在眾多比較大的網路中起作用。這個主題的幾種變體，現在在神經科學家之間獲得某種程度的共識。[5]

有一些關於腦的趣聞，在那種一條條資訊會迎來此起彼落的「唉呀！」或「哇喔！」的比賽裡滿有用的。舉例來說，我們的皮質神經元約

有 10％會在二十歲至九十歲之間，以每秒一個神經元的速度死去。不過人們一度以為新的神經元無法在腦中誕生，但情況顯然不是如此；在顳葉中的齒狀迴（dentate gyrus）裡有觀察到它們誕生，那是海馬迴的一部分，對於新記憶生成以及在新環境中辨識方向都有其作用。腦是會老化的，並且儘管有骨頭這強大的保護套，它依舊是個脆弱器官；但它是「可塑的」，意味著它的線路配置會一直變化，而在受傷或疾病這種極端的案例中，某一特定區域該出的力可以由其他區域接手。最棒的是，腦的可塑性一輩子都在。

認知神經科學在研究腦的感覺、專注、運動、記憶、言語、抉擇、情感功能上，以及我們如何瞭解文字和數字這方面，都做出了可觀的進展。要大略瞭解這是如何辦到的，就想想兩個不一樣但相連的認知功能：視覺和記憶。

視覺如何出現，是一個最奇妙的問題。在一般狀態下，眼睛後側視網膜上的一個二維光圖樣——光子打在視網膜上，並刺激組成視網膜的視桿和視錐發動——會引起一連串的事件，而結果居然是七彩電影，播放著在人頭外面以及周遭有深度陳列的三維世界。我們似乎把雙眼當成對著外在世界的窗戶那樣透過它們去看。但世界其實是在腦中，而大部分是在腦後側；而我們經歷的一切，如公車、蜘蛛、茶杯和冬天的風，都是由化學動態電勢所構成的。

視神經從大約視網膜的中段離開眼睛，形成了一個盲點——中央窩（fovea）——但因為腦從周遭情報補足那個小空白，我們才不會察覺那個點。延著它們從視網膜送出的脈衝在視交叉交錯，然後在那裡分為至少十條不同途徑各自穿過腦。其中最具主宰地位的途徑來到腦後方的枕區，也就是初級視覺皮質，也稱作紋狀皮質，或 V1 的所在處。這條途徑繞過丘腦（thalamus）的一個部分，那裡有著冷峻的名稱「外側膝狀體核」（lateral geniculate nucleus），或者 LGN。丘腦是處理感覺輸入的整體中心，而兩個腦半球各有一個的 LGN 將輸入的視覺情報整理成色彩和運動面向，使其準備好為接下來一連串的進階處理階段所用。比較後面的階段處理光與暗的極端和反差，對於視域內的深度和運動分析來說意義重大。

因為腦的左側處理來自身體右側的資訊而反之亦然，所以普遍有個假設是，左眼只能看見視域的右半邊，右眼則是相反。事實上，你只要閉上一隻眼睛就可以簡單測出，其實每隻眼睛都能單獨看見視域的兩個半側，儘管鼻子遮蔽了一些反側視域。實際上發生的事情是，**每隻**眼睛的視網膜的右半都看得到左邊視域，而每隻眼睛的左半視網膜也同樣看得到右邊視域。然而，來自哪一半面視網膜的對側半面視域情報，都會前往與視網膜同個半側的腦半球上的外側膝狀體核。因此，兩眼左半視網膜各自從右側視域接收的輸入情報，都會前往左半腦的外側膝狀體核。所以兩個外側膝狀體核都有來自兩隻眼睛的視覺情報。

從貓腦中單一神經元的紀錄得以揭露，初級視覺皮質（也就是 V1）的細胞專門偵測輪廓和線條的方向。發現這一點的科學家，也就是哈佛大學的休伯爾（David Hubel）和威澤爾（Torsten Wiesel），因此贏得了諾貝爾生醫獎。這個發現當初是出於意外：他們察覺到，某隻實驗貓 V1 區域的一個細胞，會在他們展示的幻燈片上某條成一角度的裂紋出現時啟動。更進一步的實驗證實，給受試對象看一條方向能激發特定細胞的線，可使個別的細胞發動。儘管個別細胞會結合起來從下而上地達成一個整體呈現，但它們會從更高層次、處理更複雜的表面和形狀感知的分析那邊，由上而下地接受反饋。那就好像在枕區別處的更高層次感知，在把進階視覺處理分配給顳葉和頂葉的分配過程中（舉例來說，當資訊被分析為代表一個形狀的時候）回訊給 V1 裡面的方向偵測細胞，要求確認或額外資訊，（可以說是）去告訴它什麼東西尤其要特別檢查。

那十條或者更多的視覺輸入途徑，是在演化過程中發展出來的，以比較精細的途徑補充而非取代比較原始的途徑。一條路線從雙眼通往下視丘的一部分，這部分會利用其中關於日夜的資訊。夜行性的哺乳類當然得知道是夜晚才會冒險出發；在靈長類某個遙遠祖先的過往某一刻，這個機能曾在生存上有過關鍵價值。或許，當人類作息調整為關注回家時間和喝日落酒（sundowner）的時間後，這個機能又具有生存的關鍵價值。另一條路線，把對瞬間閃光或光線強度變化的感知，和眼睛與身體的不由自主運動連結起來，或許是用於做出對出乎意料挑戰的迴避反應，或者是替視域邊緣某個可能到頭來很重要的東西喚來注意力——好比說，一個像蛇的形狀在運動。

多重視覺途徑的存在，且每一條途徑都促成了視覺在演化層面產生價值的更特定目的，這可能解釋了認知中一種最不尋常的現象：盲視，或者皮質盲。在這種情況下，就算是看不見的人，以及沒有意識到看見的人，仍能回應來自他們若能正常看到時會有的那塊視域裡的情報。實驗會要求在這種情況下的人指出一個物體的方位，即便他們報告說自己看不到那個物體，卻還是能正確指出物體在哪裡。和這情況相反的就是不尋常的安東－巴賓斯基症候群（Anton-Babinski syndrome），因這種症候群而徹底失明的人，會聲稱他們看得到，但無法回應他們若真能看到時會有的那塊視域裡的任何東西。[6] 一旦排除掉部分視力或殘餘明暗對比等其他可能性，盲視顯然最合理的說明就是，有幾條視覺輸入途徑繞過了意識覺察。視覺覺察無疑有著非常高度的選擇性——大部分人現在都知道一個知名例子，有一頭大猩猩走過一群在打球的人，而那些被要求去數球員傳球數的觀察員居然沒注意到牠。而這就增添了一種想法，認為無意識的視覺經驗有可能以其他更多種方式出現。[7] 如果人能忽略某些視覺資訊，那人也有可能在沒有意識到視覺資訊的情況下使用它，或許是透過某幾條能擺脫（或者

本來就不受）意識監控的視覺輸入途徑。

視覺當然遠遠不只是一種被動感覺；它之所以存在就是要主動去使用的。經外側膝狀體核和枕區處理過的資訊，會分享到視覺區各處，且順著分別稱為腹流和背流的途徑，繼續分享到顳葉和頂葉。通往顳葉的腹流和辨認物體的能力有關，那之中特別顯著的有面孔識別等等，因此也和記憶相連。通往頂葉的背流用於注意、採取行動和移動。因為這些功能更廣泛散布在上述區域內，此處的損害便會導致選擇性的視覺缺陷——舉例來說，病人有可能失去彩色視覺但仍然看得見運動，或者失去後面的能力但仍看得見彩色世界。

在彩色視覺的例子中，區域化的情況很明顯；枕葉有一個稱作舌回（lingual gyrus）並標為 V4 的區域，被認為是色彩視覺的**主要**中心，至少在人腦是如此；此處損傷會導致負傷者的世界看起來是一片灰影。這被稱作全色盲（achromatopsia），是一種罕見的情況，因為 V4 區域有兩個，每個腦半球各一個，一次中風或受傷極有可能只傷到其中一個。當「蒙德里安」（Mondrians，多個方形色塊，因藝術家而得名）被展現在視域中時，fMRI 掃描就能辨識出啟動的 V4。有鑒於腦不只有一個專屬的色彩區，而是備有維持「色覺恆常」的能力，即將不同光照條件下的某一色彩全都辨認為同一色，所以就演化而言，色彩顯然是很重要的情報。在許多例子中，食物、有毒物質、交配邀請以及危險信號，都是以色彩作為代號；正確辨識這些代號，是關乎生死以及基因存續的大事。

稱作 V5 的小區域如果受損，可能導致感知運動的能力喪失。對這方面的病人來說，一切看起來都像是一系列的靜照；飛過去的飛機看起來像斷奏一樣，在空中接連的不同點上靜止著。美國西南部一間渡假農場的牧馬人聲稱，馬就是這樣監視牠們的周遭環境，用牠們側面的單眼視覺交替拍攝著頭兩側的照片，而身為被掠食者而總是提防獵食者的馬，就是因為

這樣才會從牠們拍第二張照片時覺得有新東西出現的那一側逃開。許多渡假農場的牧馬人並沒有對馬感情用事，一般來說也都不是神經科學家。除了那些身為馬神經科學家的人之外，那些仰慕這些動物神聖與美的人，也把這歸因於馬細長的單眼視域，還有兩隻眼睛結合起來三百六十度的視野，儘管說那顯然有點模糊，缺乏景深感知，而且是紅綠色盲。拿馬來比較很有意思，因為上述這些主張大幅使用了相關的神經科學，但除了塞維爾（Anna Sewell）的虛構小說《黑神駒》（*Black Beauty*）之外，沒有一份可能證實這些主張的主觀報告，同時也顯示只靠那種方法以及單獨來自行為的推論能確定的事情有多少。[8]

　　視覺的一個重要用處是辨識物體。要瞭解這一點，就必須結合「辨識出參與這過程的腦中各結構」以及「關於學習與記憶的精神神經病學與心理學」。物體令人覺得陌生的程度，跟記憶裡有沒有什麼跟它們直接符合有關；儘管如此，視覺處理運作的方式卻讓人能針對「一個不熟悉的物體可能是什麼」進行分類和假設。這需要將外形和背景區分開來，認出與先前體驗過的物體之間的相似性根據呈現出來的資料的各種樣式來進行分類，並根據那基礎冒險做出詮釋。人看著任何物體時，不論熟悉還是不熟悉，都得要把它的各部分融合成一個整體，並在不同照明條件下的不同角度、不同距離都維持「物體恆常性」。在這之中有著重大作用的區域是下顳葉皮質（inferotemporal cortex），即顳葉底下的彎曲表面。

　　接著，物體辨識的一個重要面向就是臉部辨識。從最初的嬰兒時期開始，臉就是一件要事，並且吸引我們的注意力；人們提出過不同的模型來推測臉部辨識如何運作。主要的主張是，同樣在下顳葉皮質的梭狀回（fusiform gyrus）專攻臉部辨識以及分析臉部表情。因此，它被稱作梭狀回面孔區（fusiform face area，FFA）。研究者發現，自閉症譜系障礙患者的梭狀回面孔區皮質層內，神經元不只密度較低，數量也較少；給他們觀

看臉部圖像時，該區域在 fMRI 掃描下較不活躍，也與上述情況有關。神經元的密度較低和掃描中觀察到的活動減退，都意味著連結度較低。研究者假設，如果梭狀回內的情況就是如此，其他在腦中與自閉症的低功能有關的區域（舉例來說，涉及情感的杏仁核），或許連結度也較低。結果研究真的發現那裡的神經元密度和連結度都比較低。[9]

梭狀回面孔區對其他刺激的反應少於對臉部的反應，這回則是支持了「認知功能以區域專精來進行的程度大於分配進行」的看法，但也還是有某種程度的分配。有證據顯示，兩個顳葉都有、但右側比較活躍的梭狀回面孔區，其運作使人在臉部相關問題做出明確抉擇，這被稱為類別知覺，所以如果給人看一張混合了兩張知名臉孔的綜合圖片，梭狀回面孔區會忽視模稜兩可之處，立刻決定該臉孔是這人或者那人。

面目辨識在社交上的重要性，又進一步證明了「腦會參與專精於面部的視覺處理」的主張。無法辨識臉孔的臉孔失認症（prosopagnosia），或稱「臉盲」，在 2.5％ 的案例中會遺傳，但最常見的還是中風等腦部損傷所致。就如我們依照上述證據所作的預期一樣，會造成臉盲的損傷是出現在枕葉或顳葉上，最常出現在梭狀回面孔區。[10]

被要求想像「以心中的雙眼」看見某個東西的 fMRI 掃描器受試者，V1 區出現了活化。這個發現平息了一場關於「進行視覺想像時徵用了哪些認知功能」的爭辯。比較早的理論是，視覺想像基本上是語意的，也就是說，和詞語理解及記憶使用同樣的資源。就連在幻想場面的視覺想像中，記憶也是一種明顯的成分，因為它提供了重組成幻想物的要素。要求受試者想像一個場景，同時用一台 fMRI 機器掃描他，就能提供明確的證據，證明腦的數個視覺中心此時都活化了。中風患者又進一步證實理論；如果他們受的損傷發生在一個和視覺處理的某面向（色彩或形狀）相關的區域裡，他們就無法把場景的那些面向視覺化。患者可以將物體完善地視

覺化，但看到物體卻認不出來的現象，證實了處理時的「分次」。[11]

　　漸漸浮現的全貌是，「看見」這個在視力正常者身上最簡單（就跟你讀到這一頁時抬起頭看向周遭景物那麼簡單）的行動，是一組極其複雜的事件，其中以電化學編碼的資訊洪流正從你的眼睛出發，（主要都是）通過多重管道來到你的腦後側，然後再度前進，前往顳葉和頂葉。在旅程的每個階段都經過處理及分析，為下一階段要完成的工作準備，同時也在召集記憶，以及比較、對比、推斷和評估的能力。資訊不只用於看而已；如果需要對環境做出妥當回應，它就會成為基礎資料的一部分，而它也是規劃行為的基礎資料；也對平衡和運動控制有所貢獻。

　　但還不只如此而已。想像一名運動員正接住一顆球；做出這個簡單行動所需的大部分視覺處理和運動調節都是無意識的，由主要在她枕葉和頂葉裡的神經迴路，以及迴路對肌肉活動和骨骼定位的控制所達成。她看著球，看著它飛過空中來到自己附近；但她並沒有出於意識地計算軌跡、肌肉調節，以及讓她能接住球的其他事項。現在想像一個不同類的案例——有人在一個空間看到了一個小但充滿社會意義的動作：好比說，男人看見妻子以一種顯示有私情的方式，觸碰另一個男人的手。在這裡，視覺資料觸發了從社會上學到的大量抽象語意詮釋和推斷。視覺是一個認知程序：我們不是在**看**，而是一直都在**看成什麼**，它有極高的詮釋性，過程中一連串的神經階段偵測到的形狀、顏色、方向和對比，有著遠超乎原本內容的意義。這其中有些能夠以神經學描述，有些則可用心理學描述；問題在於它們之間的「翻譯—關係」——**如何**進行「翻譯—關係」，或者**是否為這種關係**的問題。想想玩球的人和她嫉妒的丈夫：她的接球可以全部用神經學用語來描述。至於她丈夫對於她調情般碰觸別的男人手的詮釋，用心理學用語很容易描述，但用神經學用語就沒那麼容易了。這個長久以來的兩難困境仍有待解決。

前面的段落不只一次提到記憶，如果你有稍微回想一下，就證明了記憶這功能有多麼重要而關鍵。它幾乎用到我們所進行的每一種認知行動。它有辦法建立我們的特性和人格。它的喪失對於我們與世界相連的能力，以及我們維持自我的能力來說，都有著毀滅性的效果。年紀增長和各種腦部損傷都會損及記憶，這也讓人將參與記憶的主要區域定位，並（就與腦部研究始終在做的事情一樣）尋找治療方式。

記憶研究最出名的一號人物是莫萊森（Henry Molaison），他於 2008 年過世，享壽八十二歲。[12] 神經科學文獻稱他為 H. M.。七歲時 H. M. 騎腳踏車出車禍，人們認為那就是他十歲開始苦於癲癇發作的原因。在接下來的十五年裡，這些發作變得如此嚴重，以至於他自己、他的家人以及醫生們一致同意手術是唯一的療法。H. M. 的神經外科醫生是康乃狄克州哈特福醫院（Hartford Hospital）的斯科維爾（William Scoville），他先前曾對精神病患者進行實驗性手術，移除他們顳葉的一部分。斯科維爾推斷（到頭來是錯誤的推斷）發作的源頭是 H. M. 的海馬迴，便用燒灼刀切除它和周圍的異源皮質，然後以真空吸取裝置把它吸出來。過程中 H. M. 保持清醒地坐在一張手術椅上。

H. M. 的海馬迴看來似乎萎縮了，鄰近的組織也受到損傷；斯科維爾移除了它（並沒有完全移除，到很久以後才發現這點），隨之移除的還有杏仁核和稱作內嗅皮質（entorhinal cortex）的一部分顳葉內側，那是神經迴路的其中一個樞紐，除了空間導向外，也和記憶時間及感知有關。手術降低了 H. M. 癲癇發作的頻率和嚴重程度，但並沒有中止病情。最重要的結果是，H. M. 此後再也無法形成新的記憶（這是**順向失憶症**），儘管他的**工作記憶**和**程序性記憶**都完整無缺。有點類似、有時被錯當成「短期記憶」的工作記憶，是在一段有限時期內持有一定程度的資訊，以完成當前任務的能力。程序性記憶則是不靠有意識思考就能執行各種事情，像是做

出綁鞋帶、刷牙等動作的記憶。H. M. 也有一些逆行性失憶症，失去了手術前兩年的大部分術前記憶，更之前十年的記憶也約略損失；但童年到青春期初期的記憶沒受到影響（手術時他二十七歲）。

H. M. 的記憶缺失史，以及等到掃描研究可行時做出的結果，還有對他的腦部所做的事後分析檢查，提供了豐富的證據和提示，使人更加理解記憶。第一個且最明顯值得思索的地方，就是他失去和保有的記憶能力，意味著不同的記憶功能在腦中有著不同的位置。工作記憶、程序性記憶、長期記憶以及新記憶的形成，似乎全都仰賴不同的區域來支援。海馬迴看起來必定和新記憶形成及學習有關（H. M. 在手術後要獲得新的語意資訊就有困難）。但掃描和事後分析的證據卻帶來一些不確定。一方面，手術在腦中別處造成的損害比原先發現的還多，但同時又在原處留下大約一半的海馬迴。另一方面，在額葉偵測到一個過去從未偵測到的損傷。到頭來發現，要將功能定位，會比一開始想的還要困難。

但這些研究並未徹底質疑功能區域化；擺錘反而繼續在這主題上方來回擺動。對 H. M. 腦部所做的檢查，以及研究顳葉內側有類似損傷的其他病患，結果都明確指出這些區域涉及長期記憶，但不涉及工作記憶或詞語記憶，也不涉及獲得新運動技巧的能力。不過，有一點很不尋常；儘管 H. M. 無法獲得新記憶，更準確地說，無法獲得新的「情節」記憶或日常自傳式記憶，但他卻能靠「重複促發」，也就是反覆暴露於刺激下，讓某種反應更加進步，以此獲得新的內隱記憶，也就是非意識的記憶，就像綁鞋帶或騎腳踏車那樣。這同樣也證明了，長期情節記憶位於顳葉內側，而其他記憶能力位於別處。這包括了地域記憶（topographical memory）──H. M. 在手術多年後搬到新家，能夠畫出新家的平面圖，證明了與海馬旁迴（parahippocampal gyrus，一塊圍繞著海馬迴的灰質區域）相關的空間處理能力並沒有受損。事實上，H. M. 腦中逃過斯科維爾的手術刀和真空清

除器的一部分海馬迴和周邊組織，似乎也讓他得到少許殘留的術後記憶，包括當代美國總統之類的領頭公眾人物的資訊。

一個有趣的發現是，H. M. 的逆行記憶在童年記憶這塊沒事，但到了快要手術時就越來越不可靠。人們在老年人和一般類型失智症患者身上有察覺到這個現象，而這就顯示童年的長期記憶並非儲存在顳葉內側裡。這情況引起的一個主張是，這些部位在鞏固後來形成的記憶上有著重要的作用，早先學到的事物（包括語意記憶）有一個不同的形成過程和所在位置。

除了海馬迴之外，腦中至少還有四個位置和記憶有關：穹窿、丘腦、乳狀體和額葉。上述任一區域受傷或生病，都可能造成不同種類的記憶損傷。神經位置的分布不只使人想到不同種類的記憶，也會想到不同的用途，不只是用來回憶電話號碼之類的情報，或是回憶目擊交通事故之類的事件，而是用來執行程序，並讓人在一個環境裡面得以熟悉。它也可能解釋了遺忘的有用之處，或許可以讓某幾種「記住」更有效率，也可能解釋了為什麼我們滿常記不得別人告訴我們或唸給我們聽的內容，即我們沒在一接觸到時就妥善處理資訊——可能因為太倉促、實在沒興趣、分心了等各種理由。舉個為了效率理由而進行遺忘的例子：能記得一個小時前在哪裡掉了你的眼鏡，靠的是忘掉你昨天或上週把它們擺在哪裡（除非你永遠都把眼鏡擺在同個地方）。

人能不能選擇忘掉某個東西？那看似很難，但在實驗安排下似乎有可能誘發健忘。然而，當人們廣泛閱讀了那些企圖辨認出會對記得和忘記的指示做出回應的腦區域的 fMRI 研究時，針對這方面的研究工作引起了一定程度的懷疑。[13] 相對於遺忘，記住比較會被歸到海馬迴裡的一個地方；而相對於記住，遺忘則會比較被歸到右背外側前額葉皮質的一個地方。這些區域並沒有明顯相連，所以人們探索著各種可能性：一個靠近背外側前

額葉的結構（好比說前扣帶迴皮質），有沒有辦法充分影響一個位居中間的結構（好比說內嗅皮質）到抑制資訊流進入海馬迴的地步？術語本身就會營造出一股看似合理的氣氛。[14] 我們想起那八百六十億的神經元，以及對它們組成的超大一團所進行的研究，在本質上有多麼間接，然後期待著科學的今後發展。

如果刻意忘記某個事物很難做到（儘管是有可能），那麼，要讓人「記得」某個沒發生的事情，相對而言就顯得不費吹灰之力了。錯誤的記憶和（比那更普遍出現的）扭曲的記憶，是有意思而重要的現象。實驗證明，可以藉由引發強烈的相關連結，誘導人們對沒發生過的某事形成記憶。有一個實驗讓受試者記得「床」、「休息」和「醒著」等詞，但沒有「睡覺」這個詞。受試者們相當確信他們在這一串詞中有聽到「睡覺」，而實驗將這描述為「強大的記憶錯覺」。[15]

「恢復記憶治療」激起了一場爭議：在這種療程中，當事人回復了被壓抑的記憶，或者開始相信他們確實如此，而被回復或虛構出來的記憶通常是創傷事件，好比說童年性虐待，這被拿來當作記憶被壓抑的理由。治療的技術有催眠、引導想像、藥物使用和夢境詮釋。有鑒於人一般來說極容易受到影響，不只會被有魅力或強勢者引領著用特定方式思考，也會被（舉例來說）社群媒體上的其他人言之鑿鑿的說法和陰謀論牽著走，所以其實大有機會讓某些人去深信自己「記得」什麼。一個結果就是產生不少訴訟案件，還有美國精神醫學學會（American Psychiatric Association）和英國皇家精神科醫學院（Royal College of Psychiatrists）對「恢復記憶治療」提出譴責，以及保險公司在某些區域內拒絕替從事這種做法的治療師承保。與此同時，虐待的發生和不良作用實在是真實到難受。這使得皇家精神科醫學院的委員會發言指出：「有鑒於童年性虐待的盛行，就算只有小比例（的記憶）被壓抑，且其中只有一些在後來回復，應該仍有大量可證

實的（記憶壓抑回復）案例。實際上卻沒有。」[16]

人們認為，虛談症，也就是有信心地生產錯誤的回憶，和腦的**眼窩額葉皮質**（orbitofrontal cortex，坐落於眼眶上面的區域）受損有關。有些理論家認為，錯誤回憶可能是由被分解並重組的一部分真正回憶所組成。人們認為「虛談症」有別於說謊，說謊者是把某個他知道虛假的東西說成是真的，而虛談者可能未察覺他所謂的記憶的虛假性。

記憶、想像、相信和虛談的複雜性，讓神經科學很難去主張一些「察覺腦中不同部分各自活躍，而能區分真實和虛假記憶」的方法。但有一個主張相反看法的觀察結果是，如果給受試者的腦半球展現一段「描述某記憶的詞語」或「一段記憶」，且記憶是真的的話，就會察覺到另一個半球有回應，但如果是假的記憶就不會有。[17]那些將信仰寄託於測謊機（polygraph，多種波動描寫器）技術的人對此頗感興趣，這類機器在美國廣泛通行，但在大部分其他政府的管轄範圍內都不准使用。有辦法可靠偵測說謊嗎？以當前測謊技術為基礎獲得的證詞，在使一些人被處死方面發揮了它的作用；神經科學理論和技術的精密化將會強化這種行為。

*　*　*

在神經科學探索的整個認知功能和心理現象，以及受傷或疾病造成的錯亂的範圍中，最能給人研究的一個是感覺途徑，一個是很容易觀察到喪失或混亂的那些功能：記憶、言語、情感，以及預期會理性回應社會及心理環境信號的某幾種行為。就如前文說明的，神經科學觀察的是相互關係，而不是因果關係，也因此不是成因；但相互關係深受成因所影響，因為太受影響，所以在某些案例中，可以從中得到臨床應用。

若是碰上了人類生命中複雜度更高的事物，像是欲望、情感、隸屬於

角色或職業的責任感、長期策劃等因素對人際關係和長期行為的影響，在那種情況下，神經科學的貢獻就沒那麼直接（至少當前是這樣）；而這方面的貢獻，包括理解壞經驗是如何留下可以接觸到的心理痕跡，卻不對腦部造成可偵測的損傷（至少在當前可接觸的結構層次上是無傷的）。如果單就腦中動態電勢方面來探索的話，要瞭解這些現象會難上許多。

　　儘管如此，神經科學家所做的假設——即在一個未來科學臻於完善的狀態下，靠著腦活動而存在的一切都會從腦活動方面獲得瞭解——是一個他們必須要做的假設。最少，「把此當成目標」必須是這門事業的一個指導原則。因此神經科學體現了一種強硬型的還原論，大致意思是說，所有的精神現象終究將從神經學方面得以瞭解。有些堅持把還原論定義為「在珍珠上什麼都沒察覺，就只看到牡蠣生的病」的還原論批評者認為，原則上不可能有這種全面性的瞭解。他們會這麼想，是因為他們擁護衍生特性（emergent property）相關理論；在這種理論中，心理現象接於神經活動後發生，沒有神經活動它就無法存在，但又不能單從神經活動來解釋，因為一定會剩下一些什麼無法靠它解釋。舉例來說，處在一個狀態**意味著什麼**，或者處在那個狀態中**感覺起來**是怎樣。尤其後者是意識難題的關鍵點，會在下一節討論。

　　這裡的辯論是一個關鍵點：一方面，是那些人認為，心理學術語使用了表示欲望、相信、希望、愛、需求、盼望、喜悅這類概念的術語，和神經科學術語之間的關係，就等同於「惡魔附身」這種解釋疾病的古早用語和今日醫學科學術語之間的關係。神經哲學家派翠西亞與保羅‧徹奇蘭（Patricia Churchland and Paul Churchland）就抱持這種看法。[18] 其他人則主張意圖概念，即剛剛提到的相信／欲望概念，是不可或缺的，因為它們構成了「心智理論」，我們得依靠它們來詮釋並預料他人的行為。[19] 這也能應用於非人類行為——「某人的貓希望被餵食」，可以作為「為什麼牠

喵喵叫並巡著廚房角落餐盤平常放著的地方」的成因，這樣的陳述有一個成因上的簡單性，以及只有專家會自認在貓的 fMRI 腦部掃描中看見的資訊性。

人可以一邊接受神經科學，同時承認「心智理論」的想法在瞭解（舉例來說）童年認知發展以及（與童年發展不同但相關的）自閉症方面曾經很強大，不論在哪種例子裡，都沒有排除一種珍貴的可能性，就是可以（如前文所主張的）辨識出神經迴路而有助於瞭解它們如何運作，所以有問題的地方或許有一日能夠治癒。兩種方法都有用，且在處理同一個或相關的現象時，或許可在將來彼此互譯——這種出於常識的觀察結果是很吸引人的。根據接下來第四章的觀察結果，它看起來是該走的正路。批評者將會重申他們的看法，也就是在阻礙探問的各種難題中，神經科學顯然（他們會說確實到了明明白白的程度）能一口氣成為槌子、地圖、燈光、好事者以及巴門尼德這五種難題的例子。如果你的基本理論概念是神經元動態電勢，那麼一切都會被你化解為神經元動態電勢（槌子難題、巴門尼德難題）；另外，當你看著你唯一能看到的東西（相對其基本成分而言非常大的結構）時，你的地圖的比例尺極小，且你正以有可能影響樣貌本身的設備在畫這張地圖（燈光難題、地圖難題、好事者難題）。這些都得要承認；但神經科學家知道這一點，並自我批評地將之考量進去，因為科學方法在很大程度上就是在預防並對抗這些探問的屏障。認清探問得要面對這些難題並不是要人放棄，而是設法繞過這些難題。

3

神經科學和意識

　　「意識」如此偉大、真實又平凡的地方在於，它同時是宇宙中最熟悉也最神祕的事物。說最熟悉，是因為我們在醒著的時時刻刻，以及在睡眠的許多時候，都密切而即時地體驗著它（只是睡著時體驗的是比較奇怪的形態）。我們也在喝醉或處於藥力下，或在著迷的時候，體驗了它的扭曲。我們因此很清楚知道**有意識的感覺**是怎樣。

　　它是最神祕的，因為我們不怎麼清楚它是什麼，也不清楚它是如何主動地從腦中誕生——有些人會加上附注：**如果**它真的是「從腦中誕生」的話。

　　一直到不久前的過去，關於意識的看法大致都還有三種。一種是把它歸因於（又來了，又是這個老備案）一個非物質的原理，一個靈魂或心智，存在於體內，或者以某種方法共同行動。另一個則是認為有某種實體的原理，一種精煉了的物質，可能是一種液體或霧氣，從腦（或者心臟，見前文）送出來遍布整個身體，讓身體有了生氣，並感覺它與周遭世界的接觸。第三個選項是徹底忽視難題，就接受事物如此。若在今日的世界中數人頭，就會發現選三的人最普遍，但如果要求人非得去思考這問題，他

就會訴諸第一個選項——這是解脫難題的例子。

頭兩個選項帶著眾多含意。第一個選項很標準地連結到「意識分離於身體而存在，就像（舉例來說）肉體死後那樣」的信念，並與「意識也存在於人以外之物——動物、植物，甚至還存在於山河之中或（如泛心論者所相信的）整個宇宙」的想法一致；然而，許多認為意識不必連結到身體的人，也會否認它的存在會關聯到存在級別比人類還低的東西（所以，在中世紀大存在鎖鏈〔Great Chain of Being〕的概念中，所有高於人類的層次——天使、大天使等等，都具有意識）。面對意識這樣十足神祕的東西，猜測可說毫無節制。

今日有著實證探問作為強力後盾的意識，是第二個選項的一種版本，經調整後，物理基礎不再是液體或霧氣流通於（被設想為管子的）神經內，而是腦內神經元那高度複雜互連的電化學。

「意識」這個詞加入普通英語用法，靠的是哲學家洛克《人類理解論》（*Essay Concerning Human Understanding*，1691）的第二版。他並沒有發明這個詞——有些語源學辨認出更早先的使用紀錄——但他使這個詞流行通用起來。該詞是拉丁用詞 conscius（知道）的英語化，來自動詞 conscire，代表「知曉某事內情」。洛克利用這個詞，藉此嘗試解釋一個人如何經歷時間逝去仍保有自我同一性，也就是說，在生命中較晚的時刻，仍和較早先時候是同一個人。[1]這是「人格同一性」的迷人難題。當五十歲（古板、老成、穩固）的你和二十歲（輕浮、放蕩、困惑）的你相比，可能「變了個人」的時候，是什麼讓我們有正當理由，像五十歲時有權擁有二十歲開始存的錢（那是你的錢，你就是當初開戶存款的同一個人）那樣，去堅信五十歲的你跟二十歲的你是同一個人？這是不是混合了兩種不同的想法，一個是關於身體的持續性（儘管身體有細胞替換、肢體截斷等情況，但也只是變老變胖，還是同一個身體），而另一個則是人格的持續

性？哪一個才是「你」？如果身體和人格都能以各自的方式整個改變，以至於沒有一個「本來的你」（一個維持原貌到了不管怎麼變都看得出來的「本來的你」）為基準去做出那些改變，「你變了」這句話還有什麼意義在？反過來說，如果「你變了」能夠說出口，那麼那個不變到足以讓人說「你變了」的基準又是什麼？

洛克的答案是，人格同一性在於「有意識到隨時間過去仍是同個人」。這個意識存在於自我察覺、記憶和唯己相關的未來利益。

你可以說是「知曉自身內情」；你知道你自己是你，而這是記憶的一個功能。他的看法挑戰了神學家，因為它將到那時為止人們都接受的假設丟到一邊，也就是人格同一性的媒介是不朽的靈魂，而它也引起其他哲學家的意見不一，因為它似乎是把問題弄反了：它讓記憶成了同一性的基礎，然而人格同一性肯定 [2] 才是記憶的基礎——因為，如果我不是那個擁有著產生出記憶之經驗的同一個人，那這個記憶怎麼可能是**我的**記憶呢？[3]

洛克激起的辯論，和其他浮現於 17、18 世紀啟蒙運動的想法，一起引發了一場關於思考心智和自我的革命。我會在下一章討論這件事的幾個面向。我們出於當今的意圖，會注意到洛克這種意識存在於「自覺身為一個持續經驗的中心」的想法，頂多只是意識的一部分情況，確實太受限了；因為一個人可以是（也通常是）在沒有自我察覺的情況下還有著意識，就如一個人在聽音樂或者認真進行某工作時會全神貫注那樣。在那樣的例子中，得要有不速之客來打斷，才能讓人回過神，再度自我察覺。

儘管如此，**察覺**得是故事中的不可或缺的一部分，而「察覺到什麼？」這個問題，接納兩個大致上的答案：察覺一個使人專注之物，以及察覺到一種感覺到自己「處在這種覺察狀態」的性質。第一個答案和意識的**意圖**特性有關，也就是，意識狀態通常是被導向什麼地方——最少（舉

一個最低程度的例子）會導向一個人在冥想中的真言或呼吸，儘管進行該活動時，目標是達到某種無目的的無意識意識；這對不熟練的人來說頗有難度。第二個答案和感質有關，也就是人所體驗的「處在一個特定意識狀態下」的性質：痛苦、大熱天喝冰冷啤酒、看見紅色洋裝或聽見小號吹奏的**感覺是怎樣**。情感狀態也有現象性質——覺得快樂、悲傷、興奮、平靜**是什麼樣的感覺**；儘管在這些狀態中，意圖物（一般來說是一個引發情感的想法、人或事態）可以是隱晦的——就好比一個人在假日早晨醒來，在毫無壓力的情況下覺得放鬆而滿足；或許某個迫切之物被人察覺到的「不在場」情況，就可以是意圖物。

感質的經驗稱作「現象意識」，且由於經驗者可以意識到自己的感質，現象意識也算是「進入使用的意識」；主體意識可以內省它們。當主體有意識——好比說即興演奏鋼琴，但實在太過全神貫注而彷彿沒有**自我意識**，他是不是沒有正在「進入使用他的意識狀態」？當然，我們希望能說，這鋼琴演奏者正在體驗感質；否則他要如何在即興演奏期間透過琴鍵來變調？他聽見音符，另有「有著他這般體驗的某物」在聽音符——所以他處在使用他自己的意識，但同時沒有意識到自己在這麼做的狀態。這就顯示必須要進一步區分，區分**進入使用**自己的意識的狀態，以及為了推理、籌劃、指導自身活動、與他人溝通等等而**監控自己**的自身意識——後者有意識到他的意識狀態，對於他正在體驗的事有著自我反思的覺察。

在神經科學對意識的研究中，人類受試者的內省，是一個用來鎖定可能大幅涉入的腦區域位於何處的重要增補；辨認出這些區域，是用來確定某人是不是有意識但無法報告實情（如閉鎖狀態）的重要因素。刺激人腦某一區域，並把它和受試者的報告連結起來，且在人腦刺激和動物腦部刺激中都去觀察與此相關（要小心避免說出「因此發生」）的行為，便確立了強大且往往精確的相關性。這些觀察有助於縮小「關於腦狀態有什麼能

被知道」以及「什麼出現在主觀經驗中」之間的「解釋空隙」。因為儘管我們承認，就算正在建立相關性，我們仍舊不會知道腦部事件和主觀經驗如何**連結**，但就算如此，試著去瞭解一下相關性還是值得的。舉一個最主要的例子，試著瞭解一下關於「意識在場」以及「意識不在場」各自的神經學狀態。這是一個比較適中的目標，但這或許會是達到「最終還原」目標的第一步。

在 19 世紀的一段期間裡，探問者被一種問題弄得煩擾不已：與意識的相互關係可以定位在腦和中樞神經系統的哪邊。事實上，它是心身交互作用難題的一個更新版，但沒有二元論，所以比較接近於一次升級，而不那麼是一次更新。在實驗中發現了砍頭後會移動腿部遠離刺激的青蛙，讓一些探問者認為，意識同樣存在於脊髓和腦中。那個主題的眾多變體（留意到被砍頭的青蛙並沒有試著逃離越來越熱的水）主張，脊髓反射到頭來還是無意識的，而意識的位置想必還是在腦本身的某處，儘管人們會爭論它純粹只在皮質內，或者也同時在中腦和後腦裡。到了 19 世紀尾聲，達成共識的想法是，總之它就位在脊髓上面的某處。[4]

20 世紀前半，在拉什萊（Karl Lashley）與其後繼者於耶基斯國家靈長類研究中心（Yerkes Primate Center）的研究工作下，神經科學有了長足進展；該中心原本設於佛羅里達的橙園（Orange Park），現在則位於埃默里大學（Emory University）。拉什萊發明了「記憶印跡」（engram）這個詞，來指涉學習後腦中的生理變化，並以實驗動物研究學習和記憶，儘管不是每次都得出正確結論（他認為 V1 視覺區是記憶所在處）。他和他在耶基斯中心的後繼者觀察到行為和損傷腦區域（特別是在顳葉）的重要相關性，證明它們在學習和記憶中有其作用。另外，他們的研究工作證明了視覺處理並不限定於 V1，也證明了「工作記憶」是在前額葉皮質之中獲得支持。這些都是意義重大的進展。

研究腦區域和意識經驗之間關聯的一個方法，就是改變意識，然後觀察腦的哪個部位參與其中。於是，芝加哥大學的心理學家克魯爾（Heinrich Klüver）給恆河猴施用了仙人掌毒鹼（mescaline）後觀察其行為改變。仙人掌毒鹼是一種迷幻藥，有著類似麥角酸二乙醯胺（LSD）和賽洛西賓（psilocybin，又稱「迷幻蘑菇」）的效果，取自烏羽玉這種仙人掌，而墨西哥的美洲原住民長久以來都有使用它的傳統。克魯爾自己也服用仙人掌毒鹼，好讓他描述其中一些視覺效果，其中一個是看見「蜘蛛網狀輪廓」以及其他周而復始的形狀。[5] 克魯爾注意到，在仙人掌毒鹼的影響下，猴子展現的行為有點像癲癇病患，便邀請神經外科醫生布西（Paul Bucy）與他合作探索這現象指示的腦區域，也就是顳葉這個癲癇電風暴的普遍產生處。布西在猴子的兩邊顳葉都製造損傷，急遽改變了牠們的行為；牠們展現出克魯爾和布西所謂的「精神盲」或辨別能力喪失，不再害怕蛇和人，會吃原本會避免吃的東西，在性方面變得放蕩，除了和同類，也試圖和其他物種的動物交配。[6]

雙邊顳葉內側以及杏仁核受損的人類病患身上，也辨認出這種「克魯爾—布西症候群」。易馴服、「異食癖」（pica，攝食不適當的東西）、貪食（hyperorality，像嬰兒那樣，想要用口與唇探索物體的欲望）、性欲亢進，以及辨認熟悉事物的能力降低，都是這種疾病的徵兆，也是克魯爾和布西在他們的實驗猴身上看到的情況。此後，又有人對顳葉的功能做進一步研究，特別是米爾納（Brenda Milner），她研究進行過顳葉切除術的癲癇患者，對理解學習和記憶有著大量貢獻。[7]

越來越多來自毀除研究、裂腦以及失憶症患者的證據，以及日後即將來到的技術，提供了最低限度侵入或非侵入的方法來調查腦功能，激起一股信念，要讓意識本身成為科學研究的目標。合併的時刻發生在 1990 年代初期，在克里克（Francis Crick）與柯霍（Christof Koch）的論文中，他

們主張因為對於視覺如何在腦中處理已經知道了那麼多，所以從視覺系統著手進行實證觀察的意識搜尋，可能會很有用。[8] 儘管有著哲學家查爾莫斯（David Chalmers）口中的「意識困難問題」，即「解釋感質的經驗要如何從腦活動中出現」這個棘手問題（至於「簡單問題」則是描述腦各個區域在感知、學習、記憶和情感方面的作用），克里克與柯霍仍提倡尋找「意識的神經相關性」，至少將它當作第一步。[9]

克里克與柯霍號召起義時，正好有一位知名的心理學教授薩德蘭（Stuart Sutherland）在《國際心理學辭典》（*The International Dictionary of Psychology*，1989）中宣布：「意識是個吸引人但難以捉摸的現象：要具體說明它是什麼、它做了什麼，或者它為何涉入，都是不可能的。過往有關它的文字都不值得一讀。」[10] 在那之後的幾十年裡，情況急遽改變。

對神經科學來說，要給意識提供一個解釋，需要有效的心理和計算模型來詮釋神經資料，好讓意識狀態可以被辨認出來，進而（比前面那更重要地）具體說明它們的**內容**。後者就會是真正的大突破。當第三人角度的觀測，能夠有系統地把腦狀態與「行為」或前述的「第一人角度內省報告」擇一達成一致性時（同時與兩者一致當然也算），建立相關性的這個次要目標就達成了；當第三人的觀測本身就充足到不只能辨認出意識狀態的出現，甚至能辨認出它們的內容以及它們是如何造成的時候，困難問題的關鍵面向——也就是**意識如何從神經活動中出現**——就會獲得**解釋**。

第一個目標——透過神經資料的導引區分意識和非意識精神狀態——的起頭，是由「『非意識下處理表現』的存在是有辦法觀測的」的事實所提供，就如在盲視現象那樣：受試者可以回應視覺資料，但向研究者報告說他們看不見。於是，找出還發生了什麼事情，讓有意識狀態能夠有其意識，也就是找出將意識感受處理和非意識感受處理區分開來的「額外之物」，就變得很有意義；在這個例子裡，就是那個接受目視提示後，造成

「看見」和「盲視」這兩種不同反應的區別物。

人們提出了各式各樣的理論。「全局神經元工作空間」（Global Neuronal Workspace）模型，就像率先提倡者巴爾斯（Bernard Baars）於1988年形容的，是指「意識是由專家們組成的一個分工式群集所完工，該群集配備一種工作記憶，稱作全局工作空間，其內容可以廣播到整體系統去」。[11]「專家們」是計算單位，而不是腦區域；一個短期工作記憶的內容送往所有的專家單位，讓它們可以一同出力來處理該內容。在這個觀點上，意識是一個整合功能，一個「腦網」，其組成成分是「由高度特化處理器構成的大量平行分布式系統」。[12]

狄漢（Stanislas Dehaene）和同事在發展「工作空間模式」（Workspace Model）時，專注於神經網路的多重性；它在腦中活躍，同時又無意識地處理資訊。他們認為，當呈現資訊的神經迴路「被上而下的注意力擴大所動員，來到一種全腦各處眾多神經元都參與的全腦規模連貫活動狀態」時，資訊便成為意識。他們把長距離彼此相連的神經元稱作「工作空間神經元」，認為它們讓全腦的參與網路都能取得資訊。[13]不論在巴爾斯還是狄漢的腦「工作空間」版本中，關鍵的想法都是，意識是一個全腦活動層級的整合功能。要留意到，兩個版本都從功能上來談論意識為何物，並說它（就整體而言）是由整個腦或者腦中大部分區域所造成，而不是談論感質體驗本身（色彩、味覺、感覺到的感受性質）如何出現。在剛剛引用狄漢的原文中，他提到了「上而下的注意力擴大」，這可能引來批評者評論說，這看起來像是把該模型應該要解釋的東西偷偷夾帶到原因裡。

另一種比較偏區域化的模型，是在腦中彼此相連的各個感覺區域進行「循環處理」（Recurrent Processing），並將整片整片的前饋、水平和回饋資訊來回運送。前饋連結是那些在情報處理階段中從較早先階段前往較後來階段的連結，就如前面所提到的，和視覺輸入有所連結；在視覺處理

這邊，V1 處理過的資料會向前分配到時間區和空間區域，來更細緻地詮釋成為形狀和表面。當較高階的區域把資料回給那些連鎖中較低階的區域時，就發生了回饋；水平連結是那些在皮質區域裡面的連結。循環處理在好幾個層次中涉及了後面兩類的連結，而最高層次的處理，就構成了對內容的有所意識。就跟在工作空間模型一樣，關鍵在於整合，差別在於這個模型不把意識歸因於整個腦，而只歸於參與其中的神經迴路。這個看法的主要支持者，是阿姆斯特丹大學的神經科學家蘭姆（Victor Lamme）。[14]

「整合信息理論」（Integrated Information Theory）提供了另一種方法；它將意識本身看作起始基準，並試圖推論身體系統必須要有什麼性質，才能引起意識。為了限縮這些性質得要是什麼，必須先具體說明意識本身的必要性質。這些必要性質被描述為「公理」，而配合它的生理系統必要性質則僅僅被描述為「假定」，因為這種系統是推論系統，不需要是生物系統。意識的五個必要性質是，它是**真的**、**有結構的**、**具體的**、**明確的**，而且是**整合的**。不論在它背後的生理背景是什麼，它都得要在因果上合乎這些性質（有一個資訊整合的數學模型清楚說明了結構如何能滿足生產出整合且明確結果的要求）。這個理論在把感質經驗作為出發點時，就明確將主觀經驗定義為「一個系統的整合資訊能力」，便因此把它看作「一個基本的量，一如質量、電荷或能量。所以任何身體系統不論是由什麼組成，都有著程度足以構整合資訊的主觀經驗」。[15]

儘管開啟這個想法用的是思想實驗，但現在已有相當可觀的實證證據，支持剛剛概述的諸多理論中能看出的整體主題——也就是意識存在於不同的神經迴路中，以可觀察的方式相互連結「彼此對話」而達成的資訊整合；舉例來說，利用穿顱磁刺激儀（TMS）和腦電圖（EEG）讀數，我們可以看見一個 TMS 脈衝（它會給腦一個電磁的輕推或輕敲）在一名清醒的受試者身上產生一個廣泛而持久的皮質分發回應；而睡著的受試者對

同樣脈衝的回應就受限而短暫。[16] 這項技術提供一種方法來測量多種狀態下的意識程度，好比說清醒、快速動眼（REM）睡眠、深度睡眠，以及昏迷等狀態，也就有可能在臨床上偵測植物人和閉鎖狀態下的意識，也有可能藉由追蹤病人對問題和其他刺激的神經回應（如對醫療處置的回應）而與病人進行溝通。[17] TMS 也被用來打斷視覺系統從上而下的回饋，避免受試者察覺到由系統較低階所接收的視覺輸入。[18]

簡而言之，證據使人們合理歸納出一個想法，就是無意識的感覺資訊處理受限於相關感覺區域；而有意識的處理，則透過本來個別特化的神經迴路相互連接，而分布在整個皮質。[19]

這個實證資料也支持意識是有意為之的。實驗顯示了腦如何藉由填補空缺而協力產生經驗，它把色彩對比引入了其實沒有色彩對比、但若想像有的話有助於判斷視角或距離的視域；它根據期望來詮釋感覺資料，針對「感覺資料意味著實體環境的什麼」做出「最佳猜測」。這就證實了超過一個世紀前心理學家亥姆霍茲（Hermann von Helmholtz）的主張，他認為腦是一個預測裝置，一台或然率機器，從接收到的諮詢取出推論，來建構周遭世界事物是如何的理論，並使用其複雜的回饋機制，來檢查、校正並將預測中的錯誤最小化。[20]

會覺得腦在做的事情，是把構成腦的神經系統間交換的資訊進行高階整合，其實並不意外；因為這會導致的一件事，就是參與其中的神經系統所提供的或然率計算，在關乎腦主人生存和生殖的顯著利益時會獲得加權。但這有需要涉及**意識**嗎？我們可以想像一個存在，出於生存的理由，它的神經迴路極端敏感且反應敏銳，不必要求它，它就會自我反思地察覺到感覺輸入以及對感覺輸入的回應其實都正在發生——更別說它還會自我反思地察覺到一股想要主觀知道擁有輸入與回應是什麼感覺的需求。確實，神經科學弄清楚的一件事，就是這種處理行為**有一大半都會發生在所**

有動物身上（包括人類）而且察覺不到。動物得利於無意識，因為當我們（好比說）打網球擊球時，如果察覺到自己在做什麼，反而會打得比較不好。剛剛描繪的這些理論並沒有回答「意識增添了什麼」的問題，而這問題和「為什麼它存在」密切相關。它們並沒有解決意識研究者所謂的「喪屍難題」，即所有動物都選擇性地回應環境對牠們的影響，牠們追求目標、避開危險並利用各種基本上一丁點都不用歸給意識就可以解釋的方式，做牠們在做的每件事情。因此「意識（從神經觀點來看）存在於高階情報整合」的這種想法，又一次地完全沒說明意識為什麼出現，當然更不會說明那個整合發生時為什麼會有這種特定感覺，也就更不可能去說明生理上它是如何發生的。

在所有這些理論中，「運算」都是不言自明的想法。諾貝爾獎得主潘洛斯（Roger Penrose）駁斥了運算模型，反而主張若要解釋意識就需要不一樣的思考。駁斥運算模型有一個重大的含意，因為有兩個重要的遠大抱負都取決於運算模型的基本原則。一個是透過機器學習進行的人工智慧發展；另一個是人類連接組計畫。如果潘洛斯是對的，那麼，人工智慧不管變得再聰明也永遠無法擺脫「人工」；而人類連接組計畫的目標，亦即以神經互連來竭盡所能地呈現精神運作性質，就算不到不可能，也會有所不完整。

潘洛斯首先就不認為「演算」概念本身能用於心智。就如「運算」這個詞所主張的，計算機做的事就叫作運算（更準確地說，數學上理想中的計算機「圖靈機」〔Turing Machine〕做的事就叫運算）。它存在於特定程序所規定的運行中。在潘洛斯看來，就連最精細的運算模型都無法模仿意識，因為後者有某種打從根本就不是運算的事物在其中。他採取這看法是承接自哥德爾（Kurt Gödel）的邏輯證據，也就是，沒有哪一套在某些形式系統中證明命題的規則，能夠充足到證實該系統的所有真命題。潘洛斯

以哥德爾為例,來證明沒有哪一套驗證規則可以證明人類可知為真的(好比說)所有算數命題。他從這一點進一步說,人類思考並不是一種運算。

那麼,有什麼別的選擇?潘洛斯主張,它可以在腦部微結構內的量子事件的層次上找到。還有不少人也做過類似的主張,尤其是因為當缺少解釋時,謎團是隨傳隨到的好東西,而量子現象看起來確實很神祕。但潘洛斯是不同凡響的物理學家,對量子論、數學和宇宙學也有重大貢獻,或許其中最出名的是他和霍金(Stephen Hawking)一起進行的黑洞研究。所以,在那些將意識可能出現的地方訴諸於量子層次的眾人當中,他在某些方面的資格堪稱頂尖。然而,他提出的想法卻幾乎遭到普世異口同聲反對。

潘洛斯和麻醉學家哈默洛夫(Stuart Hameroff)合作時主張,一個稱作「客觀還原」(Objective Reduction)的過程發生在腦中微管的粒子成分,引起了意識和自由意志現象。微管是稱為微管蛋白(tubulin)的大分子蛋白質,用來當細胞的鷹架,把形狀給了細胞,並參與好幾種細胞活動,好比說分子組裝和細胞分裂。哈默洛夫主張,微管內的電子可以形成一種凝結物,在那之中會發生量子效應,引起潘洛斯所謂的「波函數的**客觀還原坍縮**」,而這在他的量子理論中,同時是非運算且非隨機的。[21]

潘洛斯─哈默洛夫理論引起的爭議,包括有人斷言腦「太潮濕、溫暖而吵雜」而無法讓波函數坍縮在神經事件中起任何作用。神經生理學家對該理論描述的神經元細胞結構以及該結構與神經膠細胞之間關係都有所爭執。[22] 回想一下他人對笛卡爾的批評,是他將心智與腦的連結藏在腦中的松果體裡面。那樣的批評在此可以重複使用,藏東西的地方現在改成了微管;但至少潘洛斯─哈默洛夫的主張提供了稍微間接的東西,也就是電子的量子狀態在含有微管的原子中起的作用。這實在不是什麼大進展:量子的這一整套波函數坍縮,還是沒有講述我們主觀體驗色彩、芳香和其他是

怎麼回事。如果這個理論到頭來指出了正確方向（就算沒有像它認為的那麼正確），一個結果會是意識有可能不限於動物：因為物理世界中我們所知的一切，背後都是量子狀態。

在前面第一章提到關於笛卡爾留下的心物難題辯論中，描述了幾種「費盡苦工」的解方。有鑑於前文指出的明顯困難處，意識的難題本身就會招致費盡苦工的解答。其中有一個和看起來會最明顯的事實相悖，就是「取消主義觀點」，也就是意識不存在。另一個解方，獲得了查爾莫斯（David John Chalmers）的採納，因為「困難問題」若不求助於更有想像力且極端的解方，恐怕難以解決——那就是，接受某種泛心論可能為真，接受意識可能普遍上且基本上無所不在（前一段才剛暗示過）；因此（如托諾尼〔Giulio Tononi〕的看法）遵循這解方就要從「意識為基本的事實」開始，而不是嘗試去查出意識這種特別而不尋常的例子是如何從某種非意識的物質中產生。[23]

取消主義觀點和丹尼特（Daniel Clement Dennett）有關連，但並非與他一致。[24] 他並沒有說它不存在，但他確實稱它為「錯覺」，一個「使用者錯覺」，就像電腦螢幕上面的圖標一樣。他利用兩個資料來源來推進這個看法。第一個是「把腦當作幾十幾百億個小型無意識元件，齊力運作來處理從感覺途徑接收的情報」這種想法。腦的元件沒有意識；因此就成分而言整個腦也沒有意識；它的運作所產生的是一個意識的錯覺。另一個資料來源是「知覺的錯覺和戲法，讓東西**看起來**成了它們不是的那個東西」；丹尼特好好利用了視覺錯覺，來說明腦捏造事情、添補空白、在沒有動作的地方看見動作、讓不同的物體看起來一樣，又讓一樣的物體看起來不同的方法。他運用這兩個想法來支持一個想法，那就是意識是一個比較無足輕重的邊緣特色，或許是真正進行心智工作的存在——那幾十幾百億個小小無意識元件——的一個副現象或私生子（不過他自己的說詞並

不是上面這樣）。

丹尼特的第一個資料來源——幾十幾百個小元件的這種想法——至少對大部分神經科學家和哲學家來說沒有爭議。然而就算接受它，也不代表「意識困難問題」解決了，就如前面所證。解決困難問題時，訴諸錯覺和戲法有多大用處仍不清楚。是的，大腦會填空，會詮釋，會添加，會減去也會朦騙，有時候是因為那有用（講電話時，別人說的話有一部分會漏掉，但腦會把那補起來），有時候是因為視覺系統運作的方式會使其容易被戲弄。如果有什麼差別的話，後者的例子至少**支持**了意識的存在和功用：察覺到並知道一個人受制於視覺錯覺，可以不只是有趣好玩，還可以救他一命。**沒有**察覺到（沒告訴自己，現在看著的並沒有真正發生）可能會有慘重後果。因此，「為什麼意識存在？」的一個答案有可能是，它提供了機會，來修正並克服無意識精神運作所訴說的事物。但不管怎樣，如果「意識是一種錯覺」，那它對誰或什麼而言是錯覺呢？

「意識提供機會來修正並克服（另外，也因此意味著提供機會來監控）無意識精神運作訴說之事」的想法，又使我們深思起那些在我們對人類本質及其道德社會層面的想法中起重要作用的選擇、意志力以及精神生命的概念。神經科學有可能會放棄談論這類現象的資格（到目前為止是這樣），但至少有一件和它們相關的事值得提及：那些證明了道德觀點和社會安排出現（有時很急遽的）變遷的歷史證據，主張這些觀點與安排並不是由演化的腦神經機制所決定，這也就是「身為意識產物的精神和社會現象，能夠還原為幾十幾百億個無意識事件的總和」的想法啟人疑竇的原因。我們可以說明經驗在個人和社會變遷中起的作用，為何不也去承認說服、發現、機緣、意外等等由許多相衝撞的社會和歷史力量交互創造的向量呢？

丹尼特這種認為精神現象出自大量無意識子單位協同一致活動的看

法，和其他有著同樣意旨的看法很類似。一個是「心智社會觀點」（Society of Mind View），由閔斯基（Marvin Minsky）於 1986 年的《心智社會》（The Society of Mind）中提出；他描述心智存在於眾多個別無意識簡單部位的連結之間，那種部位被他稱作「行為者」（這樣稱呼有所誤導，因為它們既然無意識，就無法被稱作行為者〔agent〕）。而歐恩斯坦（Robert Ornstein）理論中的個別無意識成分，則是以「一隊蠢人」的模樣來構成心智。[25] 丹尼特、閔斯基等人都約莫在同時現身──那時是電腦比喻最有說服力的時期，而這點非常重要。

在這邊提出來考量的理論中，衍生（emergence）這個概念並沒有起作用，但與它們一致。衍生特性的實驗證據，可能來自以下這方面的研究：研究較高階的反饋機制（那些已被確認為在神經迴路中整合資訊的機制）在回應那些對受試者有著不同意義的挑戰時，如何有所區別地運作；換句話說，就是做出需要**思考**（分析、反思、讓知識派上用場）的回應，而那簡單來說就是：當我們使用我們日常的「心智理論」概念，也就是我們詮釋他人的行為和意圖的熟悉方法，一種我們認為其他行為者自己相當熟知的關於信仰、欲望、感覺、記憶和理智的非正式理論的時候，在我們最簡約的描述和最明白的理解中，**心智**是在哪裡運作的呢？在神經科學方面，有時候會模糊提及「心智─腦」這種用詞來當作承認（或者當作對議題的迴避）。終究而言，我們希望瞭解的是在這種「心理理論」意義下的心智：也就是精神生活、思想、知識、理智、感受、熱情和焦慮。神經科學在以腦作為精神現象之基礎來處理的過程中，證明了它在「辨認出知覺的神經方面相關物」一事上明顯成功。但整體心智，特別是意識，還沒有被更全面地整合到那種描述中。

4

心智與自我

前一章結尾提及的難題可以如下解釋。想像有兩個人正在某個場地上觀察一系列事件。其中一位是物理學家。她就質量、動量、輻射頻率、力學原理方面描述事件。另一位是社會學家。他將這些事件描述為一場足球比賽。他們出於兩種不同目的而使用兩種不同的語言。兩方就自己而言都是正確的。重要的問題在於：這兩種語言之間的關係是什麼？

還原論說，總有一天社會學語言可以（也將會）徹底無遺地（一點也不剩地）被翻譯成物理語言。難題在於「徹底無遺」這個說法。這些事件對於足球比賽的參與者和觀眾有一個意義，而這意義目前還很難想像要如何被物理學的語言捕捉。還原論者對此回應說，詮釋將會如下進行：社會學概念會被重新用神經學語言描繪，其中意義的表述被辨識為腦中的複雜事件，構成腦的神經元接著會以化學方式描述，而化學描述最終會還原為量子、弦或後繼理論的術語。

大致上來說有兩個別種選擇。一個是，還原論主張為真。另一個是湧現論（Emergentism）[*]的主張，也就是現象的各個組織層次可能有其他層

---

* 譯注：「湧現」在心理學方面之特性即為前一節的「衍生特性」。

次不會有的特性，而且當現象下降或提升到其他層次時，特性就會消失。要說明湧現論者的命題，湧現論者可能會舉「活著」這個特質；當一隻動物的所有組成部位都正確連結起來並在生理上正常運作，就有活著的特質；但當動物支解後，個別的肢體和器官便沒有這個特質。

現在來想想這場想像足球比賽的一名觀眾。像「進球」、「犯規」、「罰球」、「裁判」、「越位」、「隊長」、「中鋒」，還有這些詞之間的關係，像是裁判對於犯規的認定以及給予罰球、他的錯判、每支隊伍進球數相比的意義、足球隊隊長的作用等等，都確實在他腦中以神經作用的方式呈現。比賽中的任何一刻，他對於一切皆「了然於心」，就如同這個成語所說的，瞭解發生了什麼事，在乎發生之事以及結果，認得出開展的連串事件中每件發生之事的可能意義。這個複雜過程要怎麼在腦中具體呈現、並由腦所順利完成？是一個實證問題，一旦人類連接組計畫的地圖標定後就可以回答。另一個非常不同的問題是問，這樣的複雜過程要如何對腦主人來說有意義和重要性？確實，「此處意指的關係用詞」、「用詞之意義」，以及「認為意義對其有意義的**對象**」和「意義之所以有意義的**地方**」，從「我們用來瞭解它們的資源」的觀點來看是不相等的。我們說對**一個人**有意義，或對他來說意義在哪裡（有時我們會說對一個家庭、對**一個民族**，或對任何**有**共同利益的群體），而這樣說是有道理的。但「意義」本身，其重要性、價值以及造成的差異，就沒那麼容易描述特性了。

為了牢牢抓緊這部分，我們要先將望遠鏡轉過來，從另一頭看過去——不是從神經學端，而是從精神端。

思考心智的一個方法，是把觀點從「只在腦袋裡有的是什麼」擴展到包含腦周遭的物質和社會環境。引起這個想法的思考是，在大部分情況下，當我們瞭解一個概念時會知道的事物，往往都是腦內事件與世界中某物的連結。舉個明顯的例子：要瞭解一棵樹的概念，以及要能夠區分樹和

其他事物（好比說狗和建築物）的話，腦內相關的生理事件得要和頭外面的樹以及非樹處於一種堅定的關係，就算間接也得如此，比如說某個從來沒有在感知經驗中遇過一棵樹的人，也可能透過書和圖像而對它們有間接知識。但「擁有樹的概念」有一個沒那麼明顯的面向，就是每當我們想到或談論到樹時，「我們頭腦裡面發生的事」和「頭外面的樹」之間的關係得要維持在某種形式之內，好讓我們的談話能正確地是關於樹而不是關於其他事物。這並沒有暗藏神祕或神奇的事情；它的意思就只是，若要解釋有別於任何其他念頭的「一棵樹」的念頭，就不可避免地要提及外面世界的樹。你無法在不提及樹的情況下，也無法在不提及某一條或其他條「讓念頭能成為給該思考者的一個念頭」的路徑（主要是感知路徑）之情況下，就在某人的心中將樹的念頭「個性化」，也就是將這念頭和關於其他事物的念頭區分開來。

「思想因此不可或缺地與外在世界相連」的想法，旨在說明一個更整體的想法，即「心智」並不是單從腦活動就可以描述的，而得要當作一個「該活動」與「該活動之外的社會和實體環境」之間的關係來瞭解。哲學家將廣內容（broad content）這名稱，給了「只有從念頭思考者與這些環境之間的關係來看」才有辦法妥當描述的各種念頭。而有些人主張不可能有狹內容（narrow content）──即可以不用管念頭思考者所處環境、只要根據頭顱裡的情況就能夠明確指出的念頭。如果確實只能有廣內容的話，其意義就非常巨大；它意味著瞭解心智遠遠不僅止於瞭解腦，還要瞭解語言、社會和歷史。

這想法在探索任何和文化及創造力有關的事物時，看起來都十足明顯。好比說，試圖瞭解一名藝術家時，我們很自然地也會觀察他所受的影響、所處的歷史環境和塑造他的經驗。然而，在思考腦如何產生精神現象時，我們往往就會淡化裝著腦的那顆頭所處環境的重要意義。想一想：就

算在感知的心理生理學方面,感知關係遠端(即頭外面)的本質也僅以最小程度具體說明,而近端(頭裡面)的裝備,如視神經、視覺皮質卻是主要的焦點。當然,要瞭解視覺,就必須詳細具體說明視覺處於其中的神經活動;至於是什麼刺激了視網膜的桿狀與錐狀細胞,並觸動視神經發動,除了「進來的光在這樣那樣的頻率下傳播」之外,恐怕就沒什麼好說的了。但就算瞭解視覺,也還不算瞭解視覺感知。因為,回想一下,我們從來都不只是在看,而一直是在看成什麼;視覺經驗總是會使用到概念;而這些概念,和水晶體之外的周遭世界裡存在著什麼有關。承認這一點,就有了動機去說,瞭解心智(相較於引起心智的腦)需要一種廣內容方法。

像這樣說心智不只是腦,並不是(要再次強調不是)打算藉由這番話往非物質路線邁進;心智可不是什麼笛卡爾式的超凡靈性存在。它的意思反而是說,心智是交互作用的產物:在腦和其他腦之間,也在腦和自然環境之間。身為打從根本的社交動物,腦—腦互動以及眾多腦共同構成的複雜社會現實,可能是對大部分人而言意義最重大的環境。人是複雜網路的節點,他們的精神生命從人際網路得到了大部分內容。也因此,「一個個體的心智是許多腦交互作用的產物」不是能直接在 fMRI 掃描上顯示的東西。構成個體特性和感受能力的這段過程,其具有的歷史、社會、教育和哲學層面,遠遠多於個體腦部在沒有外部輸入下自行產生的電化學。

於是,儘管神經科學在大幅揭露腦和心智面向於腦中成形方式的過程中,展開一場令人興奮而著迷的奮鬥,但它無法徹底解答我們想瞭解的一切心智和精神生活。當耶魯大學心理學家布倫(Paul Bloom)評論神經心理學對道德相關問題的研究時,他確切指出了問題核心。神經科學正推著我們朝一種會說「我們的道德感生來根深蒂固,根植於基本的厭惡與愉悅反應中」的方向前進。布倫藉著一個簡單的權宜之計提醒我們道德是會改變的,進而質疑了這種說法。他指出,那些正在讀他文章的人「相較於

1800 年代的讀者，對於女性、少數族群和同志的權利有著不一樣的信念，對於蓄奴、童工和為了大眾娛樂而虐待動物等行為的道德性，也有著不一樣的直覺反應。理性的思考和辯論在這些發展中有著重大作用」。[1] 如布倫所提到的，透過一個全球化的世界，擴展與他人和其他社會的接觸圈，是形成這種發展的作用力；舉例來說，我們會將自己的錢和血捐出來，幫助世界另一頭的陌生人。「我相信目前缺少的是，理解緩慢說服有何作用。」

當代的心理學（尤其是神經心理學）忽視了辯論的這個層面，不是漫不經心地忽視它，而是因為它已經在心理學處理的範圍之外了。舉例來說，研究抉擇的實驗聚焦於幾個有時間界定的簡單選擇，而實驗記錄下假定是在受試者報告自己的抉擇之前，就先行構成抉擇的腦活動。先將「該研究真正證明了什麼其實是有疑問的」放到一邊，並去留意一件事，那就是那就算有了可攜帶耳機式 fMRI 掃描器，使研究者能在人想著一場求婚或想著要申請哪間大學的時候，追蹤到與其相關的腦活動中的相互關係和時間延遲，那些相互關係依然不會構成對抉擇過程本身的描述。將這和「心智不只是腦」的想法合在一起，那麼當人想瞭解精神生活的其中一個特色，也就是「做決定」時，他的任務範圍為何就變得更加明顯。企圖瞭解腦和心智，以及由某些心智為典範的智慧、機智、智能、洞察力、成熟度、能力等各種品質（另一面則是憎惡、怨恨、偏見、敵意、仇恨等各種品質）的時候所面對的複雜程度，並不一定代表這類主題的相關問題永遠無法回答。反而是努力前進的過程本身就迫使我們重新思考，自己正在問的問題是什麼，以及自己正在研究的是什麼現象。關於我們活出的精神生命以及其特性品質的大哉問，我們比較有可能會從文學、歷史和哲學上瞭解，而不是從神經科學。這不是在貶低神經科學的重要性，完全不是；這反而是在主張，當探問活動來到了以精神、道德和社會現象（而非神經現

象）最為關鍵的層次時，就得瞭解到兩者之間有其關係。

　　而根據一些人的說法，神經哲學這個新領域確實瞭解到了這層關係。就如前面幾章所述，自從二元論和非物質主義一元論（眾多唯心論以及「中立一元論」）不再被嚴肅的研究當成可能的答案之後，精神狀態與腦狀態彼此關係為何的疑問，尤其是主觀性、意識和表現陳述這些方面，就成了心智哲學的核心。神經哲學的擁護者相信，有了神經科學研究技術支援後，許多關於道德、意圖、自由意志、自我意識以及理性的進一步問題，現在都能接受更有實證深度的研究。他們說，傳統哲學探問的紙上談兵推測，可以讓位給某種有更扎實基礎的研究，而一些令人意外且引人聯想的新發現早已伸手可及。甚至早在使用 fMRI 的抉擇與意志研究開始主張兩者是前意識過程之前，人們就已經知道，動過連合帶切開術導致兩個腦半球分開的人，似乎會有兩個不時互相競爭的自我中心；而腦化學研究則針對精神障礙、情感和社會聯繫的本質提出洞見。

　　這些都是不錯的論點。因此這個計畫如果說出「儘管如此，它的哲學承諾還是要把持好一定的輕重」這樣的話，既不會太過疑心，也不會太挑剔。因為當一個人思考人群，思考他們的性格、他們知道和相信什麼，並思考那個組織著他們對世界的看法、態度和回應的概念架構，以及他們權衡其中相互競爭的行動理由時，神經哲學方法只是事實的一部分，因為基本上它沒辦法是完整涵蓋一切的事實。理由已經提過了：從必須要「概括上」被理解的這點來說，心智並不僅止於腦。當人說「個別的心智不僅止於是體現個別心智的一個個腦」的時候，此人再次將心智描繪成持續與父母、教師、群體和實體環境進行前饋與反饋交互作用的產物。就像以下這樣陳述觀點吧：當你說心智是腦插上社會和實體這兩種環境，你就等於是說，沒這麼插上的腦就不是心智的所在位置。對腦的描述若排除掉「腦的運作」和「腦如何取得特性中的後天成分」的脈絡，就不是對心智的描

述。

　　有一個簡單的實證觀察讓這個觀點更有可信度。那就是，只有要四處移動並感覺路徑的活物才需要腦。人腦負責運動的腦區域地圖如果轉化為人體模型的話，就會出現巨大的手和巨大的嘴；運動皮層投入這些區域的量遠高於身體的其他部分。另一個實證相關性是，人腦內就包含了一層層自身演化歷程，比較原始（和其他動物一樣擁有）的結構會被一大層大腦皮層蓋住；外面這一層不只用於感覺經驗和運動（以及兩者之間複雜的交互作用），也用於思想和推理等精神運作、語言使用，以及人通常能暢行無阻那種程度的社交複雜度；而這種複雜度和其他動物的差異或許不在於**種類**，但在**程度**上一定有所差異。

　　將心智想成是一個不可分解的類別（因為那是剛剛所講的話的含意）的一個重要的必然結果，是**自我**這個概念起了作用。洛克對於人格同一性的關切有一個很有意思的層面：它專注於**人格**（person）的概念，選「人格」是要避免讓持續同一性的基準倚賴會成長、改變並老化的「身體」，像這樣的身體有可能因為深受（好比說）一場意外的影響，使得與該個體有關的記憶、特性和目標消失並被徹底替換，即便身體還是原來的那個。回想一下前文中恰是如此的蓋吉案例。洛克是出於刻意而選擇了「人格」概念而不是「自我」（self）概念。一個**人格**是一個鑑識的實體，也就是說，一個身為道德和法律之權利責任背負者的存在。一名尋常成年人是一個人格，一間商業公司是一個人格，一個嬰兒不是人格（他有權利但還沒有責任），而一個精神錯亂的人類不再是一個人格，除非出於我們的考量與同情給予他這個身分。這些是定義的問題。對洛克來說，若要自我覺察到身為這樣的存在，就需要有記憶，而記憶就擔保了那種自我覺察的持續性；因此他才會選擇「人格」作為持續存在的實體。因此可以推定（而他接受這個推定結果），如果一個人格不再記得生命先前的各個階段，他就

不再是那個人格;他的同一性連鎖已經斷裂。

　　就如前面提到的,將同一性、自我性和人格性(personhood)三個性質都放在一個「靈魂」裡的神學家,被這樣的主張冒犯到了。在洛克提出這說法之後的大部分討論,都將人格性的鑑識面向丟到一邊,並徹底從自我來思考,而這樣思考有點乞題*(question begging),因為它重新啟用了一種與靈魂差不多的形而上實體的想法,所以很好反駁——洛克在 18 世紀的後繼者休謨就質問,如果你往內向心中審視尋找,能否在當下的感知和感覺中找到「自我」,如此對這個主張做出了反駁。他的答案是:不,你找不到;你只會找到臨時束成一捆的前述感知;而他把這當作是對「自我」這想法的一個實證反駁,也因此他將自我描述成一個有用的虛構,讓我們想像人會隨著時間過去仍保持自我同一性。因此他的理論被稱作「自我叢束理論」(Bundle Theory of the Self)。

　　休謨關於自我和人格同一性的看法,在洛克理論的五十年後發表。關於這問題在那段期間有過巨大的爭議,不只發生在洛克和神學家(尤其一名叫做史帝林弗利特〔Edward Stillingfleet〕的主教)之間,也在於全體讀者之間。這個問題大到讓《旁觀者》(Spectator)雜誌於 1712 年要求,應該要有一場「王國所有有智之士」的大會,來為個人同一性處於何物之中的問題下定論。[2] 沒多久後,一個稱作「托利聰明人」(Tory wits,「托利」當時有著不同於托利黨的引申義[3])、成員有諷刺作家史威夫特(Jonathan Swift)、詩人波普(Alexander Pope)、劇作家蓋伊(John Gay)、女王御醫阿爾伯諾(John Arbuthnot)、政治家布林布魯克子爵(Viscount Bolingbroke)等人的團體,決定寫一本叫作《馬丁納斯·斯克里布勒斯回憶錄》(The Memoirs of Martinus Scriblerus)的書來惡搞當時的

---

* 　譯注:在論證時將不該視為理所當然的命題預設為理所當然。

激辯，其中主角馬丁納斯熱衷於在所有辯論中參一腳，但不論到哪邊表現得都不太聰明。書中有一段以一種若在今日可能會覺得很低俗的方式來談個人同一性的問題，內容描述一對暹羅雙胞胎，而馬丁納斯娶了其中一人，因此就有了隨之而起的兩難，但那一段傑出地集結了論點。[4]

自我性爭辯的長期遺產可說是隨之而來。儘管休謨徹底駁斥了這個概念，但浪漫主義對「誰在藝術上擁有創意成果」所抱持態度的顯著特色，可視為開始熱情擁抱「自我性」這種想法。就想想「天才」這個想法：本來所謂的天才是指一個存在，它會靠在某人的肩膀上將靈感（靈感的英文 in-spir-ation 意指「吸入」）悄聲送入那人耳中。浪漫主義的概念將天才帶進藝術自我的內部，並認為兩者是一體的。斯溫本（Algernon Charles Swinburne）的作品《赫塔》（*Hertha*）的開頭幾行，可以用來當作創造力自我的座右銘：「我就是啟始之物；歲月從我而始；上帝與人，從我而出。」或許有人會說，自我的想法被民主化了；每個人都是一個或擁有一個自我，徹底是一個個體，這樣的地位在過往就算不是只歸給鶴立雞群的偉大英雄人物，也是多半都只賦予這種人。

從「自我性」的想法到「自我性擁有無思索無所覺深度」的想法，中間並沒有多大距離。這方面的一個間接影響，源自一位與洛克同代但較年長者的思想，他就是哲學家斯賓諾莎。在他的大作《倫理學》（*Ethics*）最後兩冊，也就是〈論人類屈從〉（'*Of Human Bondage*'）和〈論人類自由〉（'*Of Human Freedom*'）裡面，談論到我們如何被我們無意識或半意識地領悟到的那些不明確、半成形、未能徹底意識的想法所持續掌控；而當我們徹底瞭解那些想法和我們自己並看見真實的時候，就能從中將自己解放。如果去猜測 19 世紀以及 20 世紀初的「懷疑大師」們（馬克思、尼采和佛洛伊德）關於（有意識或無意識的）自我和個體的想法，有多少要歸功於洛克以來的自我性、個體性和人格的想法，其實還滿有意思的。

　　會提起上面這些，是因為人在探討心智時也得要處理自我的問題，比如自我的感覺、自我覺察、經驗的觀點本質問題；在那種本質中，每個個體都處在一個空間、時間以及「對於在那經驗中發生之事的個人意義與社會意義所做的詮釋」的宇宙中心。就神經科學探索心智基礎和本質時能達到的程度來說，它也保證能對自我性提出一些看法。它確實得要提出點看法：「存在於世」的經驗，是意識精神生活的一個關鍵層次，而它不只和感知、本體感覺（人對於自己身體的內在覺察，同時包括了裡面正在發生什麼事，以及自己正用它來做什麼事）以及意向性有關，也跟個體從這些方面處理之資訊的脈絡有關。

　　在思考如何解釋「自我」這種想法的時候，「整合」和「情感」的概念都會躍入腦海，並和彼此相連。在前面概述過的意識運算理論中，資訊的整合起了重要作用，並在某些理論中再度發揮，好比說葛詹尼加（Michael Gazzaniga）把自我當作「解譯器」（Interpreter）的理論。對於達馬吉歐（Antonio Damasio）等其他理論家來說，意識的源頭是（一開始不明確的）身為一個自我的**感覺**。「一種自我監測的意識功能」的想法和「自我覺察的一個情感的所在之處」的想法，從神經科學當前研究目標的觀點來說都是高層次，但它們看起來不像合於衍生特性的那些理論那麼難解，如果和或許可稱作**操作理論**的理論相比，就更不難解了；在操作理論中，從葛詹尼加或達馬吉歐的方式來理解的自我概念，起了強大的解釋作用。不管能說服人的是湧現論者或是操作主義者的觀點（兩者並非不相容），未來某個時候，一個完整的心智科學都得要有一部分去說明，為什麼一種自我感對經驗來說是那麼核心的特色。

　　就如書名《發生時有何感覺》（*The Feeling of What Happens*）所主張的，達馬吉歐認為意識存在於一種與眾不同的感覺中：「感覺到有在感覺」（feeling of feeling）。[5]就從發展的角度來想想它的出現。感受到我們

正在感受，是自我性的原始層次，是意識到自己佔有著我們後來認為是我們自己獨有的第一人觀點，即便一開始這種感覺比較模糊，但後來會很強大而且持久。自我和它的對象——引起我們內心情感回應的那些事物——構成了世界的理性模型；在這時候，意識已經從「感覺到有在感覺」演進到「感覺到知道的感覺」。對達馬吉歐來說，這提供了一個手段來瞭解「意識自我性的核心現象」：那是我們每個人都有的感覺，感覺自己是腦內電影的**擁有者**和**觀賞者**，而電影內容是我們自己的覺察經驗，將一個以我們為中心的世界呈現給我們。

這裡熟悉的地方不少；但有趣的地方在於神經科學有助於充實這個說明。達馬吉歐說，在意識的病理學資料之中，讓他頗為震撼的一個現象是，有些病患可以清醒並察覺周遭，其程度足以和周遭互動，然而用的是無意識的方法，這就證明了意識有別於僅僅醒著或僅僅有能力感受刺激。想瞭解具有意識的額外層面，就得要辨識出它如何提供生存優勢；不然的話，高等哺乳類就不會演化出這種東西了。達馬吉歐的主張是，任何活物的最重要目標，即適當的能量利用以及保護該生物體不受傷害，都靠著生物體將自身放進一張所處環境地圖內的能力，還有籌劃判斷出該地圖上最佳行動進程的能力而大幅強化。生物如果對環境有所覺察以及感受，卻只是自動機（automata）的話，那麼儘管有可能把這做得夠好，但不會像真正有意識的生物做得那樣好。

達馬吉歐接受來自神經學和神經心理學資訊的證據；前面有描述過，那些證據指出，精神能力有一定程度的區域化，以及大部分的精神處理行為發生在無意識層次；但他增添了一些主張，也就是同樣的證據支持「有不同層次的意識」以及「意識不是一個而是許多事物」的想法。因此他將**核心意識**和相關的原始自我感，以及**意識擴展**這種高層次現象和其主體區分開來，而最後這個主體被他稱作**自傳式自我**。在這種看法中，意識不同

於語言、記憶、推理和注意力這些認知功能，也不會被視為由這些功能所構成，而是因為被它們預先假設而被當成更基礎的東西。

達馬吉歐先前著作的一個面向是這個理論的要素，即情感對於意識和推理而言都是根本且重要的。[6] 腦損傷病患的意識障礙總是伴隨著情感能力的障礙。達馬吉歐也發現，將某幾種情感的感受能力摧毀的腦部損害，也同樣導致了推理能力受損；情感過多會妨礙邏輯能力，過少也會。但最神奇的，是直接指出了情感與意識的關係，因為把意識的起源位置定在感覺上，就等於是說情感處在思考和個人同一性的基礎上。葛詹尼加從他與諾貝爾獎得主神經心理學家斯佩里（見前述）所共同完成、對進行過連合帶切開手術而將兩個腦半球分開的人所做的研究，發展出他的「左腦解譯器」理論。[7] 葛詹尼加受到觀察上述那類人的結果所啟發，（在第一個例子中）以三名病患進行了實驗——其中一人在連合帶切開術之前和之後都進行了實驗——並從這些觀察和後來由觀察所啟發的研究得出了他的結論。刊登在《意識研究雜誌》（*Journal of Consciousness Studies*）上、由蓋勒格（Shaun Gallagher）訪問葛詹尼加的報導開場摘要，對於該結論，乃至於根據神經科學潛在的徹底還原論而預期會得出的結論，都提出了精準的說明：「心理學死了。自我是腦發明的虛構……我們有意識的學習是一種事後觀察，對腦早已完成的某件事的一段回憶。我們不學習說話；腦準備好說什麼的時候言語就產生了……我們自認掌管我們的生命，但其實我們並沒有。」[8]

從這觀點來看，「自我」這種虛構是腦活動的高度模組化本質所衍生的一個性質。「高度模組化」意味著有非常多區域化功能在腦內的不同層次中運作，而所有認知和情感工作，都是由它們在沒有有意識輸入的情況下進行。掌管的是腦；位於左腦的解譯器提供了事後的正當性。

如果你問我為什麼跳了，我會回答我那時覺得自己看到蛇。這個
答案當然有道理，但真相是我在意識到蛇之前就跳了：我看過
了，我不知道我有看過。我的解釋是來自意識系統中所擁有的事
後資訊——我跳了以及我看到了蛇的事實。然而，現實是，在我
意識到蛇之前我老早（在一個毫秒的世界中的老早）就跳了。我
並沒有做一個有意識的跳的選擇，然後有意識地執行跳躍。當我
回答該問題時，某種意義上我是在虛談：對於過去的世界給了虛
構的描述，相信那是真的。我真正跳起來的理由，是針對由杏仁
核發起的懼怕反應所做出的一個自動無意識反應。那時我會虛談
的理由，是因為人腦被驅使著去推論因果。它們被驅使著去解釋
那些從零散事實中產生道理的事件。[9]

解譯器產生道理的目標可以導致難題；它產生了所謂的「敘事謬誤」
——將事件錯誤詮釋為有條理的因果結構故事，且並不罕見地引起誤判，
就像是賭桌上的一陣連敗，會讓人覺得自己的運氣想必即將翻盤那樣。

葛詹尼加的結論是，有著事後合理化功能的解譯器活動誤導了我們，
讓我們覺得自己是個統一自我，統率著（或說有可能統率著）我們的選擇
和抉擇、我們的性命和一生。有著大量獨立組件的腦，在我們知道在做什
麼之前就做著一切。被欺騙的轉譯器不論在實驗場合或真實世界場合，都
可出現各種誤解和錯誤，後者是由腦容易遭受的損傷和疾病所造成，而這
又替葛詹尼加說的轉譯器「再好也不過就跟它（從構成腦的各個系統）所
取得的資訊一樣」。

光從表面看，這描述的核心有一個不連貫之處。想想賭博的例子：解
譯器，強行施加它的邏輯想法，認為不可能一直輸個沒完，而且長期連敗
「一定」準備要轉運了；所以那人就繼續賭下去——也就是**選擇繼續賭**。

如果某種「有一個在控制的自我不知怎麼地就是體現在腦中」的非葛詹尼加式理論為真，那麼這個選擇就會有著指導腦中相關模組去換更多籌碼、去搖盅裡面的骰子，往賭桌上扔出去等等的效果。但在葛詹尼加理論中，儘管解譯器愚弄了自己，讓自己認為它的連敗應該要結束了，但是它（要注意是「它」）並沒有在選擇要繼續賭；不論是它或任何別的什麼都沒有在做任何選擇；只有非意識腦活動而已。那麼，為什麼腦持續賭博呢？如果腦做著它無意識下會做的事，那麼解譯器不管怎麼想都沒差；解譯器不過是個附帶現象罷了。所以，如果解譯器對於腦活動以及透過腦活動而在其社會和實體環境中進行的行動都沒有影響，那麼是什麼解釋了解譯器犯錯的這個明顯結果？

神經科學還原主義異口同聲的說法——要再說一次，很有可能是真的——就是，「我們」每個人都各自被欺騙而認為「我」存在，因為並沒有「我」，就只有「我」這種錯覺。就如丹尼特的看法會引起的問題所問的，是什麼（因為我們不能問是「誰」）被騙到認為自己是存在的？如果笛卡爾的看法還有哪個能撿來用的，那就是得要有個什麼來解釋他那「我思故我在」的說服力（的錯覺？）在哪裡。是什麼錯誤地認為它存在？此外，如果沒有「我」，那也不會有「他們」；我們並不是住在一個有著眾人、有著行為者的世界，而是充滿自動人形，講白了就是喪屍的世界，而人性、推動力、道德、責任感、價值和意義等概念也同樣都是虛構；不照這麼想（也就像我們現在這樣想），就等於是根據一個組織性地犯著大錯的「關於我們自身和世界的理論」而活。

葛詹尼加所說的，關於腦部高度模組化、關於它所執行的大幅度無意識資料處理工作，以及腦部所有模組都會灌資料進去的那個會突然湧現的左腦解譯器，幾乎全都確實是真的。批評者可能會不同意的那一個點，就是解譯器僅僅是附帶現象而已。葛詹尼加所說的每件事都符合「藉由腦部

結構，詮釋的衍生性質在它對腦模組活動的反饋中，在因果關係上有著效用」的想法。畢竟，實證資料證明，較高層次的視覺處理，會反饋到比較低層次並對其起作用。葛詹尼加類型的理論其實是在說，反饋會在一個時間點停止，不會前往比上層模組還高的地方，而且不知為何並不會發生在最高層次：也就是解譯器層次上。相反地，這違反了另一個也是實證資料的東西——我們所擁有的關於我們自己的資料（達馬吉歐所說的「身為一個自我的感覺」），以及指引我們與其他人類以及動物交互作用（亦即上述的他們也都是有意識且有意圖的行為者）的理論背後的資料。

* * *

把那些（因為影響幾乎所有形式的探問而）影響神經科學的研究難題（針孔、地圖、好事者等等）列舉出來，替這門重要科學的年輕歲月提供了一個有益的提醒。然而，調查難題中最影響這股年輕氣盛的探問的，就是解脫難題——在這裡展現的是它的標準形式，也就是想要達成一個結論、想要有一個完整的解釋或故事、想要整理乾淨並轉身離去的欲望；關於這一點，描述為妄下結論或許更好。已經提供臨床應用和大量希望的各種方法，讓人能以越來越高的精準度辨識出認知功能在神經上的相互關係。在這一點上，就托勒密難題（「它行得通，但它是真的嗎？」）做調整後，它所暗指的那種人性觀急遽反轉，即「我們不是行為者而是喪屍」，讓我們有機會停下來想想。是的，那或許是真的；如果是的話，我們對此要做什麼？什麼都不做嗎？按照我們給自己撒的謊活下去，並持續懲罰和獎勵彼此，教育我們的孩子，希望他們成為有智慧而成熟的存在，與我們的良知搏鬥、閱讀、學習並聆聽辯論，想著藉此能見多識廣並讓我們的選擇有所進步——這全都因為腦早就已經在做我們認為「我們」在做

著的事,所以是一種錯覺嗎?

另一個選擇,是真正理解意識和自我,要不解釋它們,不然就替它們開脫,但不論哪種情況,都要描述說明深刻而持續的經驗的實證事實,並以這番工作來挑戰神經科學。這不過就是延續克里克與柯霍「讓意識本身成為科學研究目標」的挑戰。在他們提出那項挑戰到寫下眼前這些話之間的幾十年裡,最主要的趨勢曾是消除意識或至少消除其影響;如果有那麼一句警語有從討論中出現的話,那就是這可能是一個妄下結論的例子。

＊　＊　＊

神經科學研究技術或許會以道德上有疑慮的方式來使用,這已不再只是科幻上的可能。

新世代測謊技術是真的有可能從中出現,而辨識出意識狀態內容的展望已不再遙遠;對視覺系統活化情況的掃描,已為研究者提供了內容的意義。[10] 對於「神經科學在一個本身臻於完美的狀態時,能夠更直接,即不透過標準感覺途徑就與腦溝通(面對閉鎖症候群患者時,這種運用就是人們會想要的)」的這種假設和目標,它都是理當結果,而且更進一步地也是必然結果:能夠具體說明認知狀態內容的能力,或用比較大眾的說法就是「讀心術」。人的思想徹底失去隱私是一回事;思想控制、引入思想或記憶、消除既有記憶、改變人格、控制行為技術的未來展望,以及上述任一個活動已有所計畫的良善目的和邪惡目的,都必須要深思熟慮;有鑒於神經科學方面目前已知的事,以及已經存在的能力,這裡面沒有哪個還處在可想像的邊界之外。

我在別的地方介紹了一個概念稱作「格雷林法則」(Grayling's Law),說的是任何可以做到的事,只要對能做的人有利,都終將做到

（從此而來的推論是，**如果可以做到的事，會給能避掉代價的人帶來代價的話，就不會被做下去**——這就解釋了，面對人為氣候變遷、世界各個貧困地區可避免的疾病等情況時，為什麼採取的行動都不夠充足）。[11]這個法則的必然結果，就是自主武器系統、胎兒基因改造、使用人工智慧破壞公民自由所欲之事、心靈控制神經科學等各種有問題的發展，因為有辦法用各種明顯的方式為私人和公共機構帶來利益，所以**就會發生**。在本書調查的三個知識進展領域中，最能引發（也最接近引發）道德問題的就是神經科學。儘管從人權團體和聯合國這類國際機構在「控制致命自主武器系統」方面優秀但根本徒勞無功的例子，可以看出我這令人不安的法則存有鐵一般的必然性，但當神經科學的進展開始達到一種應用的臨界點時，這方面還是會出現爭辯和焦慮。而這樣的爭辯再早開啟都不嫌早。

—————— 結 論——————

來自奧林帕斯山的視野

　　人類已經從對信仰的確信過渡到對知識的不確定，透過知識而從信仰過渡到無知——一種新的、被知識填滿的無知，因為對知識展開偉大追求而學到太多，也導致精通太多事，反而產生的一種意外矛盾的事態。然而，就像山上的登山者一樣，我們爬得越高，就越能遠眺我們的無知有多廣闊；我們看見知識的前線本身無從標示地存在於地平線之外。

　　由我們知識上的巨大進展所揭露的無知程度，顯示我們僅處在旅程的起點。如果人類可以活過這頭幾步——並沒有保證一定可以；我們仍然苦於太多思想和感受上的原始主義：我們還是會開戰、彼此爭吵、相信無稽之談、浪費我們短暫的生命在芝麻綠豆的事情上——在人類歷史上更遙遠將來的其他人眼中，世界、時間和心智看起來將會是什麼模樣，是現在的我們無法想像的。

　　現代起於 16 世紀，起於人們抱持「單一個人有可能知道可以知道的一切」的這種想法而拋下信仰的時候。「文藝復興人」的這種想法，想的是一個人可以從知識狀態之山頂眺望四面八方——可以說是奧林帕斯山的視野。現在只有極少人會宣稱能看見這片景色，就算只論「通才」，也沒

幾個人會這樣說。造就知識真正進展所必須的「專才」，則讓我們處於孤立狀態。研究青銅時代的歷史學家有可能非常不瞭解量子物理學，而量子物理學家也可能非常不瞭解青銅時代史。人類在知識方面的大幅邁進，曾以失去一種概觀作為代價而達成；概觀是一種在時間和意義中有其位置的感覺，一種在非人類、有時無人性的萬物中所擁有的一種人類聚焦感。

教育的目標，應該是要讓我們對某個有天賦的專長具備透徹知識，且同時要在科學、歷史（包括思想史）和藝術方面具備良好通識。高等教育歷經了一場非凡的反轉。它從擁有通識為目標，並放任專業特長去自行形成日後個人興趣和經驗的成果，轉變為以反覆灌輸專業特長為目標，放任通識去自行形成日後作人興趣的成果。[1]這種反轉發生起來毫無折衷，就像開關直接用力推到另一頭一樣。在通識和專才都受到重視且兩者相輔相成的道理獲得理解的教育管轄範圍內，「大學進行博雅教育、大學後追求專長」的想法一度很有說服力；缺乏耐心、開銷甚鉅，以及經濟體為其技術商務尋找生力軍的迫切需求，都在擠出「教育和智力成熟得要同步進行」，以及「兩者都應該由訓練這一種工夫來取代」的想法。其必然結果是，人們想把高等教育縮短為兩年，將它的長度從千年來大部分時候的慣例長度砍到剩一半，或者比一半還少。

如果強行推動專才、推動訓練而非教育的程度，過頭到了不同探問領域看不見彼此連結，特別是科學和人文的「兩種文化」（Two Cultures，由斯諾〔Charles Percy Snow〕於 20 世紀中期定名）間隙如果擴大到比既有間隙更大的話，那就發生人類事務變得無法操縱管理的真正危機。就舉一個例子：在武器系統中，特別是在自主武器系統中，人工智慧以及電腦技術精密化（包括小型化）兩者已飛快地結合起來發展了。[2]如果在制度中，一邊是技術發展的影響，一邊是社會、政治、法律、道德和人道主義的顧慮，但彼此之間沒有連結，就有可能會出現危險的匹配錯誤。

　　瞭解我們知道多少，以及我們增加的知識暴露了多大的無知，其珍貴之處就在於幫助我們讓雙方之間還看得到連結。它在其他方面也有所幫助。過去，在確信（主要是神學上的確信）的時代，確定性可以要人命。當時人們認為，如果我對你錯，尤其在關於現實以及我們靈魂安穩的最大問題上如果我對你錯，那你的錯是危險的，就得要處理。然而，如果我們全都一起在無知的大海上划著探問的小船，我們的觀點會改變，而且是往好的方向改變。

　　這一點可以換句話說——用關於真實的言詞換句話說。在前言中我將這說成一道問題：「真實難題。有鑒於實證探問讓我們有機會廢止原本的理論，那麼，什麼可以當作符合『缺乏確定性』的標準（好比說科學中的標準差範圍）？這是否代表我們得以以實用主義來對待真實這個概念，也就是把真實當成（可能無法達成的）探問目標，讓探問的行動以（在理想上）趨向真實為策略？這樣的話，『真實』的概念本身該如何處置？」

　　答案就蘊含在問題內。真實的概念是理想化的概念，探問竭盡了全力朝它邁進，而我們靠著它來測量我們置於發現和提案中的信心有多大。這有一個重要的含意：當我們把知識想成是我們手上最佳且最獲嚴謹支持的信念時，我們其實是在想著**理性**，想著相信什麼才是**理性**的。「理性」（rational）意指「**有比例的**」；它是關於「我們的信念」相對於「我們對信念擁有的證據，以及我們運用於證據之推理的完善性」的比率或比例。相信花園底下有小精靈也就因此是**非理性**的。所有關於小精靈的證據，不過就是來自故事、傳說和其他人的信念。這能應用於許多影響力太大的思考方式，尤其是宗教。

　　理性信念（當支持證據很強時信其為真）和非理性信念（除了前述那信念外，當我們發現以那些信念為前提或根據它們來行動導致高機率的不良結果時，就完全信其為假）之間有著不對稱。我們就是從這裡發現理

性信念往往彼此高度連貫——互相一致而且通常互相支援，而當連貫性無法達成時（就如量子理論和廣義相對論那樣），便不允許情況維持如此狀態。另一方面，非理性信念往往彼此獨立，而兩個或兩個以上的非理性信念可以（也常常會）一併相信，或者還同時與理性信念一併相信，就算彼此不相容也行。第一種情況的一個例子就是，當人相信鬼魂可以穿牆（不和物質交互作用）且可以對人造成實體傷害（因此會和物質交互作用）。我在孩子還小的時候，勸他們不要害怕超自然現象的方法，就是將這種情況指出來。第二個情況的例子，是相信神是萬能而全然善的，這和察覺到兒童癌症這一類天生邪惡存在是不一致的；這種不一致既可指神的全能不存在，也可指神的善不存在，或者比那更理性地，意指這樣的一個神不存在；然而這難題的通常解方，在神學中稱作「邪惡難題」的解答會說，包括兒童得癌症在內的這一類受苦，是為了某個更偉大的長期善，是我們當下難以理解的。上天不可捉摸的這層毯子，始終是將困難掃進去並藏好蓋住的好地方，而它處於其中的那種伎倆，就是標記了自成道理的非理性信念。

　　阻礙探問的十二個難題（針孔難題等等）給探問設下了限制；得靠各式各樣的方法來繞過去，加以考量、應付、接受、理解，或者（最好的話就是）解決它們。它們定義了探問的本質。承認它們的存在，和那個近來產生如此大量的知識以及如此大量的（甚至比知識更大量的）「對我們無知的瞭解」的新探問世界，可說是攜手並進。在一個早於 16、17 世紀科學革命的確信時代裡，當停止進行的古典時代探索總算重開時，沒什麼人想到這些探問的難題。它們是知識和其相關無知的孩子，而它們是在知識探索那股無知時正在幫助知識、也將會幫助知識的東西。

　　知識帶來了做事的能力；做事的能力可以創造道德兩難。隨著新知識而來的新無知，可以道德兩難更加惡化。在這裡調查的三個知識領域中，

神經科學是帶著善意和惡意種子的領域，不僅非常良善，也有非常邪惡的可能。知道知識預告著什麼，給我們一個反思的機會。

最後一點：探問激勵人心。當人類的過去從南方古猿顱骨那沒有眼睛的框裡看向我們，當前古典期從美索不達米亞的臺形遺址中出現，當自然的祕密迎著物理學的數學和粒子對撞機展開，當視域內不同方向的條紋顯示在枕葉皮質的諸多細胞內的時候，跨越最前線的感覺，讓那些涉入其中的人洞見了是什麼激勵人類更加奮進：「發現」本身帶來的無與倫比的興奮。一條和界線、邊界、牆壁有著天壤之別的最前線，其美妙之處就在於它邀請人跨越過去，並繼續向前行。並邀請你準備妥當後上路。

附錄一：圖鑑

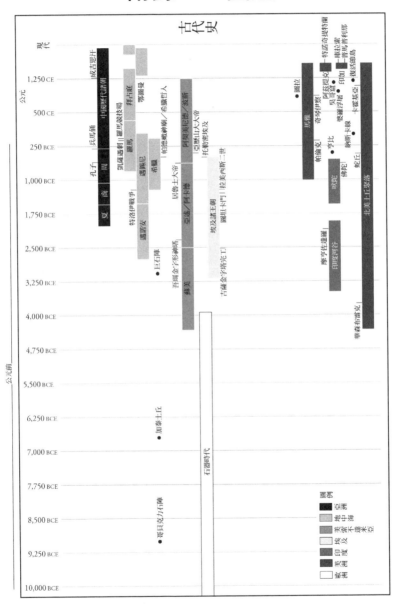

圖一

粒子物理標準模型

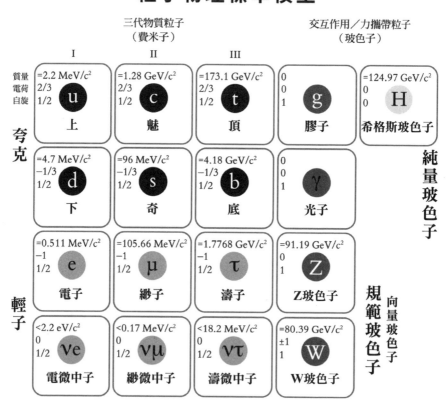

圖二

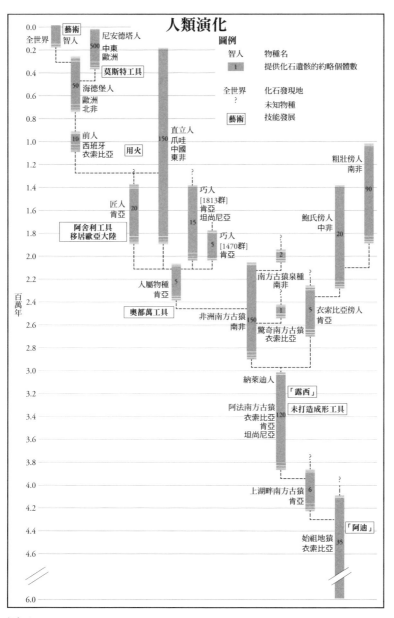

人類演化

圖例

智人	物種名
1	提供化石遺骸的約略個體數
全世界	化石發現地
?	未知物種
藝術	技能發展

藝術
全世界 智人

尼安德塔人 500 中東 歐洲

莫斯特工具

50 海德堡人 歐洲 北非

10 前人 西班牙 衣索比亞

用火

直立人 150 爪哇 中國 東非

粗壯傍人 南非 90

匠人 肯亞 20

阿舍利工具 移居歐亞大陸

巧人 [1813群] 肯亞 坦尚尼亞 15

巧人 [1470群] 肯亞 5

鮑氏傍人 中非 20

人屬物種 肯亞 5

奧都萬工具

南方古猿泉種 南非 2

衣索比亞傍人 肯亞 5

非洲南方古猿 南非 150

驚奇南方古猿 衣索比亞 1

納萊迪人

「露西」

未打造成形工具

阿法南方古猿 衣索比亞 肯亞 坦尚尼亞 120

上湖畔南方古猿 肯亞 6

「阿迪」

始祖地猿 衣索比亞 35

百萬年

0.0
0.2
0.4
0.6
0.8
1.0
1.2
1.4
1.6
1.8
2.0
2.2
2.4
2.6
2.8
3.0
3.2
3.4
3.6
3.8
4.0
4.2
4.4
4.6
6.0

圖三

腦

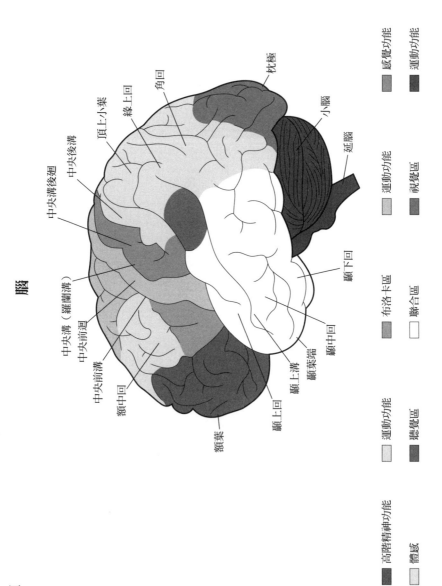

圖四

附錄二：《吉爾伽美什史詩》

　　《吉爾伽美什史詩》講述跋扈的吉爾伽美什，他在臣民眼中立下了猛獅般的形象，是一名英俊而凶殘的戰士兼強悍的統治者，「尊於其他諸王，神情高傲，他是英雄……是雙犄頂戳的野牛……是一張巨網，人民的守護者。」儘管如此，他卻因目中無人的行徑而開始讓人民苦不堪言，尤其是宣告自己擁有初夜權，也就是有權在任何新娘婚後的第一夜與她行房。沒有哪個女孩能倖免於難。人們向諸神訴苦，而其中一位是阿魯魯（Aruru），便用黏土捏出一個人來考驗吉爾伽美什。這就是被阿魯魯放在群獸間由牠們養大的恩奇杜。恩奇杜「滿身都是毛髮，有一頭女人般的長髮，頭髮如大浪般起伏……他和羚羊一起吃草，和動物們一起在水坑擠來擠去」。一個陷阱捕獸者看到恩奇杜，並因他的野生模樣和強大力量驚駭不已。陷阱捕獸者連忙與父親講述他看到的野人，而他父親建議他前去烏魯克，將這件事稟報吉爾伽美什。

　　吉爾伽美什聽說了恩奇杜，便吩咐陷阱捕獸者帶著妓女夏姆哈特（Shamhat）前往恩奇杜喝水的水坑，誘惑他與她發生性關係，進而馴服他。「去，陷阱捕獸者，帶妓女夏姆哈特跟著去。等動物在有水處喝水時，讓她脫下袍子露出性徵。當他看見她，就會靠近她，而他那些在荒野中長大的動物，便會與他變得陌生。」

　　於是計畫付諸實行。陷阱捕獸者和夏姆哈特在有水處等著，而當恩奇杜和野獸來到水邊時，陷阱捕獸者說：「就是他，夏姆哈特！露出妳的性徵好讓他能收下妳的撩人肉體。別克制——接下他的精力！當他看見妳就會靠近妳。鋪開妳的袍子好讓他躺在妳上頭；為這野人展現女人的工夫。他那些在野地裡長大的動物會與他陌生，而他的性欲會在妳上頭呻吟。」夏姆哈特向恩奇杜展示身體，並鋪開袍子，然後「收下他的精力……他躺在她上頭，她為這野人展現女人的工夫，他的性欲在她上頭呻吟著，整整六天七夜恩奇杜都維持高漲，一直與她性交直到對她的魅力生膩」。

　　計畫生效了。當動物看到他「徹底精盡的身體」便逃跑了，而夏姆哈特邊跟恩奇杜說他有多美，邊慫恿他陪自己去烏魯克，還告訴他那座城的魅力，以及吉爾伽美什的榮耀與才幹。同時吉爾伽美什做了一連串的夢，預告著恩奇杜的前來，而在他母親的解夢中，她告訴他，他和恩奇杜會成為親密的摯友：「將有一位強者來見你，一名拯救他朋友的戰友，他的力量強大。你將愛他並像妻子般接納他，而將一再救助你的就是他。」

　　夏姆哈特教恩奇杜如何吃麵包、喝啤酒，讓他和一群牧羊人住在一起，幫他們看守畜群以防狼和獅子侵擾，使他完全準備妥當並進入文明世界。他刮去鬍子並抹上油，看起來人模人樣；最後總算進了烏魯克城。

　　他進城時，吉爾伽美什正要在一場新郎花了大錢的婚宴上行使初夜權。得知這事的恩奇杜，一想到新婚房事如此遭到妨害就憤怒不已，便立刻趕往婚宴處，擋在通往會場的路，讓吉爾伽美什無法進入。他們打了起來；到了吉爾伽美什明顯打不贏的時候，他們便停下手，瞬間化敵為友：「他們親吻彼此，然後成為朋友。」有部分文字遺失，意味著我們無從得知吉爾伽美什和恩奇杜為什麼下定決心踏上旅程，前往森林去砍下怪獸胡姆巴巴守護的大雪松樹，而不是邁向那些會為他們帶來名望的功績；畢竟胡姆巴巴十分恐怖，牠「吼聲如洪，口如火，氣息致命；牠聽得見森林

裡一百里格外的一丁點沙沙聲！就算是那群伊吉吉（Igigi）諸神，又有哪位敢對上牠呢？」兩名英雄打造了特殊武器，而他們邁向森林的旅程十分漫長，吉爾伽美什在路上又一次深受不吉利的夢境所擾，但恩奇杜從正面角度解讀了這些夢。他們抵達了森林，而吉爾伽美什打贏了胡姆巴巴。被打倒的胡姆巴巴求吉爾伽美什饒牠一命，說牠願意從此當他的僕役；但恩奇杜奉勸吉爾伽美什不要放過這怪獸，應該「磨碎、殺掉、碾壓、毀滅牠」！

在砍倒了「頂端觸到天界」的巨雪松之後，他們以它順流漂到尼普爾，在那裡製成一扇碩大無朋的門扉，他們同時還一併將胡姆巴巴砍下的頭也帶了回來。等到他們將沾在身體和一團亂髮上的塵土洗去並抹好油後，吉爾伽美什戴上皇冠，相貌英俊到讓女神伊絲塔對他說：「來，吉爾伽美什，做我的丈夫，讓我品嚐你的美味。若當我的丈夫，我就會是你的妻。我會讓你駕馭青金岩和黃金做的馬車，有著金製的輪子和銀金礦的號角，軛具上套著的還會是健壯猛衝的山騾！」但伊絲塔對歷任前夫始亂終棄的難忍前科，使吉爾伽美什先舉列出她虐待多任配偶的行徑然後再拒絕她──這令她勃然大怒：她立刻去找了她父親安努（Anu）抱怨吉爾伽美什，說他「對我講述了卑鄙的行為和詛咒」！並要求安努賜給她「天之公牛」[*]，來在吉爾伽美什的住處殺掉他」。她威脅說，如果安努不給她天之公牛，她就要「拆了冥府的大門柱，我會砸了門柱，讓大門倒下，放出死人將活人吃了」！

安努將天之公牛的牛鼻繩給了伊絲塔，她便帶牠下至幼發拉底河，鼻子噴氣就在地上開了一個又一個洞，第一個就讓烏魯克的一百位年輕人掉進去並被吞噬，然後第二個坑又讓兩百個烏魯克年輕人掉進去被吞噬。恩

---

[*] 譯注：古伽蘭那（Gugalanna），按原意為「大天牛」。

奇杜跟公牛打了起來，還大聲指示吉爾伽美什該把劍砍在頸背和雙犄之間的哪個地方；當公牛倒地而亡，他們便剖出牠的巨大心臟，並當作禮物呈給沙瑪什（Shamash）這位神。公牛生殖器則被吉爾伽美什砍下甩在伊絲塔臉上。伊絲塔召集了所有的「邪教女子與娼妓，並安排她們為公牛的生殖器（後半截）哀悼」。

但殺死天之公牛又砍倒雪松樹的必得受罰：這兩個朋友中有一個得為這些行為償命。諸神商議後決定由恩奇杜償命，如是他因此生了病。他久病不起，而吉爾伽美什只能焦急地守著他，直到有一天，即便他還在病床邊跟恩奇杜說著話，也都只能眼睜睜看著摯愛好友死去：「你睡著的這是什麼覺？你居然發黑了還聽不見我！」接著他看見「恩奇杜的雙眼不再移動，他觸碰他的心，但不再跳動」。在極端悲痛中，吉爾伽美什剃光了頭、撕裂了他華美的衣裳，像「母獅沒了幼崽一樣一樣來回踱步⋯⋯他傷心哭泣，遊盪於荒野」——接著，當他為他摯愛的戰友遺體哀悼到第八天時，他看見一隻蛆從恩奇杜的鼻孔中掉出；瞬間，他想到他自己也是凡人而終將一死，心中驚駭不已。

滿心恐懼死亡的吉爾伽美什決心踏上旅程，尋找他遙遠的祖先烏特納匹什提姆（Utanapishtim）——被諸神賦予永生的「遠在天邊烏特納匹什提姆」——好從他那裡得到不死的祕密。旅途漫長艱辛，吉爾伽美什沒多久就搞得髒兮兮、骨瘦如柴又心神錯亂，悽慘到遇見的人都不相信他是傳說中的吉爾伽美什，得等到自己跟他們解釋他的探索和動機才信。他最後總算成功跨越死亡之水，來到烏特納匹什提姆與同樣永生的妻子同住的地方。吉爾伽美什解釋來意後，烏特納匹什提姆就述說了他是怎麼取得永生不死。當安努和除了埃亞（Ea）之外的所有神決定以大洪水消滅人類時，埃亞指示烏特納匹什提姆去打造一艘船，並將家人和動物帶上船去。烏特納匹什提姆造了一艘大船，大得如原野一樣，有六層甲板，儲存了油、啤

酒、葡萄酒和宰好的肉，於是便帶了動物和家人上船；接著巨大的洪水襲
來，蓋過群山：「地平線上升起一朵烏雲……大地像壺一樣碎裂開來……
整天颳著南風，將群山淹入水中，像大軍襲來般壓倒人群，人人都見不到
同伴，他們在巨流中認不出彼此……連諸神都被洪水嚇到而退到了天界
……伊絲塔像女人生產一樣尖叫……狂風洪水維持了六天七夜，暴風雨打
平了大地。當第七日來臨時，暴風雨仍在重擊，洪水有如戰爭，像女人生
產的痛苦抽搐那樣與自己搏鬥……」

　　暴風雨平息後，烏特納匹什提姆打開一個通風口來感受臉上的清新氣
息。[1] 他送出一隻鴿子，但因為找不到陸地而返回。過一陣子他又再送出
一隻鷦鷯，後來也回來了。但等他送出一隻烏鴉，烏鴉卻沒有回來，所以
他知道洪水正在退去。

　　因為拯救了地上的生命，後悔決定消滅一切的諸神，便賜給烏特納匹
什永生來做為獎勵。然而，這不是吉爾伽美什能得到的禮物，他因此只能
失望地動身返回烏魯克。但仍有一事值得慰藉；他能在路上找到一種能夠
讓他回春的藥草。

　　吉爾伽美什找到了藥草，但有天他躺下休息時，有條蛇偷走了它。蛇
一邊蜿蜒而行一邊蛻皮露出底下新皮，就展現了藥草的再生力量。[2]

我們的知與不知

附錄三：《漢摩拉比法典》

接下來對於《漢摩拉比法典》部分條款的概述，可以讓人一窺寫下法典的時代。一開始，它先嚇阻人民栽贓並威脅他們說，栽贓者會受的處罰，就是倘若指控為真的情況下，那名被告會受的那項處罰。考驗無辜與否的一個方法，就是跳進幼發拉底河看看被告會沉下去還是游起來；如果被告游起來，原告就會被處死，而被告將可佔有他的財產。法典也會嚇阻法官誤判；如果被發現誤判，他們就應支付他們判定罰金的十二倍，並免去法官一職。在神殿或宮廷行竊者，以及那些買賣贓物者，都會被處死。偷竊牲口要罰竊物的三十倍，付不出來就要被處決。要證明某人佔有但被他人聲稱擁有的物件真屬於原主，或要證明是他經正當方式取得，都需要高標準證據。綁架可以判死刑。把逃跑奴隸送回主人處者，每送回一個奴隸可得到二謝克爾（shekel）的賞金。為國王效命者如果在戰鬥中死去或被擄，其繼承者可確保繼承其財產。如果惡劣天氣摧毀佃農的作物，必須承擔損失的不是地主而是他。「如果任何人本該讓他的堤防處於妥善狀態，卻因太懶惰而沒能做到，那麼若潰堤導致所有田地淹水，潰堤段的堤防負責者就要被賣掉換錢，換來的錢將賠償因他造成毀壞的穀物。」如果一個人將荒地化為可耕地並歸還其主人，後者每年每十甘（gan，一種面積單位）土地應支付他十古爾（gur，約六公尺乘以六公尺乘以〇‧五公

尺的立方體）穀物。如果一名商人將錢委託給代理人投資，而此人在他前往之處遭受損失，他就必須償還資本給商人。「如果一名失去自由者因遭毆打或被虐待而死於囚禁中，失去自由者的主人應在法官面前證明商人有罪。如果失去自由者生下時是自由人，那商人的兒子就要處死；如果它是奴隸，商人應支付三分之一米納（mina，約五百七十五克）的黃金，而因犯主人當初支付給商人的錢都要沒收。」任何人如果無法償還債務而得出賣自己、妻子、兒女來換錢，或者將他們送去強迫勞動，他們就得在購買他的人或業主家中工作三年，第四年應獲釋。任何人在他人家中儲存穀物，每年每五卡（ka，一種體積單位）穀物應支付一古爾（gur）的儲藏費。如果一個人意外抓到妻子與另一人通姦，兩人應綁在一起被丟進河中，但丈夫可寬恕其妻子，而國王可赦免其奴隸。如果一個人在戰事中成為俘虜而無人養家，其妻子前去別人家並有了孩子，且該丈夫又返家，則妻子應回歸丈夫，但子女則歸父親。如果人娶妻但無子，而他意圖另娶妾，且若他娶了妾並帶回家，則該妾不得與妻平起平坐。如果人娶妻而妻子患病，而他意圖另娶妾，則他不得送走病中的妻子，而應留在家中照顧一生。

　　法典便如此陳列共二百八十二條，從雇用渡船到購買奴隸，到醫師對病人動手術但失敗時要接受的懲罰（若醫師以手術刀切開大切口而造成死亡……應砍下其雙手），可說無所不包。第一百九十六條就是知名的「以眼還眼」──「如果人挖出另一人的眼睛，則他的眼睛也應被挖去。」第二百條則是以牙還牙。但「如果它挖出一名奴隸的眼睛，他應支付其價值的一半。」[1]

注釋

引言

1 'The Presocratic Philosophers: Thales', in A. C. Grayling, *The History of Philosophy* (London, 2019).

2 同上。

3 提及的有諸多科學史以及 A. C. Grayling, *The Age of Genius: The Seventeenth Century and the Birth of the Modern Mind* (London, 2016).

4 這是我個人身為學術哲學家的特殊興趣;我在兩本書和一些論文中,探索了我們(「我們」人類)如何替我們知覺經驗和思想所涵蓋世界的知識主張建立正當體系。

5 然而,就算在這裡也出現一個問題,因為數學和邏輯這類「正式」系統中的「知識」,可能只不過是一種定義——也就是說,是因為以那樣的方式定義了系統的術語和運作,而得出那樣的結果。這被稱作先驗知識——不依賴對世上實際狀況進行實證觀察和實驗就獲得的知識,而有依賴的就稱作後驗知識。

6 科學就與所有人為的事物一樣,偶爾會出現失序的因素,像是竄改實驗數據、在達到要求的高度信心之前就急著發表。但這些擾亂幾乎都很快就能被發現,並恢復正常。任何用這種方式背叛科學群體信任的科學家,都會失去信用並被排除,因為科學對這種事不留餘地。

7 我在日後的出版中會處理遺傳醫學和人工智慧的問題。

8 「大霹靂」這個名字是霍伊爾(Fred Hoyle)於 1949 年在一次英國廣播公司的廣播談話節目中發明的;身為一名宇宙穩態學說的擁護者,人們認為他是想用這名稱說明大霹靂理論的荒謬之處,但他說那只是一種將理論涉及的內容加以戲劇化的方式。

9 有人計算(好比說從遺失作品名稱清單中估算)90%的古典時代文獻都已佚失,其中有相當的大一部分是因為西元 380 年《薩洛尼卡敕令》(Edict of Thessalonica)使基督教成為羅馬帝國國教後,宗教狂熱者便開始刻意抹滅「異教徒」過往。見 Catherine Nixey, *The Darkening Age* (London, 2017).

第一部分　科學

1. 科學以前的技術

1 人類演化會在接下來的第二部分第二章討論。

2 儘管許多人喜歡沒煮過的生肉，好比說生牛肉片（carpaccio），但這些肉食用時肯定不該是腐壞的。掛到腐壞好讓它變得軟嫩的野味，最後很少會生吃。

3 詮釋過往可能會涉及很多「讀入」，也就是，以我們熟悉的意義來解釋那裡發現的事物。就如接下來第二部分第三章討論的，這是有爭議的。

4 青銅時代崩壞，見接下來第二部分第一章。

5 輔音音素文字（abjadic）：一種書寫系統，其中每個字母代表一個子音，而母音（元音）則是從中推斷出來的，好比說希伯來文或者阿拉伯文。意音文字（logophonetic）：一種書寫系統，其中每個字母代表一個詞或者語素（一種語言中最小有意義單位），如中文或日文。

6 Richard Bulliet, *The Wheel: Inventions and Reinventions* (New York, 2016).

7 同上，p. I.

8 David W. Anthony, *The Horse, the Wheel, and Language: How Bronze-Age Riders from the Eurasian Steppes Shaped the Modern World* (Princeton, NJ, and Oxford, 2007).

9 Bulliet, Chapter 3, 於多處提及。

10 要注意到一般來說，*wagon* 是指四輪馬車，而 *cart* 是兩輪，而且比四輪馬車更好操控，除非四輪的前兩輪是在獨立的輪軸上 [*]；蘭斯洛爵士與關妮薇的故事見 Chrétien de Troyes, *Le Chevalier de la Charrete* (c. 1171).

11 見 A. C. Grayling, *War: An Enquiry* (New Haven, Conn., and London, 20I7), pp. 22-7.

12 Dava Sobel, *Longitude: The True Story of a Lone Genius Who Solved the Greatest Scientific Problem of His Time* (London, I995).

13 見 A. C. Grayling, *The Age of Genius: The Seventeenth Century and the Birth of the Modern Mind* (London, 2016).

14 見 Grayling, War.

15 見 A. C. Grayling, *Towards the Light: The Story of the Struggles for Liberty and Rights that Made the Modern West* (London, 2007) 以及 *The Age of Genius*.

2. 科學的興起

1 「讀入」的論點在接下來第二部分第四章會更徹底討論。

---

* 譯注：在正文中 *wagon* 譯為四輪馬車、*cart* 譯為運貨馬車、*chariot* 譯為雙輪馬車。

2　見 Grayling, *The History of Philosophy* (London, 2019)，特別是 Part I，於多處提及。

3　另可參見希臘語的 *agein*、梵語的 *ajati*、都起源自印歐語詞根 *ag-*，指「驅動、移動、拿出或者取自」。

4　Grayling, *Towards the Light: The Story of the Struggles for Liberty and Rights that Made the Modern West* (London, 2007) 以及 *The Age of Genius: The Seventeenth Century and the Birth of the Modern Mind* (London, 2016) 討論了，在西元 16 世紀的宗教改革後，新教國家的教會組織是如何不夠強大而無法控制思考及出版；在天主教國家就不是如此，就如伽利略的審判所顯示的，國家對科學探問進展的反對持續了一段時間。

5　科學史的萬神殿幾乎僅限男性，因為女性參與的機會遭到否決。那種情況已大幅改善，尤其是 20 世紀中期以來更為顯著。

6　Benjamin Farrington, *Greek Science* (1944; London, 2nd edn 1949), p. 153.

7　布拉赫在 1573 年的著作《關於任何人一生或其記憶中都從未見過的新星》（*De nova et nullius aevi memoria prius visa stella*）中詳細地檢驗了超新星，記錄了他自己的觀測，並分析了許多其他人的觀測。克卜勒在 17 世紀初兩度重印該書。

8　其他和微積分比較有關的巨頭包括了笛卡爾、德費馬（Pierre de Fermat），以及牛頓自己在劍橋的贊助人，也是前一任盧卡斯數學教授（Lucasian Professor）巴羅（Isaac Barrow）。

9　嚴格來說，F 是力的向量和。

10 這種說法排除了其他主要科學發展，特別是化學和生物學。將化學發現應用到生物學發現，還得等時機來臨；但顯微鏡已經是一種不可或缺的生物學工具，而林奈（Linnaeus）於 18 世紀引入的分類系統，則是在組織生物知識方面的另一個不可或缺工具。從伏打（Alessandro Volta）發明電池的那一刻開始，科學分化成不同專長。這發生在 1800 年，而該事件的重要之處在於，它實現了電解，從此能把化合物分解成它們的元素。化學因此成為了一個脫離物理學而自立的科學，並開始長足進步。第一個版本的現代原子論，就要歸功於道耳頓（John Dalton）使用微粒原子的概念來解釋化學反應。

3. 科學的世界面貌

1　見 Grayling, *The History of Philosophy* (London, 2019), pp. 47-51.

2　見 Steven Weinberg, 'The Making of the Standard Model', *European Physical Journal C*, vol. 34 (May 2004), pp. 5-13. https://cds.cern.ch/record/ 799984/files/0401010.pdf

3　強子是包含了介子（meson）——力量粒子——以及重子（baryon）的混合實體。

4　特定但至關重要地，使用「勞侖茲變換」（Lorentz transformations）取代了「伽利略變換」（Galilean transformations）。

4. 穿越針孔

1 普朗克質量是 22 mu/g；基本粒子的能量因此相當巨大：乘以光速 c 的結果是 1.2×10^{28} eV，或者二十億焦耳。

2 Richard Feynman, *QED: The Strange Theory of Light and Matter* (Princeton, NJ, and Oxford, 2014).

3 見 Grayling, T*he History of Philosophy* (London, 2019), pp. 256-67，有關於這看法的概述。

4 這些組織化原則，特別是後天的原則，可以有啟發意義地稱作「概念」。

5 Eugene Wigner, 'The Unreasonable Effectiveness of Mathematics in the Natural Sciences', *Communications on Pure and Applied Mathematics*, vol. 13, no. 1 (February 1960).

6 R. W. Hamming, 'The Unreasonable Effectiveness of Mathematics', *American Mathematical Monthly*, vol. 87, no. 2 (February 1980), pp. 81-90.

7 同上，p. 88.

8 如果一到九的數字每個出現在首位數的頻率都一樣的話，那它們各自的出現次數佔總次數的比率都會是 11.1％。然而，一的出現佔了 30％，而九還不到 5％。

9 Hamming,'The Unreasonable Effectiveness of Mathematics', p. 89.

10 同上。

11 同上，p. 90.

12 這樣說並不是贊同彌爾（John Stuart Mill）的理論，認為數學是實證的。但可以合理認為，想要理解數字基本概念的動力，可以是想描述一群物體的量，或者想將幾堆物體互相比較。

13 如前所述，彌爾認為數學的起源是實證的：一套物體、一組或者一群物體，是我們所感知到的什麼，而我們可以藉由看哪個比較大來加以分辨；他認為數學是這些基本直覺的精進。

14 Alexander L. Taylor, *The White Knight* (Edinburgh, 1952). 卡羅（Lewis Carroll）的數學把戲充斥於《愛麗絲》系列的故事中，而且令人歡心。這裡提到的出自《愛麗絲夢遊仙境》的第二章。

15 見 Douglas R. Hofstadter, *Gödel, Escher, Bach: An Eternal Golden Braid* (New York, 1979)，有著對於正式語言與架構的啟發性且趣味性兼具的調查。

16 Sundar Sarukkai, 'Revisiting the "Unreasonable Effectiveness"of Mathematics', *Current Science*, vol. 88, no. 3 (10 February 2005), pp. 415–23 (420).

17 John D. Barrow and Frank J. Tipler, *The Anthropic Cosmological Principle* (Oxford, 1986), pp. 16, 21-2.

18 David Deutsch, *The Fabric of Reality: Towards a Theory of Everything* (London, 1997).

19 可見如 Philippe Brax, 'What Makes the Universe Accelerate? A Review on What Dark Energy

Could be and How to Test It', *Reports on Progress in Physics*, vol. 81, no. 1 (January 2018).

第二部分　歷史

1　現在人們把敏神崇拜的年份定為西元前 4 千紀。

1. 歷史的起頭

1　「文明」是有既定觀點的用詞；這裡是指說，至少要有定居且人口稠密的城市生活，且以社會和管理組織的複雜互動、勞動分工、裝飾工藝、交易制度，以及後來演變為書寫的紀錄留存為標記。

2　J. Michael Rogers, 'To and Fro: Aspects of the Mediterranean Trade and Consumption in the Fifteenth and Sixteenth Centuries', *Revue des mondes musulmans et de la Méditerranée*, nos. 55–6 (1990), pp. 57-74.

3　Oliver Impey and Arthur MacGregor (eds.), *The Origins of Museums: The Cabinet of Curiosities in Sixteenth- and Seventeenth-century Europe* (London, 1985).

4　Alastair Hamilton, Johann Michael Wansleben's Travels in the Levant, *1671-1674: An Annotated Edition of His Italian Report* (Leiden and Boston, 2018).

5　羅藍是一名楊森主義者（Jansenist），學術生涯因教派敵意而受害；儘管被選為巴黎大學校長，他卻因為信奉楊森主義而遭禁止就職。

6　Marc van de Mieroop, *A History of the Ancient Near East: c. 3000-323 BC* (2006; 3rd edn Oxford, 2016).

7　《創世紀》第十章第十節。

8　排乾沼澤的一個動機，是海珊（Saddam Hussein）敵視那群在沼澤上維持古早生活方式的什葉派沼澤阿拉伯人（Marsh Arabs）。

9　Gwendolyn Leick, *Mesopotamia: The Invention of the City* (London, 2001).

10　見 Grayling, *War: An Enquiry* (New Haven, Conn., and London, 2017).

11　關於薩爾頭、摩西和伊底帕斯這類人物的出生描述，在 Otto Rank 的 *The Myth of the Birth of the Hero: A Psychological Interpretation of Mythology*, F. Robbins and Smith Ely Jelliffe (trs.) (New York, 1914) 有所研究。

12　在哲學與文學中的友誼主題，見 A. C. Grayling, *Friendship* (New Haven, Conn., and London, 2013).

13　Eric H. Cline, *1177 BC: The Year Civilization Collapsed* (Princeton, NJ, and Oxford, 2014), p. I5I.

14　Carol G. Thomas and Craig Conant, *Citadel to City-State: The Transformation of Greece*, 1200–700 BCE (Bloomington, Ind., 1999).

15　Joseph A. Tainter, *The Collapse of Complex Societies* (Cambridge, 1976).

16 Colin Renfrew, *Archaeology and Language: The Puzzle of Indo-European Origins* (1987; Cambridge, 1990).

17 Marija Gimbutas et al., *The Kurgan Culture and the Indo-Europeanization of Europe: Selected Articles from 1952 to 1993* (Washington D. C., 1997).

18 David W. Anthony, *The Horse, the Wheel, and Language: How Bronze-Age Riders from the Eurasian Steppes Shaped the Modern World* (Princeton, NJ, and Oxford, 2007).

19 Iñigo Olalde et al., 'The Beaker Phenomenon and the Genomic Transformation of North-west Europe', *Nature*, vol. 555, no. 7,695 (8 March 2018), pp. 190-96.

20 Wolfgang Haak et al., 'Massive Migration from the Steppe was a Source of Indo-European Languages in Europe', *Nature*, vol. 522, no. 7,555 (11 June 2015), pp. 207-11.

21 David Reich, *Who We are and How We Got Here: Ancient DNA and the New Science of the Human Past* (Oxford, 2018), pp. 99–121.

22 Marija Gimbutas, *The Goddesses and Gods of Old Europe* (London, 1974).

23 Reich, *Who We are and How We Got Here*, pp. 106-7.

24 同上，p. 102.

25 Anthony, *The Horse, the Wheel, and Language*.

26 Franco Nicolis (ed.), *Bell Beakers Today: Pottery People, Culture, Symbols in Prehistoric Europe: Proceedings of the International Colloquium, Riva Del Garda* (Trento, Italy), 11–16 May 199 , Vol. 2 (Trento, 1998).

27 William Jones, 'The Third Anniversary Discourse – on the Hindus', delivered 2 February 1786, *The Works of Sir William Jones*, Vol. 3 (Delhi, 1977), pp. 24-46.

28 「p」和「b」是由同樣唇形發出而非常類似的聲音，差別在於呼出的氣量。

29 諷刺的是，大部分的美國移民都是英國人，而英國送去反駁《獨立宣言》的軍隊，有超過三分之一是黑森傭兵（Hessian），也就是德國傭兵。

30 關於安那托利亞—高加索大草原和原始印歐語的起源爭辯仍持續著：例如見 Kristian Kristiansen, 'The Archaeology of Proto-Indo- European and Proto-Anatolian: Locating the Split', in M. Serangeli and Th. Olander (eds.), *Dispersals and Diversification: Linguistic and Archaeological Perspectives on the Early Stages of Indo-European* (Leiden and Boston, 2020).

2. 人類的到來

1 人類演化有多個不錯的介紹：Louise Humphrey and Chris Stringer, *Our Human Story* (London, 2018); Francisco J. Ayala and Camilo J. Cela-Conde, *Processes in Human Evolution: The Journey from Early Hominins to Neanderthals and Modern Humans* (Oxford, 2017); *New Scientist, Human Origins: 7 Million Years and Counting* (London, 2018); Alice Roberts, *Evolution: The Human Story* (2nd edn London, 2018). 接下來的內容使用了這些介紹以及其他資料來源（見

更多注釋）。

2　儘管人們一度被認為矮小的佛羅勒斯人，也就是「哈比人」，晚至一萬二千年前才在自己的佛羅勒斯島嶼家園滅絕，但後來的研究卻認為，它大約是在智人出現於印尼地區的同一時間滅絕，也就是大約五萬年前。

3　分別是大嘴地雀（Geospiza magnirostris）和小樹雀（Camarhynchus parvulus）。

4　德馬尼西的顱骨。https://www.google.co.uk/search?source=hp&ei=Wmo DX_GoBqGXlwSAh7DIDw&q=dmanisi+skulls&oq=dmanisi+skulls&gs_lcp=CgZwc3ktYWIQAzICCAA6CAgAELEDEIMBOgUIABCxAzoECAAQAzoECAAQCjoGCAAQFhAeUP8iWIJDYLdgaABwAHgAgAFDiAGnBpIBAjEOmAEAoAEBqgEHZ3dzLXdpegpeg&sclient= psy-ab&ved=OahUKEwjxvbXsnbnqAhWhy4UKHYADDPkQ4dUDCAw&uact=5

5　見 Neus Martínez-Abadías et al., 'Heritability of Human Cranial Dimensions: Comparing the Evolvability of Different Cranial Regions', *Journal of Anatomy*, vol. 214, no. 1 (January 2009), pp. 19-35.

6　魯迅《阿Q正傳》（1921）第三章：「這也是阿Q最厭惡的一個人，就是錢太爺的大兒子。他先前跑上城裡去進洋學堂，不知怎麼又跑到東洋去了，半年之後他回到家裡來，腿也直了，辮子也不見了……然而阿Q不肯信，偏稱他『假洋鬼子』」。

7　發現納萊迪人的精彩過程，以及其中令人印象深刻的科學研究，在以下網頁有所描述。https://www.youtube.com/watch?v= 7mBIFFstNSo

8　說「通常」是因為，在每千人的出生中，就有少數的個體出生時只有一個性別染色體（45X 或 45Y，稱為性單體〔sex monosomy〕），而有些會有三個或者更多個染色體（47XXX、47 XXY、47XYY 或 49XXXXY 等等；所謂的性多體〔sex polysomy〕）。見世界衛生組織基因資源中心（WHO Genomic Resource Centre）關於「性別與遺傳學」的文章。https://www.who.int/genomics/gender/en/

3. 過往的難題

1　我會用「近東」這個詞來指黎凡特、美索不達米亞、埃及以及周遭地帶，而不是用「中東」；後面這個詞是冷戰時期的發明，反映的是把蘇聯主宰的東歐引入了地緣政治學和外交史的計算中。代表這一帶的「The Orient」本來是「東方」（也就是這個英文詞本來的意思），直到歐洲美洲旅行者和商人更習慣看見中國和日本，因而構成了遠東（Far East）之後，The Orient 就變成了「近東」。隨著蘇聯控制的歐洲形成一個新的「東」，近東就得成為「中東」。它現在是個多餘的詞。

2　Georg G. Iggers (ed.), *The Theory and Practice of History* (London, 2010).

3　然而，有著其他名義和偽裝的奴隸制今日仍然持續；估計至少有一千兩百萬人以奴隸狀態生活並工作，這個數字等同於 15 至 19 世紀間在北大西洋奴隸交易中受苦的人數。

4　Helen Fordham, 'Curating a Nation's Past: The Role of the Public Intellectual in Australia's History

Wars', *M/C Journal*, vol. 18, no. 4 (2015).

5　Henry Reynolds, *Forgotten War* (Sydney, 2013).

6　引文出處為 Reynolds, *Forgotten War*, p. 14.

7　Ryan Lyndall, 'List of Multiple Killings of Aborigines in Tasmania: 1804-1835', SciencesPo, *Violence de masse et Résistance* – Réseau de recherche (March 2008).

8　同上。

9　同上。

10　同上。

11　Henry Reynolds, YouTube talk. https://www.youtube.com/watch?v= ClS2gzn3QTg

12　Dee Brown, *Bury My Heart at Wounded Knee* (1970; New York, 2012).

13　同上，'War Comes to the Cheyenne', pp. 86-7.

14　同上。

15　Brown 在這裡引用了 Bent 的文字，出自 the 39th US Congress, Second Session, Senate Report 156, pp. 73, 96.

16　同上。

17　https://www.google.com/search?q=United+States+Congress+Joint+Committee+on+the+C onduct+of+the+War,+I865+(testimonies+and+report)%22&rls=com.microsoft:en-GB:IE-Address&ie=UTF-8&oe=UTF-8& sourceid=ie7&gws_rd=ssl#spf=I6OI69O4O9362

18　Niall Ferguson, *Empire: How Britain Made the Modern World* (London, 2003).

19　Tom Engelhardt, 'Ambush at Kamikaze Pass', *Bulletin of Concerned Asian Scholars*, vol. 3, no. 1 (1971), pp. 64-84.

20　Christopher R. Browning, *The Origins of the Final Solution: The Evolution of Nazi Jewish Policy, September 1939-March 1942.* 另對此有所出力的是 Jürgen Matthäus (Lincoln, Nebr., 2004; London, 2014 edn)。全套書籍系列為 A comprehensive history of the Holocaust.

21　Alex J. Kay, *The Making of an SS Killer: The Life of Colonel Alfred Filbert*, 1905-1990 (Cambridge, 2016), pp. 57-62, 72.

22　Leni Yahil, *The Holocaust: The Fate of European Jewry, 1932–1945* (Oxford, 1991), p. 270.

23　海烏姆諾（德語為 Kulmhof）滅絕營這邊曾嘗試用毒氣卡車來殺害來自羅茲（ód ）居住區的猶太人。

24　Nestar Russell, 'The Nazi's Pursuit for a "Humane" Method of Killing', *Understanding Willing Participants: Milgram's Obedience Experiments and the Holocaust*, Vol. 2 (London, 2019), pp. 241-76.

25　Yisrael Gutman and Michael Berenbaum (eds.), *Anatomy of the Auschwitz Death Camp*, United States Holocaust Memorial Museum (Bloomington, Ind., 1998), p. 89.

26　猶太人大屠殺死亡營使用的碎骨機：https://collections.ushmm.org/search/catalog/pa10007

27 Paul Rassinier, *Holocaust Story and the Lies of Ulysses: Study of the German Concentration Camps and the Alleged Extermination of European Jewry* (republished 1978 by 'Legion for the Survival of Freedom, Inc.', based in California); Jean Norton Cru, *Witnesses: Tests, Analysis and Criticism of the Memories of Combatants* (1915–1928) (*Témoins: Essai d'analyse et de critique des souvenirs de combattants édités en français de 1915 à 1928*) (Paris, 1929; Nancy, 3rd edn 2006).

28 Elhanan Yakira, *Post-Zionism, Post-Holocaust* (Cambridge, 2010).

29 同上，p. 7.

30 同上，p. 8.

31 Deborah Lipstadt, *Denying the Holocaust: The Growing Assault on Truth and Memory* (New York, 1993), p. 75.

32 同上，參考 Barnes 的小冊 Revisionism and Brainwashing (1961).

33 同上，p. 74.

34 同上，p. 214.

35 Arno Mayer, *Why Did the Heavens Not Darken?* (Verso, 2012), pp. 349, 452 以及 453; Michael Shermer and Alex Grobman, *Denying History: Who Says the Holocaust Never Happened and Why Do They Say It?* (Berkeley, Calif., 2002), p. 126.

36 David Irving v. *Penguin Books and Deborah Lipstadt* (2000), Section 13 (91).

37 見 Speculum, vol. 65, no. 1 (January 1990)，特別是 Stephen G. Nichols 的 'Philology in a Manuscript Culture'；以及 M. J. Driscoll, 'The Words on the Page', *Creating the Medieval Saga: Version, Variability and Editorial Interpretations of Old Norse Saga Literature*, Judy Quinn and Emily Lethbridge (eds.) (Odense, 2010).

38 'Resolution of the Duke University History Department' 發行於 Duke Chronicle (November 1991).

39 Shermer and Grobman, *Denying History*.

40 Christopher Hill, *The Intellectual Origins of the English Revolution Revisited* (Oxford, 1997).

41 我自己關於二戰區域轟炸道德問題的書，*Among the Dead Cities: Is the Targeting of Civilians in War Ever Justified?* (London, 2011)，因為指摘那些冒險飛往德國領空的英勇行為而遭到攻擊；其中最大力疾呼的就是加拿大退伍軍人。

42 我與徐友漁合著、化名「李小軍」出版的 *The Long March to the Fourth of June* (London, 1989) 就是像這樣的一本書。

43 引用葛劍雄的發言，出自 *New York Times*, 6 December 2004.

44 Catherine Nixey, *The Darkening Age* (London, 2017).

45 見 Grayling, *The History of Philosophy* (London, 2019), pp. 3-5.

46 這是我的 *Towards the Light: The Story of the Struggles for Liberty and Rights that Made the Modern West* (London, 2007) 論點的一個主要部分。

47 這是我的 *The Age of Genius: The Seventeenth Century and the Birth of the Modern Mind* (London,

2016) 論點的一個主要部分。

4.「讀入」歷史

1 可見如 Frank Elwell, 'Verstehen: The Sociology of Max Weber' (1996). https://www.faculty.rsu.edu/users/f/felwell/www/Theorists/Weber/ Whome2.htm。這方面的權威經典是 Wilhelm Dilthey, *Das Wesen der Philosophie* (The Essence of Philosophy) (Berlin and Leipzig, 1907)，以及 *Selected Works. Vol. 2: Understanding the Human World* (Princeton, NJ, 2010).

2 Homer, Iliad, Book 18, 11. 20-25, 33, A. T. Murray and W. F. Wyatt (trs.), (1924; 2003 Loeb edn).

3 https://www.smithsonianmag.com/history/gobekli-tepe-the-worlds- first-temple-83613665/

4 同上，以及 Klaus Schmidt, 'Göbekli Tepe-the Stone Age Sanctuaries: New Results of Ongoing Excavations with a Special Focus on Sculptures and High Reliefs', *Documenta Praehistorica*, vol. 37 (2010), pp. 239-56. https://web.archive.org/web/20120131114925/http://arheologija.ff.uni- lj.si/documenta/authors37/37_2I.pdf

5 E. B. Banning, 'So Fair a House: Göbekli Tepe and the Identification of Temples in the Pre-Pottery Neolithic of the Near East', *Current Anthropology*, vol. 52, no. 5 (October 2011), pp. 619–60 (626).

6 見 Maurice Bloch, *In and Out of Each Other's Bodies: Theories of Mind, Evolution, Truth, and the Nature of the Social* (Boulder, Col., 2013).

7 *Encyclopaedia of Ancient History.* https://www.ancient.eu/religion/

8 之前在一個場合我曾請大家注意有人在推廣的「讀入」：見 'Children of God?', Guardian, 28 November 2008. https://www.theguardian. com/commentisfree/2008/nov/28/religion-children-innateness-barrett:「這個研究是由坦普爾頓基金會資助，該基金會急於在科學中發現宗教，或者說急於將宗教置入科學，並在兩者的相容性中宣揚信仰……坦普爾頓基金會資金雄厚；它提供高額獎金給任何對宗教發表友善言論的科學家或哲學家，而且它支持任何替宗教較增添可信度和體面度的『研究』。」

9 https://www.templeton.org/

10 瑪祖爾訪問霍德的文字紀錄， 'Çatalhöyük, Religion and Templeton's 25% Broadcast', *Hufjington Post*, 28 April 2017.

11 Ian Hodder (ed.), *Religion in the Emergence of Civilization* (Cambridge, 2010); *Religion at Work in a Neolithic Society* (Cambridge, 2014)；以及 *Religion, History and Place and the Origin of Settled Life* (Cambridge, 2018).

12 這裡有些例子：Guillaume Lecointre, 'La Fondation Templeton', French National Center for Scientific Research; Libby A. Nelson, 'Some Philosophy Scholars Raise Concerns about Templeton Funding', *Inside Higher Ed*, 21 May 2013; Josh Rosenau, 'How Bad is the Templeton

Foundation?', ScienceBlogs (5 March 2011); John Horgan, 'The Templeton Foundation: A Skeptic's Take', Edge.org., 2006. https://www.edge.org/ conversation/john_horgan-the-templeton-foundation-a-skeptics-take; Sean Carroll, 'The Templeton Foundation Distorts the Fundamental Nature of Reality: Why I Won't Take Money from the Templeton Foundation', Slate.com; Sunny Bains, 'Questioning the Integrity of the John Templeton Foundation', *Evolutionary Psychology*, vol. 9, no. 1 (2011), pp. 92-115. https://doi.org/10.1177%2F147470491100900111; Jerry Coyne, 'Martin Rees and the Templeton Travesty', Guardian, 6 April 2011, retrieved 8 April 2018; Donald Wiebe, 'Religious Biases in Funding Religious Studies Research?', *Religio: Revue Pro Religionistiku*, vol. 17, no. 2 (2009), pp. 125-140; Nathan Schneider, 'God, Science and Philanthropy', *Nation*, 3 June 2010; Sunny Bains, 'Keeping an Eye on the John Templeton Foundation', Association of British Science Writers, 6 April 2011.

13 霍德：是，這個嘛，那沒關係。那是莫里斯的看法。我只覺得他錯了。他不過就一個作者。他不過就一個作者。我不知道每年有多少作者來加泰土丘討論這個問題。想必早就超過三十個了。採取這種極端立場就他一個。瑪祖爾：那些作者很多都是宗教學者。

14 https://templeton.org/

15 Iain Davidson, review of Hodder (ed.), *Religion at Work in a Neolithic Society, Australian Archaeology*, vol. 82, no. 2 (2016), pp. 192-5.

16 R. G. Klein, 'Out of Africa and the Evolution of Human Behavior', *Evolutionary Anthropology*, vol. 17, no. 6 (2008), pp. 267-81.

17 April Nowell, 'Defining Behavioral Modernity in the Context of Neandertal and Anatomically Modern Human Populations', *Annual Review of Anthropology*, vol. 39, no. 1 (2010), pp. 437-52.

18 Grayling, *War: An Enquiry* (New Haven, Conn., and London, 2017).

19 P. G. Chase, *The Emergence of Culture: The Evolution of a Uniquely Human Way of Life* (New York, 2006).

20 F. d'Errico and M. Vanhaeren, 'Evolution or Revolution? New Evidence for the Origins of Symbolic Behaviour In and Out of Africa', 收錄於P. Mellars et al., *Rethinking the Human Revolution: New Behavioural and Biological Perspectives on the Origin and Dispersal of Modern Humans* (Cambridge, 2007), pp. 275-86.

21 Nowell, 'Defining Behavioral Modernity'.

22 Lewis Binford et al. (eds.), *New Perspectives in Archeology* (Chicago, 1968). 見 Matthew Johnson, *Archaeological Theory: An Introduction* (1999; 2nd edn Oxford, 2010).

23 Bruce Trigger, *A History of Archaeological Thought* (1996; 2nd edn Cambridge, 2006).

24 Michael Shanks and Ian Hodder, 'Processual, Postprocessual, and Interpretive Archaeologies', in Ian Hodder et al. (eds.), *Interpreting Archaeology: Finding Meaning in the Past* (London, 1995).

25 同上。

第三部分　腦與心智

1　「有如顱相學」的這種批評在穿顱磁刺激儀（TMS）和腦電圖（EEG）的例子中可以說打到痛處，因為這兩者都是從頭顱外面獲取讀數。但它們卻是基於對顱內電化學和結構的道地理解。

2　有人說笛卡爾藉由把一隻貓從他在荷蘭萊登的住所樓上窗戶丟出去，來證實動物缺乏意識。在這一點上這個實驗證明了什麼並不清楚。見 A. C. Grayling, *Descartes: The Life and Times of a Genius* (London, 2006).

3　舉例來說，在以下這裡可以看到腦為數位裝置的論點：James Tee and Desmond P. Taylor, 'Is Information in the Brain Represented in Continuous or Discrete Form?', *IEEE Transactions on Molecular, Biological, and Multi-Scale Communications* (21 September 2020), PDF at https://arxiv. org/ftp/arxiv/papers/1805/1805.01631.pdf

4　Google 的 DeepMind 部門和 AlphaGo 的成功，是指出了這個領域將往那個方向奮進的早期指標：見 https://www.youtube.com/watch?v=WXuK6gekUIY

5　在接下來的第三章可見潘洛斯對於用運算方式思考的反駁。

1. 心智與心臟

1　Fyodor Dostoevsky, *The Brothers Karamazov*, Part 3, Book 7, Chapter 1, 'The Odour of Corruption', R. Pevear and L. Volokhonsky (trs.) (London, 1992). 另見 A. C. Grayling, 'Neoplatonism', in *The History of Philosophy* (London, 2019), pp. 123-30.

2　「在某種意義上，心智位在它的藏書庫內（現在會說在它的硬碟內）」的這種看法，是由波普爾（Karl Popper）和埃克爾斯（John Eccles）所支持。榮格有一種不一樣的、由個別心智參與的普遍無意識心智（原型〔archetype〕之家：一種柏拉圖式的形式）概念。我們在此不爭論這部分。

3　Charles Gross, 'Aristotle on the Brain', *Neuroscientist*, vol. 1, no. 4 (July 1995), pp. 245ff.

4　Plato, *Timaeus* (Harmondsworth, 1965), Section 12.

5　Hippocrates, 'On the Sacred Disease'. 在 https://oll.libertyfund.org/titles/hippocrates-the-writings-of- hippocrates-and-galen 的〈論體液〉和〈論心臟〉等區可以看到希波克拉底全集節選中的更多例子。

6　亞里斯多德為了支持心臟為心智所在處而提出的不同理由，主要都出現在他的的生物學作品《動物部分論》（*De partibus animalium*）、《動物志》（*Historia animalium*）以及《自然學小論集》（*Parva naturalia*）。見 Gross, 'Aristotle on the Brain', pp. 247-8.

7　見 Grayling, 'Aristotle', *The History of Philosophy*.

8　希羅菲盧斯也是率先研究女性生殖系統並撰文談助產的第一人。

9　引自 Heinrich von Staden, *Herophilus: The Art of Medicine in Early Alexandria* (Cambridge, 1989), in Gross, 'Aristotle on the Brain', pp. 249-50.

10 同上。

11 Stavros J. Baloyannis, 'Galen as Neuroscientist and Neurophilosopher', Encephalos, vol. 53 (2016), pp. 1-10.

12 同上，p. 8.

13 David Ferrier, *The Functions of the Brain* (London, 1876).

14 見 Grayling, *The History of Philosophy* 的各個條目。

15 Gilbert Ryle, *The Concept of Mind* (Chicago, 1949); 另見如Steven Pinker, *How the Mind Works* (New York, 1997),'minds are not animated by some godly vapor', Chapter 1: 'Standard Equipment'.

16 弗盧龍是創造論者，也是達爾文的反對者；從他的科學著作來看，這一點似乎滿奇怪的。他就與博物學者戈斯（Philip Henry Gosse）一樣，希望科學可以確認創造論的說法。身為普利茅斯兄弟會（Plymouth Brethren）成員的戈斯，和抵觸他信念的地質學與化石證據奮力搏鬥；這方面的歷程以及他與他兒子，也就是詩人兼批評家埃德蒙・戈斯（Edmund Gosse）的關係，在後者的辛酸的回憶錄《父與子》（*Father and Son*，1907）中有講述。

17 弓狀束似乎也是用來把頂葉和額葉的運動中心連結在中央溝的兩邊上。在右半球，該結構和視覺空間處理有關。布洛卡和韋尼克的原始著作出現在以下各處：Paul Broca, 'Remarques sur le siège de la faculté du langage articulé, suivies d'une observation d'aphémie (perte de la parole)', *Bulletin de la Société Anatomique*, vol. 6, no. 36 (1861), pp. 330–37; Carl Wernicke, *Der aphasische Symptomencomplex: Eine psychologische Studie auf anatomischer Basis* (Breslau, 1874).

18 John Martyn Harlow, 'Passage of an Iron Rod through the Head' (1848). https://web.archive. org/web/20140523001027/https://www.countway. harvard.edu/menuNavigation/chom/warren/ exhibits/HarlowBMSJ1848.pdf

19 同上。

20 John Martyn Harlow, 'Recovery from the Passage of an Iron Bar through the Head' (1868), *Publications of the Massachusetts Medical Society*, vol. 2, no. 3, pp. 327-47. Reprinted in David Clapp & Son (1869). https:// en.wikisource.org/wiki/Recovery_from_the_passage_of_an_iron_ bar_through_the_head

21 同上。

22 關於海馬迴和記憶，見 W. B. Scoville and B. Milner, 'Loss of Recent Memory after Bilateral Hippocampal Lesions', *Journal of Neurology, Neurosurgery and Psychiatry*, vol. 2O, no. 1 (1957), pp. 11-21. 關於裂腦患者的觀察，見 Roger W. Sperry, M. S. Gazzaniga, and J. E. Bogen, 'Interhemispheric Relationships: The Neocortical Commissures; Syndromes of Hemisphere Disconnection', in Handbook of Clinical Neurology, P. J. Vinken and G. W. Bruyn (eds.) (Amsterdam, 1969), pp. 273-90.

23 Roger W. Sperry, 'Cerebral Organization and Behavior', Science, vol. 133, no. 3,466 (2 June 1961), pp. 1,749–57. http://people.uncw.edu/puente/ sperry/sperrypapers/60s/85-1961.pdf

24 在磁通量密度測量單位「特斯拉」（tesla，T）為 3T 的情況下。也可能達到更高的解析度：2019 年，10.5T 的人體測試結果安全無虞，動物測試至 21.5T 仍安全。

25 腦磁波儀 （MEG）和事件相關電位（event-related potential，ERP）提供的時間解析度更高，但空間解析度較差。

2. 認知的腦

1 腦解剖學網頁的一個例子是：https://www.webmd.com/brain/picture-of-the-brain#1

2 Suzana Herculano-Houzel and Roberto Lent, 'Isotropic Fractionator: A Simple, Rapid Method for the Quantification of Total Cell and Neuron Numbers in the Brain', Journal of Neuroscience, vol. 25, no. 1O (2010), pp. 2,518-21. 批評者指出，產出這個數字的研究，用了四個男性腦部，年齡從二十歲到七十歲，而標準差為八十億——意味著上限離常提出的所謂的「一千億」並不遠。

3 這進一步支持了少即是多的觀察結果。

4 O. Sporns, 'The Human Connectome: A Complex Network', in M. B. Miller and A. Kingstone (eds.), The Year in Cognitive Science, Vol. 1,224 (Oxford, 2011), pp. 109-25.

5 例如可見 Lisa Feldman Barrett and Ajay Satpute, 'Large Scale Brain Networks in Affective and Social Neuroscience', Current Opinion in Neurobiology, vol. 23, no. 3 (January 2013), pp. 361-71; Katherine Vytal and Stephen Hamann, 'Neuroimaging Support for Discrete Neural Correlates of Basic Emotions', Journal of Cognitive Neuroscience, vol. 22, no. 12 (December 2010), pp. 2,864-85.

6 安東－巴賓斯基症候群被認為是一種病覺缺失症（anosognosia），患者會否認他們生病。

7 猩猩籃球影片。https://www.youtube.com/watch?v=vJG698U2Mvo

8 牧馬人的心理神經科學，可說是來自出自馬嘴[*]：在美國亞利桑那州土桑（Tucson）附近的度假牧場待了一週，每天在索諾拉沙漠（Sonoran Desert）處處棘刺的仙人掌之間騎行，會讓你能取得大量的馬匹心理學見解，而那是大西洋另一頭大部分的騎手不會同意的看法。這是個很有意思的對比。

9 Neha Uppal and Patrick Hof, 'Discrete Cortical Neuropathology in Autism Spectrum Disorders', in The Neuroscience of Autism Spectrum Disorders (Amsterdam, 2013), pp. 313-25. https://doi.org/10.1016/B978- 0-12-391924-3.00022-3

10 Thomas Grüter, Martina Grüter, and Claus-Christian Carbon, 'Neural and Genetic Foundations of Face Recognition and Prosopagnosia', Journal of Neuropsychology, vol. 2, no. 1 (2008), pp. 79-97.

---

[*] 譯注：也就是「第一手消息」。

11 Marlene Behrmann et al., 'Intact Visual Imagery and Impaired Visual Perception in a Patient with Visual Agnosia', *Journal of Experimental Psychology: Human Perception and Performance*, vol. 20, no. 5 (November 1994), pp. 1,068-87.

12 Philip J. Hilts, Memory's Ghost (New York, 1996); Suzanne Corkin, *Permanent Present Tense: The Unforgettable Life of the Amnesic Patient, H. M.* (New York, 2013).

13 Sarah K. Johnson and Michael C. Anderson, 'The Role of Inhibitory Control in Forgetting Semantic Knowledge', *Psychological Science*, vol. 15, no. 7 (July 2004), pp. 448-53.

14 Michael C. Anderson et al., 'Prefrontal-hippocampal Pathways Underlying Inhibitory Control Over Memory', *Neurobiology of Learning and Memory*, vol. 134, Part A (2016), pp. 145-61.

15 Henry L. Roediger III and Kathleen B. McDermott, 'Creating False Memories: Remembering Words Not Presented in Lists', *Journal of Experimental Psychology: Learning, Memory, and Cognition*, vol. 21, no. 4 (July 1995), pp. 803-14.

16 Sydney Brandon et al., 'Recovered Memories of Childhood Sexual Abuse: Implications for Clinical Practice', *British Journal of Psychiatry*, vol. 172, no. 4 (April 1998), pp. 296-307.

17 Monica Fabiani et al., 'True but Not False Memories Produce a Sensory Signature in Human Lateralized Brain Potentials', *Journal of Cognitive Neuroscience*, vol. 12, no. 6 (December 2000), pp. 941-9.

18 Patricia Churchland, *Neurophilosophy: Toward a Unified Science of the Mind/Brain* (1986; 2nd edn Cambridge, Mass., 1989); Paul Churchland, *Neurophilosophy at Work* (Cambridge, 2007).

19 「心智理論」這個詞是在一篇知名的論文中開始採用的，那就是 David Premack and Guy Woodruff, 'Does the Chimpanzee Have a Theory of Mind?', *Behavioral and Brain Sciences*, vol. 1, no. 4 (December 1978), pp. 515-26.

3. 神經科學和意識

1 John Locke, An Essay Concerning Human Understanding, Book 2, Chapter 27 (2nd edn London, 1691)。〈論同一性和多樣性〉（Of Identity and Diversity）這章，是在愛爾蘭哲學家兼科學作者莫利紐茲（William Molyneux）的建議下，於第二版加進去的。

2 丹尼特總是跟我們新人文學院的學生說，標出一個論點中最弱處，就是「肯定」（surely）這個詞。

3 見 Grayling, 'Modern Philosophy II: The Empiricists', in A. C. Grayling (ed.), *Philosophy: A Guide through the Subject* (Oxford, 1995; 2nd edn 1998), and 'John Locke', *The History of Philosophy* (London, 2019), pp. 217-26.

4 Matthias Michel, 'Consciousness Science Underdetermined', Ergo, vol. 6, no. 28 (2019-20). http://dx.doi.org/10.3998/ergo.12405314.0006.028

5 仙人掌毒鹼的知識以及其效果，靠著赫胥黎（Aldous Huxley）的《眾妙之門》（*The*

Doors of Perception，1954）而更廣泛地傳播開來；後來的幾年裡，在推動人們對 LSD 產生興趣一事上，該書無疑起了作用。

6   H. Klüver and P. C. Bucy, ' "Psychic Blindness" and Other Symptoms following Bilateral Temporal Lobe Lobectomy in Rhesus Monkeys', *American Journal of Physiology*, vol. 119 (1937), pp. 352-3.

7   B. Milner, 'Intellectual Function of the Temporal Lobes', *Psychological Bulletin*, vol. 51, no. 1 (1954), pp. 42-62.

8   Francis Crick and Christof Koch, 'Towards a Neurobiological Theory of Consciousness', Seminars in the Neurosciences, vol. 2 (1990), pp. 263-75; Crick and Koch, 'Why Neuroscience May be Able to Explain Consciousness', *Scientific American*, vol. 273, no. 6 (1995), pp. 84-5.

9   David J. Chalmers, 'Facing Up to the Problem of Consciousness', *Journal of Consciousness Studies*, vol. 2, no. 3 (1995), pp. 200-219.

10 由 Anil Seth 在皇家學會發表的一場演說中所引用。https://www.youtube.com/watch?v=xRel1JKOEbI。S Seth 與 Hugo Critchley 共同擔任薩塞克斯大學（University of Sussex）薩克勒意識科學中心（Sackler Centre for Consciousness Science）的主任。見 Anil K. Seth, 'The Real Problem', Aeon, 10 November 2016. https://aeon.co/essays/the- hard-problem-of-consciousness-is-a-distraction-from-the-real-one

11 Bernard J. Baars, *A Cognitive Theory of Consciousness* (Cambridge, 1998).

12 Idem,'The Global Brainweb: An Update on Global Workspace Theory', *Science and Consciousness Review* (October 2003). http://cogweb.ucla.edu/CogSci/Baars-update_03.html

13 Stanislas Dehaene and Lionel Naccache,'Towards a Cognitive Neuroscience of Consciousness: Basic Evidence and a Workspace Framework', *Cognition*, vol. 79, nos. 1–2 (April 2001), pp. 1-37.

14 Victor A. F. Lamme, 'Separate Neural Definitions of Visual Consciousness and Visual Attention: A Case for Phenomenal Awareness', *Neural Networks*, vol. 17, nos. 5-6 (2004), pp. 861-72.

15 Giulio Tononi, 'An Information Integration Theory of Consciousness', *BMC Neuroscience*, vol. 5, no. 1 (November 2004), Article No. 42. https:// bmcneurosci.biomedcentral.com/articles/10.1186/1471-2202-5-42

16 Marcello Massimini et al., 'Breakdown of Cortical Effective Connectivity during Sleep', *Science*, vol. 309, no. 5,744 (2005), pp. 2,228-32; Adenauer G. Casali et al., 'A Theoretically Based Index of Consciousness Independent of Sensory Processing and Behavior', *Science Translational Medicine*, vol. 5, no. 198 (2013).

17 Adrian M. Owen et al., 'Detecting Awareness in the Vegetative State', *Science*, vol. 313, no. 5,792 (September 2006), p. 1,402; Anil K. Seth, Adam B. Barrett and Lionel Barnett, 'Causal Density and Integrated Information as Measures of Conscious Level', *Philosophical Transactions of the Royal Society A: Mathematical, Physical, and Engineering Sciences*, vol. 369 (2011), pp. 3,748-67.

18 John R. Ives et al., 'Method and Apparatus for Monitoring a Magnetic Resonance Image during

Transcranial Magnetic Stimulation', US Patent No. 6,198,958 B1, 6 March 2001.

19 Dehaene and Naccache, 'Towards a Cognitive Neuroscience of Consciousness'; Lior Fisch et al., 'Neural "Ignition": Enhanced Activation Linked to Perceptual Awareness in Human Ventral Stream Visual Cortex', *Neuron*, vol. 64, no. 4 (2009), pp. 562-74; Raphaël Gaillard et al., 'Converging Intracranial Markers of Conscious Access', *PLoS Biology*, vol. 7, no. 3 (17 March 2009).

20 Karl Friston, 'The Free-energy Principle: A Rough Guide to the Brain?', *Trends in Cognitive Sciences*, vol. 13, no 7 (July 2009), pp. 293-301; Anil K. Seth,'Interoceptive Inference, Emotion, and the Embodied Self', Trends in Cognitive Sciences, vol. 17, no. 11 (November 2013), pp. 565-73.

21 Stuart Hameroff and Roger Penrose, 'Consciousness in the Universe: A Review of the "Orch OR" Theory', *Physics of Life Reviews*, vol. 11, no. 1 (2014), pp. 39-78 and 94–I00 respectively.

22 Danko D. Georgiev, *Quantum Information and Consciousness: A Gentle Introduction* (Boca Raton, Flor., 2017), p. 177.

23 關於這方面的一個可取得的說明,是查爾莫斯本人在 TED 演講中的說明。https://www.youtube.com/watch?v=uhRhtFFhNzQ

24 Daniel Dennett, *Consciousness Explained* (Harmondsworth, 1992) and *From Bacteria to Bach and Bac*k (London, 2017).

Marvin Minsky, *The Society of Mind* (New York, 1986); Robert E. Ornstein, *Evolution of Consciousness* (Upper Saddle River, NJ, 1991).

4. 心智與自我

1 Paul Bloom, 'How Do Morals Change?', *Nature*, vol. 464, no. 7,288 (25 March 2010), p. 490.

2 「有智之士」這邊的英文 Wit（機智）,一度主要指的是「有智慧」和「判斷力佳」的人──它在「他保持頭腦冷靜」（he has his wits about him）以及愚蠢（witless）保留了最後這個意思;值得留意的一個有趣的地方是,個人的機智是有智慧的一個好指標。

3 18 世紀時,托利黨人是那些支持王權壓過國會的人;相反的就是輝格黨人（Whigs）。

4 兩難的地方和那個低俗的面向有關:雙胞胎「在生殖器處」相連,意味著馬丁納斯的婚姻義務同時讓他涉及了通姦等其他罪行。接下來訴訟案件中的反方出庭律師,就使用了關於人格性和同一性的論點。

5 Antonio Damasio, *The Feeling of What Happens: Body, Emotion and the Making of Consciousness* (New York, 1999).

6 Idem, *Descartes' Error: Emotion, Reason, and the Human Brain* (New York, 1994).

7 Roger W. Sperry, M. S. Gazzaniga, and J. E. Bogen,'Interhemispheric Relationships: The Neocortical Commissures; Syndromes of Hemisphere Disconnection', in *Handbook of Clinical Neurology*, P. J. Vinken and G. W. Bruyn (eds.) (Amsterdam, 1969); 另 見 P. A. Reuter-Lorenz

et al. (eds.), *The Cognitive Neuroscience of Mind: A Tribute to Michael S. Gazzaniga* (Cambridge, Mass., 2010).

8 'The Neuronal Platonist: Michael Gazzaniga in Conversation with Shaun Gallagher', *Journal of Consciousness Studies*, vol. 5, nos. 5-6 (1 May 1998), pp. 706-17 (12).

9 Michael Gazzaniga, *Who is in Charge? Free Will and the Science of the Brain* (New York, 2011).

10 舉一個例子：Anil Seth 在皇家學會的演說中提到，格拉斯哥大學（Glasgow University）的研究者在這方面有了進展：https://www.youtube.com/watch?v=xRel1JKOEbI (28 minutes, 30 seconds, quoting L. Muckli et al.,'Contextual Feedback to Superficial Layers of VI', *Current Biology*, vol. 25, no. 20 (2015), pp. 2,690-95.

11 A. C. Grayling, *The Good of the World* (London, forthcoming 2022).

結論：來自奧林帕斯山的視野

1 Cardinal John Henry Newman 的 The Idea of a University (1852) 是通才觀點的經典陳述。http://www.newmanreader.org/ works/idea/ 它的一些主題在 D. Daiches (ed.), The Idea of a New University (London, 1964) 有所重申，闡述了 1960 年代新成立的第一間「平板玻璃大學」（Plate Glass Universities）——薩塞克斯大學的目標。

2 見 Grayling, *War: An Enquiry* (New Haven, Conn., and London, 2017).

附錄二：《吉爾伽美什史詩》

1 根據字面的直譯說，他覺得空氣「襲擊了他的鼻側」，應該指的是他的臉頰；「臉頰」或「臉」都比較能傳達原意。

2 引文出自 Maureen Gallery Kovacs 的翻譯，電子版出版者為 Wolf Carnahan (1998). http://www.ancienttexts.org/library/mesopotamian/gilgamesh/

附錄三：《漢摩拉比法典》

1 由 L. W. King 翻譯的文字可以在耶魯大學法律網站取得。https://avalon.law.yale.edu/ancient/hamframe.asp

參考書目

Anderson, Michael C., et al., 'Prefrontal-hippocampal Pathways Underlying Inhibitory Control Over Memory', *Neurobiology of Learning and Memory*, vol. 134, Part A (2016), pp. 145–61

Anthony, David W., *The Horse, the Wheel, and Language: How Bronze-Age Riders from the Eurasian Steppes Shaped the Modern World* (Princeton, NJ, and Oxford, 2007)

Ayala, Francisco J., and Camilo J. Cela-Conde, *Processes in Human Evolution: The Journey from Early Hominins to Neanderthals and Modern Humans* (Oxford, 2017)

Bains, Sunny, 'Questioning the Integrity of the John Templeton Foundation', *Evolutionary Psychology*, vol. 9, no. 1 (2011), pp. 92-115. https://journals.sagepub.com/doi/10.1177/147470491100900111

——, 'Keeping an Eye on the John Templeton Foundation', *Association of British Science Writers*, 6 April 2011

Baloyannis, Stavros J., 'Galen as Neuroscientist and Neurophilosopher', *Encephalos*, vol. 53 (2016), pp. 1-10

Banning, E. B., 'So Fair a House: Göbekli Tepe and the Identification of Temples in the Pre-Pottery Neolithic of the Near East', *Current Anthropology*, vol. 52, no. 5 (October 2011), pp. 619-60

Barker, Roger A., et al., *Neuroanatomy and Neuroscience at a Glance* (1999; Chichester, 2018)

Barrett, Lisa Feldman, and Ajay Satpute, 'Large Scale Brain Networks in Aective and Social Neuroscience', *Current Opinion in Neurobiology*, vol. 23, no. 3 (January 2013), pp. 361-71

Barrow, John D., and Frank J. Tipler, *The Anthropic Cosmological Principle* (Oxford, 1986)

Behrmann, Marlene, et al., 'Intact Visual Imagery and Impaired Visual Perception in a Patient with Visual Agnosia', *Journal of Experimental Psychology: Human Perception and Performance*, vol. 20, no. 5 (November 1994), pp. 1,068-87

Bentley, Michael, *Companion to Historiography* (London, 2002)

Binford, Lewis, et al. (eds.), *New Perspectives in Archeology* (Chicago, 1968)

Blackmore, Susan, *Consciousness: An Introduction* (2003; London, 2018)

Bloch, Maurice, *In and Out of Each Other's Bodies: Theories of Mind, Evolution, Truth, and the Nature of the Social* (Boulder, Col., 2013)

Brandon, Sydney, et al., 'Recovered Memories of Childhood Sexual Abuse: Implications for Clinical Practice', *British Journal of Psychiatry*, vol. 172, no. 4 (April 1998), pp. 296-307

Brax, Philippe, 'What Makes the Universe Accelerate? A Review on What Dark Energy Could be and How to Test It', *Reports on Progress in Physics*, vol. 81, no. 1 (January 2018)

Broca, Paul, 'Remarques sur le siège de la faculté du langage articulé, suivies d'une observation d'aphémie (perte de la parole)', *Bulletin de la Société Anatomique*, vol. 6, no. 36 (1861), pp. 330-37

Broome, Richard, *Aboriginal Australians: A History since 1788* (St Leonards, NSW, 2020)

Brown, Dee, *Bury My Heart at Wounded Knee* (1970; New York, 2012)

Browning, Christopher R., *The Origins of the Final Solution: The Evolution of Nazi Jewish Policy, September 1939-March 1942*. With contributions by Jürgen Matthäus (Lincoln, Nebr., 2004; London, 2014)

Bulliet, Richard, *The Wheel: Inventions and Reinventions* (New York, 2016)

Carroll, Sean, 'The Templeton Foundation Distorts the Fundamental Nature of Reality: Why I Won't Take Money from the Templeton Foundation', Slate.com

——, *The Big Picture* (London, 2016)

Chase, P. G., *The Emergence of Culture: The Evolution of a Uniquely Human Way of Life* (New York, 2006)

Churchland, Patricia, *Neurophilosophy: Toward a Unified Science of the Mind/Brain* (1986; 2nd edn Cambridge, Mass., 1989)

Churchland, Paul, *Neurophilosophy at Work* (Cambridge, 2007)

Cline, Eric, 1177 bc: *The Year Civilization Collapsed* (Princeton, NJ, and Oxford, 2014)

Corkin, Suzanne, Permanent Present Tense: *The Unforgettable Life of the Amnesic Patient, H. M.* (New York, 2013)

Coyne, Jerry, 'Martin Rees and the Templeton Travesty', *Guardian*, 6 April 2011

Crick, Francis, and Christof Koch, 'Towards a Neurobiological Theory of Consciousness', *Seminars in the Neurosciences*, vol. 2 (1990), pp. 263-75

——, 'Why Neuroscience May be Able to Explain Consciousness', *Scientific American*, vol. 273, no. 6 (1995), pp. 84-5

Cru, Jean Norton, *Witnesses: Tests, Analysis and Criticism of the Memories of Combatants* (1915–1928) (*Témoins: Essai d'analyse et de critique des memoires de combatants édités en français de 1915 à 1928*) (Paris, 1929; Nancy, 3rd edn 2006)

Curry, Andrew, 'Gobekli Tepe: The World's First Temple?', *Smithsonian Magazine* (November 2008). https://www.smithsonianmag.com/history/gobekli-tepe-the-worlds-first-temple-83613665/

Davidson, Iain, review of Ian Hodder (ed.), *Religion at Work in a Neolithic Society, Australian Archaeology,* vol. 82, no. 2 (2016), pp. 192-5

d'Errico, F., and M. Vanhaeren, 'Evolution or Revolution? New Evidence for the Origins of Symbolic Behaviour In and Out of Africa', in P. Mellars et al., *Rethinking the Human Revolution: New Behavioural and Biological Perspectives on the Origin and Dispersal of Modern Humans* (Cambridge, 2007), pp. 275-86

Deutsch, David, *The Fabric of Reality: The Science of Parallel Universes and Its Implications* (1997; Harmondsworth, 1998)

——, *The Beginning of Infinity: Explanations that Transform the World* (London, 2011)

Dilthey, Wilhelm, *Selected Works. Vol. 2: Understanding the Human World* (Princeton, NJ, 2010)

Driscoll, M. J., 'The Words on the Page', in *Creating the Medieval Saga: Version, Variability and Editorial Interpretations of Old Norse Saga Literature,* Judy Quinn and Emily Lethbridge (eds.) (Odense, 2010)

Eagleman, David, *The Brain: The Story of You* (Edinburgh, 2016)

Elton, G. R., *The Practice of History* (1967; new edn London, 1987)

Elwell, Frank, '*Verstehen : The Sociology of Max Weber*' (1996). https://www.faculty.rsu.edu/users/f/felwell/www/Theorists/Weber/Whome2.htm

Engelhardt, Tom, 'Ambush at Kamikaze Pass', *Bulletin of Concerned Asian Scholars,* vol. 3, no. 1 (1971), pp. 64-84

Evans, Richard J., *In Defence of History* (1997; London, 2018)

——, *The Third Reich and the Paranoid Imagination* (London, 2020)

Fabiani, Monica, et al., 'True but Not False Memories Produce a Sensory Signature in Human Lateralized Brain Potentials', *Journal of Cognitive Neuroscience,* vol. 12, no. 6 (December 2000), pp. 941-9

Farrington, Benjamin, *Greek Science* (1944; Harmondsworth, 2nd edn, 1949)

Ferguson, Niall, *Empire: How Britain Made the Modern World* (London, 2003)

Ferrier, David, *The Functions of the Brain* (London, 1876)

Feynman, Richard, *QED: The Strange Theory of Light and Matter* (Princeton, NJ, and Oxford, 2014)

Fordham, Helen, 'Curating a Nation's Past: The Role of the Public Intellectual in Australia's History Wars', *M/C Journal,* vol. 18, no. 4 (2015)

French, Howard W., '*China's Textbooks Twist and Omit History*', New York Times, 6 December 2004

Gallery Kovacs, Maureen (trs.), *The Epic of Gilgamesh,* electronic edn Wolf Carnahan, 1998. https://uruk-warka.dk/Gilgamish/The%20Epic%20of%20Gilgamesh.pdf

Gazzaniga, Michael, *Who is in Charge? Free Will and the Science of the Brain* (2011; London, 2016)

Gimbutas, Marija, *The Goddesses and Gods of Old Europe* (London, 1974)

——, et al., *The Kurgan Culture and the Indo-Europeanization of Europe: Selected Articles from 1952 to 1993* (Washington D. C., 1997)

Gosse, Edmund, *Father and Son: A Study of Two Temperaments* (London, 1907)

Grayling, A. C., 'Modern Philosophy II: The Empiricists', in A. C. Grayling, *Philosophy: A Guide through the Subject* (1995; 2nd edn New York and Oxford, 1998)

——, *The Quarrel of the Age: The Life and Times of William Hazlitt* (London, 2000)

——, *Descartes: The Life of René Descartes and Its Place in His Times* (New York and London, 2005)

——, *Among the Dead Cities: Was the Allied Bombing of Civilians in WWII a Necessity or a Crime?* (London, 2006)

——, *Towards the Light: The Story of the Struggles for Liberty and Rights that Made the Modern West* (London, 2007)

——, 'Children of God?', *Guardian*, 28 November 2008. https://www.theguardian.com/commentisfree/2008/nov/28/religion- children- innatenessbarrett

——, *Friendship* (New Haven, Conn., and London, 2013)

——, *The Age of Genius: The Seventeenth Century and the Birth of the Modern Mind* (London, 2016)

——, *War: An Enquiry* (New Haven, Conn., and London, 2017)

——, *The History of Philosophy* (London, 2019)

Greene, Brian, *The Fabric of the Cosmos: Space, Time and the Texture of Reality* (London, 2005)

——, *Until the End of Time: Mind, Matter, and Our Search for Meaning in an Evolving Universe* (London, 2020)

Gross, Charles, 'Aristotle on the Brain', *Neuroscientist*, vol. 1, no. 4 (July 1995)

Grüter, Thomas, Martina Grüter, and Claus-Christian Carbon, 'Neural and Genetic Foundations of Face Recognition and Prosopagnosia', *Journal of Neuropsychology*, vol. 2, no. 1 (2008), pp. 79–97

Gutman, Yisrael, and Michael Berenbaum (eds.), *Anatomy of the Auschwitz Death Camp*, United States Holocaust Memorial Museum (Bloomington, Ind., 1998)

Haak, Wolfgang, et al., 'Massive Migration from the Steppe was a Source of Indo-European Languages in Europe', *Nature*, vol. 522, no. 7,555 (11 June 2015), pp. 207–11

Hamilton, Alastair, *Johann Michael Wansleben's Travels in the Levant, 1671-1674: An Annotated Edition of His Italian Report* (Leiden and Boston, 2018)

Hamming, R. W., 'The Unreasonable Eectiveness of Mathematics', *American Mathematical Monthly*, vol. 87, no. 2 (February 1980), pp. 81-90

Harlow, John Martyn, 'Passage of an Iron Rod through the Head' (1848). https://web.archive.org/web/20140523001027/https://www.countway.harvard.edu/menuNavigation/chom/warren/

exhibits/HarlowBMSJ1848.pdf

——, 'Recovery from the Passage of an Iron Bar through the Head'(1868), *Publications of the Massachusetts Medical Society*, vol. 2, no. 3, pp. 327-47. Reprinted in David Clapp & Son (1869). https://en.wikisource.org/wiki/Recovery_from_the_passage_of_an_iron_bar_through_the_head

Harris, Annaka, *Conscious: A Brief Guide to the Fundamental Mystery of the Mind* (London, illustrated edn 2019)

Herculano-Houzel, Suzana, and Roberto Lent, 'Isotropic Fractionator: A Simple, Rapid Method for the Quantification of Total Cell and Neuron Numbers in the Brain', *Journal of Neuroscience*, vol. 25, no. 10 (2010), pp. 2, 518-21

Hill, Christopher, *The Intellectual Origins of the English Revolution Revisited* (Oxford, 1997)

Hilts, Philip J., *Memory's Ghost* (New York, 1996)

Hippocrates and Galen, *The Writings of Hippocrates and Galen,* John Redman Coxe (trs.) (Philadelphia, 1846). Available via the Online Library of Liberty. https://oll.libertyfund.org/titles/hippocrates-the- writings- of- hippocratesand-galen

Hodder, Ian (ed.), *Religion in the Emergence of Civilization* (Cambridge, 2010)

——, *Religion at Work in a Neolithic Society* (Cambridge, 2014)

——, *Religion, History and Place and the Origin of Settled Life* (Cambridge, 2018)

Homan, Matthew, 'Picture of the Brain', WebMD, 2014. https://www.youtube.com/watch?v=WXuK6gekU1Y

Hofstadter, Douglas R., *Gödel, Escher, Bach: An Eternal Golden Braid* (New York, 1979)

Homer, *Iliad*, A. T. Murray and W. F. Wyatt (trs.), Vols. 1 and 2 (1924; 2003 Loeb edn)

Horgan, John, 'The Templeton Foundation: A Skeptic's Take', Edge.org.,2006. https://www.edge.org/conversation/john_horgan-the-templetonfoundation-a-skeptics-take

Humphrey, Louise, and Chris Stringer, *Our Human Story* (London, 2018)

Iggers, Georg G. (ed.), *The Theory and Practice of History* (London, 2010)

——, *Historiography in the Twentieth Century: From Scientific Objectivity to the Postmodern Challenge* (1997; Middleton, Conn., 2012)

Impey, Oliver, and Arthur MacGregor (eds.), *The Origins of Museums: The Cabinet of Curiosities in Sixteenth- and Seventeenth-century Europe* (London, 1985)

Johnson, Matthew, *Archaeological Theory: An Introduction* (1999; 2nd edn Oxford, 2010)

Johnson, Sarah K., and Michael C. Anderson,'The Role of Inhibitory Control in Forgetting Semantic Knowledge', *Psychological Science*, vol. 15, no. 7 (July 2004), pp. 448-53

Jones, William, 'The Third Anniversary Discourse - on the Hindus', delivered 2 February 1786, *The Works of Sir William Jones*, Vol. 3 (Delhi, 1977), pp. 24-46

Jun, Li Xiao, *The Long March to the Fourth of June: The First Impartial Account by an Insider, Still*

Living in China, of the Background to the Events in Tian An Men Square (London, 1989)

Kay, Alex J., *The Making of an SS Killer: The Life of Colonel Alfred Filbert*, 1905–1990 (Cambridge, 2016)

King, L. W. (trs.), *The Code of Hammurabi* (The Avalon Project, Yale Law School, 2008). https://avalon.law.yale.edu/ancient/hamframe.asp

Klein, R. G.,'Out of Africa and the Evolution of Human Behavior', *Evolutionary Anthropology*, vol. 17, no. 6 (2008), pp. 267-81

Klüver, H., and P. C. Bucy,' "Psychic Blindness" and Other Symptoms following Bilateral Temporal Lobe Lobectomy in Rhesus Monkeys', *American Journal of Physiology*, vol. 119 (1937), pp. 352-3

Krauss, Lawrence, *A Universe from Nothing* (London, 2012)

——, *The Greatest Story Ever Told* (London, 2017)

Kriwaczek, Paul, *Babylon: Mesopotamia and the Birth of Civilization* (London, 2012)

Leick, Gwendolyn, *Mesopotamia: The Invention of the City* (London, 2001)

Lipstadt, Deborah, *Denying the Holocaust: The Growing Assault on Truth and Memory* (New York, 1993)

Locke, John, *An Essay Concerning Human Understanding* (2nd edn London, 1691)

Lyndall, Ryan, 'List of Multiple Killings of Aborigines in Tasmania: 1804-1835', SciencesPo, *Violence de masse et Résistance* – Réseau de recherche (March 2008). https://www.sciencespo.fr/mass-violence-war-massacre-resistance/fr/document/list-multiple-killings-aborigines-tasmania-1804-1835.html

Manco, Jean, *Ancestral Journeys: The Peopling of Europe from the First Venturers to the Vikings* (London, 2015)

Mark, Joshua J., 'Religion in the Ancient World: Definition', *Ancient History Encyclopedia* (23 March 2018). https://www.ancient.eu/religion/

Martínez-Abadías, Neus, et al., 'Heritability of Human Cranial Dimensions: Comparing the Evolvability of Dierent Cranial Regions', *Journal of Anatomy*, vol. 214, no. 1 (January 2009), pp. 19-35

Mazur, Suzan, Ian Hodder, 'Çatalhöyük, Religion and Templeton's 25% Broadcast', Hungton Post, 28 April 2017. https://www.hupost.com/entry/ian- hodder-%C3%A7atalh%C3%B6y%C3%BCk- religion- templetons25 _ b _58fe2a64e4b0f02c3870ecf0?guccounter=1&guce_referrer=aHR0cHM6Ly93d3cuZ29vZ2xlLmNvbS8&guce_referrer_sig=AQAAAGnadsos9ygn5gxHiXnw54czAGFTptG6z31jvVxGgU_OpiylkYnK60KB8Z3gNeDHKqGZnkhW0iSSOb7bklaWZ_p3OFTZaru1wa5K_fFqv3Jx4fT3 V 1I4-IRRGn9U2BgctueOIpY0rkAvBosjVkvV3Cr6FiIF04DJogN1Y24o-pi2

Michel, Matthias, 'Consciousness Science Underdetermined', *Ergo*, vol. 6, no. 28 (2019–20). http://

dx.doi.org/10.3998/ergo.12405314.0006.028

Mieroop, Marc van de, *A History of the Ancient Near East*: c. 3000-323 bc (2006; 3rd edn Oxford, 2016)

Milner, B., 'Intellectual Function of the Temporal Lobes', Psychological Bulletin, vol. 51, no. 1 (1954), pp. 42-62

Nelson, Libby A., 'Some Philosophy Scholars Raise Concerns about

Templeton Funding', *Inside Higher Ed*, 21 May 2013. https://www.insidehighered.com/news/2013/05/21/some- philosophy- scholars- raise-concernsabout-templeton-funding

New Scientist, Human Origins: 7 Million Years and Counting (London, 2018)

——, *How Numbers Work* (London, 2018)

Nichols, Stephen G., 'Introduction: Philology in a Manuscript Culture', *Speculum*, vol. 65, no. 1 (January 1990), pp. 1-10

Nicolis, Franco (ed.), *Bell Beakers Today: Pottery People, Culture, Symbols in Prehistoric Europe: Proceedings of the International Colloquium*, Riva Del Garda (Trento, Italy), 11-16 May 1998, Vol. 2 (Trento, 1998)

Nixey, Catherine, *The Darkening Age* (London, 2017)

Nowell, April, 'Defining Behavioral Modernity in the Context of Neandertal and Anatomically Modern Human Populations', *Annual Review of Anthropology*, vol. 39, no. 1 (2010), pp. 437-52

Olalde, Iñigo, et al., 'The Beaker Phenomenon and the Genomic Transformation of North-west Europe', *Nature*, vol. 555, no. 7,695 (8 March 2018), pp. 190-96

Penrose, Roger, *The Road to Reality* (London, 2004)

——, *The Emperor's New Mind* (Oxford, illustrated edn 2016)

Pinker, Steven, *How the Mind Works* (New York, 1997)

Premack, David, and Guy Woodru,'Does the Chimpanzee Have a Theory of Mind?', *Behavioral and Brain Sciences*, vol. 1, no. 4 (December 1978), pp. 515-26

Rank, Otto, *The Myth of the Birth of the Hero: A Psychological Interpretation of Mythology*, F. Robbins and Smith Ely Jellie (trs.) (New York, 1914)

Rassinier, Paul, *Holocaust Story and the Lies of Ulysses: Study of the German Concentration Camps and the Alleged Extermination of European Jewry* (republished 1978 by 'Legion for the Survival of Freedom, Inc.', based in California)

Rees, Laurence, *The Holocaust* (London, 2017)

Reich, David, *Who We are and How We Got Here: Ancient DNA and the New Science of the Human Past* (Oxford, 2018)

Renfrew, Colin, *Archaeology and Language: The Puzzle of Indo-European Origins* (1987; Cambridge, 1990)

Reynolds, Henry, *The Other Side of the Frontier: Aboriginal Resistance to the European Invasion of Australia* (Sydney, 2006)

—, *Forgotten War* (Sydney, 2013)

Roberts, Alice, *Evolution: The Human Story* (2nd edn London, 2018)

Roediger, Henry L., III, and Kathleen B. McDermott, 'Creating False Memories: Remembering Words Not Presented in Lists', *Journal of Experimental Psychology: Learning, Memory, and Cognition*, vol. 21, no. 4 (July 1995), pp. 803-14

Rogers, J. Michael, 'To and Fro: Aspects of the Mediterranean Trade and Consumption in the Fifteenth and Sixteenth Centuries', *Revue des mondes musulmans et de la Méditerranée*, nos. 55–6 (1990), pp. 57-74

Rosenau, Josh, 'How Bad is the Templeton Foundation?', ScienceBlogs (5 March 2011). https://scienceblogs.com/t/2011/03/05/how-bad-is-thetempleton-found

Rovelli, Carlo, *Reality is Not What It Seems* (London, 2017)

Russell, Bertrand, *Introduction to Mathematical Philosophy* (London, 1919)

Russell, Nestar, 'The Nazi's Pursuit for a "Humane" Method of Killing', *Understanding Willing Participants: Milgram's Obedience Experiments and the Holocaust*, Vol. 2 (London, 2019), pp. 241-76

Rutherford, Adam, *A Brief History of Everyone Who Ever Lived* (London, 2016)

Ryden, Barbara, *Introduction to Cosmology* (Cambridge, 2017)

Ryle, Gilbert, *The Concept of Mind* (Chicago, 1949)

Sarukkai, Sundar, 'Revisiting the "Unreasonable Eectiveness" of Mathematics', *Current Science*, vol. 88, no. 3 (10 February 2005), pp. 415-23

Schmidt, Klaus, 'Göbekli Tepe-the Stone Age Sanctuaries: New Results of Ongoing Excavations with a Special Focus on Sculptures and High Reliefs', *Documenta Praehistorica*, vol. 37 (2010), pp. 239-56. https://web.archive.org/web/20120131114925/http://arheologija..uni-lj.si/documenta/authors37/37_21.pdf

Schneider, Nathan, 'God, Science and Philanthropy', *Nation*, 3 June 2010. https://www.thenation.com/article/archive/god-science-and-philanthropy/

Scoville, W. B., and B. Milner, 'Loss of Recent Memory after Bilateral Hippocampal Lesions', *Journal of Neurology, Neurosurgery and Psychiatry*, vol. 20, no. 1 (1957), pp. 11-21

Shanks, Michael, and Ian Hodder, 'Processual, Postprocessual, and Interpretive Archaeologies', in Ian Hodder et al. (eds.), *Interpreting Archaeology: Finding Meaning in the Past* (London, 1995)

Shermer, Michael, and Alex Grobman, *Denying History: Who Says the Holocaust Never Happened and Why Do They Say It?* (Berkeley, Calif., 2002)

Sobel, Dava, *Longitude: The True Story of a Lone Genius Who Solved the Greatest Scientific Problem of His Time* (London, 1995)

Sperry, Roger W., 'Cerebral Organization and Behavior', *Science*, vol. 133, no. 3,466 (2 June 1961), pp. 1,749–57. http://people.uncw.edu/puente/sperry/sperrypapers/60s/85-1961.pdf

Sporns, O., 'The Human Connectome: A Complex Network', in M. B. Miller and A. Kingstone (eds.), *The Year in Cognitive Science*, Vol. 1,224 (Oxford, 2011), pp. 109-25

Staden, Heinrich von, *Herophilus: The Art of Medicine in Early Alexandria* (Cambridge, 1989)

Susskind, Leonard, et al., *Quantum Mechanics: The Theoretical Minimum* (London, 2014)

Tainter, Joseph A., *The Collapse of Complex Societies* (Cambridge, 1976)

Taylor, Alexander L., *The White Knight* (Edinburgh, 1952)

Tee, James, and Desmond P. Taylor, 'Is Information in the Brain Represented in Continuous or Discrete Form?', *IEEE Transactions on Molecular, Biological, and Multi-Scale Communications* (21 September 2020). https://arxiv.org/ftp/arxiv/papers/1805/1805.01631.pdf

Thomas, Carol G., and Craig Conant, *Citadel to City-State: The Transformation of Greece*, 1200–700 bce (Bloomington, Ind., 1999)

Trigger, Bruce, *A History of Archaeological Thought* (1996; 2nd edn Cambridge, 2006)

Uppal, Neha, and Patrick Hof, 'Discrete Cortical Neuropathology in Autism Spectrum Disorders', in *The Neuroscience of Autism Spectrum Disorders* (Amsterdam, 2013), pp. 313–25. https://doi.org/10.1016/B978-0-12-391924-3.00022-3

Vinken, P. J., and G. W. Bruyn (eds.), *Handbook of Clinical Neurology* (Amsterdam, 1969)

Vytal, Katherine, and Stephan Hamann, 'Neuroimaging Support for Discrete Neural Correlates of Basic Emotions', *Journal of Cognitive Neuroscience*, vol. 22, no. 12 (December 2010), pp. 2,864-85

Weinberg, Steven, 'The Making of the Standard Model', *European Physical Journal C*, vol. 34 (May 2004), pp. 5-13

Wernicke, Carl, *Der aphasische Symptomencomplex: Eine psychologische Studie auf anatomischer Basis* (Breslau, 1874)

Wiebe, Donald, 'Religious Biases in Funding Religious Studies Research?', *Religio: Revue Pro Religionistiku*, vol. 17, no. 2 (2009), pp. 125-140

Wigner, Eugene, 'The Unreasonable Eectiveness of Mathematics in the Natural Sciences', *Communications on Pure and Applied Mathematics*, vol. 13, no. 1 (February 1960)

Windschuttle, Keith, *The Fabrication of Aboriginal History* (3 vols.; Paddington, NSW, 2002)

Xun, Lu (Lu Hsün), *The True Story of Ah Q* (1921). https://www.marxists.org/archive/lu-xun/1921/12/ah-q/index.htm

Yahil, Leni, *The Holocaust: The Fate of European Jewry*, 1932-1945 (Oxford, 1991)

Yakira, Elhanan, *Post-Zionism, Post-Holocaust* (Cambridge, 2010)

Zeman, Adam, *Consciousness: A User's Guide* (New Haven, Conn., and London, 1999)

——, *Portrait of the Brain* (New Haven, Conn., and London, 2017)

Miscellaneous

AlphaGo –*The Movie I Full Documentary*, YouTube, uploaded by DeepMind, 13 March 2020. https:// www.youtube.com/watch?v=WXuK6gekU1Y

Dmanisi Skulls, Google Images. https://www.google.co.uk/search?source=hp&ei=WmoDX_GoBqGXl wSAh7DIDw&q=dmanisi+skulls&oq=dmanisi+skulls&gs_lcp=CgZwc3ktYWIQAzICCAA6CAg AELEDEIMBOgUIABCxAzoECAAQAzoECAAQCjoGCAAQFhAeUP8iWIJDYLdGaABwAH gAgAFDiAGnBpIBAjE0mAEAoAEBqgEHZ3dzLXdpeg&sclient=psy-ab&ved=0ahUKEwjxvbXs nbnqAhWhy4UKHYADDPkQ4dUDCAw&uact=5

'Resolution of the Duke University History Department', printed in the *Duke Chronicle* (November 1991). https://dukelibraries.contentdm.oclc.org/digital/collection/p15957coll13/id/85692

French National Centre for Scientific Research, Wikipedia, 2020. https://en .wikipedia.org/wiki/French_ National_Centre_for_Scientific_Research

'Gender and Genetics', World Health Organization. https://www.who.int/genomics/gender/en/

David Irving v. *Penguin Books and Deborah Lipstadt* (2000), Section 13 (91), England and Wales High Court (Queen's Bench Division) Decision. http://www.bailii.org/ew/cases/EWHC/ QB/2000/115.html

Report of the Joint Committee on the Conduct of the War at the Second Session, 39th US Congress, Senate Report 156, testimony of Robert Bent about the Sandy Creek Massacre

United States Holocaust Memorial Museum, 'Bone-crushing Machine Used by Sonderkommando to Grind the Bones of Victims after Their Bodies were Burned in the Janowska Camp, August 1944'. https://encyclopedia.ushmm.org/content/en/photo/bone- crushing- machine- injanowska

WN@TL – How New Discoveries of Homo naledi *are Changing Human Origins*, YouTube. https:// www.youtube.com/watch?v=7mBIFFstNSo

Selective Attention Test, YouTube. https://www.youtube.com/watch?v=vJG698U2Mvo

Wikipedia, John Templeton Foundation, 2020. https://en.wikipedia.org/wiki/John_Templeton_ Foundation